JN457689

사회복지 조사방법의 이해

2판

이익섭 · 이윤로 공저

학지사

2판을 내면서

지금까지 10여 년에 걸쳐 '사회복지조사방법론'을 강의해 오면서 느낀 것은 많은 학생들이 조사나 통계에 대해 막연한 두려움과 불안을 가지고 있다는 것이다. 어떻게 하면 학생들이 쉽게 조사를 이해하고 현장에서 적용할 수 있을까? 이 질문을 떠올리면서 이 책을 집필하였다.

이 책의 목적은 사회사업의 이론과 지식을 발전시키기 위한 필수요소인 사회사업조사의 본질, 설계방안, 자료수집과 분석에 대한 전반적인 지식을 전달하는 데 있다. 구체적으로 말한다면 첫째, 학생들이 조사와 사회사업실천과의 연계의 중요성을 이해하고, 둘째, 사회사업조사의 각종 개념을 이해하며, 셋째, 표본, 측정, 신뢰도, 타당도에 대한 원리와 각종 조사설계에 대한 장단점을 이해하고, 넷째, 유용한 통계적 방법과 각종 조사결과를 잘 활용할 수 있도록 하는 것이다. 그리하여 궁극적으로는 학생들이 사회사업조사를 시행하는 접근방법, 기법, 논점을 이해하여 능력 있는 조사의 생산 및 소비자가 되기를 바란다.

그동안 사회복지조사방법론에 대한 책들이 많이 출판되었다. 기존의 책들과 비교하여 이 책의 장점은 일반 사회조사의 내용과 더불어 '사회복지조사'의 기본을 충실히 다루고 있다는 점이다. 즉, 사회복지에서 중요시하는 인식론적 논의, 질적조사방법, 단일사례설계, 실험설계에 대해 자세히 다루고 있다. 특히, 임상조사에서 중요시되는 관계의 강도와 통계적 검증력에 대해 소개하였다. 더 나아가 사회사업실천의 핵심인 집단사회사업의 평가방법에 대해서도 구체적으로 소개하였다. 또한 학생들에게 조사논문이 어떻게 쓰이는지를 보여 주기 위해 다양한 논문의 실례를 소개하였다.

교수님들이 이 조사의 실례를 활용한다면 학생들에게 조사의 개념과 과정을 이해시키는 데 도움이 되리라 생각한다.

또한 사회복지사 국가고시에 대비하여 각 장마다 예상문제를 수록하였다는 것이 이 책의 커다란 장점이다. 이 책을 통해 학생들이 사회복지사 1급 자격시험준비를 무난히 완수할 수 있을 것이다. 또한 실천가-조사자로서의 역할도 완수할 것으로 기대한다.

끝으로 이 책의 출판을 맡아 주신 학지사 김진환 사장님께 깊은 감사를 드린다.

2007년

저자 일동

이 책을 활용하는 방법

1. 이 책은 각 장마다 사회복지사 자격시험 예상문제와 해설을 수록하였다. 각 장에 대한 설명 후 학생들과 함께 예상문제를 풀어 본다면 이해를 도울 수 있다.

2. 이 책의 13~16장까지는 질적조사연구, 실태조사, 상관관계연구, 실험연구의 실제 사례를 수록하여 조사 및 그에 대한 보고가 어떻게 수행되는지를 보여 주고 있다. 강의할 때 문제제기부터 분석까지 설명하면서 그때그때 학생들로 하여금 실제 사례를 참고하도록 한다면 이해를 도울 수 있다. 또한 설문지의 실례도 부록에 수록하였으므로 자료수집에 대한 강의를 할 때 참고한다면 도움이 될 것이다.

3. 이 책의 본문에는 간과하기 쉽지만 중요한 사항을 BOX로 제시하였다. 이 사항을 숙지하도록 할 필요가 있다.

4. 이 책에는 대학원 수준에서 강의되어야 하는 인식론에 대한 논의, 통계적 검증력과 효과크기(7장의 일부), 집단사회사업조사방법(10장)을 수록하였다. 이 내용은 학부 수준에서는 강의하지 않아도 좋을 것으로 사료된다. 기타 본문 중의 몇몇 내용은 대학원 수준에서 적합한 것이다. 예를 들어, 2장에 나오는 완충효과를 검증하는 방법이라든지, 상호작용효과(조절변수)를 검증하는 방법에 대한 내용은 학부 수준에서는 강의하지 않는 것이 좋을 것이다. 강의자가 이러한 점을 적절히 판단하여 학부 수준에서는 이 책의 모든 내용을 설명할 필요가 없음을 인식할 필요가 있다.

차 례

제 1 장 사회복지조사 개관

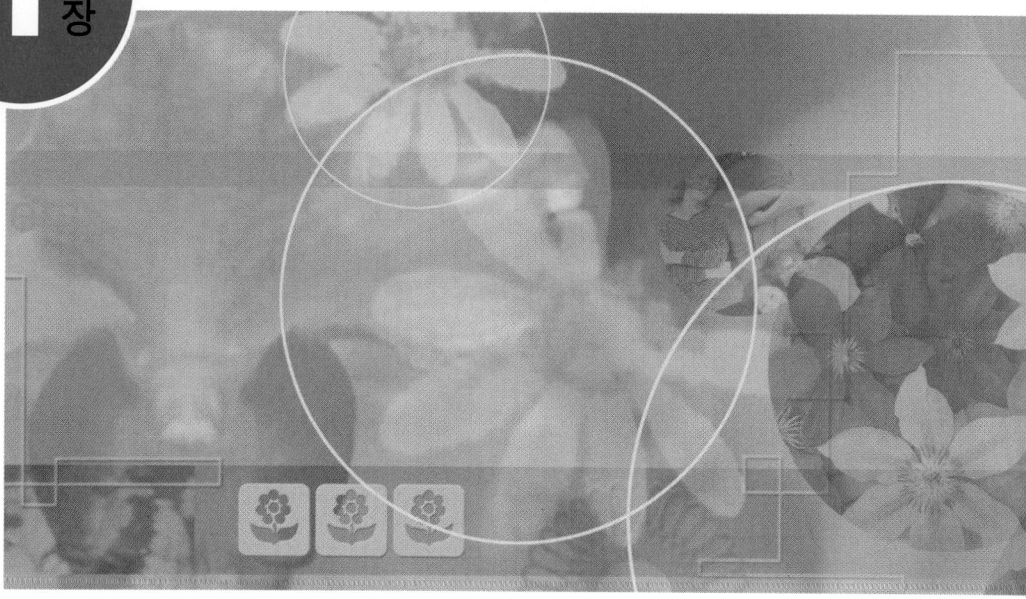

사회사업가는 다양한 질문에 대한 과학적 응답의 필요성을 인정한다. 왜 사람들이 그렇게 행동하는가에 대한 이유와, 사회사업가의 다양한 기술과 기법이 사람들에게 적용되었을 때 어떤 결과가 나오는지에 대해 알아야 할 필요가 있다. 그래서 조사가 필요하다.

많은 사회사업가들은 사람들을 돕는 데 있어 상식이면 충분하다고 하나, 사실은 그렇지 않다. 전문사회사업의 목적을 성취하기 위해서는 사실(fact)이 필요하다. Briar(1980)는 조사의 중요성을 다음과 같이 제시하고 있다.

"조사는 사회사업 전문직의 중요한 일부로서 받아들여지고 있다. 조사를 회피하고 거부하는 태도도 있는데, 이는 조사가 사회사업의 중심인 인본주의 요소와 잘 조화되지 않는다는 생각과 관계가 있다. 또한 사회사업가가 다루는 문제의 성격은 너무 복합적인 것이라서 과학적 조사기법으로는 측정될 수 없다는 신념도 작용했다. 그러나 조사는 우리에게 유용한 지식을 생성한다. 최근 들어 증가하는 조사결과는 사회사업실천에 건설적으로 응용되는 것으로 보인다. 이런 추세는 지속될 것이기 때문에 사회사업가들은 실천하는 데 있어서 조사결과를 활용하고 또한 조사에 참여해야 할 것이다. 실천을 하면서 조사를 병행하는 것을 가능하게 하는 방법의 출현은 사회사업지식의 증대를 가져올 것이다."

Grinnell(1990)은 사회사업가들이 수행해야 할 세 가지 조사관련 역할을 제시하였다.

- 조사의 소비자 : 이 역할은 사회사업가는 지식에 근거해서 자신의 업무를 수행해야 한다는 의무로부터 나온다.
- 지식의 보급자 : 사회사업가는 문제의 효과적인 실천방법을 결정하기 위한 체계적인 노력을 주도하고 참여해야 하는 책임이 있다. 그러한 노력의 결과는 다른 사회사업가들에게 전달된다.
- 공헌 파트너 : 전문직의 지식기반을 확대하기 위해 전문가들과 연합해야 한다. 사회사업가 혼자서는 포괄적 자료를 확보하기 위한 시간과 자원이 부족하다. 어떤 워커는 중요한 문제를 파악하는 데 능란하고, 어떤 워커는 새로운 아이디어를 고안하는 데 뛰어나다. 또한 공헌 파트너

로서의 역할을 해야 한다는 것은 전문가 간의 지식의 차이에 중요성을 점검하고 이러한 차이를 메울 수 있는 적절한 방법을 결정하기 위해, 유사한 과업과 문제를 가지고 있는 다른 전문가들과 연합해야 함을 뜻한다. 사회사업가는 팀의 일원으로 협력하는 것이 바람직하다(Skidmore et al., 1991).

제1절 과학의 개념

1. 이해의 유형

인간행동과 현상을 이해하는 방법(지식 형성의 방법)은 여러 가지다. 여기에는 가치(value), 직관(intuition), 권위(authority), 경험(experience) 그리고 과학적 접근(scientific approach)이 포함된다.

가치란 무엇이 옳고 그른지에 대한 신념이다. 이는 각 개인이 속한 문화와 밀접하게 연결된다. 이러한 가치는 시간에 따라 변할 수 있다. 사회사업도 어떤 가치에 기반하는 전문직이다. 이러한 가치에는 자기결정권, 인간의 존엄성, 비밀보장, 개별화 등이 있다.

직관은 통찰(insight)의 한 유형이다. 우리는 단순히 직관적으로 무엇을 알 수도 있다. 사회사업실천에서도 직관을 통해 어떤 상황을 이해하게 되는 경우가 있다. 예를 들어, 아동이 성폭력을 당했다는 직관을 가질 수도 있다. 이러한 감정을 이성적으로 설명하기는 어려울 수도 있지만 그러한 통찰은 정보를 수집하는 데 있어 출발점이 될 수 있다.

경험도 지식의 기반을 제공한다. 경험은 미래의 행동에 대한 안내자역할을 할 수 있다. 사회사업실천에서 경험은 실천지혜(practice wisdom)로 불리기도 한다. 권위에 의해서도 어떤 사건이나 상황이 이해되곤 한다. 전문가에게 자문을 구하는 것도 권위에 의존하는 것이다.

위에서 제시된 방법들과는 다른 형태의 이해유형이 바로 과학적 접근이다. 과학이란 지식을 생산하는 체계 그리고 그 체계로부터 생산된 지식을 말한다. 과학은 이론과 조사방법으로 구성된다. 이론은 가치나 철학, 신념과는 구분되어야 한다. 이론은 상황이 어떻게 되어야만 한다(what should be)고 주장하는 것이 아니다. 이론은 사회현상이 어떤 상태인지(what is)를 말하고 이에 대해 논리적인 설명을 하는 것이다(Marlow, 2001). 이론은 과학의 다른 요소인 조사방법에 의해 지지되어야 한다. 그러면 과학의 전통적 모델에는 어떤 요소가 있는지 살펴보자.

2. 과학의 두 가지 논리체계

과학의 전통적 모델에는 이론, 조작화, 관찰 등 세 가지 요소가 있다. 이론이란 현상 속의 논리적 관계나 유형을 설명하고 묘사하는 진술이라고 할 수 있다. 이론을 통해 조사자는 관심주제에 대해 이론적 이해를 개발하여 변수 간의 가능한 관계를 분명히 하고 그에 대해 논리를 댄다.

조작화는 관찰하려는 변수를 실제로 측정할 수 있도록 그 절차나 단계를 구체화하는 것을 말한다. 일반적 개념이 구체적 지표나 절차로 변형된다.

관찰의 단계에서는 사람들을 설문조사 또는 면접하게 된다. 또는 관찰을 구조화하여 가설을 검증하게 된다. 이론으로부터 조작화과정을 거쳐 관찰을 통해 가설을 검증하는 논리적 절차를 가진 이 과학적 모델이 바로 연역적 방법이다. 한편, 관찰로부터 시작하여 이론을 형성하는 방법을 주장하는 모델도 등장했는데, 이것이 바로 귀납적 방법이다. 이 두 방법에 대해 28쪽에서 추가적인 설명을 하고 있다.

3. 현상을 탐구할 때 범하는 오류

사람들은 흔히 현상을 이해하려는 시도를 할 때 오류를 범하곤 한다. 다음과 같은 오류를 방지해 주는 것이 바로 과학적 방법을 통한 탐색이다.

1) 부정확한 관찰

일반 사람들은 흔히 부정확한 관찰을 하는 경우가 있다. 어떤 사건에 대해 특별한 관심을 두고 지켜보지 않았다면 정확한 기억을 떠올리지 못하고 틀린 정보를 말하게 되는 경우가 있다. 예를 들어, 어제 자신을 찾아왔던 사람이 청바지를 입고 있었는데, 검정바지를 입고 있었다고 기억하는 경우다. 이러한 오류를 범하지 않기 위해서는 더욱 의식적이고 정교한 관찰을 해야 한다. 과학적인 관찰은 바로 이러한 의식적인 행위라고 할 수 있다. 과학적인 관찰은 일반인들이 하는 관찰과는 달리 정확성을 기한다.

2) 과도한 일반화

사람들은 자기 주변의 한두 가지 사건에서 어떤 유형을 발견하면 이를 과도하게 일반화(overgeneralization)시키는 경향이 있다. 예를 들어, 어떤 사건에 대해 한두 사람이 어떤 의견을 피력했다면 마치 이를 전체의 의견처럼 일반화시키는 것이다. 이는 왜곡된 결과를 초래한다. 이를 예방하기 위해 과학자들은 충분히 많은 사람들을 관찰하여 제시한다. 또한 반복조사를 통해 같은 결과가 나오는지를 보게 된다.

3) 선택적 관찰

사람들은 처음부터 자신의 결론이나 주장에 대해 들어맞는 사건이나 상황에만 관심을 기울이고 관찰하는 경향이 있다. 이를 선택적 관찰(selective observation)이라고 한다. 예를 들어, 흑인은 게으르다고 주장하는 사람은 열정적인 흑인이나 게으른 백인은 주목하려 하지 않는 경우다. 이에 비해 과학자들은 결론에 도달하기 위한 기반을 만들기 위해 미리 관찰해야 할 수와 종류를 구체화시켜 놓고 이를 관찰한다.

4) 비논리적 설명

자신의 주장과 모순되는 결과가 나왔을 때 자신의 주장을 합리화하기 위해 자신의 주장과 합치되는 우연한 상황이나 예외적인 상황을 지목하는 '비논리적 설명(illogical reasoning)' 을 들 수 있다. 그러나 하나의 예외사항이 체계적인 논리가 될 수는 없다.

5) 자아의 관여

어떤 결론에 자아를 관여시켜 해석하는 것도 흔한 오류인데, 좋은 결론을 내기 위해 선택적 관찰이나 각종 합리화를 하려는 열성적 노력이 바로 이런 자아의 관여라는 오류를 통해 나타나게 된다. 예를 들어, 자신의 프로그램이 효과가 없다는 결론이 나왔을 때 조사가 방법론적으로 문제가 많았다고 주장하는 것이다.

6) 탐색의 조기종결

사람들은 어떤 상황을 이미 이해했다고 판단하고 더 이상의 새로운 해답을 찾지 않는 경향이 있다. 어떤 주제에 대한 결론은 지속적으로 수정될 수 있는 것이다. 과학자들은 옛 개념이나 결론에 대해 개방된 자세로 검증하고 또한 수정해 나가야 한다.

7) 사후가설화

사전에 가설을 만들어서 검증하는 것이 아니라 이미 수집되어 있는 자료들을 확인한 후에 가설을 만드는 것을 말한다. 두 변수들 사이의 관계를 관찰한 다음에 그 관계에 대한 가능한 추론을 제시할 때 이를 사후가설화(ex post facto hypothesizing)라고 한다. 그러나 그 관계는 우연에 의해 그렇게 되었을 가능성을 배제할 수 없다. 이렇게 만들어진 가설은 앞으로 새로운 사람들을 대상으로 다시 한 번 더 검증해 본다면 의미가 있을 수 있다.

이 외에도 여러 오류가 있다. 자신의 주장과 모순되는 결과를 설명하기 위해 가능한 변명이나 정보를 인위적으로 구성하여 제시하는 경우가 있는데, 이를 '꾸며 낸 정보(made-up information)'라 한다. 또한 이해할 수 없는 상황이 있다 해서 모두 '신비화(mystification)'하는 것도 흔한 오류다. 이러한 오류를 방지해 주는 것이 바로 과학적 방법을 통한 탐색이다(Rubin & Babbie, 1993).

4. 과학적 방법과 과학적 지식의 특성

과학적 방법은 다음과 같은 특성을 갖고 있다.

① 정보가 관찰(observation)로부터 얻어진다(경험성). 관찰은 여러 유형이 있을 수 있지만 추측이나 철학적 사색과는 다른 것이다.

② 조사과정의 단계가 체계적(systematic)이고 논리적이어야 한다. 우연적으로 진행되는 것이 아니다.

③ 연구가 반복 가능해야(replicated) 한다. 같은 연구를 반복했을 경우 같은 결과가 나올 수 있어야 한다(재생 가능성).

④ 과학은 현상의 원인을 찾는다(the search for cause). 즉, 결정론적(deterministic)이다. 과학자들은 우주에는 질서가 있고 모든 사건의 발생에는 원인이 있다고 가정한다. 우연히 발생한 것이 아니라 어떤 원인에 의해 발생한다는 것이다. 물론 사회과학에서 100%의 정확한 원인을 아는 것은 불가능하다. 어떤 현상이 발생하기까지는 다양한 요인이 작용할 수 있고 그 다양한 요인을 모두 찾아내기는 어렵다. 그러므로 사회과학에서는 확률적 결정론(probabilistic determinism)을 활용한다.

⑤ 과학적 결론은 일시적, 잠정적(provisional)이다. 즉, 도전과 논박을 받을 수 있다는 것이며, 그 결론이 수정 가능하다는 것이다. 과학은 현상에 대한 정확한 이해를 하기 위한 지속적인 노력의 과정이기에 비판에서 자유로운 과학적 결론은 없다고 보아야 한다.

⑥ 과학은 비규범적이다. 과학은 무엇이 옳은가에 대한 규범적 문제는 상관하지 않는다. 현재의 어떤 현상이 왜 일어나는지에 관심이 있다.
⑦ 과학은 상호 주관적이다. 연구과정이 같으면 비록 연구자의 주관적 동기는 다르더라도 연구결과는 같게 나타나야 한다.
⑧ 과학적 방법은 객관성을 유지하려고 노력한다. 객관성(objectivity)은 조사자의 가치나 편견이 조사과정에 끼어들지 않는 정도를 말한다. 실증주의적 접근(positivism)에서는 객관성을 매우 강조한다.
⑨ 과학은 일반화시킬 수 있는 원리를 탐색하며 또한 그러한 원리를 간결히 제시할 수 있도록 노력한다(예 : 중요한 설명변수만을 추림).

주의: 객관성의 추구에 대해서는 논란의 여지가 있을 수 있는데, 과학에 대해 해석주의적 접근(interpretive approach to science)을 하는 학자들(예 : 인류학적 접근, 현상학적 접근 같은 질적 접근)은 인간의 행동이 객관적으로 관찰될 수 없다는 데 무게를 둔다. 조사자와 연구대상이 상호작용을 통해 실제(reality)를 창출한다고 본다. 실제가 상호작용 속에서 인식되고 구성된다고 본다. 해석주의자들은 조사자의 편견과 가치를 분명히 인정하고 있고, 이것이 조사과정에 끼어들게 됨을 인정하고 있으며, 이를 무시하지 않고 분명히 밝혀 준다. 해석주의적 접근에서는 주관적 경험에 관심이 많으며, 객관성이나 일반화에는 상대적으로 관심을 적게 갖는다(Marlow, 2001).

제2절 조사의 기본개념과 원리

사회과학에서 조사는 사회행동이 설명될 수 있는 사회적, 심리적 과정에 대한 이해를 수정하고 확대한다는 것을 뜻한다. 특히 사회사업조사는 사회복지사가 직면하는 문제를 해결하는 데 필요한 실용적 지식을 제공하는 것을 목적으로 한다. 또한 사회복지를 증진시키고 인간의 고충을 완화하는 데 필요한 정보를 제공하는 것을 추구한다. 사회사업조사는 문제해결적이고 실용적인 노력이라 할 수 있다.

Tips

▶ 모형(model) : 이론 그 자체는 아니지만 이론의 수립을 돕는 작업이다. 모형은 어떤 이론이나 현상들을 가능한 한 그대로 모방하거나 단순화함으로써 현실에 대한 우리의 관점을 정리해 주는 기능을 한다. 사회과학에서 모형은 이론과 유사하게 사용된다. 즉, 모형은 개념들에 대한 체계적인 조직을 시도한다는 점에서 이론과 일치한다. 그러나 이론이 추상적이고 일반화의 가능성을 크게 고려하는 데 반해 모형은 특정 현실에 대한 축약적이고 정교한 묘사가 주된 관심이다. 또한 이론구조가 최종적으로 완성되려면 모형을 발전시키는 과정을 거쳐야 한다.

▶ 패러다임(paradigm) : 개별 이론들이 도출되기 위해 필요한 일종의 거시적인 관점을 말한다. 어떤 현상에 대한 구체적인 설명이나 이론을 만들기 이전에 사람들이 이미 가지고 있는 어떠한 관점이다(한승준, 2000). 사회과학자 또는 사회복지조사자가 조사과정에서 활용할 수 있는 패러다임은 크게 네 가지로 볼 수 있다. 실증주의, 후기실증주의, 해석주의(구성주의), 비판적 이론이 그것이다.

실증주의와 후기실증주의 모두는 조사에서 객관성, 정확성, 일반화를 중요시한다. 그러나 후기실증주의는 초기실증주의에 비해 과학이 이상적으로 추구하는 객관성만큼 관찰이나 측정이 현실적으로 가능하지 못하다는 점을 인정한다. 그렇기에 질적조사의 유용성을 인정하고 질적조사가 양적조사를 보완해 줄 수 있다는 점을 인정한다. 그럼에도 불구하고, 잠재적인 비객관성의 영향을 최소화해야 함을 강조하고 기대한다.

해석주의는 25쪽에서 이미 설명하였으므로 생략하도록 한다. 마지막으로 비판적 이론(critical theory) 패러다임은 마르크시스트 패러다임 또는 여성주의 패러다임, 옹호 패러다임으로 불리기도 한다. 이 패러다임은 초점을 억압에 두고 억압된 집단을 권한 강화시키기 위해 조사절차를 활용해야 한다는 것을 강조한다. 이 목적을 위해 조사자는 양적조사처럼 고도로 구조화된 방법 또는 질적조사처럼 유연한 조사절차 또는 다른 패러다임의 일부요소를 활용할 수 있다. 그러나 중요한 것은 결과물을 해석할 때 권한 강화나 옹호의 목적을 성취하는 방향으로 결과물을 해석한다.

조사는 패러다임(paradigm)으로부터 시작된다. 패러다임은 조사목적과 조사과정을 구조화시키는 하나의 견지(perspective)라고 할 수 있으며, 조사방법에 영향을 준다. 패러다임은 조사자가 증거수집을 어디서 어떻게 할 것인가를 안내해 준다. 정치학자, 경제학자, 사회학자 각각은 같은 현상을 서로 다른 방식으로 묘사하고 분석하고 설명한다. 어느 하나가 옳거나 틀리다기보다는 각 패러다임은 자신의 특수한 방식으로 문제를 본다고 이해해야 한다. 사회사업조사자는 실용적 개입방법을 알아내기 위해 여러 가지 패러다임을 활용하는 것이 바람직하다.

빈곤과 의존성의 세대간 전달을 이해하기 위한 예를 들어 보자. 심리적인 미성숙, 사회적 고립 또는 경제적 대안의 부족 중 어느 것이 빈곤을 양

Tips

▶ **변수(variable)** : 변수란 어떤 대상(object)을 묘사하는 속성의 논리적 군(grouping)이라고 할 수 있다. 예를 들어, 성별은 남성과 여성이라는 두 개의 속성으로 구성되어 있다. 종교는 기독교, 불교, 가톨릭교, 무교 등 여러 가지 속성을 가지고 있는 변수다. 여기서 알 수 있는 것은 두 가지 이상의 다른 속성을 가지고 있어야지, 한 가지 속성만 가지고 있다면 변수가 될 수 없다는 것이다. 여기서 남성 그 자체는 변수가 되지 못한다. 그러면 중요한 포인트를 예를 들어 설명해 보자. 성별과 학력 간의 관계를 알아보는 연구를 시행한다고 해 보자. 이때 성별에는 남성과 여성이라는 속성이 있기 때문에 표본 선정 시 남성과 여성이 골고루 선정되어야지, 남성만 선정된다면 변수의 기본을 갖추지 못했기 때문에 연구를 수행할 수 없다. 학력도 마찬가지다. 학력이 낮은 사람부터 높은 사람까지 다양한 사람이 선정되어야지, 모두 고등학교 졸업이라는 표본만 선정된다면 학력이라는 변수도 문제가 있어 연구를 수행할 수 없게 된다. 한 가지 예를 더 들어 보자. 생활만족도를 '매우 만족한다' 부터 '매우 불만족한다' 까지 5점 척도로 측정하였을 때 거의 모든 사람들이 '매우 만족한다' 에 응답하였다면 나중에 생활만족도와 다른 변수와의 상관관계를 볼 때 유의미한 결과가 나올 수 없게 된다. 변수는 다양한 값을 가질 수 있어야 한다.

산하는가? 경제학자는 다세대간 빈곤을 취직기회의 부족이나 직업구조 측면에서 생각할 것이다. 사회심리학자는 역할모델의 부재 측면에서 문제를 탐색할 것이다. 영양학자는 식품소비유형과 인지발달, 학교중퇴 그리고 의존을 탐색할 수 있을 것이다. 이처럼 빈곤과 의존성에 접근하는 데 있어 한 가지 패러다임만 있는 것은 아니다. 조사자들은 위의 모든 것이 존재할 때 다세대간 빈곤의 가능성이 크다는 것을 알고 있다. 그러므로 가능한 범위 내에서 여러 관점을 활용하는 것이 바람직할 수 있다.

사회과학자는 '왜 어떤 현상이 발생하는가?' 에 대한 설명을 제공하는 데 관심이 있다. 첫 번째 해야 할 것은 종속변수(우리가 설명하기를 원하는 것)를 파악하고 그것이 어떻게 독립변수(종속변수의 변화를 생산하는 요인)와 연관되는지를 보여 주는 것이다. 물리학에서 우리는 온도가 떨어지거나 오를 때 물이 얼음으로 되거나 수증기로 변화되는 것을 알고 있다. 이는 쉽게 관찰할 수 있는 현상이다. 물의 상태는 종속변수이고 온도의 변화는 독립변수다. 이와 비슷하게, 경제적 상황이 변화할 때 고용기회의 변화가 발생하는 것도 관찰할 수 있다. 여기서 고용기회의 변화는 종속변수이고 경제적 상황의 변화는 독립변수로 볼 수 있다. 그러나 사회과학에서는 어떤 것이 원인이고 결과인지를 설정하는 것이 문제일 수 있다. 상호 연관되어 있는 것은 알기 쉬운데, 어느 것이 먼저이고 나중인지는 분별하기 힘든 경우가 많다.

또한 변수 간에 관계를 설명하는 데 있어서 연역적(deductive)인 방법으로 논리를 댈 것인지 귀납적(inductive)인 방법으로 논리를 댈 것인지도 결정해야 한다. 먼저 연역적 방법에 대해 설명하도록 하자. 조사와 밀접하게 연관되어 있는 것이 바로 이론(theory)이다. 이론은 '변수 간의 관계' 를 분명히 설명하는, 경험적으로 증명할 수 있는 일반적 통칙이라고 할 수 있다(일반적으로 이론은 경험적으로 검증된 부분도 포함하고 있지만 앞으로 검증되어야 할 부분도 포함하고 있다). 이론의 형성과 조사과정은 마치 순환루프와 같다고 할 수 있다([그림 1-1] 참조).

이론은 일련의 통칙(generalization)으로부터 도출되고 이론으로부터 가

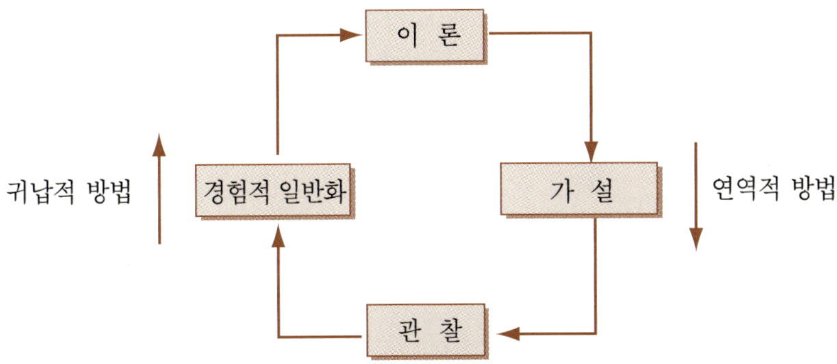

[그림 1-1] 과학적 연구의 과정

참조 : Wallace (1971). *The Logic of Science in Sociology*.

설(hypothesis)이 설정된다. 가설은 둘 또는 그 이상의 사건 사이의 관계에 대한 진술 또는 주어진 상황하에서 어떤 진실에 대한 주장이라고 할 수 있다. 전자의 예는 '영양부족의 아동은 영양섭취를 잘 하는 아동보다 학업성취가 낮을 것이다.' '학교 과제물에 대해 상호 지지를 보내는 집단은 단순히 토론만 하는 집단보다 학업성취도가 높을 것이다.'를 들 수 있다. 후자의 예는 'A지역의 대다수의 아동들은 적절한 영양섭취를 받지 못한다.'를 들 수 있다. 보통 가설이라 하면 전자의 경우를 말한다. 이러한 가설은 관찰을 통해 검증되어 더욱 정교하게 서술된 경험적 통칙을 양산하게 된다. 연역적 방법은 가설의 설정으로부터 시작하여 관찰을 통해 그 가설의 지지 여부를 결정하는 방법이라고 할 수 있다.

때때로 조사과정은 관찰(observation)로부터 시작된다. 예를 들어, 뒤르켕은 자살에 대한 원자료를 보고 자살률이 가톨릭 신자, 결혼한 사람, 농촌지역에서 낮은 것을 발견했다. 이러한 상관관계의 공통적인 특징은 사회적 측면이 연루된다는 것이다. 이는 사회통합의 부족, 즉 아노미(anomie)와 자살과의 관계에 대한 이론을 주창하는 근간이 되었다. 귀납적 방법은 관찰로부터 시작하여 어떤 유형을 발견하고 일시적 결론에 도달하는 방법이다. 귀납적 방법으로 얻은 결론은 추후연구의 길잡이가 될 수 있다. 학자들은 뒤르켕의 연구결과(초기이론)로부터 다양한 가설을 이끌어 냈고, 아노미의 사회적 결과에 관한 수많은 경험적 통칙을 양산하였다. 이를 통해 아노미 현상을 줄일 수 있는 실천적 방법이 채택되어 왔다. 다시 실천방법을 통해 뒤르켕의 원이론은 수정되고 확장된다.

제3절 조사의 주요 단계

사회사업가들은 기본적인 조사기법에 대한 지식을 가지고 있어야 한다. 인간문제의 복잡성 때문에 사회사업가들은 종종 자신의 실천을 평가하는 데 있어 과학적 방법을 사용하는 것을 무시하는 경향이 있다. 그러나 과학적 방법에 기반을 둔 조사는(문제가 얼마나 복잡하든 관계없이) 문제를 설명하고 연구하도록 돕는 논리적인 안내자역할을 해 준다. Polansky(1975)는 과학적 방법에 대해 다음의 패러다임을 제시하고 있다.

① 조사할 만한 문제를 발견하여 이론과 연결한다. 사회사업은 응용분야이므로 문제제기부분에서 연구의 실용적 함의도 언급되는 것이 좋다. 필요하면 가설을 설정한다.

② 결론을 도출시킬 논리, 즉 연구설계를 구체화한다(실험, 서베이 등).

③ 조사대상을 선정한다.

④ 주제에 대한 정보를 수집하기 위한 도구를 결정한다(타인의 도구를 빌

Tips

▶ **조사의 단계 : 연구문제의 제기**(연구질문의 설정 및 문헌검토, 가설의 설정) →**조사설계**(조사설계는 두 가지의 의미를 갖는다. ① 좁은 의미로 가설을 검증하거나 결론을 도출시킬 논리, 즉 실험설계 또는 상관관계설계를 할 것인지 결정하는 것과 ② 넓은 의미로 표본 선정과 측정도구 설정, 자료수집방법 및 분석계획 등을 포괄하여 조사 전반에 대한 계획을 수립하는 것)→**자료수집 및 처리**→**자료분석 및 해석**(결론도출)→**연구보고서 작성**

려오든지 새로 만든다).

⑤ 자료를 수집한다.

⑥ 자료를 통계적으로 또는 내용분석방법 등으로 분석한다.

⑦ 결과를 보고 결론을 논의한다.

⑧ 이론과 실천을 위한 함의를 이끌어 낸다.

⑨ 조사자가 모든 조사단계를 어떻게 수행했는지에 대해 보고서를 통해 독자들에게 알린다.

제4절 조사연구의 목적

조사연구의 목적은 탐색, 묘사, 설명으로 분류할 수 있다. 첫째, 탐색적(exploratory) 목적은 연구주제에 대한 내용이 별로 알려진 것이 없을 때 그 분야에 대한 새로운 통찰을 얻고 가설을 생성하기 위해 사용된다. 여기서 얻어진 결과는 나중에 엄격한 조사방법을 사용하여 재확인할 필요가 있다. 탐색을 목적으로 하는 연구에서는 조사방법이 엄격하지 않아도 된다. 전에는 연구된 바가 없는 지역사회에 대해 알고자 하는 경우, 조사자는 지역사회를 방문하여 누가 살고 있고 어디서 왔는지 등에 대한 기본사실을 확보하는 것을 예로 들 수 있다.

둘째, 상황과 사건에 대한 정확한 묘사/기술(descriptive)이다. 묘사를 목적으로 하는 연구는 어떤 모집단에 대한 특성을 정확하게 드러내기 위한 것이다. 이러한 연구는 모집단으로부터 표본을 선정하여 연구하고 얻은 결과를 모집단에 일반화시킬 목적으로 시행된다. 예를 들면, 지역사회로 퇴원한 정신장애인들에 대한 대표적 표본을 선정하여 그들이 어디서 누구와 살고 있고, 약물치료를 받고 있는 비율은 어떻고, 그들의 수입은 얼마나 되는지 등을 연구하는 서베이가 여기에 해당된다. 물론 모집단 전체를 연구하는 센서스도 묘사의 대표적 예라고 할 수 있다. 또 다른 예를 든다면 서울시내 여러 구의 성별, 연령별 범죄비율조사를 들 수 있다.

셋째, 설명(explanatory)이 있다. 묘사가 '무엇(what)'에 대한 것이라면 설명은 '왜(why)'에 해당된다. 단순히 정신장애인들의 생활상황을 묘사하는 것이 아니라 왜 어떤 정신장애인은 사회적 적응을 잘 하는데 다른 장애인은 그렇지 못한가를 설명하기 위한 목적으로 조사를 시행하게 된다. 그러므로 설명을 목적으로 하는 연구는 구체적 특성을 단순히 묘사하기보다는 독립변수와 종속변수가 구체적으로 정해져 종속변수에 대한 독립변수의 영향이 측정된다. 즉, 설명을 주목적으로 하는 연구는 바로 원인과 결과에 대한 추론을 하는 것이 주목적이 된다.

기타 조사의 목적으로 **예측**이나 **통제**를 들 수 있다. 앞으로 발생할 현상을 예측하기 위한 목적, 예를 들어 경제동향이나 주가예측 등을 위해 조사를 시행하기도 하고 연구결과를 바탕으로 사회통제를 시행하기 위해 조사를 시행하기도 한다. 어떤 프로그램의 효과를 **평가**하는 목적을 갖기도 한다.

제5절 분석의 단위

분석의 단위에는 세 가지 유형이 있는데, 이는 개인, 집단, 사회적 가공물(social artifacts)이다. 대부분은 개인을 분석단위로 하여 연구를 진행한다. 개인에 대한 조사결과를 묶어서 사회적 집단의 기능을 설명하거나 묘사하는 경우가 있는데, 이때는 개인이 분석단위가 된다. 예를 들어, 지역사회 주민들의 욕구를 조사할 때 개인들에게 설문을 하여 욕구를 물은 후 이 결과를 합산하여 그 지역의 욕구를 기록한다든지, 가출 청소년이 치료를 받은 후 사회적 기능이 좋아졌는지를 연구하기 위해 개인들에게 설문지를 돌려 분석하는 경우는 개인을 분석단위로 하는 것이다. 집단을 분석단위로 연구하는 경우도 있다. 여기에는 가족, 소집단, 조직, 지역사회가 포함된다. 예를 들어, 가족치료가 가족응집력을 향상시켰는가를 조사하기 위해 가족단위로 응집력을 측정하는 경우, 여기서 분석단위는 가족이 된다. 또한 저소득 가정과 고소득 가정의 특성을 비교하는 경우도 분석단위는 가족이 된

Tips

▶ **분석의 단위** : 개인이 분석단위인 경우, 개개인들의 값을 합산하여 그들이 속한 모집단에 관해 일반화를 하게 된다. 교회 신도, 미혼모, 탈북자, 왕따 청소년, 성폭력 희생자 등 어떤 유형의 개인도 분석의 단위가 될 수 있다. 개인을 분석단위로 하면 그 개인들로부터 얻어진 결과를 합산하거나 평균하여 모집단에 관해 추론하게 된다. 그렇다면 서울 노원구 15개 동 지역의 복지욕구를 비교하는 연구에서 분석단위는 개인인가? 아니면 지역사회인가? 이 연구에서 만일 동별 비교가 주목적이 아니라 노원구 주민 개개인들에게 복지욕구 설문조사를 하여 노원구 주민의 복지욕구를 파악하는 것이 주요 목적이라면 분석단위는 개인이 된다. 교육수준이 낮을수록 복지욕구가 크다든지, 미취학 아동이 많은 주민일수록 복지욕구가 크다든지에 대하여 알아본다면 분석단위는 개인이 된다. 그러나 각 동별로 복지욕구의 수준을 구하여 비교하면서 지역별 특성을 찾는 것이 주목적이라면 분석단위는 지역사회가 된다(예 : 어느 동에서 의료욕구가 크게 나왔는지를 알아보거나, 지역의 크기에 따라 욕구가 달라지는지를 파악한다거나, 지역의 인구규모에 따라 욕구가 달라지는지를 알아보는 등). 다른 예를 들어 보자. 갱집단을 연구하는 경우, 개인 갱 멤버들을 조사하여 갱집단 가입동기나 월수입 등을 조사한다면 분석단위는 개인이 될 것이다. 그러나 전국 갱집단을 조사하여 갱집단의 크기에 따라 활동내용이 달라지는지를 알아보거나, 대도시 갱집단과 소도시 갱집단의 차이를 알아보고자 한다면 집단의 특징에 대하여 관심을 갖는 것이므로 분석의 단위는 집단이 된다. 소득이 높은 가족과 소득이 낮은 가족 간에 가정폭력의 수준에 차이가 있는지를 알아본다면 여기서 분석단위는 가족이 된다. 코스닥에 등록된 기업의 특성을 조사한다면 분석단위는 기업이 된다. 우리나라 전국의 지역별 자살률을 비교하는 연구도 마찬가지로 지역이 분석단위가 된다. 어떤 유형의 결혼식이 가장 인기가 있는지, 국내 범죄의 유형을 분석하는 것 등은 사회적 가공물이 분석의 단위가 된다.

다. 지역을 표집단위로 하여 지역별 자살률을 비교하는 연구도 이에 해당된다.

사회적 가공물이란 인간의 행위로부터 만들어진 산물이나 사건, 행동을 말한다. 여기에는 서적, 이혼, 비윤리적 행동, 결혼 등이 포함된다. 사회적 가공물을 분석의 단위로 하는 조사의 예를 들어 보자. 어느 신문의 사설의 경향을 파악하기 위해 수년 동안의 신문사설을 분석하는 경우가 좋은 예가 될 것이다. 종교 간의 결혼의식에 대한 비교조사도 결혼의식이라는 사회적 가공물이 분석단위가 된다. 또한 사회사업실천에 있어서 비윤리적 실천행위를 조사한다고 하자. 이 경우 비윤리적 행동의 종류나 특성, 원인 등을 조사한다면 여기서 분석단위는 바로 비윤리적 실천행동이 된다.

대부분의 조사에서는 개인이 분석의 단위로 설정되어 진행되나, 집합체를 단위로 하여 조사가 진행되는 경우 주의할 점이 있다. 집단을 단위로 조사한 결과를 바탕으로 개인의 특성을 설명해서는 안 된다. 물론 한두 개인을 분석한 결과를 바탕으로 집단의 성격을 제시하는 것도 오류를 발생시킨다. 예를 들어 보자. 지역사회를 분석의 단위로 설정한 연구에서 지역사회 단위별로 볼 때 개신교도의 비율이 높은 지역일수록 자살이 증가하는 것을 발견했고, 가톨릭 신자의 비율이 낮은 지역일수록 자살이 증가하는 것을 발견했다고 하자. 이때 개신교 신자일수록 자살을 많이 한다는 결론을 내릴 수 있는가 하는 문제다. 개신교도가 많이 사는 지역에서 자살이 많다고 하여 개신교도가 자살을 많이 한다고 판단할 수는 없다. 개신교도가 많이 살지만 실제로 자살한 사람들은 종교가 없는 사람일 수도 있고 다른 종교를 가진 사람일 수 있는 것이다. 이렇게 집합체를 분석의 단위로 조사하여 개인의 특성을 유추할 때 이를 생태학적 오류(ecological fallacy)라고 한다. 실제로 개인을 조사하지 않고 집단을 조사한 상황에서 그 집단을 구성하는 개인의 속성을 추론하는 것은 위험하다.

개인주의적 오류(individualistic fallacy)를 범해서도 안 된다. 즉, 일반적 사실이나 확률적 사실은 개별적인 예외가 있다고 해서 부정되는 것은 아니다. 예를 들어, 교육을 전혀 받지 못한 사람이 부자가 된 경우를 발견했다고 해서 교육수준이 높을수록 소득도 높다는 일반적 사실이 부정될 수는 없다. 한 예를 더 들어 보면, 어느 전통적인 유교적 지역사회의 몇몇 개인들이 성행위에 자유롭다는 의견을 표시했다고 해서 유교집단은 성개방주의 집단이라고 결론내릴 수는 없는 것이다. 그 집단의 일부 개인들의 예외적인 성개방의식과는 별개로 유교중심사회는 엄격한 보수적 성격을 가지고 있는 것이다(참조 : 홍두승, 1987; Babbie, 2001).

제6절 양적조사와 질적조사

1900년대 초반 사회사업학문이 개발되는 시점에 사회사업조사의 과학적 방법으로 채택된 패러다임이 바로 프랑스의 철학자인 콩트의 실증주의(positivism)다. 실증주의는 과학적인 방법으로 세상을 연구하도록 시도해야 한다는 개념을 증진시켰다. 실증주의 패러다임은 다음과 같은 개념을 중시한다(Mark, 1996).

① 독립적으로 존재하는 객관적인 세계가 있다.

② 세상의 사건은 자연법칙이나 기제의 조작에 의해 결정된다. 조사자들은 이러한 법칙이나 기제를 발견함으로써 세상을 이해할 수 있다.

③ 조사자와 조사되는 현상은 완전히 독립적이다. 그러므로 조사자는 어떤 방식으로든 그 현상에 영향을 주지 않고 현상을 연구할 수 있다.

④ 조사자의 관찰이나 방법에 편견이 개입될 수 있을지라도 이는 엄격한 과학적 절차를 준수함으로써 피해갈 수 있다. 예를 들어, 독립적인 관찰자나 체계적인 관찰을 활용하여 편견을 배제할 수 있다.

⑤ 조사자가 과학적 절차를 준수하는 한 조사자의 편견과 가치는 조사결과에 영향을 주지 않을 것이다. 즉, 조사가 가치중립적이 된다.

⑥ 세상을 이해하기 위해서는 표준화된 과학적 절차가 사용되어야 한다. 이러한 절차는 다음 사항을 포함한다. 예를 들어, 이론을 통해 가설을 설정하고, 객관적인 관찰을 통해 검증되어야 한다. 검증을 위해 객관적으로 측정될 수 있도록 조작화되어야 한다. 조사자의 편견이나 다른 변수의 영향을 배제시킬 수 있도록 조사과정을 설계해야 한다.

패러다임의 한 가지 특징은 패러다임이 우리의 사고 깊숙이 자리 잡은 나머지, 우리가 독단적일지도 모르는 신념체계를 가지고 있다는 것을 인식하지 못하게 한다는 것이다. 우리가 믿어 왔던 과학적 방법도 예외는 아니다. 대부분의 사회과학자들은 최근까지 표준화된 과학적 방법(예 : 이론에서 가설을 선정하고 자료수집을 통해 검증)을 선택하고 준수해 왔다. 그러나 한 패러다임이 영원히 지속되는 것은 아니다. 모든 패러다임은 문제나 또는 불만족을 야기하는 요소를 갖게 마련이다. 이러한 불만족이 커지면 새로운 패러다임, 즉 세상을 이해하는 새로운 사고방식이 옛 패러다임을 대치하기 마련이다. 사회과학자들과 사회사업조사자들은 기존 실증주의 패러다임에 대한 불만족을 느끼기 시작했는데, 그러한 불만족은 다음과 같다.

① 실증주의적 조사는 현실에 대한 정확한 견해를 제공하지 못한다. 모든 사회현상을 구체적 명제로 축소시키고 단지 제한된 변수만을 연구한다. 따라서 매우 제한된 지식을 제공한다. 인간 상호작용 속에서 발생하는 복잡한 유형을 설명하지 못한다. 예를 들어, 실증주의적 접근을 통해 집에서의 아동의 과잉행동은 부모가 과도한 관심을 기울일 때 증가한다는 것을 검증하여, 이러한 관계를 이해하는 데 도움을 줄 수 있다. 그러나 가족의 역사와 부모, 자녀, 형제, 외부인 사이의 복잡한 관계 형성이 어떻게 가족의 기능에 영향을 주어 아동에게 과도하게 관심을 기울이게 되는지는 말해 주지 못한다.

② 실증주의적 조사로부터 도출된 지식은 너무 제한적이어서 현실세계에서는 실용적인 적용이 떨어진다. 실증주의적 조사는 어떻게 변수들이 서로 영향을 주고받는지를 발견하는 데 초점을 둔다. 그러나 현실과는 거리가 먼 통제된 상태에서의 변수 간의 관계를 말해 주기 때문에 현실적용에서의 실용적인 함의가 떨어진다.

③ 실증주의적 조사는 자연과학에서 먼저 개발되었다. 이러한 조사는 물리적 현상과는 질적으로 다른 인간 상호작용의 연구에는 적합하지 않다. 인간 상호작용은 수량화하기 힘들다.

④ 실증주의는 가치중립적이고 객관적인 조사를 강조하나, 실제로 조사자 자신도 주관적인 자아를 갖고 있고, 연구대상도 인간이므로 주관성을 완전히 배제할 수 없다. 독립적인 관찰을 할 수 있는 객관적인 대상은 존재하지 않는다. 관찰 그 자체가 연구되는 현상에 영향을 주게 되고, 또한 조사자의 주관적 견해가 영향을 미치게 된다.

따라서 1970년대 이후 많은 사회복지학자들은 전통적인 과학적 방법에서 벗어나 다른 유형의 조사에 관심을 돌리기 시작했다. 그러면 양적조사와 질적조사에 대해 간략히 그 특성을 비교해 보기로 하자.

논리적 실증주의에 기반을 둔 양적조사는 자료수집과 분석이 계량적 형태로 수행된다. 논리적 실증주의란 어떤 이론적 명제가 진실인지 아닌지는 자료를 계량적인 방법으로 수집하여 경험적으로 입증될 때만이 인정될 수 있다는 과학철학의 접근방법이다. 사회과학에서도 이론의 타당성과 일반성을 확보하기 위해서는 자연과학의 측정원리와 같은 방법이 적용되어야 한다는 입장이다. 양적조사(quantitative research)에서는 사회현상에 대한 측정을 위해 객관적 측정도구를 사용하고 분석도 통계적으로 진행되기에 객관적이다. 이 책에서 제시되는 내용은 대부분 양적조사방법에 대한 설명이다. 질적조사방법은 제11장에서 별도로 소개한다. 그러나 질적조사는 사회사업의 지식 생산에 중요한 조사방법의 하나로 자리 잡고 있다.

질적조사(qualitative research)의 장단점을 간략하게 소개하면 다음과 같다. 양적조사에 비해 질적조사는 실제 사건을 있는 그대로 묘사하려 한다. 때때로 조사자는 어떻게 사건이 실제 참여자에게 인지되는지 그리고 어떻게 느껴지는지를 알고자 한다. 이때 양적조사에서처럼 설문지를 사용하기보다는 질적조사자는 관찰이나 면접을 수행하여 참여자가 자신의 이야기를 나름대로 말하도록 고무한다. 이런 방법을 토대로 질적조사는 상황을 있는 그대로 복합적인 맥락에서 제시할 수 있게 된다. 반면 양적조사는 설문지를 통해 현실의 특정 양상을 뽑아내는 경향이 있다. 그러므로 질적조사는 양적조사에 비해 복잡한 현실과 어떻게 다양한 사건들이 상호작용하는지에 대해 더욱 총체적인 견해를 제공해 줄 수 있다.

한편, 양적조사는 현실의 많은 부분이 제외된 구체적 정보만을 제공하여 시야를 좁게 만든다. 또한 양적조사는 인간행동의 광대한 범위를 설명하는 데 있어 고려되어야 하는 개념이나 변수의 종류를 과도하게 제한하는 경향이 있다. 이러한 이유로 축소주의 또는 환원주의(reductionism)라는 비판이 있다. 질적조사의 도전적 과제(단점)는 신뢰도와 타당도라는 과학의 기본 원리를 어떻게 확보하는가 하는 것이다. 질적조사에서 조사자는 자신이 측정도구가 되어 현상을 측정하고 분석도 조사자의 주관이 개입되므로 객관적이지 못하다는 비판을 받는다. 질적조사는 주로 귀납적 방법을 활용하게 된다.

후기실증주의는 조사연구의 객관성을 강조하면서도 질적조사의 유용성을 인정하고 있다. 결론적으로 말해 조사연구의 목적에 따라 양적 또는 질

인식론에 대한 논쟁

인식론(epistemology) : 지식의 본질과 지식을 규명하는 방법

• 경험적 실천론자

보다 객관적으로 인정받을 수 있는 엄격한 조사과정을 거친 후 경험적으로 일반화된 지식이 유용하다는 견해 고수

예 Hudson

클라이언트의 문제를 경험적으로 측정할 수 없으면 문제는 존재하지 않으며, 그 문제를 측정할 수 없으면 개입도 불가능하다.-치료의 제1원칙

• 논리적 실증주의에 대한 비판

예 Heineman 여사

사회사업의 본질에 적합한 다른 형태의 가치로운 정보를 도외시하면서 단순화되고 계량화된 측정 가능한 형태의 지식만이 유용하다고 보는 실증주의자들은 이미 용도 폐기되어 쓸모없는 과학적 명제만을 고집한다고 비판

→ 사회사업가가 실천과정에서 스스로 유용한 지식을 개발하는 자기발견적(heuristic) 조사방법이 필요

양적 및 질적조사방법의 비교

• 양적접근
-자료수집과 분석을 계량적 방법으로 수행
-자료수집과 분석이 객관적으로 진행
단점
-조사연구의 대상을 측정 가능한 요소로 한정
-통제된 상태에서의 관찰을 근거로 결과를 제시하므로 자연스러운 실천현장에 적용되어 일반화되기 어려움
예 실험연구
-인간 행동의 맥락을 묘사하기 어려움
-조사자도 주관적인 자아를 가지고 있고 연구대상인 인간도 주관성을 완전히 배제할 수 없음

• 질적접근
-사회현상을 있는 그대로 묘사하는 데 초점을 둠
-자료수집과 분석을 계량화하지 않고 질적인 형태로 수행
-조사자 자신이 측정도구가 되며 분석도구가 되므로 주관적이라는 비판
-사회사업처럼 클라이언트의 삶의 의미를 정확히 포착하고 구체적으로 서술하는 접근방법에 적합하다는 견해 표방

출처 : 황성철(1998). 사회사업실천의 효과성에 관한 논쟁과 미국 사회사업의 발전. 한국사회복지학, 34호.

적조사방법을 모두 적절하게 활용할 수 있는 것이다. 질적조사와 양적조사는 상호배타적이 아니라 상호보완적인 관계다.

제7절 조사에 있어 윤리적 이슈

조사자들은 과학적 조사를 시행하는 데 있어서 무엇이 적절하고 비적절한 행위인지에 관한 일반적인 합의사항을 준수하는 것이 바람직하다. 여기에는 다음과 같은 사항이 포함된다. 참여자들이 연구에 자발적으로 참여하

도록 해야 하며, 강압에 의해 참여시켜서는 안 된다. 예를 들어, 연구에 참여하지 않으면 어떤 혜택을 주지 않겠다고 압력을 가해서는 안 된다. 연구 참여자들을 심리적, 물리적 위험에 빠뜨리거나 참여자에게 신체적, 심리적, 물질적, 법적 피해를 끼쳐서는 안 된다(비록 자발적으로 참여했더라도). 참여자들의 안전과 사생활 보호를 위해 익명성과 비밀보장의 원칙이 지켜져야 한다. 참여자 모르게 조사과정이 진행되어서는 안 되며, 반드시 동의를 얻고 연구를 진행해야 한다. 물론 비밀리에 참여관찰을 해야만 하는 경우도 있게 마련이다. 이때 조사자는 딜레마에 빠지게 된다. 사회적 이익에 비추어 적절한 타협점을 마련해야 할 것이다. 또한 자료의 분석과 보고과정에서도 연구의 단점을 독자들에게 알려야 할 의무가 있으며, 부정적인 결과도 보고해 주어야 한다.

실험설계를 할 경우 참여자를 비교집단에 할당시키고 개입을 유보하는 것도 윤리적으로 문제가 될 수 있으므로 이에 대한 참여자의 동의를 얻는 것이 중요하다. 단일사례설계 시에도 윤리적 문제가 발생할 수 있다. 예를 들어, ABAB 설계를 활용할 경우, 중간에 잠시 개입을 철회해야 하는데, 이에 대한 합당한 설명이 실험대상자에게 있어야 한다. 또한 기초선 확보를 위해 개입을 유보하는 것도 대상자의 동의가 필요한 것이다.

또한 프로그램 평가를 시행하는 경우, 때때로 기관행정가들은 평가 결과가 우호적으로 써지기를 기대하는 경우가 많다. 따라서 외부에서 고용된 평가자들은 프로그램에 대해 진실을 말해야 하는지 또는 프로그램이 표준이하라는 것을 그럴싸하게 둘러대야 하는지에 대한 딜레마에 빠지는 경우가 많다. 분명한 윤리적 기준은 전문적 객관성을 유지하는 것이며, 재정적인 이유로 흔들려서는 안 된다는 것이다. 평가자들은 항상 결과에 영향을 줄 수 있는 압력을 받게 마련이다. 평가자들은 자신이 고용되는 이유가 공정하고 정확하게 평가할 수 있는 능력 때문이란 것을 인식하는 것이 중요하다.

사회복지조사 개관

예상문제

1. 다음 중에서 조사의 목적이 아닌 것은?

① 탐색
② 기술(묘사)
③ 사색
④ 설명
⑤ 예측

해 설 조사의 목적에는 탐색, 기술, 설명, 예측, 평가, 통제 등이 있다.

2. 집단단위로 연구를 하고 결론으로 개인의 성향을 도출시키는 오류를 무엇이라 하는가?

① 생태학적 오류
② 제2종 오류
③ 제1종 오류
④ 개인주의적 오류
⑤ 제3종 오류

해 설 집합체를 분석의 단위로 조사하여 개인의 특성을 유추할 때 이를 생태학적 오류라고 한다. 실제로, 개인을 조사하지 않고 지역 등을 조사한 상황에서 그 지역을 구성하고 있는 개인의 속성을 추론하는 것은 위험하다.

3. 조사의 논리적 관점에 대한 설명으로 옳지 않은 것은?

① 이론이 없으면 연역적 방법을 이용한다.
② 선행연구가 별로 없으면 귀납적 방법을 이용한다.
③ 연역적 방법은 가설을 검증한다.
④ 귀납적 방법은 가설의 설정 없이 관찰로부터 시작한다.
⑤ 귀납적 방법은 주로 질적조사방법이고 연역적 방법은 주로 양적조사방법이다.

해 설 이론이 미개발된 분야에서는 탐색적 연구로 질적조사를 하는 것이 좋다.

답 1. ③ 2. ① 3. ①

4. 연역법과 귀납법에 관한 설명으로 옳지 않은 것은?

① 연역법은 이론적 배경으로부터 가설을 설정한다.

② 질적조사는 귀납법이라 할 수 있다.

③ 연역적 방법에는 실험도 포함된다.

④ 귀납적 방법과 연역적 방법은 상호보완적인 역할을 한다.

⑤ 관찰로부터 조사를 시작한다면 연역적 방법을 활용하고 있는 것이다.

해설 관찰로부터 조사를 시작한다면 귀납적 방법이다.

5. 다음 중 조사연구의 목적으로 부적절한 것은?

① 상황과 사건에 대한 기술 또는 묘사

② 별로 알려진 것이 없는 분야에 대한 탐색

③ 어떤 현상에 대한 설명

④ 앞으로 발생할 현상의 예측

⑤ 인간의 내면적 문제에 대한 가치판단

해설 가치적인 문제는 조사가 불가능한 경우가 많으며, 조사는 중립적이고 객관적인 입장에서 시행되어야 한다.

6. 일반적인 조사연구의 진행과정은?

① 문제제기(문헌검토)→조사설계→자료수집→자료분석 및 해석→보고서 작성

② 이론적 검토→조사설계→문제제기→자료수집→자료분석 및 해석→보고서 작성

③ 자료수집→문제제기→문헌검토→조사설계→자료분석 및 해석→보고서 작성

답 4. ⑤ 5. ⑤ 6. ①

④ 문헌검토→조사설계→문제제기→자료분석 및 해석→보고서 작성

⑤ 답 없음

해설 조사는 문제제기로 시작한다.

7. 양적조사가 현실의 많은 부분을 제외한 구체적 정보만을 제공하여 시야를 좁게 만들며, 인간 행동의 광대한 범위를 설명하는 데 있어 고려하여야 하는 개념이나 변수를 과도하게 제한하는 경향을 일컬어 무엇이라 하는가?

① 환원주의(축소주의)　② 생태학적오류

③ 개인주의적 오류　④ 인식론적 오류

⑤ 제2종 오류

해설 환원주의(축소주의)는 양적조사의 대표적인 한계다.

8. 인식론적 논의에 대한 설명으로 옳지 않은 것은?

① Fisher의 효과성 논쟁은 경험적 실천운동을 가속화시켰다.

② 경험적 실천론자들은 논리적 실증주의에 그 기반을 두었다.

③ Hudson은 클라이언트의 문제를 경험적으로 측정할 수 없으면 문제는 존재하지 않는다고 하였다.

④ Heineman은 실증주의를 강하게 비판하였다.

⑤ 실증주의는 일종의 자기발견적 조사방법이다.

해설 Heineman은 사회사업가가 실천과정에서 스스로 유용한 지식을 개발하는 자기발견적 조사방법이 필요하다고 주장하였다.

답 7. ①　8. ⑤

9. 다음 중 양적조사방법에 대한 비판이 아닌 것은?

① 조사연구의 대상을 너무 측정 가능한 요소를 한정한다.

② 조사결과가 실천현장에 적용되기 어렵다.

③ 축적된 지식이 없는 분야에는 적용이 어려운 경우가 많다

④ 행동의 맥락에 대한 자세한 결과를 제시할 수 없다.

⑤ 객관적인 결과를 제시할 수 있다.

해 설 객관성을 추구하는 것이 양적조사방법의 주요 장점이다.

10. 다음 중 실천가-조사자 양성과 관련하여 옳지 않은 설명은?

① 실천가가 자신의 실천활동의 효과성을 입증할 필요가 있다는 데서 비롯되었다.

② 학자들과 실천가 사이의 간극을 메우기 위한 방법이 필요하였다.

③ 단일사례조사방법이 추천되었다.

④ 단일사례설계는 비판 없이 수용된 것은 아니다.

⑤ 단일사례설계는 클라이언트의 문제를 포괄적인 맥락에서 사정한다.

해 설 단일사례설계는 클라이언트의 문제를 행동상의 문제로만 보는 시각에서 벗어나지 못했다는 비판을 받는다.

11. 과학의 전통적 요소에는 무엇이 있는가?

12. 과학적 지식의 특성에는 무엇이 있는가?

답 9. ⑤ 10. ⑤ 11. 이론, 조작화, 관찰 12. 경험성, 체계성, 반복성, 객관성, 확률적 결정론, 비규범성, 잠정적임

13. 사회현상을 이해할 때 일반인들이 흔히 범하는 오류의 유형에는 무엇이 있는가?

14. 지식 형성 또는 이해의 유형에는 무엇이 있는가?

15. 인식론의 의미는?

16. 논리적 실증주의에서 추구하는 입장은 무엇인가?

17. Heineman이 주장하는 논지는 무엇인가?

18. 양적조사방법의 단점은 무엇인가?

19. 후기실증주의의 견해는 무엇인가?

답 13. 본문 pp. 21-24 참조 14. 직관, 권위, 관습, 가치, 경험, 과학적 방법
15. 본문 p. 38 참조 16. 본문 p. 35 참조 17. 본문 p. 38 참조
18. 본문 p. 39 참조 19. 본문 p. 26 참조

제2장

연구문제와 가설

조사의 첫 번째 단계는 연구문제제기(problem formulation)다. 이는 조사를 시행할 문제를 결정하는 것이다. 연구문제는 일반적으로 거의 알려진 바가 없어 새로운 정보를 얻을 필요가 있는 탐색적인 분야일 수도 있고, 어떤 가능한 설명을 확인하거나 기각시킬 필요가 있는 분야일 수도 있다. 어떤 상황에 대한 원인을 알아보기 위한 것일 수도 있고, 어떤 상황에 대한 사회사업적 접근이 효과적인가에 대한 질문일 수도 있다. 탐색적 연구질문의 예를 들어 보자. 미국에서 1970년대 지역사회 정신보건운동에 힘입어 정신장애인을 입원중심 치료에서 지역사회중심 재활치료로 방향을 전환시킨 결과에 대해 많은 사람들이 궁금해하고 있다. 이러한 분야는 예전에는 거의 연구된 바가 없으므로 이 분야에 대한 사실을 수집하려는 노력을 기울여야 한다. '최근에 퇴원한 환자들은 어디서 어떻게 살고 있는가?' '약물치료는 지속적으로 받고 있는가?' '어떠한 스트레스를 가족과 지역사회에 부가하고 있는가?' '어떤 직장과 여가활동이 적절한가?' 와 같은 연구질문을 던질 수 있다. 설명을 목적으로 하는 연구질문은 변수 간의 관계를 질문한다. 예를 들어, '사회적 지지와 적응은 관련이 있는가?' 등이다. 다음은 연구질문의 예다.

- 치매노인가족을 위한 지지집단이 만들어진다면 얼마나 많은 사람들이 참여할 것인가?
- 사회사업가의 직무만족도는 어떤 조건에서 더 높을 것인가?
- 사회기술훈련은 정신장애인이 지역사회에서 독립적으로 기능하도록 하는 데 효과적인가?

조사자는 조사연구를 시행하기 전에 연구문제에 대해 분명하게 제시해야 한다. 조사자는 정확히 무엇을 발견하고자 하는가? 연구문제제기가 중요한 이유는 조사가 조사자의 관심사에 타당하게 수행되는지 아닌지를 말해 줄 수 있기 때문이다. 연구문제에 대한 정확한 서술이 연구 전 과정에 영향을 주기 때문에 이 부분에 많은 시간과 노력을 투자해야 한다. 조사가 아주 잘 진행된다 하더라도 조사자가 관심 있는 구체적 문제에 타당하지

Tips

▶ 문헌검토

- 조사를 시행할 때는 기존의 문헌을 참고해야 한다. 문헌검토를 수행한다는 것은 조사문제에 관련된 문헌들을 참고한다는 것을 뜻한다. 문헌검토는 연구문제를 개발하는 데 있어 다음과 같은 유용성이 있다. 첫째, 연구문제를 이론과 연결시켜 준다. 연구주제가 어떤 이론적 배경을 가지고 진행되는지를 알 수 있게 해 준다. 연구가 가치 있다고 평가받는 방법은 그 연구문제에 대한 지식을 축적하기 위한 노력들이 있어 왔음을 보여 주는 것이다. 문헌검토를 통해 연구주제가 적합한 주제임을 증명해 보일 수 있다.
- 둘째, 문헌검토를 통해 기존 조사의 연구문제 유형을 파악할 수 있고 유사한 연구문제가 있었는지를 파악할 수 있다. 연구문제를 선정할 때는 유사한 문제제기가 있었는지를 찾아보는 것이 중요하다. 이미 유사한 문제가 조사된 적이 있었다면 어떻게 할 것인가? 연구질문을 다시 개념화하여 약간 다르게 연구를 시행할 필요가 있다. 만일 너무 오래전에 조사된 경우라면 다시 한 번 연구를 시행하여 그 결과를 비교해 볼 수도 있다. 최근에 같은 문제로 연구가 시행되었다면 대상을 달리하든지 지역을 달리해서 조사를 수행할 수도 있다. 더 적합한 최신의 조사방법을 사용하여 다시 시행할 수도 있을 것이다.
- 셋째, 앞에서 제시된 내용과 연결되는 것이지만, 문헌검토는 기존 조사의 방법론적 경향과 한계를 파악하게 해 주고 앞으로의 조사에 대한 전반적인 방향을 제시해 준다. 예를 들어, 문헌연구를 통해 기존의 조사자들이 변수선정, 표본선정, 비교집단, 조사도구 등을 어떻게 설정하였는지 파악할 수 있고, 어떤 어려움이나 한계를 갖고 있는지 파악할 수 있다. 또한 어떤 개념이 새로이 연구되어야 하고 어떤 조사방법이나 설계가 필요한지도 안내해 준다. 초기 단계에서 이러한 점이 파악된다면 이는 상당한 시간을 절약해 준다.
- 요약 : 문헌검토를 통해 어떤 연구주제가 필요한지와 그 연구주제에 해당되는 중요한 변수가 무엇인지 파악할 수 있다. 또한 어떠한 연구방법이 적절한지, 즉 표집방법, 자료수집과 분석방법에 대해 판단할 수 있게 된다.

않게 진행될 수도 있다.

연구문제의 선정은 타당해야 한다. 즉, 사회사업조사는 사회사업의 맥락에 있는 사회사업가에게 타당한 것이어야 한다. 사회사업가에게 중요한 문제이고 사회복지의 어떤 측면에 타당해야 한다는 것이다. 연구문제는 또한 윤리적으로 수용할 만해야 한다. 또한 연구문제는 자료수집이 용이한지의 여부, 연구자의 능력이나 비용 등을 고려하여 제기하여야 한다.

연구문제는 너무 포괄적으로 작성하기보다는 좀 더 범위를 좁혀 구체적인 것이 좋다. 영적인 문제나 가치판단적인 문제, 너무 추상적인 주제는 사회과학에서는 제시하지 않는 것이 바람직하다. 또한 연구결과를 통해 얻을 수 있는 이론적, 실천적, 정책적 측면의 실용적 함의가 많은 주제를 선정하는 것이 좋다. 연구질문은 앞의 예에서 보았듯이 보통 의문문의 형태로 서술된다.

문제제기에서 연구의 유용성을 제시하는 예

1980년대 후반 정부는 저소득층의 주택문제를 해결하기 위한 방안의 하나로 '영구임대 아파트' 단지를 여러 곳에 조성하였다. 그 결과 물리적 측면에서 저소득층의 주거환경은 크게 개선되었으나, 취약계층이 한 지역에 몰려 있음으로 인해 생기는 사회문제가 적지 않은 것으로 평가되고 있다. 이렇게 저소득층 밀집지역에서 발생하고 있는 다양한 사회문제들 그리고 그중에서도 청소년비행문제의 심각성이 날이 갈수록 더해지고 있다는 데에는 이론의 여지가 없다. 이에 청소년비행 원인과 배경을 밝히고자 하는 노력이 지속되고 있다. 그러나 대부분이 개인 아니면 가족에 초점을 맞춘 일차원적인 수준에 머물고 있을 뿐, 다차원적이고 통합적으로 접근하지 못하고 있다.

…… 중략 ……

본 연구결과를 바탕으로 저소득층 밀집지역의 청소년비행을 최소화할 수 있는 개입방안을 모색하고자 한다. 일반적으로 비행청소년이 갖는 특성 중 상당 부분은 변화되기 어려운 속성을 갖고 있다. 가정의 결손, 저소득, 열악한 주거환경, 유사한 상황에 있는 취약계층의 밀집 등은 장기간의 정책적 노력과 사회변화를 통해서만 변화가 가능하다. 이에 반하여 청소년들의 비행화과정은 만일 그

것이 비교적 정확히 파악되기만 한다면, 개입의 가능성과 그에 근거하여 변화를 유도해 낼 수 있는 방법을 발견할 가능성이 높다. 이것은 같은 요인을 갖고 있는 청소년이라 하더라도 각기 다른 과정을 통해 서로 상이한 발달과정을 가질 수 있다는 가정에 근거하고 있다. 이를 위해 본 연구는 특히 개입 가능한 과정상의 역동성에 주안점을 둘 것이며, 그 결과를 통해 대상지역에 실시할 수 있는 개입 프로그램을 개발하기 위한 기초자료를 제시하게 될 것이다(이익섭 외, 1998).

제1절 개념화와 조작화

모든 문제가 연구 가능한 것은 아니다. 신앙이나 가치적인 문제는 조사하기 어려울 수 있다. 예를 들어, '인간이 죽은 후 영혼은 어떻게 되는가?' 같은 연구문제는 조사가 불가능하다. Selltiz 등(1976)은 조사 가능한 문제가 되기 위한 조건을 제시하였다. 이들은 연구문제에 서술된 개념(concept)에 대한 증거를 얻을 수 있어야 하고, 그 증거는 직접적인 관찰이나 측정을 통해 얻어질 수 있어야 한다고 지적하고 있다. 연구문제의 개념이 변수로 설정되어 조작화될 수 있어야 한다고 말한다. 여기서 중요하게 대두되는 것이 있다. 바로 문제제기의 또 하나의 중요한 측면인 개념의 규정이라는 것이다. 앞의 연구질문의 예에서 직무만족도라는 용어를 사용하였는데, 이 개념이 무엇을 뜻하는지 사람들에 따라 다를 수 있다. 개념은 사용되는 학문분야와 학자에 따라 다양하게 정의할 수 있다. 예를 들어, '정신장애인의 삶의 질' 에 대해 정신과에서는 정신이상증세가 없는 상태로 정의할 수 있고, 사회복지분야에서는 가족생활이나 주거, 고용, 여가 측면에서의 주관적 만족도로 정의할 수 있다. 그러므로 조사를 시행할 때는 주요 변수에 대한 개념적 정의를 내려 혼돈을 피해야 한다. 개념화(conceptualization)란 연구에서 사용하는 특정 개념에 대해 그 용어가 무엇을 의미하는지 구체화하는 과정이다. 즉, 연구를 위해서는 어떤 개념에 대해 작업상 동의가 필요한 것이고, 따라서 개념적 정의는 연구에서 사용되는 개념에 대해 동의가 이루어진 특정한 의미라고 할 수 있다. 그러므로 예를 들어, '직무만족이란 수입과 근무환경과 직장 내 대인관계에 대한 만족'이라고 구체화하는 개념화가 필요하다.

개념화를 통해 모호한 개념을 보다 구체화하여 혼돈을 피할 수 있게 되었지만 개념적 정의는 여전히 추상적인 측면이 강하게 남아 있다. 그러므로 조작적 정의(operational definition)를 통해 좀 더 경험적인 구체화가 필요하다(김영종, 1999). 조작적 정의란 개념을 경험적으로 그리고 가시적으로 측정하기 위한 구체적 정의를 말한다. 간단히 말해 조작적 정의란 조사에 사용되는 변수를 '관찰하고 측정'할 수 있도록 돕기 위한 구체적 정의라고 할 수 있다. '지능'의 조작적 정의는 '특정 지능검사의 점수'가 될 수 있다. 'A학점'의 조작적 정의는 '그 과목 기말시험 90점 이상'으로 조작적

조작화와 조직적 정의

조작화와 조작적 정의에 대하여 학자들은 굳이 구별하여 사용하지 않는 경우가 많으나, 다음과 같은 차이가 있다.

- 조작화 : 개념화 이후에 변수를 측정하기 위해 사용할 절차나 도구, 방법을 선정하고 구체화하는, 즉 조작하는 과정을 말한다. 조작적 정의를 전개하고 개발하기 위한 과정이다. 조작화는 측정기법을 결정하거나, 설문문항 작성을 결정하는 것도 포함하는 의미다. 비행에 대한 조작화의 한 예는 '물건을 훔친 경험에 대한 설문'이 될 것이다.
- 조작적 정의 : 조작화과정을 통해 개발된 정의다. 변수를 관찰할 만한 용어로 변환하는 것, 즉 '특정 변수를 관찰하기 위한 범주를 결정'하기 위해 사용할 지표나 조작(예 : 횟수나 점수 또는 평점)을 말한다. 예를 들어, 비행에 대한 조작적 정의의 예는 '물건을 훔친 횟수가 1회 이상이나 훔친 경험의 유무'가 될 것이다. A학점에 대한 조작적 정의는 '중간고사와 기말고사의 평균 점수가 90점 이상'이라고 할 수 있다. 직장동료 만족도에 대한 조작적 정의는 '지난 한 달 동안 직장동료와의 갈등 횟수 또는 직무만족 척도의 점수'라고 할 수 있다.

정의를 내릴 수 있다. 다른 예를 들어 보자. 직무만족을 수입과 근무환경과 직장 내 대인관계에 대한 만족으로 개념화한 경우, 이를 조작화한다면 직무만족의 그러한 측면을 관찰할 수 있는 지표는 무엇인가? 조작적 정의의 한 예는 직무에 관한 여러 측면의 만족을 재도록 구성된 표준화된 직무만족척도의 점수일 것이다. 또한 한 달 동안 직장동료와 갈등을 일으킨 수를 직장 내 대인관계 만족의 조작적 정의로 내릴 수도 있을 것이다.

조작적 정의의 예를 한 번 더 살펴보자. '사회계층이 높은 가정의 청소년일수록 비행이 적다.' 라는 가설을 설정하였을 경우, 여기서의 변수는 사회계층 여부와 비행 여부다. 사회계층은 '재산의 많고 적음' 으로, 비행은 '현행법을 위반함' 으로 개념정의할 수 있을 것이다. 다음 단계는 어떻게 측정할 것인지에 대한 구체화가 필요하고 이는 바로 조작화다. 비행을 조작화한다면, 지난 1년간 물건을 훔친 횟수나 여부에 대한 설문을 예로 들 수 있다. 여기서 한 가지 주의할 점이 있다. 물건을 훔친 횟수를 비행을 대변하는 것으로 받아들일 수 있는가? 어떤 사람들에게는 비행이 물건을 훔치는 것과 다소 다르게 느껴질 수 있을 것이다. 물건을 훔치지는 않았더라도 가출을 한다거나 약물을 하는 것 등을 생각할 수 있다. 그러므로 변수를 조작화할 때는 매우 신중하게 타당성 있는 정의를 만들어 내야 한다. 조작화가 쉽게 되기 위해서는 변수에 이름을 붙일 때부터 정확하고 분명한 이름을 붙여야 하며, 그래야 변수명과 측정의 조화가 쉽게 이루어진다(Babbie, 2001).

Tips

▶ 추상적 개념을 완전히 대변하면서 경험적 검증이 가능한 대체개념 또는 지표(indicator)를 찾는 것은 쉽지 않다. 부부관계를 측정하기 위해 이를 부부간의 다툼의 횟수, 대화의 횟수로 조작적 정의를 내릴 경우, 이러한 대체개념들이 원래의 추상적 개념을 완전히 대변할 수 있는지는 의문이다. 그러나 이러한 한계점에도 불구하고 다른 더 좋은 방법이 없기 때문에 사회과학에서는 조작적 정의가 널리 사용된다(채구묵, 2001).

제2절 가설

설명을 목적으로 하는 연구라면 연구문제를 제기한 후 가설의 구체화가 필요하다. 가설을 보면 채택하고 기각하기 위해 자료수집을 어떻게 해야 할지(서베이를 해야 하는지 또는 실험을 해야 하는지) 알 수 있다. 가설을 제시할 때는 가설이 왜 그렇게 설정되었는지 타당한 이유를 덧붙여야 한다. 예를 들어, '치매노인과 동거하는 보호자는 부양부담이 더 클 것이다.' 라는 가설을 제시했다면 왜 이 가설이 타당하다고 생각하는지 이론이나 각종 사실에 연계하여 이유를 대야 한다. 그러므로 가설은 이론으로부터 도출되어야 하는 것이 타당하다. 조사자는 연구의 이론적 틀에 제시된 변수들에 대해서 가설을 설정하게 되는데, 이론적 틀에 대해서는 다음 절에서 소개하도록 한다.

가설에는 방향이 있는 가설과 방향이 없는 가설이 있다. 보통 탐색적 연구일 때는 방향이 없는 가설을 설정한다. 한 예로 '치매노인 부양부담과 암환자 부양부담에는 차이가 있을 것이다.' 처럼 어느 쪽이 부담이 높은지를 지정하지 않는 것이다. 이를 방향이 있는 가설로 설정한다면 다음처럼 예시해야 한다. '치매노인 부양부담이 암환자 부양부담보다 높을 것이다.' 방향이 있는 가설은 보통 이론적인 뒷받침이 되는 경우에 설정하게 된다. 방향이 있는 가설의 예를 하나 더 들어 보면, '학력이 높을수록 소득이 높

Tips

▶ **연구가설과 영가설** : 연구가설을 직접 증명하기보다는 이에 반대되는 가설, 즉 영가설(null hypothesis)을 설정하고 이를 기각함으로써 연구가설을 채택하는 방식이 쉽기 때문에 이러한 방식을 택하고 있다. 그렇기 때문에 영가설이 기각되는지의 여부를 중요시한다. 영가설은 보통 다음처럼 표현한다. '두 변수 간에는 관계가 없다, X가 효과가 없다 또는 두 집단 간에 차이가 없다.'

을 것이다.' 를 들 수 있다. 만일 이 가설을 방향이 없는 가설로 설정한다면 '학력에 따라 소득이 차이가 있을 것이다.' 로 설정하게 된다. 여기서는 학력이 높은 사람이 소득이 높은지, 학력이 낮은 사람이 소득이 높은지 방향이 없음을 알 수 있다. 보통 실험연구에서는 방향이 있는 가설을 설정하게 된다. 이론적으로 뒷받침되는 개입 프로그램을 시행하면서 나쁜 결과를 예견하고 실험하는 사람들은 없을 것이기 때문에 방향이 있는 가설을 설정하게 된다. 예를 들면, 다음과 같다. '지지집단 프로그램에 참여한 사람들은 스트레스가 줄어들 것이다.' 또는 '스트레스관리 프로그램을 받은 부양자들은 생활만족도가 높아질 것이다.'

방향이 있는 가설은 분석에서 단측검증을, 방향이 없는 가설은 분석에서 양측검증을 하게 된다. 그러므로 실험연구에서는 대부분 단측검증을 통해 가설을 검증해야 한다. 컴퓨터는 특별한 명령이 없으면 양측검증을 하게 되므로 주의해야 한다. 이에 대해서는 제7장 '분석' 을 참고하기 바란다.

제3절 연구의 이론적 틀, 분석틀, 정교화모델

연구의 이론적 틀(conceptual framework)이 분명해야 그 연구가 원활히 진행된다. 이론적 틀은 연구에서 활용되는 변수들의 관계를 간략하고도 분명하게 제시하는 것이다. 연구의 틀을 설정할 때는 기존의 이론이나 선행연구를 바탕으로 독립변수와 종속변수 또는 제3의 변수들을 선정하게 된다. 연구자가 기존연구를 바탕으로 창의적으로 이론적 틀을 만들 수도 있으나, 가장 간편한 방법은 기존에 있는 학자의 모델을 활용하는 것이다. 이 모델을 바탕으로 연구자가 관심 있게 보려는 변수를 추가하거나 변형하는 방법이 있다. 이 경우 모델을 선정하게 된 이유를 설득력 있게 제시해야 할 것이다. 이론적 분석틀을 제시하는 방식은 보통 다음 중 한 가지가 된다.

1. 허위관계/표면적 관계모델

X가 Y의 진정한 원인인가? 아니면 제3의 변수인 검증요인(test variable) Z가 X와 Y 모두에 연관되어 있고, X와 Y는 단지 표면적인 허위(spurious) 관계인가? 처음에는 X와 Y의 상관관계가 높게 나타났지만 제3의 변수 Z를 함께 고려하여 분석한 경우(즉, 제3의 변수 Z를 통제한 경우), X와 Y의 상관관계가 사라지게 될 때 이를 허위관계라고 부른다. Z가 X와 Y 모두에 실제로 원인이 되고 있어 X와 Y가 표면적으로는 상관이 있는 것처럼 보였는데, Z를 통제시키면 X와 Y의 관계가 사라지게 된다. 예를 들어 설명하면 다음과 같다. 처음에 가족의 붕괴가 청소년비행과 상관이 있는 것으로 나타났다. 그러나 제3의 변수인 소득수준을 통제하였더니 가족붕괴와 청소년비행과의 상관관계가 사라지게 되는 경우, 이를 표면적 관계라고 한다. 소득수준이 가족붕괴와 상관이 있고, 또한 청소년비행과도 상관이 있기 때문에 겉으로는 가족붕괴와 청소년비행이 상관이 있는 것처럼 보였는데, 소득수준을 통제하니 그 관계가 사라져버린 것이다. 이 모델은 기존의 이론이나 연구결과를 수정하고자 할 때 활용될 수 있다.

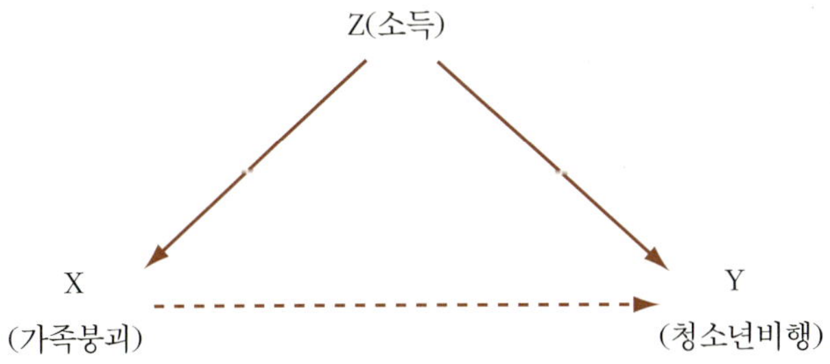

[그림 2-1] 허위관계모델의 예

이 모델을 활용할 때 가설 검증은 다음 네 가지 절차로 수행된다.

① Z를 통제하기 전에 X와 Y가 관계가 있는 것으로 나타나야 한다.

② Z가 X와 관계가 있는 것으로 나타나야 한다.

③ Z가 Y와 관계가 있는 것으로 나타나야 한다.

④ Z를 동시에 분석할 경우, X와 Y의 관계는 사라져야 한다.

2. 매개변인모델

X가 Y에 영향을 주고 있는 현상이 제3의 변수 Z를 통해 매개되는 경우가 있다. 예를 들어, 종교유무가 자원봉사 참여에 영향을 주는 현상을 설명하는 경우를 보자. 종교가 어떻게 자원봉사 참여율에 영향을 주는가? 아마도 종교는 공동체의식을 고양시키는 데 일조할 것이고 이러한 공동체의식이 자원봉사 참여에 도움을 줄 수 있다고 가정할 수 있을 것이다. 그렇다면 공동체의식이 종교와 자원봉사 참여를 매개하고 있다고 할 수 있다. 이때 공동체의식을 매개변인(intervening variable; mediator)이라고 부른다.

매개변인이 성립되기 위해서는 먼저 X와 Y가 상관관계가 있다는 것이 증명되어야 한다. 다음은 X가 매개변인인 Z에 영향을 주는 것으로 나타나야 하고 또한 Z가 Y에 영향을 주는 것으로 나타나야 한다. 또한 Z를 집어넣고 분석하였을 때 X와 Y의 관계 정도는 처음보다 (Z를 집어넣기 전과 비교하여) 상당히 줄어들어야 한다.

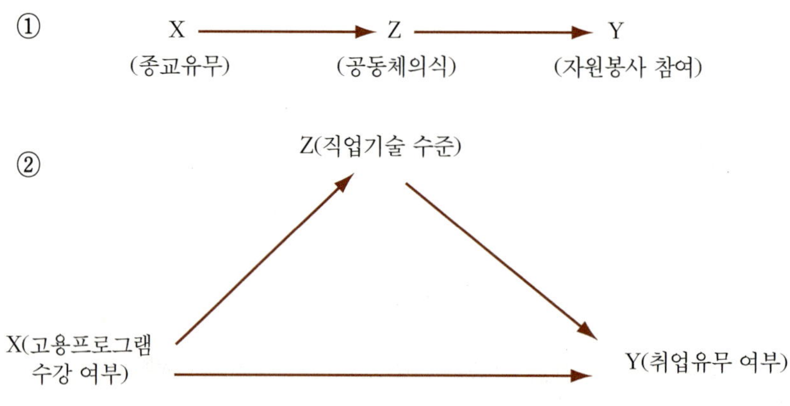

[그림 2-2] 매개변인모델의 예

3. 상호작용모델 : 조건변수, 조절변수

X와 Y의 관계가 제3의 변수의 범주에 따라 다르게 된다면 이러한 관계는 상호작용이 있다고 이야기한다. 즉, 제3의 변수가 관계를 조건화시킨다고 말한다. 다시 말해 X, Y의 관계가 제3의 변수 Z의 한 범주하에서는 관계가 높게 나타났으나 다른 범주하에서는 그렇지 않을 경우 또는 X, Y의 관계가 Z의 한 범주에서는 긍정적이었으나 Z의 다른 범주에서는 부정적일 경우가 이에 해당된다. 예를 들어, 체력과 자존감과의 관계를 살펴보자. 체력(X)과 자존감(Y)의 관계가 성별(Z)에 따라 달라지는가? 남성인 경우, 체력과 자존감은 매우 관계가 높게 나타나는데, 여성인 경우에는 체력과 자존

Tips

▶ **완충효과(buffering effects)를 검증하는 방법** : 치매노인의 부양이나 알코올중독 아버지의 영향, 가정폭력의 영향 등 어떤 변수의 부정적 효과를 완화시켜 주는 역할을 하는 요인을 완충요인이라 부른다. 이를 검증하는 방법을 설명해 보자. 가정폭력이 아동의 부적응에 영향을 준다는 것은 잘 알려져 있고 많이 검증되어 왔다. 가정폭력의 영향을 완충 또는 완화시켜 주는 요인이 무엇인지를 검증하는 연구를 시행하고자 한다면, 먼저 이론을 통해 가정폭력의 영향을 감소시켜 줄 것으로 예상되는 변수를 찾아낸다. 예를 들어, '사회적 지지'가 완충해 주는 변수가 될 수 있을 것이다. 그 다음은 가정폭력이 아동의 부적응에 미치는 영향 정도를 회귀분석을 통해 검증한다. 다음으로는 '가정폭력 정도'와 '사회적 지지'를 곱하여 새로운 변수를 만들고 이를 회귀식에 넣어 유의하게 나타나는지를 살펴본다. 다른 방법으로는(저자가 가장 추천하는 방법이다) '가정폭력 정도'와 '사회적 지지'를 범주형 변수로 만든 후 이원분산분석(two way ANOVA)을 시행하여 상호작용효과가 나타나는지를 보는 것이다.

▶ **매개변인과 조절변인의 차이** : 매개변인모델에서는 독립변수와 매개변수가 반드시 상관관계가 있어야 한다. 상호작용모델에서는 독립변수와 조절변수가 상관관계가 있을 필요가 없다.

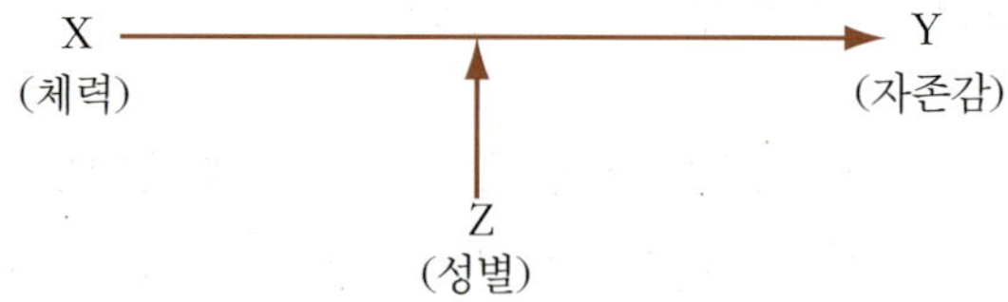

[그림 2-3] 상호작용모델의 예

감이 별로 관계가 없게 나타난다면 체력과 성별은 상호작용관계가 있다고 보는 것이다. 이때 성별(Z)을 조건변수 또는 조절변수(modera tor)라고 부른다. 이 조절변수는 종종 완충효과를 볼 때 사용되기도 한다. 독립변수의 부정적 영향을 완충시켜 주는 효과가 있는지를 알아보기 위해 조절변수검증을 한다. 이에 대해서는 59쪽에 있는 내용을 참고하기 바란다. 이 경우 가설은 다음처럼 수립할 수 있다.

① 사회적 지지가 가정폭력이 아동에 미치는 영향을 조절해 줄 것이다.

또는

② 사회적 지지가 높으면 가정폭력이 아동의 적응에 미치는 영향이 줄어들 것이다.

상호작용의 여부를 판단하기 위한 좋은 방법은 X와 Z를 곱하여 새로운 변수를 만들고(interaction term) 이를 회귀분석에 집어넣은 후 이 변수가 유의하게 나타나는지를 살펴보는 것이다. 조절변수가 성별 같은 명목척도인 경우는 범주별로 표본을 나누어 분석하는 것도 바람직하다. 위의 예를 든다면, 남성만 추출하여 체력이 자존감에 영향을 주는지 살펴보고 여성만 추출하여 체력이 자존감에 영향을 주는지 살펴보는 것이다. 어느 한쪽에서만 체력이 자존감에 영향을 주거나 또는 한쪽에서 특히 강력하게 영향을 준다면 상호작용이 존재하는 것이다.

[그림 2-4]에서 상호작용이 있는 경우를 그래프로 나타내면 ①과 ②, 상호작용이 없는 경우를 그래프로 나타내면 ③과 ④와 같다.

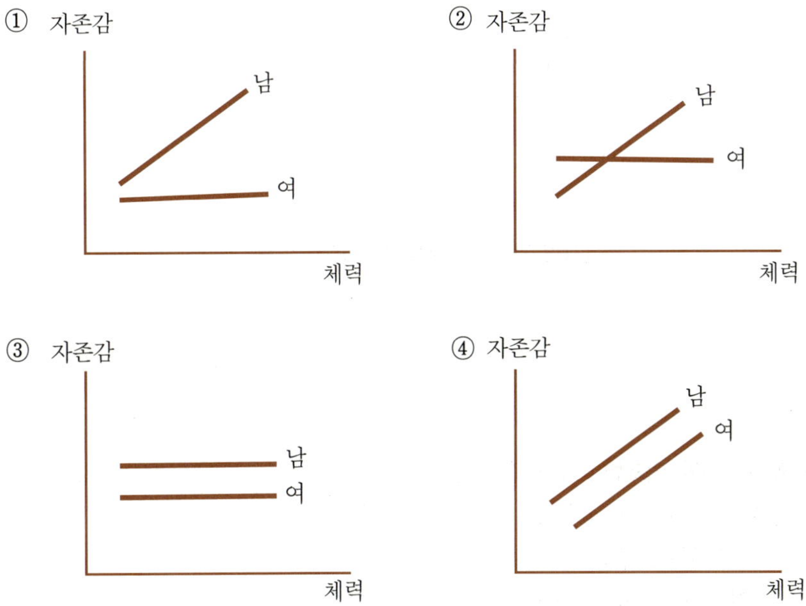

[그림 2-4] 상호작용의 유무

* ①과 ②는 기울기에 차이가 있는 반면 ③과 ④는 기울기에 차이가 없다.

4. 경쟁적 설명모델

어떤 종속변수를 설명하는 데 있어서 둘 이상의 변수들이 유의미하게 종속변수를 설명하는 경우를 보게 된다. 이때 경쟁적 설명모델(rival explanatory model)이 적용된다. Y를 설명하는 X와 Z라는 독립변수가 있다고 하자. Z를 통제할 때 X와 Y의 관계가 여전히 유의미하고 다시 X를 통제하였을 때도 Z와 Y의 관계가 유의미할 때, 우리는 X와 Z가 Y를 설명하는 데 있어 서로 경쟁적이라고 말한다. 이때 Y와 더 높게 상관되어 있는 변수가 Y를 설명하는 데 있어 더 강력하다 또는 중요하다고 할 수 있다. 예를 들

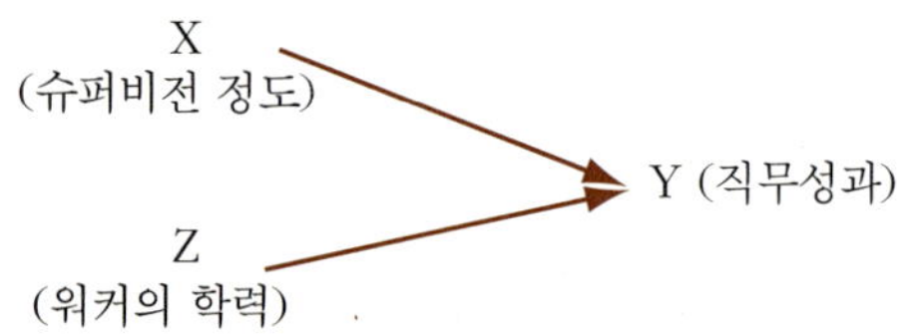

[그림 2-5] 경쟁적 설명모델의 예

Tips

- ▶ **왜곡변수와 억제변수** : 검증요인에는 왜곡변수(distorter variable)와 억제변수(suppressor variable)가 있다. X, Y의 관계가 처음에는 긍정적 관계였는데, 제3의 변수인 검증요인을 집어넣고 분석했을 때 부정적으로 변할 경우, 여기서의 검증요인을 왜곡변수라고 한다. 또는 부정적인 관계가 긍정적으로 변했을 경우도 마찬가지다. 예를 들어 보자. 미혼이 정치참여를 더 하는 것으로 분석결과가 나타났는데, 제3의 변수인 연령을 통제하였더니 기혼이 정치참여를 더 하는 것으로 나타났다면 연령은 왜곡변수가 된다. 다음은 억제변수를 설명해 보자. 관계가 없거나 또는 매우 약했던 X, Y의 관계가 제3의 변수를 통제하였더니 높게 나타날 경우, 제3의 변수를 억제변수라고 부른다. 억제변수는 두 변수의 관계를 억제하고 있었는데, 통제시킴으로써 두 변수의 관계가 높게 나타나게 된다. 예를 들어 보자. 종교유무와 사회봉사는 아무런 관계가 없는 것으로 나타났는데, 제3의 변수인 결혼 여부를 통제하였더니 종교유무와 사회봉사가 관계가 있는 것으로 나타났다면 결혼 여부가 억제변수역할을 하고 있는 것이다.
- ▶ **용어** : 제3의 변수는 검증요인이라고 부를 수도 있고 통제변수 또는 외생변수(extraneous variable)라고도 부를 수 있다. 두 변수 간의 관계만 보는 분석은 이변량분석이고, 제3의 변수를 포함하여 분석하는 것은 다변량분석이라고 한다. 위의 모델에서 보듯이 제3의 변수에 따라 변수 간의 관계가 달라지므로 다변량분석을 하는 것이 바람직하다. 다변량분석의 대표적인 예가 바로 중다회귀분석이다.

어, 사회사업가의 직무성과에 영향을 미치는 독립변수로 상사의 슈퍼비전 정도나 학력변수가 있다고 가정하자. 이때 상사의 슈퍼비전을 통제시킨 상태에서 학력이 직무성과와 유의미하게 연관되어 있고, 또한 학력을 통제시킨 상태에서 슈퍼비전이 직무성과와 여전히 유의미하게 연관되어 있다면 학력과 슈퍼비전은 직무성과를 설명하는 데 있어 경쟁적이라고 할 수 있다. 이러한 모델은 주로 중다회귀분석을 통해 표준화된 회귀계수(β)를 보면서 검증할 수 있다.

연구문제와 가설 예상문제

1. 가설 '가정폭력에 노출된 경험이 있는 청소년은 그렇지 않은 청소년에 비해 부적응이 높을 것이다.' 에서 독립변수와 종속변수를 차례로 나열한다면?
   ① 가정폭력 노출 여부와 청소년 부적응
   ② 부적응과 청소년
   ③ 비행청소년과 가정폭력
   ④ 청소년 부적응과 가정폭력 노출
   ⑤ 청소년과 부적응

해 설 영향을 주는 쪽이 독립변수, 영향을 받는 쪽이 종속변수다.

2. 조사연구를 시행하기 전에 연구문제에 대해 분명하게 제시하는 요건으로 적절하지 않는 것은?
   ① 조사자의 관심사가 정확히 반영되어야 한다.
   ② 연구문제의 선정은 윤리적으로 수용할 만해야 한다.
   ③ 연구하는 문제가 추상적이거나 가치적인 문제일 경우 조사하기 어려울 수 있다.
   ④ 연구문제의 개념이 변수로 설정되어 조작화할 수 있어야 한다.
   ⑤ 연역적 연구에서만 문제제기가 필요하다.

해 설 문제제기는 귀납적 연구에서도 제기되어야 한다. 제시된 문제가 어떤 성격인가에 따라 양적조사가 적합한지, 질적조사가 적합한지 결정할 수 있다.

3. 다음 중 가설에 대한 설명으로 옳지 않은 것은?
   ① 가설은 이론으로부터 도출되는 것이 타당하다.

답 1. ① 2. ⑤ 3. ④

② 가설에는 방향이 있는 가설과 방향이 없는 가설이 있다.

③ 사회과학에서는 연구가설을 직접 증명하기보다는 영가설을 설정하고 이를 기각하는 방식을 택하고 있다.

④ 보통 실험연구나 이론이 뒷받침되는 가설은 방향이 없는 가설이 된다.

⑤ 방향이 있는 가설은 분석에서 단측검증을, 방향이 없는 가설은 분석에서 양측검증을 하게 된다.

해 설 이론이 뒷받침되는 가설은 보통 방향이 있는 가설을 세운다.

4. 다음 내용 중 옳지 않은 것은?

① 연구방법상 가설을 세우고 연구한다면 귀납적 방법이다.

② 이론은 전에 검증된 부분과 앞으로 검증될 부분을 모두 의미한다.

③ 가설을 세울 때에는 가설 설정에 대한 합리적 이유를 대도록 한다.

④ 가설을 세울 때에는 필요에 따라 변수의 조작적 정의를 내려야 한다.

⑤ 가설은 방향이 있게 세울 수도 있고 방향이 없게 세울 수도 있다.

해 설 가설을 세우고 검증하는 것은 연역적 방법이다. 귀납적 방법은 관찰로부터 시작하여 어떤 유형을 발견하고 일시적 결론에 도달하는 방법이다. 가설을 제시할 때는 가설이 왜 그렇게 설정되었는지 타당한 이유를 덧붙여야 한다. 예를 들어, '치매노인과 동거하는 보호자는 부양부담이 더 클 것이다.' 라는 가설을 제시했다면 왜 이 가설이 타당하다고 생각하는지 이론이나 각종 사실에 연계하여 이유를 대야 한다. 그러므로 가설은 이론으로부터 도출되어야 하는 것이 타당하다.

5. 좋은 연구문제가 되기 위한 조건에 해당되지 않는 것은?

① 연구문제에 서술된 개념에 대한 증거를 얻을 수 있어야 한다.

② 개념에 대한 증거는 관찰이나 측정을 통해서 얻어질 수 있어야

답 4. ① 5. ③

한다.
③ 연구문제는 윤리적인 측면을 고려하지 않아도 된다.
④ 추상적인 개념을 분명히 하고 구체적으로 정의내리는 개념화 및 조작화가 필요하다.
⑤ 연구질문에는 변수 간의 관계에 대한 서술을 하기도 한다.

해 설 연구문제는 윤리적인 측면이 고려되어야 한다.

6. '자존감이 왕따행동에 영향을 준다.'는 가설에 대한 설명 중 옳은 것은?
① 자존감이 종속변수다.
② 자존감은 제3의 변수다.
③ 왕따행동은 조절변수다.
④ 왕따행동이 종속변수다.
⑤ 가설이 성립되기 어렵다.

해 설 자존감은 독립변수다. 왕따행동이 종속변수다.

7. 다음은 방향이 있는 가설에 대한 설명이다. 옳지 않은 것은?
① 이론적인 뒷받침이 있는 연구일 때 쓰인다.
② 탐색적인 연구를 할 때 쓰인다.
③ 단측검증을 할 수 있다.
④ 실험을 하는 연구가설일 때 쓰인다.
⑤ 방향이 없는 가설보다 영가설이 쉽게 기각된다.

해 설 탐색적인 연구는 방향이 없는 가설이 더 바람직하다.

8. 정교화모델에 대한 다음 설명 중 옳지 않은 것은?
① 제3의 변수를 포함하여 분석하는 것은 다변량분석이다.

답 6. ④ 7. ② 8. ③

② 제3의 변수를 고려함에 따라 두 변수의 관계가 없어진 경우, 이를 표면적 관계라 한다.

③ 억제변수와 왜곡변수는 같은 의미다.

④ 다변량분석의 대표적인 예는 중다회귀분석이다.

⑤ 제3의 변수들을 통칭하여 검증요인이라 부르기도 한다.

해 설 제3의 변수를 통제했을 때 부의 관계가 정의 관계 또는 그 반대로 될 때 이를 왜곡변수라 한다. 제3의 변수를 통제했을 때 관계가 없던 변수들이 관계가 발생한 경우 억제변수라 한다.

9. 다음 중 모형과 설명이 적절하지 않은 것은?

① A→C→B : A가 B에 영향을 주고 있는 경로가 C를 통해 영향을 준다. —매개변인모델

② A→C : A와 B 모두 C에 영향을 준다. —경쟁적 설명모델
　 B↗

③ A→B의 관계가 +의 관계인 줄 알았는데, C를 넣어 보니 −의 결과다. — 왜곡변수

④ A와 B가 관계있는 줄 알았는데, C를 넣어 보니 A와 B는 관계가 없다. —조절변수

⑤ 답 없음

해 설 ④는 허위관계다.

10. 가설 설정에 대한 설명으로 옳지 않은 것은?

① 좋은 가설은 구체적인 방향이 제시되어야 한다.

② 양측검증보다는 단측검증이 영가설을 기각하기 더 쉽다.

③ 이미 검증된 가설을 재검증하면 정확성이 떨어진다.

답 9. ④ 10. ③

④ 양측검증은 이론적 뒷받침이 충분하지 않았거나 미개척분야의 경우 시행한다.

⑤ 답 없음

해 설 이미 검증된 가설이라도 재조사를 통해 재검증된다면 그만큼 지지력이 증가되는 것이지, 정확성이 떨어지는 것은 아니다.

11. 다음 설명 중 옳지 않은 것은?

① 제3의 변수를 고려함에 따라 두 변수의 관계가 없어진 경우 이를 표면적 관계라 한다.

② 제3의 변수들을 고려한 분석은 이변량분석이다.

③ 다변량분석의 대표적인 예는 중다회기분석이다.

④ 제3의 변수들을 통칭하여 검증요인이라 부르기도 한다.

⑤ 답 없음

해 설 두 변수 간의 관계를 보는 것은 이변량분석이다. 제3의 변수를 고려하는 분석은 다변량분석이라고 하고 이의 대표적인 분석이 중다회귀분석이다.

※ 다음에 제시한 연구의 이론적 틀을 고르시오. (12～14)

12. A와 B와의 관계가 제3의 변수의 범주에 따라 영향을 줄 수도 안 줄 수도 있다.

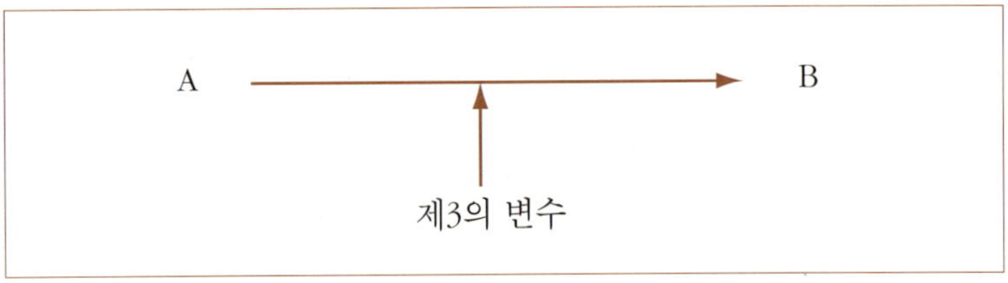

① 경쟁적 설명모델 ② 상호작용모델

답 11. ② 12. ②

③ 표면적 관계모델 ④ 매개변인모델
⑤ 허위관계모델

해 설 제3의 변수에 따라 A가 B에 영향을 주는 정도가 달라진다는 모델로서 상호작용모델이라 하며, 제3의 변수를 조절변수라 한다.

13. A가 B에게 영향을 주고 있는 상황이 제3의 변수 Z를 통해 영향을 준다.

A ⟶ Z ⟶ B

예 종교 → 공동체의식 → 자살률

① 경쟁적 설명모델 ② 상호작용모델
③ 표면적 관계모델 ④ 매개변인모델
⑤ 억제변수모델

해 설 매개변인모델이 성립하기 위해서는 A가 Z에 영향을 주어야 하며, Z가 B에 영향을 주는 것으로 나타나야 한다.

14. A와 B의 관계가 없었다가 제3의 변수 Z를 삽입하여 함께 분석하였더니 관계가 생긴다.

① 왜곡변수 ② 억제변수
③ 표면적 관계모델 ④ 경쟁적 설명모델
⑤ 매개변수모델

해 설 억제변수는 독립변수와 종속변수의 관계를 억제시키고 있었는데, 이 변수를 통제시키니 관계가 다시 나타나는 것이다.

답 13. ④ 14. ②

15. 두 변수의 관계를 검증할 때 한 변수에 시간적으로나 이론적으로 선행하여 다른 변수에 영향을 미치는 변수는 무엇인가?

① 독립변수 ② 종속변수
③ 통제변수 ④ 외적변수
⑤ 조절변수

해 설 영향을 주는 쪽을 독립변수, 영향을 받는 쪽을 종속변수라 한다.

16. 다음 중 용어에 대한 설명이 옳지 않은 것은?

① 생태학적 오류－집합체를 분석의 단위로 조사하고 개인의 특성을 유추할 때 나타난다.
② 허위관계－관계가 없거나 매우 약했던 X와 Y의 관계가 제3의 변수를 통제하였더니 높게 나타난 경우를 말한다.
③ 체계적 오차－타당도와 관련되는 오차를 말한다.
④ 조작적 정의－변수를 측정할 방식을 지정하는 것으로서 조사에 사용되는 변수를 관찰하고 측정할 수 있도록 돕기 위한 구체적 정의라고 한다.
⑤ 답 없음

해 설 허위관계는 관계가 있었는데 없어지는 경우다.

17. 가설에 사용되는 변수를 관찰하고 측정할 수 있도록 돕기 위한 구체적 정의는 무엇인가?

① 개념화 ② 구체화
③ 조작화 ④ 설명화
⑤ 답 없음

답 15. ① 16. ② 17. ③

해 설 개념화는 변수의 추상적인 개념에 대한 작업적 동의를 이끌어 내기 위한 구체화이고 조작적 정의에 선행된다. 조작적 정의는 개념화에서 더 나아가 변수를 관찰하고 측정할 수 있도록 돕는 정의다. 예를 들어, 직무만족도에 대해 개념화와 조작화를 해 보자. '직무만족도란 수입과 근무환경, 동료관계에 대한 만족이다.' 라고 정의하는 것은 개념화다. 여기서 더 나아가 '수입은 연봉을 말하고, 동료관계는 한 달 동안 직장동료와 갈등을 일으킨 수이며, 근무환경은 어떤 표준화된 척도의 점수라고 한다.' 면 이는 조작적 정의다.

18. 문헌검토를 중요시해야 하는 이유를 생각해 보라.

19. 문제제기할 때 고려해야 할 요소를 생각해 보라.

답 18. 본문 p. 50 참조　19. 본문 p. 51 참조

제 3 장 연구설계(조사설계)

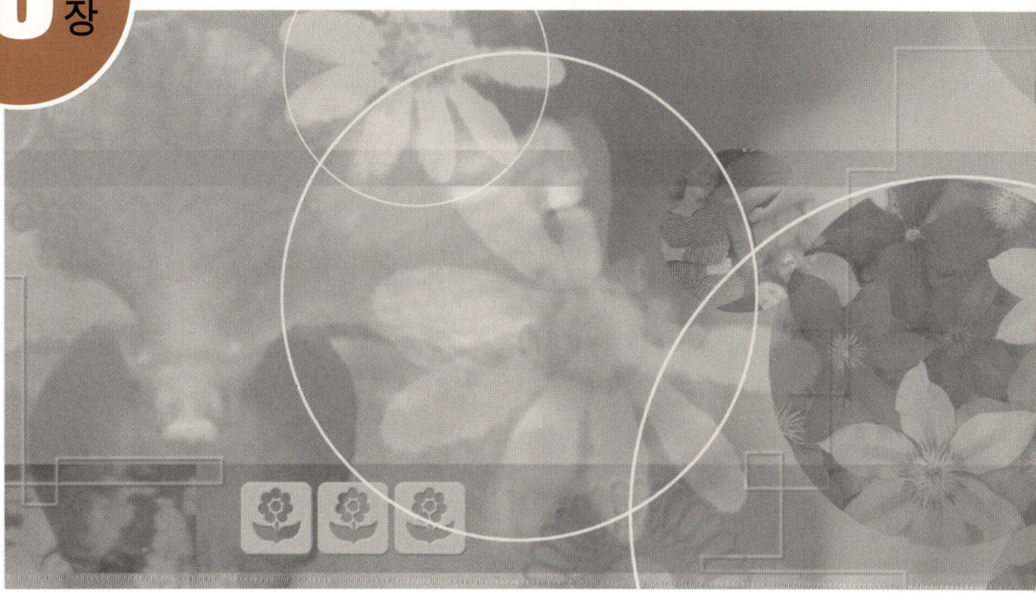

조사자는 제시된 가설에 적합한 설계를 선정해야 한다. 실험설계를 할 것인지, 상관관계를 보는 설계(correlational research design 또는 cross-sectional design)를 할 것인지, 아니면 종단적 연구설계를 할 것인지를 결정해야 한다. 상관관계를 보는 설계(소위 사후설계)는 바로 우리가 흔히 일회성 설문으로 조사하는 설문조사(서베이) 형식이 되는 것이다. 종단적 설계에는 추세연구(trend study), 동시집단연구(cohort study), 패널연구(panel study)가 있다. 실험설계에는 단일사례설계(single-case design)와 집단설계(group design)가 있다. 그리고 위의 설계방법들과는 구분되는 것으로 비관여적 연구와 개입연구가 있다.

단일사례설계는 약 30여 년 전에 고안된 것으로서 임상사회사업가들에게 유용하게 사용될 수 있다. 단일사례설계는 한 개인, 한 집단, 한 가족, 한 조직을 연구하는 것이고 집단설계는 여러 피실험자들이 참여하는 설계다(주의 : 집단설계는 집단활동 프로그램 효과성 평가에만 사용되는 설계가 아니라 개입 프로그램이 개별활동 프로그램이든 집단활동 프로그램이든 관계없이 여러 명의 피실험자, 여러 개의 집단, 여러 개의 가족, 여러 개의 지역이 조사에 참여하고 이들의 결과물이 합산되어 비교된다는 것이다. 반면, 단일사례설계는 한 명 또는 한 집단, 한 가족 등 한 사례가 참여하게 된다). 먼저 이 장에서는 집단실험설계방안과 종단적 연구설계, 사후설계(상관관계설계)와 비개입적 연구 그리고 개입연구에 대해 논의하고자 한다. 단일사례설계는 제6장에서 별도로 소개한다.

제1절 집단실험설계의 개요

1. 전실험설계

전실험설계(pre-experimental design)에는 단일집단사후조사설계(일회성 사례연구), 단일집단사전사후설계, 정태적 집단설계의 세 가지 유형이 있다.

이러한 세 가지 설계는 내적타당도가 매우 낮아서 전실험설계라고 불린다.

단일집단사후조사설계(one-group posttest-only design)는 일회성 사례연구(one-shot case study)라고도 불리는데, 실험집단에만 사후조사를 시행한다. 이 설계는 실험참여자들이 개입이나 프로그램을 받은 결과, 기준이 되는 최소한의 기능을 수행할 수 있는지를 보고자 할 때 사용할 수 있다. 결과가 좋다든지 나쁘다든지에 대해 직관적인 판단을 하는 것이다. 또한 프로그램에 대한 만족도조사를 하는 경우에도 이 설계를 활용할 수 있다. 만족도 설문을 통해 참여자들이 프로그램에 대해서 어떻게 인지하고 있고 그들의 경험은 어떠했는지를 물어볼 수 있다. 이 설계는 결과가 좋게 나왔다고 하더라도 참여동기가 강한 사람들만 모였기 때문에 그러한 결과가 나올 수 있었다는 논란(선정편견), 프로그램 진행 동안 외적 사건(역사적 사건)이 발생했다는 여지 그리고 효과를 보는 사람들만 프로그램 종결까지 남아 있었다는 논란의 여지(중도탈락) 같은 내적타당도를 위협하는 요소들이 많이 남아 있어, 프로그램 때문에 좋은 결과가 나왔다고 단정적으로 결론을 내리기는 어렵다.

실험집단 : × $\mathbf{O_1}$

X : 프로그램이나 개입
O_1 : 사후조사

[그림 3-1] 단일집단사후조사설계(일회성 사례연구)

Tips

▶ 내적타당도(internal validity) : 내적타당도란 독립변수 X가 종속변수 Y의 원인이 되었다는 것을 정확히 반영하는 정도를 말한다. 내적타당도가 높기 위한 조건은 다음과 같다. ① X가 Y보다 시간적으로 먼저 발생해야 한다. ② X와 Y의 상관관계가 높아야 한다. 즉, X가 변하는 동시에 Y도 변해야 한다. ③ 다른 제3의 변수의 영향력을 배제시켜야 한다.

다음으로 단순하고 평범한 설계는 통제집단이 없는 사전-사후설계다. 이 설계는 실험(개입이나 프로그램) 전과 후에 빈도수 관찰이나 자기보고형식의 측정도구를 사용해 자료를 얻는다(즉, 사전검사와 사후검사를 시행한다). 이 방식으로 조사자는 변화가 예견된 방향으로 일어났는지의 여부를 결정한다. 그러나 사전조사와 사후조사의 결과 차이가 유의하게 발견되었다고 해서 이것이 반드시 실험 때문이라고 말할 수는 없다.

실험집단 : O_1 × O_2

X : 프로그램이나 개입
O_1 : 사전조사 O_2 : 사후조사

[그림 3-2] 단일집단사전사후조사설계

이 설계는 개입(X)의 효과를 보는 가장 단순한 설계라서 편리하지만 내적타당도를 위협하는 요소들을 통제하지 못한다. 즉, 사전조사(O_1)와 사후조사(O_2)를 비교하여 효과가 있었는지를 알아볼 수 있으나, 사전조사와 사후조사 사이에 시행한 개입 이외의 사건, 즉 외적 사건 또는 역사적 사건(history)이 발생하여 클라이언트가 향상되었을 가능성이 있다. 예를 들어, 우울증 환자에게 인지치료를 시행한 결과 사전조사 점수에 비해 사후조사 점수에서 효과가 있는 것으로 나타났다고 하더라도 인지치료를 시행하는 중에 만일 복권이 당첨되었다면(외적 사건) 인지치료 때문에 효과가 있는 것인지, 복권이 당첨되어 효과가 나타난 것인지 구별하기 어렵다.

또한 내적타당도를 위협하는 요소 중 하나는 성숙(maturation)이다. 클라이언트는 시간이 지남에 따라 스스로 성숙하기도 한다. 그러므로 개입하는 기간이 긴 경우(프로그램이 보통 2개월, 길게는 6개월 이상 진행되기도 한다), 클라이언트는 그 기간 동안 스스로 성숙하면서 철이 들어 정신적, 신체적으로 변화를 겪게 된다. 특히 아동이나 청소년은 더욱 그렇다. 이때 프로그램 때문에 변화가 발생했는지, 스스로 성숙했기 때문인지 구별하기 힘들다.

또한 사전조사로 인해 자극을 받아 클라이언트가 변화되기도 하고 사전조사가 사후조사에 영향을 주기도 한다. 예를 들어, 아내구타에 대한 인식을 재는 사전검사를 시행한 경우, 실험의 참여자는 사전검사의 어떤 문항을 기억하고 프로그램에 참여하기도 전에 자신의 태도를 바꿀 수도 있다. 이를 시험효과(testing) 또는 반동형성(reactive measures)이라고 한다. 이 또한 내적타당도를 위협하는 요소다.

정태적 집단비교(static-group comparison)/비교집단사후조사설계는 비교집단을 새롭게 만들기보다는 기존에 이미 형성되어 있는 집단을 비교집단으로 선정하는 경우다. 즉, 개입을 시행한 실험집단에 대해 사후조사를 시행하고 기존에 있던 집단에 사후조사를 시행하여 그 사후조사결과를 비교하는 것이다. 예를 들어, 자원봉사가 생활만족도에 미치는 영향을 연구하는 경우를 보자. 이때 어떤 시점에서 자원봉사를 마친 사람들에게(실험집단) 생활만족도에 관한 사후조사를 시행하고, 현재 참여하지 않고 있는 사람들에게 (비교집단) 사후조사를 시행하여 생활만족도에 차이가 있는지를 t-검증 비교한다. 여기서 남아 있는 문제는 바로 실험 전에 두 집단이 서로 유사한지의 여부다. 무작위할당이 이루어지지 않았기 때문에 두 집단이 서로 유사하다고 확인할 수가 없다. 즉, 대상자 선정편견(selection bias)이라는 내적타당도를 위협하는 문제가 해결되지 않고 있다.

실험집단 :	×	O_1
통제집단 :		O_1

X : 프로그램이나 개입
O_1 : 사후조사

[그림 3-3] 정태적 집단비교/비교집단사후조사설계

2. 순수실험설계

변화의 원인이 무엇이었나? 진정으로 개인이나 집단의 향상이 실험(개입)에 기인한 것인가를 검증하기 위해 통제집단이 필요하다. 주어진 시간 내에 실험처치를 받을 수 있는 클라이언트보다 더 많은 클라이언트가 있다면 이런 클라이언트들을 실험집단과 통제집단에 무작위로 할당할 수 있다. 무작위할당을 해야 두 집단이 유사하게 되어 선정편견의 문제를 극복할 수 있다. 이 경우 순수실험설계(true experimental design)라고 부른다. 순수실험설계에는 두 가지 방식이 있는데, 고전적 실험설계로서 무작위할당 사전사후통제집단설계(before and after control group design)와 무작위할당 사후조사통제집단설계(randomized posttest-only control group design)가 있다.

① 무작위할당 사전사후통제집단설계

무작위할당(R)	실험집단 :	$\mathbf{O_1}$	×	$\mathbf{O_2}$
	통제집단 :	$\mathbf{O_1}$		$\mathbf{O_2}$

X : 프로그램이나 개입
O_1 : 사전조사
O_2 : 사후조사

② 무작위할당 사후조사통제집단설계

무작위할당(R)	실험집단 :	×	$\mathbf{O_1}$
	통제집단 :		$\mathbf{O_1}$

X : 프로그램이나 개입
O_1 : 사후조사

[그림 3-4] 순수실험설계

Tips

▶ **순수실험설계의 요건** : ① 통제집단의 설정 ② 무작위할당 ③ 독립변수의 조작

▶ **순수실험설계 활용 시 분석요령** : 실험집단에 대해 사전검사 점수와 사후검사 점수를 가지고 대응표본 t-검증(paired t-test)을 하여 유의한 변화가 있

었는지를 확인하고, 비교집단에도 대응표본 t-검증을 하여 비교집단은 유의한 변화가 없다는 것을 확인하는 방법이 있다. 그러나 비교집단에서도 유의한 변화가 있게 나오는 경우가 있기 때문에 문제가 있다. 그러므로 보다 더 정확한 결과를 얻기 위한 방법은 다음과 같다. 실험집단의 사후검사 점수에서 사전검사 점수를 뺀 후 이를 가지고 새로운 변수 V_1을 만든다. 다음은 비교집단의 사후검사 점수에서 사전검사 점수를 뺀 후 이를 가지고 새로운 변수 V_2를 만든다. 그리고 V_1과 V_2를 가지고 독립표본 t-검증을 수행한다. 또 다른 방법은 사전검사를 공변량으로 통제하면서 ANOVA를 시행하는 방법, 즉 ANCOVA를 실시할 수 있다. 사전검사 자체가 사후검사에 영향을 주기 때문에 사전검사를 통제해야 한다. 사전검사를 공변량으로 통제하는 방법은 통계적 검증력이 높아지기 때문에 더욱 바람직하다.

3. 유사실험설계

실제적으로 무작위할당이 어려운 경우가 많다. 무작위할당은 많은 피실험자를 확보해야 하는 등 현실적으로 매우 어려운 작업이며, 통제집단에는 개입을 하지 않는다는 윤리적 문제도 있다. 더구나 조사자가 특별한 형태의 집단구조를 원한다면 무작위할당은 더욱 어려워지는데, 그 예로 조사자가 남녀비율, 연령비율을 균형 있게 하고 싶다면 층화적 방식(stratified sampling)을 사용하는 무작위할당방식을 사용해야 한다. 이 방식은 더욱 많은 피실험자들을 필요로 하게 된다. 이러한 문제를 해결하기 위해 현실적으로 가장 쉽게 사용되는 방법은 먼저 신청한 사람들은 실험집단에 할당하고 실험집단이 다 채워진 후에 찾아오는 클라이언트를 대기통제집단에 할당하는 방법이다. 이렇게 하면 시간도 절약하고 윤리적 문제도 해결된다. 무작위로 할당되지 않았기에 선정편견(selection bias)이라는 내적타당도를 위협하는 요소가 있을지라도 실험집단과 통제집단이 인구사회학적 변수나 사전조사(pretest) 점수 또는 중요하게 생각되는 변수 면에서 유사하다고 파악된다면 이 두 집단이 치료결과를 놓고 서로 비교될 수 있다. 무작

실험집단 : O_1 × O_2
비교집단 : O_1 O_2

X : 프로그램이나 개입
O_1 : 사전조사
O_2 : 사후조사

[그림 3-5] 유사실험설계

위할당이 시행되지 않았기에 유사실험설계(quasi-experimental design)라고 부른다.

사전조사와 사후조사를 행하는 것은 변화가 실험시작부터 실험종료 사이에 일어났다는 것을 증명할 수는 있으나, 실험의 진행사항에 관해서는 아주 적은 정보만을 제공한다. 이 제한점 때문에 반복된 측정이나 단일사례설계의 사용이 종종 선호되기도 한다. 단일사례설계를 사용하는 경우 기초선의 측정이 필요하다. 기초선은 어떤 개입도 시행되기 전에 측정되어야 한다. 그러나 현실적으로 긴급한 개입을 요하는 경우가 많아 안정된 기초

Tips

▶ **유사실험설계에서 분석 시 유의점** : 비교집단과 실험집단의 동질성검사결과 배경변수에서 차이가 나타났음에도 불구하고 이런 차이를 통제하지 않고 분석하면 안 된다. 단순 t-검증을 통해 비교집단과 실험집단이 사전사후에 어떤 변화가 있었는지만을 검사하는 것이 아니라 두 집단 간 차이가 나는 배경변수와 사전검사 점수를 공변량(covariate)으로 통제하면서 치료조건 간의 차이를 평가하는 ANCOVA 또는 위계적 회귀분석방법을 사용하게 된다면 더욱 정교하고 강력한 분석을 할 수 있다. 위계적 회귀분석을 사용할 경우, 두 집단 간에 차이가 나기 때문에 통제하려는 변수와 사전조사 점수를 1단계로 입력하고 집단의 종류를 2단계로 입력시키게 된다. 2단계에서 실험집단을 1로, 통제집단을 0으로 입력시킨다.

Tips

▶ 매칭(matching)/배합 : 실험집단과 통제집단이 유사한 조건이 되도록 하기 위한 방법으로 매칭이 있다. 매칭은 결과에 중요한 영향을 줄 것으로 고려되는 어떤 변수들을 선정하여(예 : 성별, 학력, 사전조사 점수) 이들 변수들이 각 집단에 동등하게 나타나도록 표본을 할당하는 것이다. 그러나 결과에 영향을 주는 중요한 변수들이 무엇인지를 완벽하게 알 수는 없으므로 불완전성은 남아 있다. 매칭은 무작위할당과 연합하여 사용되기도 한다. 주요 변수 면에서 매칭을 한 후 실험집단과 통제집단에 무작위할당을 시행한다.

Tips

▶ 기타 내적타당도를 위협하는 요소들

- 측정도구(instrumentation) : 사전조사와 사후조사에서 활용되는 측정도구가 서로 다른 경우, 비교하기가 어렵게 된다. 사전조사와 사후조사에서 활용되는 도구는 항상 같아야 한다.
- 통계적 회귀(statistical regression) : 사전조사에서 매우 높은 값이나 낮은 값을 응답하였으나 사후조사에서는 평균에 가까운 값을 보고하는 경우, 개입이 없이도 향상된 결과가 나타나게 된다.
- 중도탈락(experimental mortality) : 실험이 끝나기도 전에 중도탈락하면 결과에 영향을 미치게 된다. 예를 들어, 사전조사에 좋지 못한 점수를 냈고 개입 프로그램 동안 향상이 없던 사람들은 중도탈락하고 사후검사에서는 개입을 통해 향상된 사람들만 참여했다면 그 결과는 신뢰할 수 없다.
- 치료의 모방(imitation of treatment) : 비교집단이 실험집단의 프로그램을 모방하여 따라하게 되면 결과분석에서 차이가 없게 나타나는 경우가 발생한다. 이때 개입 프로그램이 비교집단에 비해 효과가 없는 것처럼 나타나 잘못된 결론을 도출시킬 수 있는데, 이는 비교집단이 실험집단을 모방하여 비교집단도 향상되었기 때문이다.

선을 확보할 때까지 개입을 미루어 놓기가 어려운 경우가 많다. 조사자는 이런 문제를 다룰 수 있는 방법을 찾아야 한다.

일반화-대표성 문제

조사를 수행할 때 중요한 질문은 조사의 결과를 다른 상황에도 적용시킬 수 있는가(일반화) 하는 것이다. 즉, 다른 인구집단, 세팅, 지역사회 등에도 타당하게 적용할 수 있어야 한다는 것이다. 이를 외적타당도라 한다. 그러나 일반화 이슈는 연구목적에 따라 그 중요성이 달라진다. 예를 들어, 어떤 특정 집단을 위한 특별한 프로그램이 효과적이었는가만을 보는 것이 주요 목적이라면 일반화 이슈는 주요한 관심사가 아닐 수 있다. 시범 프로젝트의 경우에 일반화는 핵심이 된다. 다른 상황이나 지역에서 수행될 프로젝트이기 때문에 일반화할 수 있어야 한다. 또한 실직자훈련 프로그램처럼 전국적인 대규모 프로그램의 효과성을 보는 경우라면 클라이언트나 지역 측면에서 대표성 있는 표본을 선정해야 할 것이다.

실험설계는 일반화(외적타당도)에 문제가 있다. 몇 가지 예를 들어 보자. 실험을 수행하기 위해서는 대상집단, 시간이나 장소 등의 상황이 인위적으로 조작되기 마련이다(인위적 조작 : specificity of variables). 여기서 나온 결과는 다른 세팅, 다른 시간, 다른 사람들에게 일반화된다고 보기 어렵다. 또한 실험이 수행되는 동안은 피실험자들이 '특별한 관심'을 받기 마련이며, 이러한 관심은 피실험자들의 행동에 영향을 줄 수 있다. 이는 반동형성(reactive effects) 또는 호손효과(hawthorne effect)로서 내적타당도를 위협하는 요소이며, 동시에 외적타당도를 위협하는 요소다. 또한 실험을 주도하는 전문가들은 열성을 갖고 있기 마련이다. 이러한 열성이 결과에 영향을 줄 수 있다(조사자 편견 : researcher bias). 실험에 참여하는 사람들은 참여동기가 있거나 관심을 가지고 있게 마련이고 이러한 요인은 결과에 영향을 줄 수 있다(선정-개입 상호작용 : selection-treatment interaction). 이러한 요인들은 자연상황에서는 발생하지 않고 실험에서만 발생하는 요인들이기 때문에 실험결과를 실험상황을 벗어나 자연상황에 적용시키는 데는 한계가 있게 마련이다. 이때 우리는 실험설계는 외적타당도(external validity)가 떨어진다고 말한다.

사전검사(pretest)는 내적타당도를 위협하는 요인이기도 하지만 외적타당도를 위협하기도 한다. 사전검사 자체가 피실험자들이 개입 프로그램에 반응하는 데 영향을 줄 수 있다. 즉, 사전검사가 개입 프로그램과 상호작용을 일으켜 결과에 영향을 주기도 한다(pretest-treatment interaction). 예를 들어, 성차별을 없애기 위한 교육 프로그램을 운영한다고 해 보자. 사전검사에서의 내용이 여성에 대한 관용도를 재는 내용이라는 것을 인식하게 된 사람들은 교육 프로그램에 대해 더 민감해질 것이다. 그러나 일반현장에서는 사전검사 없이 개입 프로그램이 실행되므로 외적타당도가 떨어진다. 그러므로 사전검사-개입 상호작용은 외적타당도를 위협하는 요소다.

실험연구의 외적타당도를 떨어뜨리는 한 가지 요인을 더 든다면 바로 실험결과를 너무 간단히 보고한다는 것이다. 프로그램이 어떻게 수행되었는지에 대해 너무 간단히 보고한다면 다른 연구자나 실무자들이 그 프로그램을 어떻게 따라해야 할지 잘 모를 것이다.

제2절 기타 집단실험설계의 종류

1. 솔로몬4집단설계

솔로몬4집단설계는 2개의 실험집단과 2개의 비교집단을 갖는다. 그러나 사전검사는 하나의 실험집단과 비교집단에만 시행된다. 하나의 실험집단과 비교집단에만 사전검사를 시행하기 때문에 시험(testing)효과를 통제하는 장점이 있다. 또한 모든 내적타당도를 위협하는 요소를 통제하는 장점이 있다. 그러나 많은 실험참가자를 필요로 하고 실험을 두 번 해야 하는 단점이 있다.

무작위할당 (R)	실험집단 :	O_1	×	O_2
	통제집단 :	O_1		O_2
	실험집단 :		×	O_2
	통제집단 :			O_2

[그림 3-6] 솔로몬4집단설계

2. 시계열설계

몇 차례의 사전검사를 실시한 후 개입 프로그램을 진행시키고 다시 사후검사를 몇 차례 시행한다. 무작위할당을 하지 않고도 여러 가지 내적타당도를 위협하는 요소들을 통제하는 장점이 있다. 즉, 한 번의 사전검사와 사후검사를 함으로써 발생하는 문제인 성숙, 시험효과, 통계적 회귀, 측정도구의 문제를 해결해 준다. 그러나 외적 사건의 영향력(개입 프로그램이 진행되는 동안 외적 사건의 발생)은 통제하지 못한다. 또한 사전검사와 개입 프로그램의 상호작용이 결과에 영향을 줄 수 있다는 문제도 여전히 남아 있다.

시계열설계(time-series design)의 예를 들면 다음과 같다. 가출청소년 쉼터에 있는 청소년들에게 '사회적 적응훈련'을 시키고 그 효과성을 보는 경우다. 쉼터에 머무르는 약 100명의 청소년들에게 프로그램을 시행하기 전에 '반사회성 행동'에 대하여 한 달 동안 3회 측정하고, 프로그램의 진행 후 반사회성행동을 다시 한 달에 걸쳐 3회 측정하여(더 오랜 기간 동안 여러 차례 측정해도 된다), 반사회성 행동이 줄어들었는지 볼 수 있다. 이처럼 시계열설계는 개입 전과 후의 추세(trend)를 볼 수 있는 장점이 있다.

O_1	O_2	O_3	×	O_4	O_5	O_6

[그림 3-7] 시계열설계

Tips

▶ **통제집단과 비교집단의 차이** : 통제집단(control group)과 비교집단(comparison group)은 혼용되어 사용되기도 하나 차이를 두어 말하기도 한다. 보통 무작위할당이 이루어지는 경우는 통제집단, 그렇지 않을 경우 비교집단이라고 부른다.

Tips

▶ **내적타당도가 높은 설계의 순서**
전실험설계 < 유사실험설계 < 순수실험설계 < 솔로몬4집단설계

제3절 종단적 설계

종단적 설계(longitudinal research design)는 어느 한 시점에서의 서베이가 아니라 장기간에 걸쳐 서베이를 시행하는 것이다.

1. 추세연구

추세연구(trend study)는 수년 또는 수개월 동안의 추세나 변화를 연구하는 것이다. 예를 들어, 어떤 프로그램의 진행자가 클라이언트의 욕구를 좀 더 충족시키기 위한 목적으로 '일정 기간 동안' 프로그램을 활용하는 클라이언트의 유형이 어떻게 변하는지를 연구하는 경우를 들 수 있다. 또한 5년 동안 A지역의 범죄발생률이 어떻게 변해 가는지를 연구하는 것도 좋은 예다. 일정기간에 걸쳐 어느 회사의 남녀 소득차이가 어떻게 변해 가는지를 비교하는 것, 매년 대학생의 혼전 동거인식을 조사하여 비교하는 것

등도 추세연구의 예다.

2. 동시집단연구/동년배집단연구

동시집단연구(cohort study)/동년배집단연구는 같은 시대에 태어난 같은 연령대라는 공통특성을 가진 특정 하부집단의 특성이 시간의 흐름에 따라 어떻게 변화하는지를 연구한다. 예를 들어, 자녀를 둔 부모의 욕구가 어떻게 변화하는지를 연구한다고 가정하자. 1995년에 21~25세 사이의 부모를 연구했다면, 2000년에는 5년의 시간이 흘렀으므로 26~30세의 부모를 연구한다. 2005년에는 다시 5년이 흘렀으므로 31~35세의 부모를 연구한다. 여기서의 연구대상은 모두 1995년 당시 21~25세 사이의 사람들이다. 그러나 패널연구처럼 같은 사람을 추적하는 것이 아니다. 그 연령대의 새로운 사람들을 표본으로 뽑아서 연구한다.

3. 패널연구

패널연구(panel study)는 같은 대상을 장기간에 걸쳐 연구하는 것이다. 같은 연구대상이 시간이 지나면서 어떻게 변화하는지를 연구하는 것이다. 예를 들어, 치매노인 부양자의 부담이 시간이 지나면서 어떻게 달라지는지를 연구하는 것을 들 수 있다. 1995년 30명을 연구했다면 2000년에 같은 30명을 다시 연구하는 것이다. 이 연구는 처음에 참여한 사람들을 지속적으로 추적하기가 쉽지 않기 때문에 시행하기가 매우 어렵다. 초기 참여자들이 이사했을 경우라든지, 사망했을 경우가 발생하기 때문이다

제4절 사후설계 : 상관관계설계

사후설계(ex post facto design)는 어느 요인의 영향을 측정하고 싶은데,

실험설계가 어려운 경우에 적용할 수 있다. 사실 개인들이 독립변수의 영향에 노출되기 전에 조사설계를 하는 것이 항상 가능하지는 않다. 이미 독립변수에 노출되어 있고 조사는 그 후에 진행되는 경우가 있다. 예를 들어, 이혼이 아동에게 미치는 영향을 알고자 하는 경우, 이를 실험설계로 조사하기는 어렵다. 이 경우는 이미 독립변수인 이혼에 노출된 이혼집단의 아동과 일반가정 아동의 사회적 적응을 비교하는 연구를 시행할 수 있는데, 이는 사후설계를 적용하는 것이다. 여기서 독립변수는 이혼 여부이고 종속변수는 아동의 사회적 적응이다. 중요한 점은 사후설계는 실험설계에서처럼 독립변수를 새로이 만들어서(조작하여) 적용하고 그 효과를 보는 것이 아니라 이미 과거에 발생했던 어떤 사실이나 사건(이 예에서 이혼은 이미 결정된 사실이다)을 나타내는 변수와 종속변수와의 상관관계를 보는 연구라는 것이다. 그래서 명칭이 '사후설계(made after something)'다. 주의할 점은 실험설계에서처럼 독립변수가 종속변수의 원인이 되었다고 단정적으로 말할 수는 없고 단지 상관이 있다고만 말할 수 있다는 것이다. 다른 예를 더 들어 보자. 자녀와의 동거의 영향을 알기 위해 동거노인과 별거노인의 생활만족도를 비교하는 것도 좋은 예다(여기서 동거 여부는 이미 결정된 사실이다). 어느 두 집단을 구분짓는 요인이 무엇인지를 알고자 하는 경우에도 사후설계가 적용된다. 예를 들어, 섭식장애집단과 일반여성집단을 구분짓는 요인이 부모와의 과거애착관계인지를 알고자 하는 경우에도 적용된다.

일반적으로 상관관계를 연구하는 대부분의 설문조사(서베이) 형식의 조사는 사후설계를 활용하는 것이다. 정신지체의 수준과 주간보호서비스 욕구 사이의 관계를 연구하는 경우도 사후설계가 적용되는 것이다. 교육과 사회복지 프로그램에 대한 태도와의 관계를 연구하는 것도 좋은 예다. 우리는 학력이 높을수록 사회복지 프로그램에 대해 우호적인 태도를 가질 것이라고 가설을 세우고 이를 검증하기 위해 사후설계를 사용한다. 여기서 교육수준은 이미 결정된 사실이므로 사후설계라고 할 수 있다.

사후설계에서는 관찰된 두 변수 간의 관계가 실제인지, 허위인지 또는 수정되어야 하는지 등을 확인하기 위해 정교화모델(elaboration model)을 활용하게 된다. 이 정교화모델이 바로 제2장 제3절 '연구의 이론적 틀, 분석틀, 정교화모델'에서 제시된 내용이다. 정교화모델이란 두 변수 간의 관계를 더욱 정확히 이해하고 분석하기 위한 과정이고 방법이다.

Tips

▶ **실험연구와 서베이 형식의 설문조사(상관관계)연구 비교**

- 실험연구는 독립변수의 효과성 및 원인결과를 검증할 수 있다.
- 설문조사연구는 단지 상관관계만을 입증하므로 실험연구에 비해 내적타당도가 떨어진다.
- 설문조사연구는 많은 연구대상을 무작위 표집하여 조사하므로 실험연구에 비해 결과를 일반화하기 쉽다.
- 실험연구는 실험 세팅의 인위적인 조작이 있어야 하기 때문에 결과의 일반화(외적타당도)에 제약이 따른다. 또한 실험은 참여자가 적어 외적타당도가 저해될 수 있다.
- 실험연구에서는 한 가지 독립변수의 효과만 증명할 수 있지만 설문조사연구는 여러 변수를 동시에 다룰 수 있는 장점이 있다.
- 설문조사는 대규모지역의 다양한 표본의 특성을 파악할 수 있다.

Tips

▶ **무작위할당과 무작위추출** : 무작위할당은 실험에서 사용하여 내적타당도를 높이기 위한 수단이다. 무작위추출은 일반화, 즉 외적타당도를 높이기 위한 것이다.

비개입적 연구

비개입적 또는 비관여적 연구(unobtrusive research)는 사회현상이나 조사대상에 영향을 주지 않으면서 진행되는 조사를 말한다. 먼저 기존자료분석(analysis of availavle data)이 있다. 기존의 각종 통계자료를 재편집하여 활용하거나 통계원자료를 2차분석하는 것이다.

두 번째는 질적자료를 내용분석하는 방법이다. 내용분석은 질적자료를 코딩하여 양적자료로 변환시켜 분석하기도 하고, 양적자료로 변환하지 않고 질적인 용어로만 분석하여 보고하기도 한다. 그러므로 내용분석이 양적방법이라고만 주장하는 것은 옳지 않다(Babbie, 2001). 내용분석에 대해서는 제11장 '질적조사방법'을 참고하기 바란다.

세 번째는 역사비교방법이 있다. 역사적 기록을 분석하여 과거 어떤 시대의 사회현상이나 사건을 연구하는 방법이다.

제5절 개입연구

개입연구(intervention research)는 실천가, 행정가 및 정책형성가들에게 실용적으로 활용될 수 있는 결과를 제시할 수 있는 조사방법을 추구하는 데서 비롯된 연구방법이다. Thomas와 Rothman(1994)이 개발한 개입연구의 대표적 유형인 D&D(Intervention Design and Development) 방법을 간략히 소개한다. 이는 R&D(Social Research and Development)나 모델개발연구(model developmental research)와 같은 맥락에 있다고 볼 수 있다. D&D는 개인 및 사회문제를 해결하기 위한 효과적인 개입을 찾기 위한 문제해결과정이라고 개념화될 수 있다. 이 문제해결과정이 조사절차에 체계적으로 스며들었다고 보아야 할 것이다. D&D는 6단계로 진행된다.

1단계는 문제분석과 프로젝트 계획(problem analysis and project planning) 단계다. 핵심문제가 파악되고 분석된다. 문제에 대한 종합적인 분석을 통해 D&D가 가능한지를 결정한다. 개입모델의 개발을 통해 성취하려는 목적을 정한다. 2단계는 정보수집 및 종합(information gathering and synthesis) 단계다. 개발과제에 타당한 정보유형이나 소스를 파악하고 선정한다. 문제를 가진 사람들을 직접 만나 관찰하거나 의견을 들어 본다. 성공적인 개입에 필요한 요소를 파악한다. 3단계는 설계(design) 단계다. 관찰체계(예 : 조작화, 측정방법)를 설계하고 개입의 절차를 구체화한다. 4단계는 초기개발 및 시험검사(early development and pilot testing) 단계다. 시험검사를 할 수 있는 초기모델을 개발하고 실시하여 수정할 부분이 있는지 등 피드백을 받는다. 5단계는 평가 및 고급개발(evaluation and advanced development) 단계다. 실험설계를 선정하여 실제 상황에서 모델을 실행하고 결과를 낸다. 결과를 바탕으로 개입모델을 더욱 세련되게 다듬는다. 마지막 6단계는 보급(dissemination) 단계다. 지역사회나 목표집단에 개입모델을 보급한다.

연구설계(조사설계) 예상문제

1. 내적타당도가 낮은 설계부터 높은 설계로 나열된 것은?
   ① 순수실험설계→유사실험설계→실험전설계→솔로몬4집단설계
   ② 유사실험설계→순수실험설계→실험전실험설계→솔로몬4집단설계
   ③ 솔로몬4집단설계→순수실험설계→유사실험설계→실험전설계
   ④ 솔로몬4집단설계→유사실험설계→순수실험설계→실험전설계
   ⑤ 실험전설계→유사실험설계→순수실험설계→솔로몬4집단설계

해 설 솔로몬4집단설계는 실험을 두 번 하는 경우로, 내적타당도가 가장 높다.

2. 다음과 같은 실험설계는?

(무작위할당)	실험집단 : O_1	×	O_2
	통제집단 : O_1		O_2

   ① 유사실험설계 ② 시계열설계
   ③ 순수실험설계 ④ 정태적 집단설계
   ⑤ 단일집단사후설계

해 설 무작위할당을 하고 있으므로 순수실험설계다.

3. 종단적 설계에 대한 설명 중 옳지 않은 것은?
   ① 수년 또는 수개월 동안 추세나 변화를 연구하는 것으로 추세연구가 있다.
   ② 같은 대상을 장기간에 걸쳐 연구하는 것으로 패널연구가 있다.
   ③ 같은 시대에 태어난 같은 연령대라는 공통특성을 지닌 특정 집

답 1. ⑤ 2. ③ 3. ④

단연구를 동년배집단/동시집단연구라 한다.

④ 일회성 서베이 형식의 연구가 해당된다.

⑤ 동년배집단연구에 비해 패널연구는 비용이 많이 든다.

해 설 일회성 서베이는 횡단적 연구다.

4. 다음 설명 중 옳지 않은 것은?

① 순수실험에서는 반드시 무작위할당과 독립변수의 조작이 이루어져야 한다.

② 무작위할당이 되어야만 두 집단이 비슷한 조건에서 출발했다고 말할 수 있다.

③ 순수실험에서는 통제집단이 반드시 필요하지는 않다.

④ 실험전설계→유사실험설계→순수실험설계 순으로 내적타당도는 높아진다.

⑤ 실험설계는 본질적으로 외적타당도가 떨어진다.

해 설 순수실험설계의 조건은 무작위할당, 통제집단 설정, 독립변수의 조작이다. 실험설계는 인위적으로 세팅을 조작해야 하므로 기본적으로 외적타당도가 떨어진다.

5. 다음 중 내적타당도를 위협하는 요소가 아닌 것은?

① 통계적 회귀 ② 중도탈락

③ 자연적 성숙 ④ 역사적 사건

⑤ 통제집단의 존재

해 설 통제집단이 있으면 내적타당도가 올라간다.

6. 내적타당도를 위협하는 요소가 아닌 것은?

① 역사적 사건(외적 사건) ② 시험효과

답 4. ③ 5. ⑤ 6. ⑤

③ 통계적 회귀 ④ 측정도구
⑤ 일반화

해 설 일반화는 외적타당도를 말한다.

7. 다음 중 종단적 설계에 해당하지 않는 것은?
① 사례연구 ② 추세연구
③ 동시집단연구 ④ 패널연구
⑤ 시계열설계

해 설 종단적 설계에는 추세연구, 동시집단/동년배집단연구, 패널연구가 있다.

8. 다음 중 순수실험설계의 조건이 아닌 것은?
① 무작위할당 ② 독립변수 조작
③ 통제집단 ④ 수차례의 반복측정
⑤ 답 없음

해 설 순수실험설계가 되기 위해서는 통제집단을 설정하여 무작위할당을 하고 실험집단에만 프로그램(독립변수)을 적용한다.

9. 종단적 설계에 대한 설명으로 옳지 않은 것은?
① 추세연구는 일정기간 동안 어떤 추세나 변화를 연구하는 것이다.
② 동시집단연구는 같은 시대에 태어난 같은 연령대라는 공통특성을 지닌 집단을 연구한다.
③ 패널연구는 같은 대상이 시간이 지나면서 어떻게 변하는지를 연구하는 것이다.
④ 패널연구는 일회성 사례연구라고도 한다.
⑤ 답 없음

답 7. ① 8. ④ 9. ④

해 설 일회성 사례연구는 실험전설계의 한 유형이다.

10. 설문조사연구/상관관계연구에 대한 설명으로 옳지 않은 것은?
① 보통 일회성이고 횡단적 연구다.
② 실험연구에 비해 적은 경비와 노력으로 대규모의 집단을 조사할 수 있다.
③ 실험연구에 비해 많은 변수를 동시에 다룰 수 있다.
④ 구조화된 질문을 사용한다.
⑤ 무작위할당을 시행한다.

해 설 무작위할당은 실험설계에서 시행하며, 조사대상자를 무작위추출하여 설문조사를 시행할 수 있다. 무작위할당과 무작위추출은 다른 개념이다.

11. 시간적 차원으로 분류한 연구설계 중 종단적 연구가 아닌 것은?
① 일회성 서베이연구 ② 추세연구
③ 동년배 집단연구 ④ 패널연구
⑤ 시계열설계

해 설 일회성 서베이연구는 횡단적 연구다.

※ 다음 내용에 대해 '○, ×'로 답하시오. (12～15)

12. 이론적 뒷받침이 확고한 프로그램의 효과성을 보는 연구에서는 양측검증을 하는 것이 바람직하다.

해 설 이론적 뒷받침이 되는 프로그램의 효과는 단측검증을 하는 것이 바람직하다.

답 10. ⑤ 11. ① 12. ×

13. 실험조사에서는 일반조사보다 제2종 오류를 범할 가능성이 높은데, 이는 충분한 조사대상을 확보하기 어렵기 때문이다.

해 설 사람수가 적으면 제2종 오류가 발생할 가능성이 커진다.

14. 실험은 일반적으로 결과를 일반화시킬 수 있는 외적타당도가 높다.

해 설 실험은 내적타당도가 높지만 외적타당도는 떨어진다.

15. 개별지도 프로그램의 효과성을 검증하기 위해서는 반드시 단일사례설계를 시행해야 한다.

해 설 여러 명에 대해 개별지도 프로그램을 시행하였다면 집단설계를 시행해도 된다.

16. 비개입적 연구방법 세 가지를 들어 보라.

17. 무작위할당과 무작위추출은 어떻게 다른가?

18. 사후설계의 의미는?

답 13. ○ 14. × 15. × 16. 본문 p. 90 참조 17. 본문 p. 89 참조
18. 본문 p. 88 참조

제 4 장 표본추출

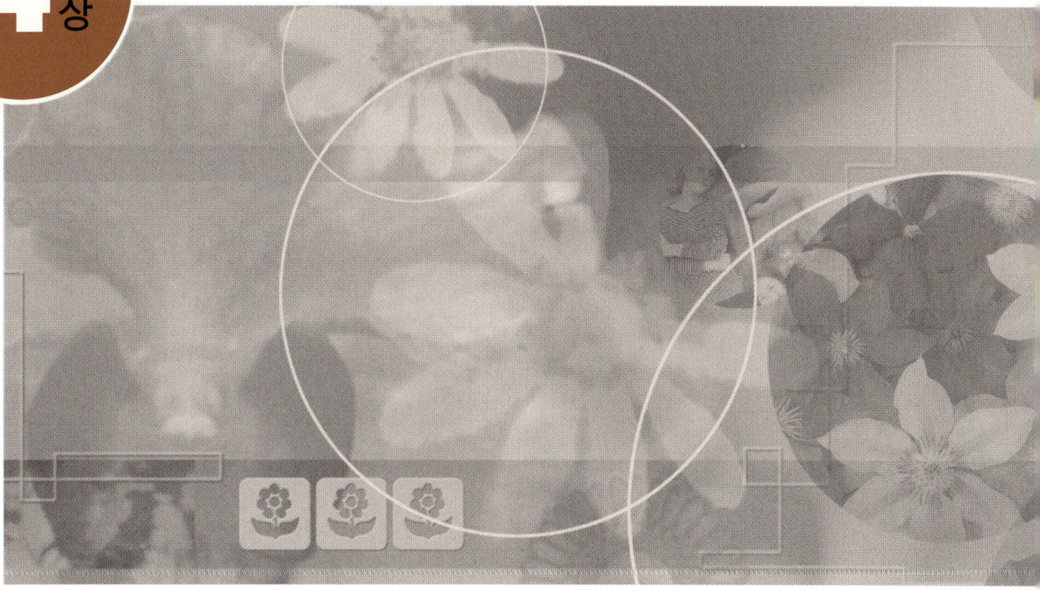

표본추출(sampling)의 기본목적은 매우 커다란 집합체(aggregate), 즉 개인들의 집합체, 가구들의 집합체 또는 조직들의 집합체로부터 표본이라는 하부단위를 주의 깊게 선정하여 자세히 검토함으로써 그 집합체를 효율적이고 정확하게 연구하기 위한 것이다. 이러한 집합체를 모집단(population)이라고 부른다. 표본을 통하여 모집단을 연구한다는 것은 마치 음식의 간이 잘 되었는가를 알기 위해 맛을 보는 것에 비유될 수 있다. 미역국의 간이 잘 되었는지를 알기 위해 국 한 그릇을 다 마셔 볼 필요는 없다. 한 숟가락만 먹어 보면 될 것이다.

사회과학의 많은 조사는 표본추출방법을 활용하게 된다. 사실 전체 모집단을 모두 연구한다는 것은 비용과 시간이 많이 들 뿐만 아니라 커다란 모집단에 대한 자료를 수집하고 처리하고 분석하는 데서 발생하는 측정오차 또는 비표집오차도 만만치 않게 크다는 것을 인식해야 한다. 그러므로 때로는 전수조사가 표본조사보다 정확하지 않은 결과가 나올 수도 있다.

우리의 관심사는 표본 그 자체가 아니라 표본을 통해 더 커다란 모집단의 특성을 알고자 하는 것이기 때문에 잘 선정된 표본을 연구하여 그 결과를 전체 모집단에 일반화시킨다. 그런데 일반화시키기 위해서는 모집단에 대하여 통계적으로 타당한 추론(inferences)이 시행되어야 한다. 이를 추론통계(inferential statistics)라고 한다. 이를 위해서는 표본이 편견 없이 추출되어야 한다. 표본추출방법은 여러 가지가 있으나, 먼저 가장 필요한 것은 표본추출틀(sampling frame)이라고 불리는 모집단의 명단이 존재해야 한다. 표본추출틀의 예를 들어 보면 선거인명부, 등록장애인명부, 졸업생명부, 교회신도명부 등이 있다.

이제 주요 표본추출방법을 살펴보자. 각각 개별적으로 소개되지만 현실적으로는 혼용되어 사용되곤 한다. 추론이 주요 목적인 경우에 가장 중요한 필수조건은 확률(probability) 또는 무작위표집이 사용되어야 한다는 것이다. 이러한 확률표집에서는 모집단의 누구든지 표본으로 선출될 확률을 동등하게 갖게 된다. 현실적인 이유로 비확률표집이 활용되는 경우도 많다. 실용적으로 필요한 정보를 얻기 위한 목적으로 질적조사에서는 의도적 표집을 많이 활용하는데, 이는 비확률표집방식이다. 편의표집이나 의도적 표집(판단표집)은 일반화에 한계를 갖게 된다. 비확률표집의 다양한 예는 제11장 '질적조사방법'을 참조하기 바란다.

Tips

▶ **비확률표집의 예** : 의도적 표집(판단표집), 눈덩이표집, 편의표집, 할당표집, 이론적 표집

▶ **표본추출관련 용어**

- 요소(element) : 정보가 수집되고 분석되는 단위. 보통 개인이 요소가 되나 가족, 집단, 조직, 기업 모두가 표본추출 및 분석의 요소가 될 수 있다.
- 모집단(population) : 연구요소들의 집합체를 말한다. 이 집단에서 표본을 추출하게 된다(예 : 2003년 현재 A대학교 재학생, 서울 종로구 주민, 서울시등록 장애인).
- 표집단위(sampling unit) : 보통 표본추출단위는 요소, 즉 분석단위가 되나, 다단계로 표본을 추출하는 경우는 분석단위와 표집단위가 다를 수 있다. 예를 들어, 다단계 집락표집을 하는 경우, 표집단위가 처음에는 집락(예 : 시나 구)이고 나중에는 개인이 된다.
- 표본추출틀(sampling frame) : 연구요소들 또는 표본추출단위가 수록된 실제 명단. 표본추출틀이 모집단과 같을 수도 있지만 다를 수도 있다. 현실적으로 모집단 전체의 명단을 얻는 것이 불가능한 경우가 많기 때문이다.
- 통계치(statistics) : 표본에서 얻어진 어떤 변수의 값. 이를 통해 모수를 추정하게 된다.
- 모수(parameter) : 모집단 내의 어떤 변수의 값. 보통 표본에 대한 분석결과를 통해 모수를 추정하게 된다.
- 표본오차(sampling error) : 현실적으로 아무리 표본추출을 잘 한다고 하더라도 표본조사에서는 표본의 통계치와 모집단의 모수 간에 차이가 발생하게 마련인데, 이를 표본오차라고 한다. 표본크기가 클수록 표본오차는 줄어든다. 표본오차를 추정하는 데 관련되는 요인으로 신뢰구간과 신뢰수준이 있다.

- 신뢰구간(confidence intervals) : 모수가 존재할 것이라고 믿어지는 구간. 신뢰구간은 다음과 같은 형태를 갖는다. 모집단평균(μ)=X±표본오차
- 신뢰수준(confidence levels) : 표본의 통계치의 정확성을 신뢰수준이라는 용어로 표현하는데, 신뢰수준이란 우리가 추정한 신뢰구간이 옳다고 확신하는 정도를 말한다. 일반적으로 95% 또는 99%의 신뢰수준을 활용한다. 여기서 95%의 신뢰수준이란 장기적으로 100번 조사를 하는 경우 95번은 우리가 설정한 신뢰구간에 실제 모수가 포함된다는 의미다. 신뢰구간과 신뢰수준에 대해 보통 이렇게 표현을 한다. '본 조사 결과의 오차한계는 95% 신뢰수준에서 플러스마이너스 3%다.'

※ 표본추출을 하기 위해서는 먼저 모집단을 정확히 규정하고 표본추출틀을 마련한 후 표집방법과 표본크기를 결정하도록 한다.

제1절 확률표집

1. 단순무작위표집

모집단의 명부가 이미 존재한다면 단순무작위표집(simple random sampling)이 편리하게 사용될 수 있다 이 표집방법은 난수표(table of random numbers)를 활용하게 된다. 예를 들어 설명해 보자. 서울 시내에 3,000개의 동이 있는데, 이 중에서 100개의 동을 선정해야 한다고 하자. 먼저 조사자는 3,000개 동에 1~3,000까지 번호를 붙여야 한다. 다음 난수표를 펼친다. 난수표에는 5개 단위의 수가 나열되어 있다. 3,000번이 4자리수이기 때문에 우리는 앞에서부터 4개자리를 활용하게 된다. 눈을 감고 무작위로 한 번호를 지적한다. 그 지적 숫자가 19795이었다고 하자. 여기서 우리는 앞의 4자리를 활용하여 1979번을 선정한다. 여기서부터 위든 아래든 좌로든 우로든 한 방향으로 일정하게 진행해 가면서 해당되는 번호를 뽑게

Tips

▶ **단순무작위표집** : 난수표나 제비뽑기형식을 활용. 표본규모가 너무 작으면 자칫 적은 수의 요소(element)는 추출되지 않을 수도 있으므로 표본의 규모가 큰 경우에 적합하다.

된다. 중복되는 숫자나 해당되지 않는 숫자가 나오면 다음 수로 넘어간다(〈부록 1〉 난수표 참조).

2. 체계표집/계통표집

또 하나의 무작위표집방법은 일정한 간격을 두고 사례를 선정하는 체계표집방법이다. 예를 들어, 1,000명으로부터 100명을 선정한다면 열 번째 사례마다 선정하면 될 것이다. 물론 첫 번째 표본선정은 무작위로 하고 그 다음부터 열 번째 사례를 선정해 나가면 된다. 체계표집(systematic sampling)의 가장 커다란 문제는 바로 '주기성(periodicity)'이다. 이는 표본대상 목록이 어떤 특정한 순서에 따라 작성되어 있을 때 발생한다. 예를 들어, 어떤 시나 구에서 가구에 대한 설문조사를 하기로 된 경우를 보자. 열 번째마다 해당되는 가구를 선정하기로 했는데, 열 번째 해당되는 가구들이 우연히도 대부분 도로변 가구일 수 있다. 도로변에 있는 가구는 대부분 상가이거나 집값이 비싼 경우가 많을 것이다. 그렇다면 이러한 특성을 가진 가구가 과도하게 선정되어 대표성이 떨어지게 된다. 하나의 예를 더 들어 보자. 실업자에 대한 표본을 선정하는데, 매 열 번째 사례를 선정한 결과 특정한 달(실업률이 가장 높거나 가장 낮은 달)에 실업자가 된 사람들만 많이 선정될 수도 있다. 그러므로 체계표집을 할 경우에는 주기성이 있는지 먼저 살펴보아야 한다. 만일 목록이 가나다 순으로 되어 있다면 주기성 문제는 거의 없다. 이런 주기성 문제만 없다면 체계표집이 단순무작위표집보다 훨씬 쉬운

방법이라고 할 수 있다.

3. 층화표집

층화표집(stratified sampling)에서 조사자는 모집단을 범주별로 나눈 다음 각 범주에서 무작위표집을 하게 된다. 층화표집은 남녀비율이나 학력비율, 고용비율 등 어떤 기준 측면에서 적당한 수의 표본을 선정함으로써 그런 하부집단끼리 비교하는 연구에 적합하다. 층화표집에는 두 가지 유형이 있는데, 균형층화표집과 불균형층화표집방식이 있다.

1) 균형층화표집

무작위표본을 시행하다 보면 어떤 경우에는 어떤 범주가 예상 외로 적게 추출되는 경우가 있다. 예를 들어, 어떤 모집단의 여성비율이 20%인데 무작위표본추출을 해 보니 10% 정도만 선정되어 적정한 여성비율이 선정되지 않는 경우도 있다. 그런데 모집단과 유사한 정도로 남녀비율을 갖춘 표본을 선정하고자 하는 경우, 균형층화표집방법(proportional stratified sampling)을 사용하게 된다. 조사자는 남성명단을 먼저 일렬로 나열하고 그 다음에 여성명단을 일렬로 나열한 다음 체계표집을 하면 된다.

2) 불균형층화표집

층화표집은 무작위표집을 하게 되면 어떤 기준을 충족시키는 충분한 표본을 얻기가 어려운 경우에 사용한다. 어떤 시의 지체장애인의 욕구를 비교하기 위해 표본을 추출하는 경우를 예로 들어 보자. 그 시에 총 500명의 장애인이 있는데, 지체장애인은 400명이고 시각장애인은 100명이었다면 표본을 100명 무작위로 뽑게 되면 지체장애인이 40명 선정되고 시각장애인은 10명 선출되게 된다. 이 경우 시각장애인의 표본수는 너무 적어져서 비교하기가 곤란해진다. 이런 경우 불균형층화표집(disproportional stratified sampling)을 하여 시각장애인의 표본수를 늘리게 된다. 지체장애인 50명, 시각장애인 50명을 선정하여 비교하고자 한다면 지체장애인은 50/400(12.5%)을 선정하면 되고 시각장애인은 50/100 (50%)을 선정하면 된다. 시각장애인은 지체장애인에 비해 50/12.5=4배 더 많이 선정되었다.

여기서 주의할 점이 있다. 여기서 얻어진 결과를 가지고 전체장애인의 종합욕구를 알고자 하는 경우에는 상대적으로 적게 뽑힌 표본(여기서는 지체장애인의 수가 많음에도 불구하고 적게 뽑혔다)에 그만큼 가중치를 부여해야 한다. 즉, 지체장애인의 값에 4배의 가중치를 주어야 한다. 예를 들면, 표본조사에서 교육재활이 필요하다고 언급한 지체장애인이 시각장애인보다 2배 많았다면 모집단에서는 8배 많은 것으로 간주해야 한다.

4. 집락표집

많은 경우 모집단의 명단이 없거나 작성하기 어려운 경우가 있다. 그러나 사람들은 도시나 농촌처럼 집락의 단위 속에서 살고 있기 때문에 집락의 명단을 작성하는 것은 어렵지 않다. 집락표집(cluster sampling)에서는 집락의 명단을 나열한 다음 집락을 표본으로 선출하고 다시 그 집락 내에서 각 개인을 선출하게 된다.

집락표집이 유용하기 위해서는 다양한 배경의 집락이 더 많이 선정되도록 설계하는 것이 좋다. 즉, 이질적인 집락이 많이 선정되어야 한다. 각 집락 내에 있는 사람들은 사회인구학적 면에서 유사한 측면이 높기 때문이다(예 : 강남구 내에 있는 주민들은 경제적인 측면에서 주로 상위권 사람들이다).

서울 시내에서 1,000명의 표본을 선정하는 경우를 보자. 이때 서울 시내에 20여 개의 구를 집락으로 설정할 수 있다. 5개 구를 선정하여 각 구에서 200명의 표본을 선출하여 총 표본이 1,000명이 되도록 할 수 있다. 한편, 10개 구를 선정하여 각 구에서 100명씩 선출하여 총 표본이 1,000명이 되도록 할 수도 있다. 이때 더 바람직한 설계는 바로 10개 구를 선정하는 것이다. 그래야 더 다양한 배경의 사람들이 선정되기 때문이다.

집락표집에서 한 가지 문제는 집락의 규모가 모두 같지는 않다는 것이다. 이때는 규모비례확률표집방법을 사용하게 된다. 규모비례확률표집(probability proportionate to size pps)방법은 집락표집(cluster sampling) 방안을 더 확실히 보완하기 위한 것이다. 즉, 집락의 크기가 다양한 경우에 집락이 표집될 때는 그 크기에 따라 선정될 기회가 주어지도록 하는 것이다. 예를 들어, 200가구가 속해 있는 집락은 100가구가 속해 있는 집락보다 표본으로 선정될 확률이 2배가 되도록 하는 것이다.

이 방법을 예를 들어 설명해 보자. A지역이 8개의 동으로 구성되어 있고 총 인구가 2,500명인데, 여기에서 표본을 총 100명 선정하는 연구를 시행한다고 하자. 연구자는 전체 8개 동에서 먼저 4개 동을 뽑고 각 동에서 25명씩 선정하기로 결정하였다. 이 경우에 어떤 동을 선정해야 하는지를 결정하기 위해 규모비례확률표집방법을 사용하여야 한다. 절차는 다음과 같다. 먼저 〈표 4-1〉처럼 각 동과 인구수를 순서대로 나열하고 각 동의 인구를 합산하여 표시하여야 한다.

두 번째 단계는 총 인구를 선정하고자 하는 집락수로 나누어 표본선정간격을 결정해야 한다. 이 경우 4개 동을 선정하기로 하였으므로 2,500명을 4로 나누어 2500/4=625라는 간격을 얻어 낼 수 있다.

세 번째 단계는 눈을 감고 난수표에서 출발점을 선정하는 것이다. 만약

〈표 4-1〉 **각 동의 인구수와 합산인구**

동	인구수	합산인구
1동	200명	200명
2동	400명	600명
3동	100명	700명
4동	300명	1,000명
5동	500명	1,500명
6동	400명	1,900명
7동	500명	2,400명
8동	100명	2,500명

563번이라는 번호가 선정되었다고 하면 563번이 해당되는 동을 합산인구수에서 찾는다. 그러므로 2동이 먼저 선정된다. 그 다음 이 번호에 표본선정간격인 625를 더하게 된다. 563+625=1,188이므로 1,188이 해당되는 동을 찾는다. 5동이다. 다시 여기에 625를 더하면 1188+625=1,813, 그러므로 6동이다. 다시 여기에 625를 더하면 2438, 그러므로 8동이 선정된다. 결국 2, 5, 6, 8동이 선정되고 각 동에서 25명씩 선정하여 총 100명을 표본으로 선정하게 된다.

제2절 할당표집

조사대상자를 찾아내어 응답을 얻어 내는 데는 비용이 많이 드는 것이 사실이다. 응답자를 찾아내는 데 드는 비용을 줄이는 방법으로 할당표집(quota sampling)방법이 있다. 이 방법은 비확률표집이다. 앞으로 조사할 대상자의 특성이 미리 구체화되어야 한다. 즉, 성별, 연령, 직업 등의 비율이 미리 파악되어 그 특성을 가지고 있는 사람들을 선정하게 된다. 할당표집의 예를 들어 보면 다음과 같다.

어머니로부터 학대를 당한 아동과 그렇지 않은 아동을 비교하는 연구를 시행하고자 한다. 또한 연령이 5~9세와 10~14세인 아동들을 비교하고자 한다. 그러면 〈표 4-2〉에서처럼 4개의 범주를 갖게 된다. 각 특성을 갖는 아동을 각 20명씩 조사하고자 한다면 총 80명을 조사하게 되는데, 조사자는 각 특성을 갖춘 표본을 임의로 찾아 조사를 하게 된다. 이런 경우 표본

〈표 4-2〉 할당표집틀의 예

아동의 연령	아동이 학대를 당했는지의 여부	
	예	아니요
5~9세	20	20
10~14세	20	20

Tips

▶ 편의표집(convenience sampling) : 이 방법은 조사자가 쉽게 연구대상을 구할 수 있는 장점이 있지만 일반화에 한계가 많다. 어디서든 조사자가 쉽게 만날 수 있거나 이용 가능한 사람들을 조사대상으로 삼는 것이다. 예를 들어, 거리에 지나가는 사람들, 술집에 모인 사람들을 조사대상으로 삼을 수 있다.

선정은 비확률표집이 된다.

제3절 표본의 규모

표본을 선정하기 앞서 얼마나 많은 표본을 선정해야 하는지를 결정해야 한다. 많은 표본을 선정할수록 더 확실한 조사결과를 얻을 수 있다. 대신 비용이 많이 드는 단점이 있다. 표본의 크기는 모집단이 얼마나 동질적인가에 따라 달라질 수도 있다. 모집단이 동질적인 경우는 이질적인 경우보다 표본의 크기를 적게 할 수 있다. 또한 표본의 크기는 조사자료를 분석하는 종류에 따라 달라진다. 예를 들어, 회귀분석을 하는 경우 보통 독립변수 1개당 10명 이상의 표본이 필요하다고 판단된다. 카이스퀘어 검증을 하는 경우에는 각 셀의 기대빈도의 수가 5개 미만인 셀이 전체 셀의 20%를 넘어서는 안 된다. 예를 들어, 독립변수의 범주가 2이고 종속변수의 범주가 4이면 2×4×5=40이므로 최소한 40개 이상의 표본이 필요하다. 요인분석에서 사용되는 표본수는 대체로 변인과 표본수의 비율이 1 : 5 이상이 되도록 해야 한다. 예를 들어, 요인분석에 사용되는 변수의 수가 20개이면 표본은 100명 이상이어야 한다. Nunnally(1978)는 요인분석 시 변인과 표본수의 비율이 1 : 10 정도가 되어야 한다고 주장했다. 그 외 많은 학자들은 최소한 150~200명을 추천하고 있다.

구조방정식을 활용하는 분석(예 : 리즈렐)에서도 200명 정도를 추천하고 있고 추정해야 할 미지수 개수의 5~10배를 추천하고 있다(양병화, 1998).

일반적으로 서베이형식의 조사에서는 정규분포를 이루기 위해 최소한 30명 이상이 되어야 한다. 그러나 많은 전문가들은 일반적으로 특정 지역이나 집단에 대해 조사할 때 최소한 100명 이상이 좋다고 지적한다. 백분율의 안정성을 확보하기 위해서도 100명 이상이 좋다. 만일 400명 정도를 추출하게 되면 100명을 추출할 때보다 표본오차로 인한 불확실성을 반으로 줄일 수 있다. 보통 특정 지역이나 집단에서 400명 이상을 추출하면 대부분의 통계적 문제가 해소된다고 본다.

표본의 크기를 결정하는 데 있어 또 한 가지 고려해야 할 사항은 통계적 검증력(statistical power)이다. 통계적 검증력이란 제2종 오류를 범하지 않을 확률을 말한다. 통계적 검증력이 높다는 기준은 보통 80%를 권고하고 있다(즉, 제2종 오류를 범할 확률은 20% 이하로 제한한다. 제2종 오류=1-통계적 검증력). 제2종 오류를 방지하고 통계적 검증력을 높이기 위해서는 적당한 표본의 수를 결정해야 하는데, 이는 〈표 4-3〉과 〈표 4-3-1〉을 참고하기 바란다. 일반적으로 설문조사형식의 상관관계연구를 시행할 때 관계의 강도(상관관계)가 보통수준인 .3 정도이고, 유의수준을 $p<.05$로 할 때 제2종 오류를 범하지 않기 위해 필요한 표본크기, 즉 통계적 검증력 80% 정도를 유지하기 위한 표본크기는 약 84명 정도임을 알 수 있다. 관계의 강도(효과크기, effect size) 및 통계적 검증력에 대한 자세한 설명은 제7장 '분석'을 참고하기 바란다.

〈표 4-3〉 통계적 검증력(유의수준은 .01, 양측검증)

n	Population r									n	Population r								
	.10	.20	.30	.40	.50	.60	.70	.80	.90		.10	.20	.30	.40	.50	.60	.70	.80	.90
15	01	03	06	13	25	44	68	90	*	50	03	12	33	63	89	99	*	*	*
16	01	03	07	14	28	48	73	93		52	03	12	33	63	89	99			
17	01	03	08	16	30	52	77	95		54	03	13	36	68	91	99			
18	01	04	08	17	33	56	80	96		56	03	14	38	70	93	99			
19	01	04	09	19	36	59	83	97		58	03	14	39	72	94	*			
20	02	04	09	20	38	62	85	98		60	03	15	41	74	94				
21	02	04	10	21	41	66	88	98		64	04	16	44	77	96				
22	02	04	11	23	43	68	90	99		68	04	17	47	80	97				
23	02	04	12	25	46	71	91	99		72	04	19	50	83	98				
24	02	05	12	26	49	74	93	99		76	04	20	53	85	98				
25	02	05	13	28	51	76	94	*		80	04	21	56	87	99				
26	02	05	14	30	53	78	95			84	05	23	59	89	99				
27	02	06	14	31	55	80	96			88	05	24	61	91	99				
28	02	06	15	33	57	82	96			92	05	25	64	92	*				
29	02	06	16	34	60	84	97			96	05	27	66	94					
30	02	06	17	36	62	85	98			100	06	29	69	95					
31	02	07	17	37	64	87	98			120	07	35	78	98					
32	02	07	18	39	66	88	98			140	08	42	85	99					
33	02	07	19	40	67	89	99			160	09	49	90	*					
34	02	07	20	42	69	90	99			180	11	55	94						
35	02	08	20	43	71	91	99			200	12	61	96						
36	02	08	21	45	72	92	99			250	16	73	99						
37	02	08	22	47	74	93	99			300	20	82	*						
38	02	08	23	48	76	94	*			350	24	89							
39	02	09	24	49	77	95				400	28	93							
40	02	09	25	50	78	95				500	37	97							
42	03	09	26	53	81	96				600	45	99							
44	03	10	28	56	83	97				700	53	*							
46	03	11	29	58	85	98				800	60								
48	03	11	31	61	87	98				1000	72								

출처 : Cohen (1988). *Statistical Power Analysis for the Behavioral Science*. Laurence Eribaum Associates, Inc.

〈표 4-3-1〉 통계적 검증력(유의수준은 .05, 양측검증)

n	Population *r* .10	.20	.30	.40	.50	.60	.70	.80	.90	n	Population *r* .10	.20	.30	.40	.50	.60	.70	.80	.90
15	06	11	19	32	50	70	88	98	*	50	11	29	57	83	97	*	*	*	*
16	07	11	21	35	53	73	90	98		52	11	30	59	85	87				
17	07	12	22	37	56	76	92	99		54	11	31	61	86	98				
18	07	12	23	39	59	79	94	99		56	11	32	62	87	98				
19	07	13	24	41	62	81	95	99		58	12	33	64	89	98				
20	07	14	25	43	64	83	96	*		60	12	34	65	90	99				
21	07	14	27	45	66	85	96			64	12	36	68	91	99				
22	07	15	28	47	69	87	97			68	13	38	71	93	99				
23	07	15	29	49	71	89	98			72	13	39	73	94	*				
24	07	16	30	51	73	90	98			76	14	41	76	95					
25	08	16	31	53	75	91	99			80	14	43	78	96					
26	08	17	33	54	76	92	99			84	15	45	80	97					
27	08	17	34	56	78	93	99			88	15	47	82	98					
28	08	18	35	58	80	94	99			92	16	48	83	98					
29	08	18	36	59	81	95	99			96	16	50	85	98					
30	08	19	37	61	83	95	*			100	17	52	86	99					
31	08	19	38	62	84	96				120	19	59	92	*					
32	08	20	39	64	85	97				140	22	66	95						
33	09	20	40	65	86	97				160	24	72	97						
34	09	21	42	67	87	97				180	27	77	98						
35	09	21	43	68	88	98				200	29	81	99						
36	09	22	44	69	89	98				250	35	89		*					
37	09	22	45	70	90	98				300	41	94							
38	09	23	46	72	91	99				350	46	97							
39	09	23	47	73	91	99				400	52	98							
40	09	24	48	74	92	99				500	61	99							
42	10	25	50	76	93	99				600	69	*							
44	10	26	52	78	94	99				700	76								
46	10	27	54	80	95	*				800	81								
48	10	28	55	82	96					1000	89								

여론조사 시 표본의 크기를 정하는 방법(노형진, 1999)

표본조사에서 모집단으로부터 추출할 사람의 수(표본의 크기)를 정하기 위한 순서는 다음과 같다.

1. 요구정밀도 e의 결정

허용 가능한 최대오차 e를 정한다.

2. 신뢰수준 a의 결정

95%로 하는 경우가 많다. 그 밖에 90%, 99%도 자주 쓰인다.

3. 모집단 비율 p의 예측

예비조사의 결과나 과거의 설문조사(같은 종류의 것)결과를 기초로 p를 예측한다. 예측할 수 없을 때에는 p를 50%(0.5)로 한다.

주 : p를 0.5로 하면 가장 안전한(가장 큰) 표본의 크기가 얻어진다.

4. 계산

필요한 표본의 크기를 n, 모집단의 크기를 N, 요구정밀도(허용할 수 있는 최대오차)를 e, 예상되는 모집단의 비율을 p라고 한다.

유한모집단의 경우

$$n \geq \frac{N}{(\frac{e}{k})^2 \frac{N-1}{p(1-p)} + 1}$$

여기에서 k는 신뢰수준을 정하면 자동적으로 정해지는 상수

(k는 신뢰수준에 대응하는 표준정규분포의 %점)

신뢰수준을 a라고 하면,

$a = 0.95$ 이면 $k = 1.96$

$a = 0.90$ 이면 $k = 1.65$

$a = 0.99$ 이면 $k = 2.58$

이 된다.

예제

사내에서 어떤 설문조사를 실시하려고 한다. 다만 시간관계상 전 사원을 조사할 수 없다. 이 설문조사에서 가장 관심 있는 질문은 자유근무시간제의 도입에 대해 찬성인지 반대인지를 묻는 것으로서 찬성의 비율을 정밀도가 높게 추

정하고자 한다. 전 사원의 수가 2,000명이라 하고 추정의 신뢰수준을 95%, 요구정밀도를 10%로 하면 몇 명의 사원을 조사하면 되는가?

해답

본 예제에서는 모집단의 비율(찬성률)은 예측 불가능하다고 생각하여 50%로 계산한다.

모집단의 크기 $N=2000$
요구정밀도 $e=0.1$
모집단의 비율 $p=0.5$
신뢰수준 $a=0.95$(따라서 계수 $k=1.96$)

이므로

$$n \geq \frac{2000}{(\frac{0.1}{1.96})^2 \frac{2000-1}{0.5(1-0.5)} + 1} = \frac{2000}{0.0026 \times \frac{1999}{0.25} + 1} = \frac{2000}{21.7896}$$
$$= 91.7869 \rightarrow 92$$

따라서 92명 이상의 사원을 조사할 필요가 있다.

표본추출

예상문제

1. 표본을 추출할 때 특별히 모집단의 어떤 성격(예 : 남녀비율)을 반영하여 표집하는 확률표집방법은?

① 단순무작위표집 ② 할당표집
③ 계통표집 ④ 다단계집락표집
⑤ 층화표집

해 설 모집단과 유사한 정도로 남녀비율을 갖춘 표본을 선정하고자 한다면 균형층화표집방법을 사용한다.

2. 표집추출방법에 대한 설명으로 옳지 않은 것은?

① 단순무작위표집은 모집단의 명부가 이미 존재하므로 난수표를 활용한다.
② 체계표집은 무작위표집으로 일정한 간격을 두고 사례를 선정하는 것이다.
③ 층화표집은 모집단을 범주별로 나눈 다음 각 범주에서 무작위표집을 하게 된다.
④ 비확률표집은 모집단에의 일반화가 용이하다.
⑤ 편의표집은 비확률표집이다.

해 설 비확률표집은 모집단에의 일반화가 어렵다.

3. 표본추출에 대한 설명으로 옳지 않은 것은?

① 단순무작위표집은 난수표를 활용한 확률표집이다.
② 확률표집은 무작위표집으로서 모집단의 명단이 필요하다.

답 1. ⑤ 2. ④ 3. ④

③ 중다회귀분석기법으로 조사할 경우 적정한 샘플수는 독립변수 ×10개다.

④ 샘플수가 너무 적으면 통계적 검증력이 떨어지고 제1종 오류를 범할 수 있다.

⑤ 정규분포를 이루기 위해서는 최소 30명 이상의 자료를 얻어야 한다.

해 설 표본수가 적으면 제2종 오류를 범할 가능성이 높아진다.

4. 다음 내용 중 옳지 않은 것은?

① 최소 30명 이상의 자료를 얻어야 정규분포를 이룬다.

② 분석방법에 따라 표본규모가 달라질 수 있다.

③ 정보수집이 용이한 경우 특정 집단이나 지역에서 일반적으로 400명 이상의 표본을 추출한다면 표본오차를 크게 줄일 수 있다.

④ 할당표집 같은 확률표집을 해야 일반화가 쉽다.

⑤ 답 없음

해 설 할당표집은 비확률표집이다.

5. 표본을 추출하는 방식에 대한 설명으로 옳지 않은 것은?

① 일정한 간격을 두고 표본을 선정하는 방법－계통표집

② 난수표를 활용－단순무작위표집

③ 광범위한 지역조사를 할 때－집락표집

④ 모집단과 유사한 정도로 남녀비율을 갖춘 표본을 선정하고자 할 때－균형층화표집

답 4. ④ 5. ⑤

⑤ 일반화를 목적으로 할 때－의도적 표집

해 설 의도적 표집은 비확률표집으로서 일반화가 어렵다.

6. 다음 표본추출 중 확률표집은?

① 이론적 표집 ② 층화표집
③ 눈덩이표집 ④ 의도적 표집
⑤ 할당표집

해 설 이론적 표집은 현장기반이론(근거이론)의 표집방법으로 비확률표집이다.

7. 할당표집에 관한 설명으로 옳지 않은 것은?

① 할당표집을 바탕으로 한 결과는 모집단에의 일반화가 어렵다.
② 할당표집은 확률표집이다.
③ 할당표집은 조사대상자를 찾는 데 드는 비용을 줄이는 한 방법이다.
④ 조사할 대상자들의 특징이 미리 파악되어 그 특성을 가지고 있는 사람을 선정한다.
⑤ 답 없음

해 설 할당표집은 비확률표집이다.

8. 다음 중 표본추출에 대한 설명으로 옳지 않은 것은?

① 표본수가 많을수록 유의한 결과가 나온다.
② 확률표집은 무작위표집을 말한다.
③ 표본을 추출할 때 정규분포를 이루려면 최소한 10명 이상은

답 6. ② 7. ② 8. ③

해야 한다.

④ 표본이 적으면 표집오차가 커진다.

⑤ 표본이 적으면 통계적 검증력이 떨어진다.

해 설 정규분포를 이루기 위해서는 최소한 30명을 추출해야 한다.

9. 무작위표집방법 중의 하나로 일정한 간격을 두고 사례를 선정하는 표집방법은?

① 단순무작위표집
② 집락표집
③ 층화표집
④ 계통표집
⑤ 할당표집

해 설 단순무작위표집은 난수표를 활용한다.

10. 어떤 특정한 변수를 모집단과 같은 비율로 추출하고 싶은 경우 사용하는 것으로 모집단을 범주별로 나눈 후 표본을 선정하는 방법은?

① 규모비례확률표집
② 층화표집
③ 집락표집
④ 계통표집
⑤ 단순무작위표집

해 설 층화표집은 남녀비율이나 학력비율, 고용비율, 장애인비율 등 어떤 기준 측면에서 적당한 수의 표본을 선정함으로써 그런 하부집단끼리 비교하고자 하는 연구에 적합하다. 층화표집에는 균형층화표집과 불균형층화표집이 있다.

답 9. ④ 10. ②

11. 표본의 규모를 결정할 때 고려해야 하는 사항에는 무엇이 있는가?

12. 통계적 검증력의 의미는?

답 11. 본문 107~108쪽 참조 12. 본문 108쪽 참조

제 5 장 측정 및 자료수집방법

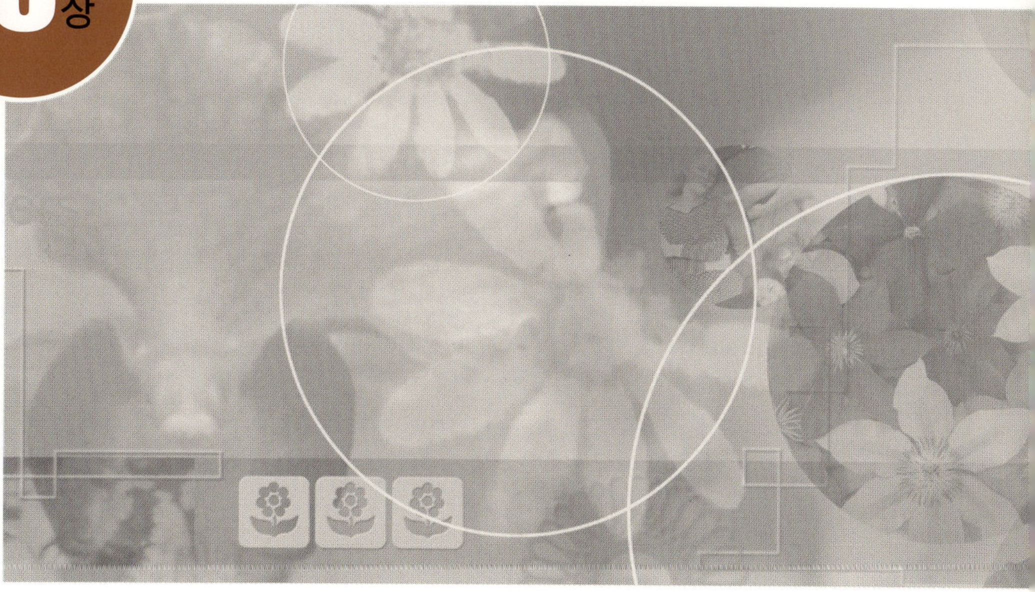

측정 용어 정리

측정(measurement)은 일정한 규칙에 따라 지표에 계량적인 수치를 할당함으로써 구체적 지표의 측면에서 추상적 개념을 묘사하는 과정을 말한다.

지표(indicator): 어떤 현상 내지 변수의 속성이나 특질의 증거라고 가정되는 관찰대상. 아동학대의 지표는 타박상, 부러진 다리, 구타 등이 될 수 있다.

지수(index): 다수의 지표들을 양적으로 측정 가능한 수치로 표현하여 합한 값을 말한다. 보통 어떤 변수를 측정하기 위해 일련의 질문을 묻고 이 질문들의 응답을 하나의 점수로 요약하게 된다. 예를 들어, 가정폭력을 측정하기 위해 20여 개의 가정폭력지표에 대한 설문을 하고 이를 하나로 합산하여 가정폭력의 정도를 점수로 나타낼 수 있다. 하나의 항목을 사용하기보다 여러 개의 항목(지표)을 사용하는 이유는 더 정확하게 신뢰성 있게 측정하기 위함이다.

변수: 한 연속선상에서 하나 이상의 속성(값)을 가지며, 연구대상의 속성에 계량적인 수치를 부여하여 경험적으로 측정 가능하게 한다. 예를 들어, 성별은 남과 여라는 두 개의 속성을 가지며 남자는 1, 여자는 2로 각 속성에 계량적인 수치를 부여하여 측정하곤 한다.

사회과학은 개념(concepts)을 통하여 의사소통을 한다. 생활만족, 자존감, 사회계층 같은 개념에 대한 연구를 시행하기 위해서는 각 개념이 조작화되어야 한다. 즉, 개념은 관찰할 만하고(observable) 측정할 만해야(measurable) 한다. 자연과학에서는 개념을 측정하는 데 있어 매우 정확성을 기할 수 있으나, 사회과학에서는 종종 오차가 발생하게 마련이다. 측정오차에는 두 가지가 있는데, 하나는 무작위오차(random error)로서 우연히 발생하는 오차이며 신뢰도와 관련된 오차다. 예를 들면, 다음과 같다. 응답자가 피로하거나 기분 나쁜 일이 있었거나 지루해해서 우연히 설문도구를 완성하는 데 영향을 주는 경우, 날씨나 외부 소음 등으로 인해 우연히 설문도구를 완성하는 데 영향을 받는 경우는 무작위오차에 해당된다. 그야말로 체계적으로 발생하는 오차가 아니라 우연히 비일관적인 방식으로 발생하는 오차다. 일반적으로 무작위오차는 서로 상쇄되기 때문에 크게 문제가 되지 않는다고 한다. 또 하나는 체계적 오차(systematic error or bias)로서 편견이 개입된 경우이며 타당도와 관련된 오차다. 어떤 변하지 않는 요인(문화적 요인이나 사회경제적 지위, 인종, 종교 등)으로 인해 연구과정 내내 지속적으로 영향을 미치는 오차다. 예를 들면, 설문응답자의 학력이 낮아 설문내용을 어려워하거나, 문화적으로 이해하지 못하고 응답하는 것이나, 특정 문화 속에서 생활해 왔기 때문에 응답자가 내용에 상관없이 동의하려는 경향(acquiescence)으로 응답하게 된다든지, 체면 때문에 바람직한 응답만 하려고 한다든지(사회적 바람직성 편견, social desirability bias), 극단의 값은 피하고 가운데 값만 응답하려고 한다든지(고정반응, response set) 또는 설문자의 특성으로 인해 편견 있는 응답이 나오게 된다든지 하는 것은 모두 체계적 오차의 예다. 신뢰도와 타당도에 대해서는 뒤에서 자세히 설명할 것이다.

연구자는 측정에 대한 계획을 구체적으로 세워야 한다. 즉, 다음 사항을 결정해야 한다.

- 자료를 어떻게 수집할지 결정한다. 면접을 수행할 것인지, 설문지를 돌릴 것인지, 관찰할 것인지 결정한다.

- 측정도구로 무엇을 사용할지 결정한다.
- 어떤 상황에서 얼마나 자주 측정을 시행할지 결정한다.

측정도구의 개발과 자료수집절차는 조사의 핵심과제다. 먼저 조사자는 필요한 정보의 양을 파악하고 결정해야 한다. 정보의 양은 연구의 목적, 결과물의 활용 그리고 예산과 연관지어 결정되어야 한다. 그러나 종종 실제로 필요한 것보다 더 많은 정보를 얻고자 하는 욕심이 생긴다. 너무 많은 정보를 얻으려는 경우 문제가 발생한다. 비용이 많이 들고, 정보의 질이 떨어지기 쉽고, 정보를 제공하는 사람들에게 부담을 줄 수 있다. 기한 내에 좋은 정보를 얻기도 힘들게 된다.

제1절 척도의 종류(측정의 수준)

변수는 속성에 따라 다음 네 가지 수준에서 측정될 수 있으며, 이 측정수준에 따라 분석방법이 달라지게 된다. 흔히 명목이나 서열척도로 구성된 변수는 이산변수(discrete variables) 또는 비연속변수/단속적 변수, 등간이나 비율척도로 구성된 변수는 연속변수(continuous variables)라고도 말한다.

1. 명목척도

변수를 상호배타적인 범주(categories)로 나누어 측정하는 유형이다. 예를 들어, 성별은 남과 여라는 범주로 나누어 측정된다. 종교, 인종 등도 명목척도에 해당된다. 명목척도는 순위가 있는 것이 아니라는 점을 명심해야 한다.

명목척도(nominal measurement)를 활용하는 경우, 평균을 계산하는 것은 부적합하며 단순히 빈도와 퍼센티지를 보고해야 한다.

Tips

▶ 주의 : 회귀분석을 시행할 때 명목척도는 더미변수(가변수)화시켜야 한다. 예를 들어, 성별은 남성은 1, 여성은 0으로 코딩해야 한다. 종교의 경우도 있다는 1, 없다는 0으로 코딩한다. 이에 대한 자세한 설명은 SPSS 같은 통계패키지 매뉴얼을 참고하기 바란다.

2. 서열척도

서열척도(ordinal measurement)는 측정범주가 어떤 속성에 따라 서열화되어 있는 척도를 말한다. 예를 들어, 사회적 지위를 상 · 중 · 하로 구분하여 측정할 수 있다. 이때 '상'은 '중'보다 높은 지위이고 '중'은 '하'보다 높은 지위임을 알 수 있다. 그러나 아주 정확하게 얼만큼 높다고 말할 수는 없다. 코딩할 때 '하'는 1로, '중'은 2로, '상'은 3으로 할 수 있는데, 이때 '상'이 '하'의 3배라고 말할 수는 없는 것이다. 서열척도의 다른 예로는 리커트척도를 들 수 있다. 이는 124쪽과 〈표 5-1〉을 참고하기 바란다. 개별화된 평정척도(individualized rating scale) 역시 서열척도의 한 예로 들 수 있는데, 어떤 인물이나 집단, 기관, 심리상태 등에 대한 평가를 하기 위해 서열식으로 이미 있게 배열된 범주를 주고 선택하게 하거나, 일정한 연속선상의 한 점에 선택하도록 하는 것이다. 평정척도는 한 문항으로 구성되며, 142쪽에 나오는 '자기지적척도'나 '전반적 향상척도' 등을 예로 들 수 있다. 보통 태도나 가치판단을 측정하기 위해 서열식 응답범주(예 : 매우 그렇다, 그런 편이다, 보통이다, 그렇지 않다, 전혀 그렇지 않다)를 주고 각 범주에 1부터 5점을 주는 설문은 서열척도다.

서열척도의 경우 엄격히 말해 평균이나 표준편차를 계산하는 것이 적절하지는 않다. 그러나 이러한 규정은 종종 어겨지는데, 이는 유용성 때문이다. 예를 들어, 평균을 계산하여 하위집단 간에 비교를 함으로써 사회적 현

Tips

▶ **리커트척도** : 리커트가 개발한 문항구성은 현재 설문자 설계에 가장 일반적으로 사용된다. 리커트척도는 알고자 하는 변수와 관련된 진술들을 수집하고 각 진술에 5점척도로 구성된 서열식 응답범주를 설정하는 것이다(예 : 강력히 동의한다, 동의한다, 보통이다, 동의하지 않는다, 전혀 동의하지 않는다). 각 범주에 0부터 4점 또는 1부터 5점을 부여할 수 있다. 개별문항을 합하여 총 점수를 계산하므로 총합척도(summated scale)라고도 불린다.

리커트척도는 표준화된 척도나 지표개발에 매우 자주 활용된다. 리커트척도방식은 어떤 변수를 측정하기 위해 한 문항보다는 여러 문항의 응답을 합하여 보는 것이 변수를 보다 정확히 측정할 수 있다고 보며, 또한 각 문항은 전체 문항과 높은 상관관계를 가지고 있어야 한다는 점을 가정하고 있다. 리커트형식의 척도는 엄격히는 서열이나, 보통 등간으로 간주하여 분석한다.

※ 리커트형식의 척도가 여러 문항으로 구성되는 데 비해 개별화된 평정척도는 보통 한 문항으로 구성된다.

상에 대한 성격을 잘 드러낼 수 있다면 통계분석상의 가정을 어기게 되는 경우도 있는 것이다. 그러므로 개별화된 평정척도나 리커트척도 같은 척도는 연속 또는 등간으로 간주하여 분석하곤 한다. 그러나 정확성에 대한 우려는 남아 있게 된다.

〈표 5-1〉 **리커트척도의 예 : 자원봉사의 성과를 측정하기 위한 설문**

* 귀하는 자원봉사활동을 통해 무엇을 얻고 있습니까? (해당란에 ∨표기하여 주십시오.)

내 용	정말 그렇다 (5)	대체로 그런 편이다 (4)	보통이다 (3)	그렇지 않은 편이다 (2)	전혀 그렇지 않다 (1)
(1) 다른 사람에 대한 관심과 이해가 증진되었다.					
(2) 사회문제를 이해하는 기회를 가지게 되었다.					
(3) 직업이나 진로를 결정하는데 도움을 되었다.					
(4) 공동체의식이 향상되었다.					
(5) 나 자신의 삶을 보다 의미있게 만드는 계기가 되었다.					
(6) 사회구성원으로서 책임감을 느끼게 되었다.					
(7) 대인관계의 중요성을 인식하게 되었다.					
(8) 나 자신의 잠재능력을 발견하는 기회가 되었다.					
(9) 새로운 경험과 기술을 배우는 기회가 되었다.					

3. 등간척도 및 비율척도

등간척도(interval measurement)는 측정범주가 등간, 즉 동등한 간격으로 구성되어 있다. 예를 들어, 온도라든지 한 가구의 가족수, 교육연수, 수입은 등간척도다. 서열척도와는 달리 상위범주가 하위범주보다 정확하게 얼마나 높은지를 계산할 수 있다. 한 가지 유념할 사항이 있다. 표준화된 척도를 사용한 경우를 보자. 자아존중감척도를 사용하여 자아존중감을 측정하였을 때 이는 서열척도로 보아야 할 것인가? 아니면 등간척도로 보아야 할 것인가? 엄격히는 서열척도다. 그러나 사회과학에서는 등간척도로 보아도 무난하다고 간주하고 분석할 때 t-검증, ANOVA 같은 모수통계방법을 활용하는 경우가 많다. 엄격한 학자들은 표준화된 척도를 사용하였을 경우 비모수통계방법인 맨-위트니 U(Mann-Whitney U) 검증이나 윌콕슨 부호(Wilcoxon sign) 검증방법을 활용한다.

비율척도(ratio measurement)는 등간척도와 같지만 다른 점은 인위적인 0점이 아닌 절대 0점을 갖는다는 것이다. 예를 들면, 소득이나 자녀수의 측정은 비율척도를 활용하는 것이다.

Tips

▶ 설문에서 어떤 측정의 수준을 활용할지를 결정할 때 어떤 분석방법을 사용할 것인지를 미리 염두에 두어야 한다. 예를 들어, 독립변수와 종속변수를 모두 명목척도 같은 범주형으로 만들 때는 카이스퀘어 검증을 해야 하고 회귀분석은 할 수 없게 된다. 그러므로 회귀분석을 사용하고자 한다면 설문지를 만들 때 등간척도를 활용해야 한다.

제2절 척도개발방법의 종류

척도를 개발하는 데 사용되는 유형은 124쪽에 소개된 리커트척도 외에 서스톤척도, 거트만척도, 의미분화척도 등이 있다. 리커트척도는 사회사업 분야에서 자주 사용되지만 최근 들어 다른 척도는 거의 사용되지 않기 때문에 자세히 소개하지 않겠다. 다만 개념적인 의미만 소개하도록 한다. 먼저 서스톤척도는 변수를 대변하는 진술문들에 심사원들이 가중치를 부여하도록 해서 만드는 방법이다. 의미분화척도/어의차이척도(semantic differential)는 하나의 개념을 평가하는 데 있어서 여러 가지 의미의 차원에서 평가하도록 하는데, 응답자에게 두 개의 반대되는 입장을 주고 그중에서 선택하도록 하는 것이다. 예를 들어, 아래처럼 어떤 아이디어에 대해 '현실적'과 '비현실적'이라는 두 입장을 주고 어느 쪽에 가까운지를 선택하게 한다.

예 사회복지정책 아이디어에 대한 평가

	매우 많이	약간	중립	약간	매우 많이	
현실적	( )	( )	( )	( )	( )	비현실적
효율적	( )	( )	( )	( )	( )	비효율적
인간적	( )	( )	( )	( )	( )	낙인화

거트만척도는 누적척도로서 어떤 변수를 나타내는 강한 지표에 찬성하는 사람은 약한 지표에도 찬성할 것이라는 논리에 기초해서 만들어진다. 예를 들어, 학업에 대한 열망을 측정하는 척도에서 좋은 일자리가 제안되어도 공부를 계속하겠다는 사람은 일자리가 없다면 당연히 공부를 계속하겠다고 응답할 것이다.

Tips

▶ 주의 : 리커트형식의 표준화된 척도를 활용할 때 이의 응답범주로서 5점 척도를 사용할 것인가? 아니면 4점 척도를 사용할 것인가?
어떤 이는 중립의견(예 : 보통이다)을 범주에 포함시키는 5점 척도보다는 중립의견을 제외시키고 4점 척도를 활용하라고 권고한다. 중립의견을 나타내는 범주가 제시되면 많은 응답자들이 거기에 응답하기 때문에 변별력이 떨어진다는 것이다. 그러나 중립의견을 나타내는 범주를 제외시키는 것은 응답범주가 포괄적이어야 한다는 원칙에 위배되는 것이며, 사실을 왜곡할 우려가 있다. 어느 쪽도 찬성할 수 없고 중립인 사람이 있는 것은 사실이며, 중립의견도 하나의 의견으로 인정해 주는 것이 바람직하다. 또한 5점 척도처럼 중간점이 있으면 무응답의 처리에도 유리하다. 무응답에 중간값인 3점을 할당하면 되기 때문이다.

Bogardus의 사회적 거리척도(social distance scale)는 거트만척도의 좋은 예다. 불법체류자에 대한 거리감을 측정하기 위해 다음과 같은 항목을 구성할 수 있다.

① 국내에 거주하는 것을 허용한다.
② 우리 지역사회에 거주하는 것을 허용한다.
③ 나의 이웃에 거주하는 것을 허용한다.
④ 나의 자녀와 결혼하는 것을 허용한다.

이웃에 거주하는 것을 허용하는 사람은 국내에 거주하는 것을 당연히 허용할 것이다. 이렇게 각 항목마다 강도의 차이가 있고, 강도가 높은 항목을 받아들이는 사람은 하위강도의 항목은 당연히 받아들인다고 가정하게 된다. 응답결과를 보면 어떤 관계까지 받아들여지는지를 알 수 있다.

제3절 자료수집방식

어떤 유형의 측정절차를 채택할 것인가? 이 절에서는 다양한 유형의 자료수집절차와 자료의 소스에 대해 설명하고자 한다.

1. 설문지(서베이형식)

선정된 변수에 대한 정보를 설문지를 통해 수집할 수 있다. 대인면접, 전화 또는 우편을 이용하여 설문지에 대한 응답을 얻어 낼 수 있다. 설문지의 형태는 조사의 목적에 따라 다양하다. 매우 구조화된 질문으로 구성하게 되면 응답자가 자신의 의견을 자유로이 표현할 수 있는 여지가 매우 적다. 예를 들면, 직업만족도를 평가하도록 하고 보기를 주어 '좋다' '보통이다' '불만족하다' 중에서 선택하게 하는 것은 매우 구조화된 질문이라 할 수 있다. 반면 개방형 질문은 응답자가 문제에 대해 자유로이 이야기할 수 있

Tips

▶ 질문지를 작성할 때는 연구주제에 맞는 질문내용을 결정한 후 어떤 측정도구나 방식을 활용할지 결정하고 질문의 배열이나 순서에도 신경을 써야 한다. 1차로 설문지가 작성되면 사전검사를 시행하여 설문문항의 구성이나 설문을 이해하는 데 어려움이 없는지를 살핀 후 최종 설문지를 인쇄하게 된다.

▶ 우편조사의 회수율을 높이기 위해서는 반송봉투를 동봉하고, 재촉편지나 전화를 하며, 간단한 선물을 준비하는 것도 도움이 된다. 또한 연구의 중요성에 대해 자세한 설명을 하여 설득하는 것도 한 방법이다.

도록 허용해 준다. 예를 들면, '현재 귀하가 받고 있는 직업재활 프로그램에 관해 흥미 있는 점이 있다면 무엇입니까?' 같은 질문이다.

구체적 정보를 얻기 위한 구조적 질문은 개방형 질문에 비해 몇 가지 유리한 점이 있다. 응답자가 질문에 답하기 쉽고 코딩과 분석이 쉽다. 반면 개방형 질문은 풍부하고 자세한 정보와 통찰을 얻을 수 있다.

모든 설문지는 사용되기 전에 반드시 예비검사(pilot test, or pretest)를 시행해야 한다. 실제로 몇몇 사람들에게 응답하게 하여 이해하기 어려운 내용이나 혼동의 우려가 있는 문항들을 사전에 알아보아야 한다. 설문지 작성의 실례는 〈부록 3〉을 참고하기 바란다.

1) 설문 만들 때의 유의사항

그러면 설문도구를 만들 때 유의사항을 알아보자.

① 설문의 수준이 응답자에 적합한가?

아동이나 교육수준이 낮은 사람에게 묻는 설문은 성인 중산층 고학력자에게 묻는 질문과는 달라야 할 것이다. 응답자가 이해하기 쉽게 쓰여야 한다.

② 설문응답자에게 응답하는 방법에 대해 자세히 설명하였는가?

응답자가 응답하는 방식을 잘 알고 있을 것이라 가정해서는 안 된다. 해당사항이 없으면 다음 설문으로 넘어가도록 한다든지, 두 개 이상 고르는 것이라면 우선순위로 골라야 하는지 등을 자세히 설명해 주어야 한다.

③ 이중의미설문은 피하고 있는가?

동시에 두 가지 설문을 해서는 안 된다. 예를 들어, '귀하는 사회복지사의 국가공인과 사회복지사의 엄격한 재교육에 찬성하십니까?' 와 같은 설문은 응답자를 혼동시키고 해석을 어렵게 만든다. '국가공인에 찬성하는가' 와 '재교육에 찬성하는가' 두 가지로 질문해야 한다.

④ 설문에 애매모호한 부분이 있는가?

조사자가 의도한 바와 다르게 응답자가 설문을 해석할 가능성이 있다면 좀 더 명쾌하게 설문을 만들어야 할 것이다. 예를 들어, '귀하는 현재의 직장이 마음에 드십니까?' 라고 물었을 경우, 직장분위기가 마음에 든다는 것인지, 아니면 임금수준이 마음에 든다는 것인지, 업무량이 마음에 든다는 것인지 응답자가 혼동할 가능성이 있다. 또 다른 예로, '귀하의 부모님의 학력은 어떻게 되십니까?' 라는 질문은 어머니의 학력을 묻는 것인지, 아버지의 학력을 묻는 것인지 혼동할 수 있다. '월수입은 어느 정도입니까?' 라는 질문도 본인의 수입을 말하는지, 가족전체의 수입을 말하는 것인지 혼동할 수 있다.

한 예를 더 들어 보자. '귀하는 도움을 요청하러 종종 우리 기관에 오십니까?' ① 예 ② 아니요 ③ 잘 모르겠다

이 질문에서는 '종종' 이 무슨 뜻인지 불분명하다. 일주일에 한 번인가? 한 달에 한 번인가? 만일 '정규적으로' 라고 질문했어도 마찬가지다. 정규적이라는 것이 일주일에 한 번인가? 아니면 매일인가?

⑤ 유도설문을 피하고 있는가?

예 : ~라고 생각하는 것이 바람직하지 않습니까?

⑥ 설문의 순서는 적절한가?

응답자가 읽고 답하는 형식의 설문에서는 일반적으로 설문의 중요 주제를 먼저 묻고 일반배경변수는 나중에 설문하도록 한다. 그렇다고 전반부 질문이 매우 민감한 것(성생활, 불법행위 등)이라면 좋지 않다. 응답자가 위협을 느낄지도 모르므로 바람직하지 않다. 한편, 면접자가 설문할 때에는 래포 형성에 도움이 되는 인구사회학적인 배경질문을 먼저 하고 민감한 질문을 뒤에 한다.

⑦ 설문의 응답범주가 포괄적인가?

응답자가 누구이든 설문에 응답할 수 있도록 응답보기는 포괄적이어야 한다. 예를 들어, '귀하의 학력은?' 이라는 설문보기가 ① 초등학교 졸업 ② 중학교 졸업 ③ 고등학교 졸업 ④ 대학교 졸업이라면 무학이나 대학원 졸업한 사람은 응답할 수가 없다.

⑧ 설문의 응답범주가 상호배타적인가?

응답의 보기가 서로 겹쳐지는 부분이 있다면 응답에 혼동이 온다. 예를 들어, '귀하의 월수입은?' 이라는 설문의 보기가 ① 100만 원 이하 ② 100~200만 원 ③ 200~300만 원 이하 ④ 300만 원 이상이라면 월수입이 100만 원인 사람은 ①에 응답해야 하는지 ②에 응답해야 하는지 혼동스럽게 된다.

⑨ 예비검사(pretest 또는 pilot test)를 시행했는가?

설문이 이해하기 어려운 부분이 있는지, 부적절한 설문이 있는지, 응답하기에 혼동스러운 부분이 있는지, 설문을 마치는 데 얼마나 시간이 걸리는지, 빠진 문항이 있는지 등을 알아보기 위해 예비검사를 시행해야 한다.

⑩ 우편조사의 경우 소개편지(cover letter)를 동봉하였는가?

응답자가 동기화될 수 있도록 연구목적과 중요성, 비밀보장, 응답의 중요성, 응답기한에 대한 내용을 자세히 기술한다(〈부록 3〉 참조).

⑪ 설문에는 부정문의 사용을 피하는 것이 좋다.

응답자가 혼란스럽거나 헛갈리기 쉬운 표현은 하지 않는 것이 좋다.

예를 들어, '사회복지사의 재교육은 도움이 되지 않는다고 생각하십니까?' ① 그렇다 ② 그렇지 않다

이 질문에서 도움이 된다고 생각하는 사람은 '그렇지 않다'에 응답해야 하나, 잘못하여 '그렇다'에 응답할 수 있다.

⑫ 설문은 간결하고 짧아야 한다.

⑬ 잘못된 전제를 하고 있지는 않는가?

예를 들어, '자원봉사자에게 재정적 보상을 하기 위해 정부는 세금을 더 걷어야 한다고 생각하십니까?'라고 할 때 만일 재정적 보상을 원하지 않는 자원봉사자는 어떻게 응답해야 하는가? 먼저 재정적 보상을 원하는가를 물어보고 '예'라고 응답한 경우에만 세금을 올리는 것에 대해 물어야 한다.

⑭ 부정적 보기와 긍정적 보기가 균형을 이루고 있는가?

아래의 질문을 보면 응답보기가 긍정적인 것이 2개이고 부정적인 것은 1개다.

귀하가 우리 기관에서 받은 서비스의 질을 평가해 주십시오.'

① 매우 뛰어나다 ② 뛰어나다 ③ 빈약하다

응답자들은 긍정적인 것에 응답할 기회를 두 번 갖지만 불만족에 응답할 기회는 1번만 갖는다. 이러한 척도는 긍정적인 결과를 가져오게끔 왜곡되어 있는 것이다. 이를 해결하기 위해서는 다음처럼 균형 잡힌 응답보기를 제시해야 한다. '매우 뛰어나다' '뛰어나다' '그저 그렇다' '좋지 않은 편이다' '매우 좋지 않다'

⑮ 부정적 낙인이 붙는 질문을 던지고 있는가?

예를 들어 보자. '귀하는 알코올중독자이십니까?'

① 예 ② 아니요 ③ 잘 모르겠다

이 경우 중립적인 질문이 되도록 문장을 바꿀 필요가 있다. 다음의 질문처럼 바꾸는 것이 좋다.

'지난 한 달 동안 며칠이나 음주를 하셨습니까?'

'지난 한 달 동안 아침에 술을 드신 적이 몇 번이나 되십니까?'

표준화된 설문, 즉 표준화된 측정도구를 사용하는 경우에는 그 측정도구의 신뢰도와 타당도에 대해 잘 알고 있어야 한다. 표준화된 측정도구란 사용방법과 응답방식, 채점방법과 해석방법 등에 대한 분명한 지침을 가지고 있어, 도구의 사용을 동일한 절차로 할 수 있는 측정도구를 말한다. 보통은 신뢰도와 타당도에 대한 정보가 보고되어 있다. 클라이언트의 감정이나 행동 및 태도 등을 사정하기 위한 간편사정도구(Rapid Assessment Instrument : RAI)를 표준화된 측정도구의 예로 들 수 있다. 표준화된 측정도구를 모아서 소개하는 책자들도 있다. 『The Mental Measurements Yearbooks』(Mitchell, 1985; Mitchell, Conoley, & Kramer, 1988)나 『Measures for Clinical Practice : A Sourcebook』(Corcoran & Fisher, 1987)이 대표적이다.

2) 자기보고식 설문지법과 면접

설문은 크게 응답자 스스로가 읽고 답하는 형식과 면접으로 이루어지는 방식으로 나눌 수 있다. 자기보고식 설문지법과 면접을 비교해 보자. 응답자 스스로가 설문을 읽고 응답하는 자기보고식 설문지법(예 : 우편조사)은 면접자의 주관이 개입될 여지가 없고 익명성을 보장받을 수 있다. 또한 설문순서가 일관된다는 장점이 있다. 그러나 글을 읽는 능력이 없는 사람들은 응답하기가 어렵다. 면접에 비해 무응답이 많다. 특히 우편조사로 할 경우, 이해하기 어려운 설문에 대한 설명을 들을 수 없다. 민감한 주제에 대해서는 익명성이 보장되는 장점이 있기는 하나, 응답자가 응답을 꺼리는 경우가 많기 때문에 무응답이 많이 발생한다.

이에 비해 면접은 교육을 받지 못한 사람들에게도 적용할 수 있고, 무응답을 방지할 수 있다. 설문에 대해 충분한 설명을 할 수 있고, 추가적으로 알고자 하는 내용도 알아낼 수가 있다. 그러나 비용이 많이 들고 익명성을 보장받기 어렵다. 특히 민감한 주제에 대해서는 응답자가 불편을 느끼게

우편, 전화, 면접, 집합, 전자조사의 장단점

1. 우편조사

① 장점

- 면접조사에 비해 광범위한 지역과 많은 대상을 표본으로 조사할 수 있다.
- 우편으로 설문을 전달하므로 조사대상에 접근이 용이하다.
- 면접에 비해서 비용이 저렴하다.
- 익명성이 보장된다.

② 단점

- 회수율이 면접조사에 비해 현저히 떨어진다. 우편조사의 회수율은 최소한 50%를 유지해야 하며, 60%는 좋은 편이고 70%는 매우 좋은 편이다(Rubin & Babbie, 1993). 낮은 회수율은 일반화의 문제를 발생시킨다. 설문지 수거시간도 오래 걸린다.
- 너무 어린 대상이나 글을 읽지 못하는 대상에게는 적용이 어렵다. 또한 질문내용을 이해하지 못할 경우 추가설명을 듣기 어렵다.
- 민감한 개인문제나 사회문제의 경우, 익명성이 보장되는 장점이 있더라도 무응답이 많이 발생한다. 예를 들어, 어떤 주제는 극도로 민감하여 신뢰할 만한 응답을 얻기 힘든데 부부문제, 아동학대, 알코올중독, 약물사용과 남용, 낙태 등에 대해서는 정확한 정보를 얻기 어렵다.
- 응답하는 데 있어서 당사자가 아닌 타인의 응답가능성이 있다.

2. 전화조사

① 장점

- 적은 비용으로 간편하게 시행할 수 있다.
- 전화번호부를 이용한 표본추출을 통해 여론조사에 쉽게 활용할 수 있다.

② 단점

- 조사내용이 간단한 경우에 사용해야 한다.
- 전화가 없는 사람이나 직장에 있는 사람은(집으로 전화를 걸어 조사하기 때문에) 조사대상에서 제외되는 경우가 있다.

3. 면접조사

① 장점

- 설문의 회수율이 높고 무응답도 방지할 수 있다.
- 응답자가 이해하지 못하는 내용에 대해 보충설명이 가능하다.

• 타인이 응답하는 것을 배제할 수 있다.

② 단점

• 면접대상자를 직접 만나서 설명해야 하므로 비용이 많이 든다.
• 광범위한 대상을 표본으로 하여 조사하기가 힘들다.
• 면접자의 오류로 인해 잘못된 응답을 얻을 수 있다.
• 익명성이 보장되지 않는다.

4. 집합조사법

자료를 수집할 때 연구대상자들을 한 공간에 모은 후에 설문지에 응답하게 하는 배포조사법도 활용된다.

① 장점

• 질문에 대해 궁금한 점을 설명할 수 있다.
• 한 번에 다수의 설문지를 회수할 수 있고 회수율이 높다.

② 단점

• 집합장소의 확보와 집합시간을 사전연락하는 준비작업이 필요하다.
• 옆사람의 영향을 받아 응답하기 쉬우며, 분위기가 어수선하면 심도 있는 질문에 정확한 응답을 얻기 어렵다.
• 쉽게 모일 수 있는 사람만 선택하는 경향이 있다.

5. 전자조사(인터넷조사)

① 장점

• 전자조사는 설문을 인쇄하거나 전달하는 비용이 없어 저렴하고 신속하다.
• 통계적 분석이 용이하다.
• 광범위한 지역에 조사가 가능하다.

② 단점

• 컴퓨터지식이 없거나 인터넷계정 또는 컴퓨터가 없는 사람은 응답하기 힘들다.
• 회수율이 떨어지며, 표본의 대표성 문제가 발생한다.

* 출처 : Babbie, E. (2001). *The Practice of Social Research*. Belmont, CA: Wadsworth Puglishing Company.
홍두승(1987). **사회조사분석**. 다산출판사.
채구묵(2001). **사회복지조사방법론**. 양서원.

Tips

▶ **무응답의 처리** : 표준화된 측정도구를 사용하여 조사하는 경우, 무응답이 한 두 개씩 나오는 예가 흔히 있다. 무응답이 하나라도 있으면 분석할 때 그 응답자는 분석에서 아예 빠져버려, 힘들게 조사한 사례를 놓치는 경우가 있다. 그러므로 무응답을 처리하는 가장 효과적인 방법은 중간값을 할당하는 것이다. 예를 들어, 어떤 응답자가 10문항으로 구성된 자아존중감 표준화된 척도에 응답하다가 6번 문항에 응답하지 않았다면 그 응답자는 분석에서 제외된다. 이를 방지하기 위해서는 6번 문항에 중간값을 할당해야 한다. 응답범주가 1부터 5까지 5점척도로 응답하게 되어 있다면 중간값인 3점을 할당한다. 또 다른 방법으로 그 사례가 자아존중감척도에서 얻은 평균값을 무응답 번호에 할당하는 방법이 있다.

된다(그러나 신뢰를 형성한 후 설득력이 있게 면접이 진행된다면 정확한 정보를 얻을 수 있고 무응답을 방지할 수 있다). 면접은 설문방식에서 면접자의 주관이 개입될 여지가 많고, 면접자가 여럿이라면 이들 사이에 일관성이 없을 수 있다.

2. 관찰

클라이언트 또는 어떤 상황에 대한 관찰(observations)도 측정의 한 형태다. 예를 들어, 요양원 노인의 활동을 측정하는 연구에서는 노인복지사를 통해 한 노인이 다른 노인과 상호작용하는 내용, 개인적 활동내용(옷입기, 청소, 식사, 산책 등) 등의 변수를 측정할 수 있다. 관찰을 통해 클라이언트의 행동이나 서비스에 대해 평가점수를 매기기도 한다. 이러한 관찰은 자연스러운 상태에서 노인들의 활동에 방해가 되지 않으면서도 수행될 수 있는 장점이 있다. 이해관계가 없는 사람들이 행하는 객관적 관찰은 일반적으로 자기보고식 서베이자료보다 신뢰성 있는 자료를 얻을 수 있는 방법이

Tips

▶ 관찰의 유형

- 완전 참여자(complete participant) : 관찰자로서의 자신의 신분을 알리지 않고 조사대상자집단 속에서 그들과 같은 역할을 하면서 관찰을 한다. 홈리스의 생활환경에 대해 연구하고자 하는 경우, 조사자가 홈리스로 생활하면서 그들의 생활을 관찰하는 것이 그 예다. 이는 물론 윤리적인 문제가 있을 수 있지만 조사대상자들이 관찰자를 의식하지 못하기에 자연스럽게 정확한 결과를 얻을 수 있다.
- 관찰자적 참여자(participant as observer) : 자신의 신분을 알려 주고 조사대상자들과 충분히 심도 있는 상호작용을 하면서 참여하고 관찰한다. 조사대상자들은 관찰자의 신분을 알기에 의식적으로 자신의 행동을 바꿀 수도 있을 것이다.
- 참여자적 관찰자(observer as participant) : 관찰자가 자신의 신분을 알려 주나 참여는 제한되며, 단순히 그들과 친밀한 관계를 유지하며 관찰한다.
- 완전 관찰자(complete observer) : 신분도 노출시키기 않고 조사대상자들과 상호작용도 하지 않으며 단순히 관찰만 한다. 조사대상에 영향을 주지 않으나 윤리적 문제가 있고, 또한 단순 관찰이기 때문에 심도 있는 자료수집이 어려울 수 있다.

▶ **관찰의 장단점** : 의사소통능력이 없는 연구대상에게 활용된다. 현장을 관찰하는 것이므로 보다 직접적으로 사실에 대한 정보를 얻을 수 있다. 다양하고 복잡한 사회적 상호작용이나 맥락을 이해하기 위해서는 설문지보다는 관찰이 필요할 수 있다.

외부로 드러나기 어려운 문제는 관찰이 어렵다. 설문에 비해 비용도 많이 든다. 관찰자가 여럿이라면 관찰자마다 주관이 다르기 때문에 관찰내용이나 해석상에 신뢰도가 떨어질 수 있다. 관찰내용을 질적으로 해석하기는 용이하나, 통계적으로 분석하기에는 어려움이 따른다(채구묵, 2001 참조).

다. 사람들에게 자신의 생각과 감정 또는 행동에 대해 질문하는 서베이 같은 자기보고서 자료는 전적으로 그 신뢰성이 응답자들의 동기와 특성에 좌우되기 때문에 때로는 타당한 결과가 나오지 않을 수 있다. 응답자가 잘못 기억하고 있거나, 조사자를 기쁘게 하고 싶거나, 비밀을 지키고 싶거나, 좋은 결과를 얻고 싶거나, 사회적으로 바람직한 행동을 보이고 싶어하는 여러 가지 이유에서다. 특히 비밀리에 참여관찰(participant observation)을 하여 조사자가 될 수 있는 한 자연상황에서 사람들과 상호작용하면서 연구문제를 조사하는 것은 아주 자세한 정보를 깊이 있게 얻을 수 있다.

그러나 관찰이 자연적 상태에서 클라이언트에게 영향을 주지 않으면서 진행되기는 어렵다. 조사대상자들에게 알리지 않고 관찰하는 것은 윤리적 문제를 발생시키기 때문에 관찰사실을 알려 줄 필요가 있다. 그렇게 되면 관찰자 존재 그 자체가 연구대상자의 행동에 영향을 주게 되며, 결국 정확하지 않은 자료를 얻게 될 가능성이 크다. 비밀리에 참여관찰을 하는 경우에도 조사자가 오랫동안 연구대상자들과 상호작용을 하게 되므로 객관적 관찰을 하기가 어려워질 수 있다. 그러나 이러한 반작용(reactivity), 즉 관찰로 인해 조사대상자의 행동이 영향을 받게 되는 상황이 연구결과의 타당성을 크게 저해하지 않는다고 판단된다면 관찰이 자료수집방법으로 활용될 수 있을 것이다.

3. 기존자료분석(조직의 기록과 이차분석)

조사자는 조직의 기록이나 행정적 문서로부터 자료를 얻을 수 있다. 기관의 접수기록을 통해 클라이언트의 배경정보를 얻을 수 있다. 또한 어떤 프로그램에 대해 평가하는 경우에는 그 프로그램이 어떻게 수행되었는지를 워커의 레코딩을 통해 알 수 있다. 레코딩을 보면 클라이언트의 진전상태와 이를 이끌어 낸 중요변수를 감지할 수 있다. 비용이 저렴하다는 장점도 있다. 그러나 기존의 기록으로부터 자료를 수집하는 데 있어서의 문제는 바로 그 기록이 체계적이고 표준화되어 있지 않은 경우가 많다는 것이

Tips

▶ **교차검증/삼각검증(triangulation)** : 어느 측정도구도 완벽하지 못하기 때문에 두 가지 이상의 척도를 활용하여 상호보완하는 것이 필요하다. 이를 교차검증/삼각검증이라 한다.

다. 기록이 일관되게 정리되어 있지 않은 경우나, 정확하지 않게 기록되어 있는 경우도 있을 것이며, 또 조사의 목적상 꼭 필요한 정보가 빠져 있는 경우도 있을 것이다.

어느 연구자나 연구기관이 가지고 있는 조사 원자료를 재분석하기도 하는데, 이는 이차분석(secondary analysis)이라고 한다.

4. 종합

지금까지 제시된 여러 가지 방식을 혼용하여 사용할 수도 있다 예를 들어, 복지관의 재가복지 서비스 중 음식배달 서비스에 대한 평가를 시행하는 경우, 매일 서비스를 받는 클라이언트의 수를 알기 위해 기관의 기록을 활용하고, 음식의 질을 평가하기 위해 클라이언트와 면접을 수행하며, 조사자가 음식이 배달되는 전 과정을 관찰하여 문제점을 발견하고 평가점수를 매길 수도 있다. 이렇게 서로 다른 측정방법을 활용하는 것은 결과물을 비교할 수 있는 장점이 있으며, 결과물의 신뢰성을 증대시킨다.

제4절 임상실천가에게 유용한 척도

1. 목표달성척도

목표달성척도(goal attainment scale)는 개인의 치료목표에 대한 진전상태를 양화하는 방법을 제시해 준다. 클라이언트와 치료자가 치료목표를 5단계로 나누어 각 단계마다 클라이언트가 성취해야 하는 목표를 서술하여 써넣는다(〈표 5-2〉 참조). 목표달성척도는 신뢰도 측면에서는 좋은 결과가 제시되어 있지만 아직 타당도 측면에서는 논란이 많다. 그러나 클라이언트의 욕구에 민감한 목적을 구체화할 수 있다는 장점이 있다. 또한 바람직한 수준을 세분화하여 정하기 때문에 과도하게 높은 목표를 정하는 오류를 방지할 수 있다. 목표성취척도가 기타 다른 표준화된 척도와 함께 사용되면 단점을 극복할 수 있을 것이다.

목적달성척도의 작성 절차는 다음과 같다(Sheafor & Horejsi, 2003).

첫째, 각 개인에 대하여 표적문제를 2~5개 선정한다.

둘째, 각 표적문제의 목적를 5단계로 세분화하여 서술한다. 보통 개입이 시작되기 전 클라이언트의 상태에 따라 0점이나 1점을 할당할 수 있도록 서술한다(0점이나 1점을 얻는다는 것은 기대 이하의 결과다). 최소한의 기대수준에 2점, 상당한 변화가 있는 상태에 3점, 가장 최선의 결과에 4점을 할당한다(〈표 5-2〉 참조).

셋째, 각 목적에 가중치를 준다. 중요한 목적에 가중치를 높게 줄 수 있다. 가충치의 합은 100점이 되도록 한다. 중요도가 같다면 가중치를 같게 준다. 만일 목표가 4개였다면 25점씩 주면 된다.

넷째, 개입이 시작되기 전 상태에 체크표시를 한다.

다섯째, 개입이 종결되었을 때의 상태에 × 표시를 한다.

여섯째, 각 목적의 변화점수를 계산한다. 즉, 개입 후 점수에서 개입 전 점수를 빼고 가중치를 곱한다. 〈표 5-2〉에서 보면 프로그램 출석에서 개입 전에 1점이었는데, 3점으로 증가했다. 그러므로 2점이 증가했고, 여기에 가중치 35를 곱하여 70점을 얻게 된다.

일곱째, 각 목적의 최대 변화가능점수를 계산한다. 클라이언트가 얻을 수 있는 최고의 점수를 먼저 계산한다. 그리고 이를 실제 변화된 점수로 나눈다. 〈표 5-2〉에서 보면 프로그램 출석의 최대 변화가능점수는 3×35=105점이다. 실제로 얻은 변화점수는 70점이다. 그러므로 70/105=

67%의 목적달성률이 계산된다.

여덟째, 전체적인 목적달성률을 계산한다. 여러 개의 척도에서 얻어진 점수를 합산한다. 〈표 5-2〉에서 가능한 변화점수 총합은 295점이고, 실제 변화점수는 245점이다. 그러므로 245/295=83%의 목적이 달성되었음을 알 수 있다.

〈표 5-2〉 목적달성척도를 활용한 평가

클라이언트 : 워 커 :					
(v)=초기상태 (x)=종결상태	척도 1 : 표적문제 척도상의 불안점수	척도 2 : 자존감척도의 점수	척도 3 : 보호관찰사와의 만남	척도 4 : 자살	총점
성취수준	가중치=15	가중치=35	가중치=35	가중치=15	100
(0) 최악의 결과	하루 평균 9점 중에 9점(v)	일주일 평균 100점 중에 30점 이하	전혀 만나지 않았다.	실제로 자살을 시도하였다(v).	
(1) 기대 이하의 결과	평균 7~8점	31~59점 (v)	예정된 계획의 50% 이하로 만났다.	한 달 동안 5회 이상 자살충동을 느꼈다.	
(2) 최소한의 기대수준	평균 5~6점	50~69점	예정된 계획의 50~74%로 만났다 (v).	한 달 동안 3~4회 정도 자살충동을 느꼈다.	
(3) 기대 이상의 결과	평균 3~4점	70~79점 (x)	75~89%로 만났다.	한 달 동안 평균 1~2회 정도 자살충동을 느꼈다(x).	

(4) 최상의 결과	평균 1~2점(x)	80점 이상	90% 이상 만났다(x).	자살 충동을 느끼지 않았다.	
요약					
가중치	15	35	35	15	100
변화된 점수	4	2	2	3	
가중치를 고려한 변화점수	60	70	70	45	245
최대 변화 가능점수	60	105	70	60	295
목표달성률	100%	67%	100%	75%	83%

2. 표적문제척도/자기지적척도

개별화된 평정척도(rating scale)의 일환으로 볼 수 있는 이러한 척도는 클라이언트의 표적문제의 변화를 추적하는 수단으로 자주 활용된다. 특히 실제로 마땅한 척도가 없어 클라이언트의 문제를 측정하기 어려울 때 유용하게 활용된다.

단일사례설계(single system design)를 활용하는 경우, 개인문제에 대한 양적 측정을 위해 흔히 활용되는 도구는 표적문제척도(target problem scales)나 자기지적척도(self-anchored scale)처럼 한 문항으로 구성되는 경우가 많은데, 특히 측정하기 힘든 심리적 내용이나 구체적인 문제 등을 쉽게 측정할 수 있는 장점이 있다. 표적문제척도 또는 자기지적척도의 예는 다음과 같다.

예 1

클라이언트가 심각한 우울증을 경험하고 있다. 이런 경우 클라이언트가 정확하게 그런 우울증을 묘사하는 것이 어려운 경우가 있어 우울증을 점검해 나가는 것이 어렵게 된다. 이를 해결하기 위해 클라이언트가 기분이 매우 좋을 때는 0점을, 아주 우울해 약을 먹어야 할 정도에 이를 때는 10점을 할당하도록 다음과 같은 표를 만들어 주었다. 이런 방법으로 클라이언트는 매일 아침, 점심, 저녁마다 자신의 우울증을 쉽게 점검할 수 있었다.

←-------------------------------------→

0 1 2 3 4 5 6 7 8 9 10

아주 좋음 보통 매우 우울함

예 2

직장에 늦지 않고 도착하기

←-------------------------------------→

1 2 3 4 5

전혀 문제 없음 심각하지 않음 심각함 매우 심각함 극도로 심각함

3. 전반적 향상척도

표적문제가 실제로 얼마만큼 변화가 있었는지를 요약해 수는 '전반적 향상척도(global improvement scale)' 도 많이 활용된다. 이 척도 역시 개별화된 평정척도의 일환으로 볼 수 있다. 예를 들면, 다음과 같다.

예

표적문제 : 자신의 감정을 표현하기 어려움

질　　문 : 위의 표적문제가 어떻게 변화되었는지 아래 보기 중에서 선택하여 주세요.

위의 문제가

1) 더욱 악화되었다
2) 변화가 없다
3) 아주 조금 향상되었다
4) 많이 향상되었다
5) 매우 많이 향상되었다

4. 과제성취척도

과제성취척도(task achievement scaling)를 활용하여 평가를 시행하기도 한다. 이 접근의 목적은 클라이언트가 과업을 완성한 정도를 측정하는 것이다. 과제는 클라이언트와의 동의하에 선정되고, 클라이언트는 자신의 목적에 도달하기 위한 구체적 과업을 할당받는다. 보통 과업수행기간이 정해진다. 과제성취척도는 보통 4점 척도로 구성되는데, 4=완벽히 수행, 3=상당수 완성, 일부 추가조치 필요, 2=부분적 완성, 상당한 추가조치 필요, 1=거의 미완성, 0=전혀 진전 없음을 나타낸다. 과제수행 정도의 평가에 덧붙여 기회, 노력, 동기, 의도 면에서 어떠했는지도 평가하는 것이 도움이 된다. 이 평가방법은 매우 간단하다는 이점이 있고, 다른 평가방법이 시간이 없거나 자료가 부족하여 가능하지 못할 때 흔히 사용된다. 이 방법의 단점은 클라이언트의 문제를 해결하는 데 별로 타당하지 않은 과업이 선정되었을 경우, 그 과업의 완성도가 높더라도 실제로 클라이언트의 문제를 해결하는 데는 별로 효과를 내지 못한다는 것이다.

다음은 거동할 수 없는 부상을 입은 노인에 대한 과제성취척도의 한 예다.

과제	성취 정도	평가
① 아들과 며느리와의 접촉	시도하였으나 가족이 여행 중이라 성취하지 못함	1
② 도시락 배달 서비스 확보	도시락 배달이 일정대로 이루어짐	4
③ 자원봉사자의 확보	일단 가능한 명단만 확보됨	2

4=완벽히 수행, 3=상당수 완성, 일부 추가조치 필요, 2=부분적 완성, 상당한 추가조치 필요, 1=거의 미완성, 0=전혀 진전 없음

여기서는 과제가 3개이므로 총 얻을 수 있는 점수는 12점(3×4)이다. 실제로 얻은 점수는 7점(1+4+2)이므로 성취 정도는 7/12=58.3%다.

제5절 자료수집방법 선정 시 고려사항

어떤 자료수집방법을 활용할 것인지를 선정하는 데 있어 비용, 비밀보장, 반동형성, 타당도와 신뢰도, 문화적 적절성, 양적 및 질적 자료 등을 고려해 보아야 한다.

1. 비용

어떤 방법은 다른 방법에 비해 훨씬 비용이 비싸다. 예를 들어, 대인면접은 전화면접이나 자기보고식(self-administered) 설문보다는 비용이 싸다. 관찰은 훈련된 관찰자를 활용해야 하기 때문에 비용이 더 많이 들 수도 있다. 한편, 기록이나 문서는 저렴한 비용으로 접근할 수 있다.

2. 비밀보장

비밀보장은 자료에 대한 접근성에 있어 매우 중요한 문제다. 병원기록이나 범죄기록은 비밀보장의 원칙 때문에 쉽게 접근할 수 없는 경우가 많다.

예를 들어, 가정폭력이나 강간 같은 문제의 경우 워커는 클라이언트에게 비밀보장을 약속한 상태에 있기 때문에 워커가 조사자에게 정보를 준다면 신뢰를 깨뜨리게 되는 것이다. 비밀보장을 깨뜨리지 않고 자료를 활용할 수 있는 방법을 찾아보아야 한다. 한 예를 든다면 어렵지만 클라이언트의 동의를 얻어 내거나, 이름이 삭제된 상태로 기록을 전달하는 것 등이다.

3. 반동형성

어떤 자료수집절차는 '반동형성(reactivity)' 문제가 심각하다. 이는 측정 그 자체가 클라이언트에게 영향을 주어 왜곡된 응답을 하게 하는 것이다. 예를 들어, 직원이 클라이언트에게 설문을 하는 경우, 클라이언트는 직원이 원하는 방향으로 응답할 수 있다. 이러한 문제를 해결하기 위해서는 솔직한 대답을 해 줄 것을 거듭 부탁하는 것이 중요하다. 또한 단지 설문을 하는 그 자체가 응답자가 의식하지 못해 오던 것을 의식하게 함으로써 태도의 변화를 가져오기도 한다. 실험설계를 할 경우는 치료를 시작하기 전에 사전검사 설문을 하는 경우가 많은데, 그 사전검사 자체가 클라이언트의 변화를 가져오는 경우도 있다. 이를 해결하기 위해서는 통제집단을 설정해야 한다. 이에 대해서는 이미 제3장 '연구설계'에서 자세히 다루었다.

4. 타당도와 신뢰도

자료를 수집하는 방식을 결정하는 데 있어서 중요한 이슈는 바로 타당도와 신뢰도를 확보하는 것이다. 타당도(validity)는 측정도구가 실제로 측정하려는 것을 재고 있는 정도(정확성 : accuracy)를 뜻한다. 신뢰도(reliability)는 측정도구가 안정적(stable)이고 일관성(consistency)이 있는 정도를 말한다. 신뢰도의 핵심은 반복측정해도 일관성 있는 결과가 나오는가다.

신뢰도의 주요 관심사는 측정절차의 적합성, 측정의 일관성과 안정성이다. 일관적이지 못한 결과는 여러 원인에서 나온다. 설문문항이 이해하기 어렵게 쓰여져 사람마다 해석을 달리할 수 있거나, 설문하는 방식이 일관적이지 않은 것 등이다. 일단 신뢰도가 있어야 타당도를 고려해 볼 수 있다.

타당도는 자료수집에 있어서 가장 중요한 속성이라고 할 수 있다. 타당도에는 여러 가지 유형이 있다.

- 안면타당도(face validity) : 표면상으로 주어진 측정도구가 관심주제를 측정하는 가장 좋은 도구임이 분명할 때 안면타당도가 있다고 한다.
- 내용타당도(content validity) : 측정도구의 내용이 관심주제를 다루고 있는 전문서적이나 전문가로부터 추출된 합리적 내용일 때 내용타당도가 있다고 한다. 즉, 개념이 포함시켜야 할 내용을 측정도구의 항목들이 잘 포함하고 있다면 내용타당도가 있는 것이다.
- 기준타당도(criterion validity) : 측정도구의 측정치가 어떤 외부기준과 관련되는 정도를 말한다. 예를 들어, 우울증을 측정하는 도구의 기준타당도를 알아보기 위해 임상가의 판단을 외부기준으로 활용할 수 있다. 그 측정도구와 임상가의 판단 사이에 상관관계가 높게 나타난다면 이는 기준타당도가 설정되는 것이다. 그 외부기준이 현재 알려진 기준일 때는 동시적 타당도(concurrent validity)라 하고, 미래의 발생할 어떤 기준을 예측할 수 있을 때, 즉 미래상태를 예측할 수 있을 때는 예측타당도(predictive validity)가 있다고 한다. 수능시험이 예측타당도가 높다면 수능시험에서 높은 성적을 받은 학생이 졸업할 때도 높은 성적으로 졸업해야 할 것이다.

기준타당도를 설정하는 방식에 '기준집단타당도(known-groups validation)' 방법이 있다. 이 방법은 어떤 척도가 한 집단과 다른 집단을 구분해 낼 수 있음을 증명하는 것이다. 예를 들어, 우울증을 재는 척도를 이미 우울증이 있는 사람들로 구성되었다고 알려진 집단과 일반사람들로 구성된 집단에 돌려서 실제로 두 집단에서 얻은 점수가 차이가 난다면 이 척도는 기준타당도가 있다고 말할 수 있다. 물론 이 과정이 이론에 관련되어 설명된다면 이 방식이 개념타당도(판별타당도)를 제시

신뢰도를 검사하는 방법

1. 검사-재검사(test-retest) : 사람들에게 한 번 검사하고 일정기간 후(3~12주)에 다시 검사하여 두 결과가 유사한지를 살펴보는 방법이다. 두 번의 검사결과 상관관계가 .7 이상이면 안정적이다. 이 방법은 복수검사효과(multiple testing effect)를 통제시켜야 된다. 즉, 1차검사가 2차검사에 영향을 주지 않도록 주의해야 한다.
2. 복수양식법(alternate form)/대안법 : 본 측정도구와 다른 도구이지만 내용이 동등한(거의 비슷한) 도구를 하나 더 개발하여 사람들에게 응답하도록 한다. 두 도구에서 비슷한 결과가 나오는지를 본다. 그러나 유사한 도구를 하나 더 만든다는 것은 매우 힘든 일이다.
3. 내적일관성(internal consistency) : 어떤 개념을 측정하는 '표준화된 측정도구'의 구성문항들이 서로 유사한 정도를 말한다. 자아존중감척도처럼 표준화된 측정도구가 아닌 일반설문에서는 내적일관성을 재지 않는다. 내적일관성은 각 항목과 전체항목과의 상관관계를 평균하여 구한다. 내적일관성의 기준은 보통 크론바의 알파값이 최소한 .6 이상은 되어야 한다고 보며, 될 수 있는 대로 .7 이상을 확보하는 것이 좋다. 알파값이 .8이면 good, .9는 very good으로 평가된다. 신뢰도가 낮은 경우, 각 항목과 전 항목의 상관(item-total correlation)을 토대로 하여 상관관계값이 적게 나오는 항목은 제외시키게 되면 신뢰도가 올라간다. 반분법(split half)도 내적일관성을 재는 한 방식이다. 측정도구문항을 반으로 나눈 다음, 나누어진 두 부분에 대한 응답결과가 상관이 높게 나오는지를 보는 것이다. 내적일관성은 한 문항으로 구성된 측정도구에 적용하는 것이 아니고 리커트형식의 표준화된 척도, 즉 어떤 개념을 재기 위해 여러 문항으로 구성된 척도에 적용되는 것이다.
4. 관찰자간/평가자간 신뢰도 : 두 관찰자 간의 일관성을 사정하는 것. 70~80% 이상의 일치도를 보여야 좋다.

하는 방식으로 고려될 수 있다.

- 개념/구성체타당도(construct validity) : 측정도구의 측정치가 이론적인 기대대로 다른 변수와 관련되는 정도를 말한다. 예를 들면, 우리가 이론에 기초하여 어떤 측정도구의 측정치가 A라는 개념과는 긍정적으로

Tips

안면타당도나 내용타당도만으로는 진정한 타당도가 수립되었다고 하기에 충분하지 않고 최소한 기준타당도 이상이 필요하다.

관련되어 있고 B라는 개념과는 상관이 없어야 한다고 가정하고 있을 때 실제로 그런 결과가 나온다면 그 측정도구는 개념타당도가 있다고 한다. 이론적으로 유사한 개념을 재는 도구와 상관관계가 높게 나타났을 때를 수렴타당도(convergent validity), 이론적으로 다른 개념을 재는 도구와는 상관관계가 낮게 나타났을 때를 판별타당도(discriminant validity)라고 분리해서 말하기도 한다. 개념타당도를 기준타당도와 구분하자면 개념타당도는 좀 더 이론적이고 설명적 차원에 관련된다. 즉, 왜(why) 어떤 기준과 관련이 있고 없는가가 이론적으로 설명되고 증명된다면 개념타당도가 있는 것이다.

개념타당도를 측정하는 한 방식은 확인적 요인분석(confirmatory factor analysis)을 시행하는 것이다. 미리 이론적으로 A라는 척도가 어떠한 차원으로 구성될 것이라는 것을 확립해 놓고 표본을 얻어 요인분석을 시행하였을 때 이론적 기대대로 그 척도의 하위요인이 구분된다면 개념타당도를 확립하게 된다. 확인적 요인분석을 위해 최근에 AMOS라는 통계분석 프로그램을 많이 활용한다.

개념타당도를 세우는 또 다른 방법은 다중속성-다중측정방법(multitrait-multimethod technique)이 있다. 이 방식에서는 타당도를 측정하기 위해 두 개 이상의 속성을 상정하고 그 속성이 두 개 이상의 측정방법에 의해 두 번 측정된다. 그 후 상관관계를 비교함으로써 측정도구의 타당도 여부를 결정하게 된다. 이 과정은 실제로는 매우 복잡한 과정이므로 여기서는 간략하게 예를 들어 설명하고자 한다. 불안을 재는 표준화된 측정도구(A)의 타당도를 검증하고자 한다. 다른 측정방법 1개를 더 활용해야 하므로 불안을 재는 두 번째 방법은 임상가의 평가를 활용하였다. 2개의 개념을 상정해야 하므로 이론상 불안과는 구분되는 개념으로 우울을 상정하고 우울을 측정하기 위해 표준화된 측정도구와 임상가의 평가를 활용하였다. 그리고 각 개념에 대해 2회의 측정을 하였다.

여기서 불안을 재는 표준화된 측정도구(A)가 타당도가 높은 도구가 되기 위해서는 A도구로 첫 번째 측정한 불안값과 두 번째 측정한 불안값의 상관관계가 가장 높아야 하며(즉, 반복조사신뢰도가 높게 나타나야 한다. 신뢰도가 일단 높아야 타당도를 생각해 볼 수 있다), 다음으로 동일속성을 다른 방법으로 측정한 것의 상관관계가 높게 나타나야 한다. 즉, 표준화된 측정도구(A)에서 얻은 불안값과 임상가의 평가에서 얻은 불안값의 상관관계가 두 번째로 높아야 한다. 다음으로 다른 속성을 같은 방법으로 측정한 경우의 상관

Tips

- **신뢰도와 타당도의 관계** : 신뢰도가 올바르게 재고 있는가에 해당된다면 타당도는 올바른 것을 재고 있는가에 해당된다. 어떤 측정도구의 타당도와 신뢰도의 관계를 간략히 설명하면 신뢰도가 확보되었을 경우, 그 측정도구가 타당도가 확보되어 있다고 확언할 수 있는지는 미지수다. 그러나 타당도가 있으면 신뢰도는 확보되어 있다고 말할 수 있다. 예를 들어, 고장난 저울을 생각해 보자. 몸무게 60kg인 여성이 저울에 올라가서 몸무게를 측정하였더니 58kg이 나와 다시 올라가서 측정하였더니 또 58kg이 나왔다고 하자. 그러나 그 저울은 고장난 저울이었다. 이 경우, 저울이라는 측정도구는 신뢰도는 있지만 타당도는 없는 것이다.
- **측정도구의 문항수** : 어떤 개념을 측정하고자 할 때 한 문항 대신 여러 문항으로 측정하는 것이 신뢰도와 타당도를 높인다. 한 문항으로 구성될 경우 그 문항에 만일 문제가 있다면 잘못된 응답을 얻을 수 있지만, 여러 문항으로 구성된다면 한 문항에 조금 문제가 있더라도 다른 문항들로 인해 보완될 수 있기 때문이다.

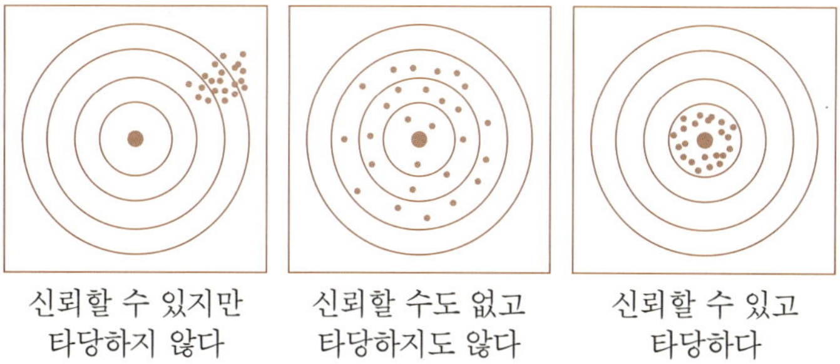

출처 : Rubin & Babbie (1993).

[그림 5-1] 신뢰도와 타당도의 관계

계수는 작아야 한다. 즉, 다른 속성인 불안과 우울을 각각의 표준화된 도구로 측정한 경우(같은 방법으로 측정한 경우 또는 다른 방법으로 측정한 경우에서도) 이 두 측정치의 상관관계는 의미 없을 정도로 아주 약해야 한다.

여기서는 이론상 서로 다른 개념을 상정한 경우이므로 판별타당도가 확보된 것이다. 만일 이론상 유사한 개념도 포함하여 세 개의 개념을 상정하여 이 방법을 시행한다면 수렴타당도도 확보될 수 있다. 어떤 측정방법을 사용하건 유사한 개념 사이의 상관관계는 높게 나타나야 하고 다른 개념과의 상관관계는 낮게 나타나야 한다. 그리고 같은 개념을 반복 측정한 측정치 간의 상관관계는 가장 높게 나타나야 한다.

5. 표준화된 측정도구의 문화적 적절성

우리나라에서 사용되는 대부분의 표준화된 측정도구는 외국에서 개발된 것을 번역하여 사용하는 경우가 많다. 이때 주의해야 할 것은 번역이 원문을 제대로 반영하면서 번역되었는가와 외국의 도구가 우리나라의 문화에 적합한지의 여부를 살펴야 한다는 점이다. 원문의 의도를 잘 반영하여 번역하기 위해서는 '역번역기법(back-translation)'을 활용해야 한다. 이를 수행하는 방법은 다음과 같다. 먼저 한 사람이 원문을 한국말로 번역한다. 그 다음

제3자가 번역된 한국말을 원어로 재번역한다. 그리고 이 재번역과 원문이 어느 정도로 유사한지를 살핀다. 만일 너무 차이가 난다면 위 과정을 다시 수행해야 한다. 원문을 다시 한국말로 번역하고 이를 원어로 재번역하는 과정을 지속하여 재번역문과 원문이 거의 차이가 나지 않을 때까지 한다.

문화적으로 적합한 척도가 되기 위해서는 하나의 조치가 더 필요하다. 즉, 요인분석을 해 보아야 한다. 요인분석결과 원척도에서 제시된 하위차원대로 요인분석결과가 나타난다면 이는 아무런 문제가 없다. 그러나 대부분 원척도에서 제시된 것처럼 요인분석결과가 나타나지 않는 경우가 많다. 이때 취할 수 있는 조치는 원척도와 유사하게 분류된 항목만을 선정하고 나머지 문항은 버리는 것이다. 만일 너무 많이 다르게 분석되어 대부분의 문항을 버려야 한다면 이는 척도가 올바르게 번역되지 않은 것이거나 우리나라 문화에 적합하지 않다는 증거이므로 다른 척도를 사용하는 것이 바람직하다.

제6절 자료의 처리

자료가 수집되면 이를 양화하여 통계적 분석을 하게 된다. 컴퓨터로 자료를 처리하기 위해서는 각각의 변수에 대하여 얻어진 자료를 숫자형태의 코드로 전환시키게 된다. 이를 부호화/코딩(coding)이라 한다. 코딩을 한 후에는 분석을 위해 코딩된 자료를 컴퓨터에 입력하게 된다. 코딩과정과 입력과정을 통해 오류가 발생할 수 있으므로 이런 오류가 없는지를 검토해야 한다. 이를 '오류검토작업/데이터 클리닝(data cleaning)' 이라 한다.

요즘은 자료입력을 보통 분석하려는 컴퓨터 프로그램 자체에서 직접 행하는 경우가 많다. 예를 들어, SPSS 프로그램의 윈도우창에 자료를 직접 입력할 수 있다. 또는 한글 프로그램에 텍스트파일로 저장한 후 SPSS 프로그램에서 불러올 수도 있다.

자료를 입력하다 보면 무응답을 어떻게 처리해야 할지 고민스러울 때가 있다. 무응답을 그냥 버리게 되면 추론 통계분석 시 그 사례 자체가 모두 빠져버리는 경우가 발생하여 어렵게 구한 사례를 분석에서 활용하지 못하게 되는 경우가 많다. 그러므로 분석 전에 무응답에 다른 값을 대체시켜 주는 것이 한 방법이다. 보통 응답범주가 연속척도로 되어 있는 경우는 무응답에 평균값을 할당하는 경우가 있다. 또는 응답범주의 중간값, 즉 응답보기가 5점척도였다면 중간값인 3을 무응답에 할당하여 주는 방법이 있다.

자료입력 시 너무 극단의 값을 가진 개인이 있어 평균을 왜곡시킬 가능성이 많다면 이 사례는 그 아래의 범주값과 묶어 주든지 분석에서 제외시킬 수도 있다.

측정 및 자료 수집방법 예상문제

1. 다음 중 설문할 때의 유의사항이 아닌 것은?
① 설문의 수준이 응답자에게 적합한가?
② 설문응답자에게 응답하는 방법에 대해 자세히 설명하였는가?
③ 설문의 순서는 적절한가?
④ 설문의 응답범주가 포괄적인가?
⑤ 설문의 응답범주가 겹치도록 하였는가?

해 설 설문의 응답범주는 상호배타적이어야 한다.

2. 다음 중 자료수집방법에서 고려하지 않아도 되는 것은?
① 비밀보장을 약속한다.
② 측정도구의 타당도와 신뢰도를 고려한다.
③ 비용을 고려해 보아야 한다.
④ 한 변수에 대한 측정은 한 가지 측정도구만 사용해야 한다.
⑤ 조사받고 있다는 의식 때문에 반동형성이 발생하는지 살펴야 한다.

해 설 자료수집 시에는 여러 방법을 사용하여 교차검증하는 것이 좋다. 한 변수의 측정을 정확히 하기 위해 두 가지 이상의 방법을 활용할 수 있다.

3. 다음 척도에 대한 설명 중 옳지 않은 것은?
① 명목척도－응답범주의 서열이 없는 척도
② 서열척도－응답범주가 서열화되어 있는 척도
③ 등간척도－응답범주의 간격이 동일한 척도
④ 비율척도－응답범주에 절대 0점이 존재함

답 1. ⑤ 2. ④ 3. ⑤

⑤ 리커트척도—명목척도의 대표적 유형

해 설 리커트척도는 엄격히는 서열척도이나 등간척도로 보아도 무방하다.

4. 다음 명목척도에 관한 설명 중 옳지 않은 것은?
   ① 명목척도는 순위가 없다.
   ② 연속변수에 사용된다.
   ③ 평균을 계산하는 것은 부적합하다.
   ④ 종교, 인종 등도 명목척도에 해당된다.
   ⑤ 회귀분석에 사용될 때 더미화시켜 준다.

해 설 명목척도로 구성된 변수는 이산변수 또는 단속적 변수라 한다.

5. 설문할 때의 유의사항으로 옳지 않은 것은?
   ① 설문응답자에게 응답하는 방법을 자세히 설명한다.
   ② 유도설문을 피해야 한다.
   ③ 설문의 응답범주가 포괄적이어야 한다.
   ④ 설문의 응답범주가 상호배타적이어야 한다.
   ⑤ 예비검사는 실행할 필요가 없다.

해 설 본 설문에 앞서 예비검사(pretest 또는 pilot test)를 시행하는 것이 바람직하다.

6. 척도의 신뢰도를 검사하기 위해 본 측정도구와 내용이 동등한 다른 도구를 만들어 활용하는 방법은?
   ① 유사형도구법/대안법　② 내적일관성
   ③ 크론바 알파　④ 반분법
   ⑤ 검사-재검사

답 4. ② 5. ⑤ 6. ①

해 설 ②, ③, ④는 모두 내적일관성을 재는 방법으로, 척도를 구성하고 있는 항목들의 상호 유사성을 측정하는 방법이다.

7. 측정범주가 동등한 간격으로 구성되어 있으며, 절대 0점을 가지는 척도는 무엇인가?

① 등간척도
② 명목척도
③ 리커트척도
④ 비율척도
⑤ 서열척도

해 설 절대 0점이 있으면 비율척도다.

8. 자료수집방법 중 관찰의 장단점을 설명한 것으로 옳지 않은 것은?

① 의사소통능력이 없는 연구대상에게는 활용할 수 없다.
② 다양하고 복잡한 사회적 상호작용이나 맥락을 이해하려면 설문지보다 관찰이 필요할 수 있다.
③ 외부로 드러나기 어려운 문제는 관찰이 어렵다.
④ 관찰에는 참여관찰이나 직접관찰 등이 포함된다.
⑤ 관찰내용을 질적으로 해석하기는 용이하나, 통계적으로 분석하기에는 어려움이 따른다.

해 설 관찰을 통해 의사소통능력이 없는 아동 등에 대해 정보를 수집할 수 있다.

9. 측정도구의 타당도에 대한 설명 중 옳지 않은 것은?

① 개념(구성체)타당도에는 수렴타당도와 판별타당도가 해당된다.
② 외부의 기준과 상관관계가 높게 나타나는 것을 기준타당도라 한다.
③ 기준타당도에는 동시적 타당도가 포함된다.

답 7. ④ 8. ① 9. ⑤

④ 측정도구의 내용이 이론이나 전문가로부터 추출된 경우 내용 타당도가 있다고 한다.

⑤ 미래의 발생할 어떤 기준을 예측할 수 있을 때 동시적 타당도가 있다고 한다.

해 설 ⑤는 예측타당도다.

10. 타당도는 측정도구의 가장 중요한 속성이다. 척도에 관한 타당도의 종류에 해당되지 않는 것은?

① 안면타당도
② 내용타당도
③ 기준타당도
④ 개념타당도
⑤ 내부타당도

해 설 내부타당도는 X가 Y의 원인이 되었는지를 말해 주는 타당도로서 연구설계와 관련된 타당도다.

11. 다음은 측정도구에 대한 설명이다. 옳지 않는 것은?

① 측정도구에서의 타당도는 측정하려고 의도한 것을 측정하는 것을 의미한다.

② 측정도구에서의 신뢰도는 일관성 있게 같은 결과가 나오는 것을 의미한다.

③ 측정도구에서 신뢰도가 있으면 반드시 타당도가 있다.

④ 측정도구에서 타당도가 있으면 반드시 신뢰도가 있다.

⑤ 내적일관성은 표준화된 측정도구의 신뢰도를 구하는 방법이다.

해 설 타당도가 있으면 신뢰도는 있지만 신뢰도가 있다고 타당도가 확보되는 것은 아니다.

답 10. ⑤ 11. ③

12. 다음 척도에 대한 설명 중 옳지 않은 것은?

① 명목척도는 카테고리로 정하나, 서열이 없다.

② 명목척도는 이산변수/단속적 변수에 속한다.

③ 등간척도는 연속변수에 사용된다.

④ 등간척도는 절대 0점이 있는 것을 말한다.

⑤ 답 없음

해 설 명목척도(nominal measurement)는 변수를 상호배타적인 범주(categories)로 나누어 측정하는 유형이다. 서열척도(ordinal measurement)는 측정범주가 어떤 속성에 따라 서열화되어 있는 척도를 말한다. 등간척도는 측정범주가 등간, 즉 동등한 간격으로 구성되어 있다. 비율척도(ratio measurement)는 위의 등간척도와 같지만 다른 점은 인위적인 0점이 아닌 절대 0점을 갖는다는 것이다.

13. 다음 설명 중 옳지 않은 것은?

① 리커트형식의 5점척도 문항들은 엄격히는 서열척도다.

② 학력은 서열척도다.

③ 5점척도를 활용한 여러 문항을 종합하여 하나의 주제를 평가할 경우 연속변수로 인정할 수 있다.

④ 수입과 온도는 0점이 있으므로 비율척도에 해당한다.

⑤ 답 없음

해 설 리커트척도는 알고자 하는 변수와 관련된 진술들을 수집하고 각 진술에 보통 5점척도로 구성된 서열식 응답범주를 설정하는 것이다(예 : 강력히 동의한다, 동의한다, 보통이다, 동의하지 않는다, 전혀 동의하지 않는다). 각 범주에 0부터 4점 또는 1부터 5점을 부여할 수 있다. 개별문항을 합하여 총 점수를 계산한다. 그래서 총화척도(summated scale)라고도 한다. 이러한 리커트형식의 척도는 엄격히는 서열척도다. 그러나 연속변수로 인정할 수 있다. 온도는 상대 0점이므로 비율척도가 아니다.

답 12. ④ 13. ④

14. 신뢰도와 타당도에 관한 설명으로 옳은 것은?

① 신뢰도가 없어도 타당도는 있을 수 있다.

② 타당도가 있어도 신뢰도는 없을 수 있다.

③ 신뢰도가 있어도 타당도는 없을 수 있다.

④ 신뢰도는 측정하고자 하는 것을 측정하였는가의 여부다.

⑤ 답 없음

해 설 신뢰도가 있어도 타당도가 반드시 확보되는 것은 아니다. 타당도가 있으면 신뢰도는 확보된다.

15. 설문을 만들 때 고려할 사항이 아닌 것은?

① 범주를 만드는 데 있어 항상 포괄성을 고려하도록 한다.

② 변수들이 중복되지 않도록 배타성을 고려한다.

③ 때때로 문항에 이중의미를 사용할 필요가 있다.

④ 설문 시에 설문을 하는 이유와 설문을 통해 얻어지는 이점을 언급해 준다.

⑤ 설문은 간결해야 한다.

해 설 이중의미를 사용해서는 안 된다.

16. 다음 설명 중 옳지 않은 것은?

① 측정도구의 측정값으로 미래의 발생할 어떤 기준의 예측이 가능할 때 예측타당도가 있다.

② 측정도구의 값이 외부에 현재 알려진 기준과 상관관계가 높을 때 동시적 타당도가 있다.

답 14. ③ 15. ③ 16. ③

③ 기준타당도는 일반 여론조사 서베이용 설문지에 적용이 용이하다.
④ 표준화된 척도를 만들 때 내용타당도만으로는 부족하고 기준타당도의 확보는 매우 중요하다.
⑤ 기준타당도에는 예측타당도와 동시적 타당도가 있다.

해 설 일반 서베이에 사용되는 설문은 현실적으로 내용타당도 정도를 적용할 수 있다.

17. 타당도에 대한 설명으로 옳지 않은 것은?
① 개념(구성체)타당도에서 다른 개념을 재는 측정도구와 상관관계가 낮을 때 이를 판별타당도라 한다.
② 안면타당도는 측정도구 항목의 일관성을 말한다.
③ 요인분석은 개념타당도를 측정할 수 있는 분석방법이다.
④ 개념타당도는 이론적으로 뒷받침된다는 것을 의미한다.
⑤ 답 없음

해 설 측정도구 항목의 일관성을 재는 것은 신뢰도의 하나로서 내적일관성이다.

18. 타당도와 신뢰도에 대한 설명 중 옳지 않은 것은?
① 타당도는 측정도구가 실제로 측정하려는 것을 재고 있는 정도를 뜻한다.
② 신뢰도는 측정도구가 안정적이고 일관성 있는 정도를 말한다.
③ 신뢰도의 핵심은 반복 측정해도 같은 결과가 나오는 것이다.
④ 외부의 기준과 상관관계가 높게 나타나는 것을 기준타당도라 한다.

답 17. ② 18. ⑤

⑤ 안면타당도와 내용타당도가 충족되면 다른 타당도는 별로 필요치 않다.

해 설 표준화된 측정도구가 높이 평가받기 위해서는 안명타당도와 내용타당도만으로는 부족하며, 기준타당도와 개념(구성체)타당도가 설정되어야 한다.

19. 설문지를 이용한 우편조사의 장점이 아닌 것은?
① 광범위한 지역을 조사할 수 있다.
② 면접법에 비해 시간 및 비용이 절감된다.
③ 면접법에 비해 회수율이 높다.
④ 면접법에 비해 익명성이 보장된다.
⑤ 답 없음

해 설 우편조사는 회수율이 떨어진다.

20. 측정오차에 대한 설명 중 옳지 않은 것은?
① 측정오차에는 무작위오차와 체계적 오차가 있다.
② 무작위오차란 우연히 발생하는 오차이며, 신뢰도와 관련된 오차다.
③ 체계적 오차란 편견이 개입된 경우로서 타당도와 관련된 오차다.
④ 체면상 바람직한 응답만 하려는 경우 무작위오차다.
⑤ 특정 문화로 인해 설문을 이해하지 못하는 경우는 체계적 오차다.

해 설 ④는 설문과정 내내 영향을 미치는 체계적 오차다.

답 19. ③ 20. ④

21. 타당도와 신뢰도에 대한 설명으로 옳지 않은 것은?
① 측정하려고 의도했던 개념을 실제로 측정한 것을 타당도라 한다.
② 측정에서 타당도와 신뢰도를 동시에 확보해야 한다.
③ 신뢰도는 측정의 무작위오차와 관련되어 있다.
④ 신뢰도가 있으면 타당도는 확보된다.
⑤ 신뢰도는 타당도가 있기 위한 필요조건이다.

해 설 신뢰도가 있다고 해서 타당도가 반드시 확보되는 것은 아니다.

22. 다음 중 신뢰도를 검사하는 방법으로 옳지 않은 것은?
① 조사-재조사는 한 번 검사하고 일정 기간 후에 다시 검사하여 두 결과가 유사한지 살펴보는 방법이다.
② 내적일관성은 측정도구의 구성문항들이 서로 유사한 정도를 말한다.
③ 내적일관성의 기준은 최소 크론바 알파값이 .6 이상 확보하는 것이 좋다.
④ 반분법은 표준화된 측정도구 문항을 반으로 나누어 검사하는 방식이다.
⑤ 신뢰도검사는 체계적 오차와 관련된 검사다.

해 설 신뢰도검사는 무작위오차와 관련되며, 타당도가 체계적 오차와 관련된다.

23. 측정도구의 측정치가 어떤 외부기준, 특히 현재의 기준과 관련되는 정도를 일컫는 타당도는?
① 내적타당도 ② 예측타당도
③ 안면타당도 ④ 동시적 타당도
⑤ 개념타당도

답 21. ④ 22. ⑤ 23. ④

해 설 기준타당도에는 동시적 타당도와 예측타당도가 있다.

24. 측정도구의 측정치가 이론적인 기대대로 다른 변수와 관련되는 정도로서, 이론적으로 유사한 개념을 재는 도구와 상관관계가 높게 나타났을 때의 타당도는?

① 예측타당도 ② 판별타당도
③ 수렴타당도 ④ 안면타당도
⑤ 내용타당도

해 설 개념(구성체)타당도에는 수렴타당도와 판별타당도가 있다.

25. 다음 사례에 대한 설명으로 맞는 것은?

> 몸무게가 60kg인 여성이 저울에 올라가서 몸무게를 측정하였더니 55kg이 나와 다시 확인하려 올라갔으나 55kg이 나왔다고 한다. (여성이 올라간 저울은 고장난 것이었다)

① 신뢰도와 타당도가 모두 있다.
② 신뢰도는 있지만 타당도는 없다.
③ 신뢰도는 없지만 타당도는 있다.
④ 신뢰도와 타당도가 모두 없다.
⑤ 답 없음

해 설 같은 값이 계속 나오므로 신뢰도는 있으나, 고장난 저울이기에 몸무게를 정확히 측정하지 못했으므로 타당도는 없다.

답 24. ③ 25. ②

26. 자료를 수집하는 방법과 장단점의 연결이 옳지 않은 것은?

① 면접－정확성과 회수율이 높으나, 시간과 자본이 많이 든다.

② 우편－저렴하나, 회수율이 떨어진다.

③ 전화－간편하고 모든 사람이 선정될 확률이 같다.

④ 관찰－의사소통능력이 없는 사람들에 대한 자료를 얻을 수 있다.

⑤ 인터넷－광범위한 지역을 조사할 수 있다.

해 설 전화조사는 전화가 있는 사람만을 대상으로 하게 되어, 전화가 없는 사람은 배제되는 단점이 있다.

27. 클라이언트 또는 어떤 상황에 대한 측정의 한 형태로 관찰이 있다. 다음 중 비밀리에 참여관찰하는 방법의 장단점으로 옳지 않은 것은?

① 윤리적 문제를 발생시킨다.

② 관찰자의 존재는 피실험자들의 행동에 영향을 주지 않는다.

③ 연구대상자들과의 상호작용으로 인해 객관적 관찰을 하기 어려워질 수 있다.

④ 참여관찰은 조사자가 직접 참여하면서 관찰하는 것이다.

⑤ 답 없음

해 설 참여관찰은 비밀리에 하던 공개하던 피실험자들의 행동에 영향을 준다. 그러나 공개보다는 비밀리에 하는 것이 영향을 덜 줄 수 있다.

28. 내적일관성을 재는 한 방법으로 측정도구문항을 반으로 나눈 다음, 나누어진 부분의 응답결과의 상관성을 보는 방법은?

① 크론바의 알파
② 검사-재검사
③ 유사형 도구
④ 반분법
⑤ 대안법

답 26. ③ 27. ② 28. ④

29. 외국인 근로자에 대한 거리감을 측정하기 위해 다음과 같은 항목을 활용하여 응답하도록 하였다. 이는 어떤 유형의 척도인가?

- 국내 거주를 허용한다.
- 우리 지역사회에 거주하는 것을 허용한다.
- 나의 이웃에 거주하는 것을 허용한다.
- 나의 자녀와의 결혼을 허용한다.

① 리커트척도 ② 서스톤척도
③ 비율척도 ④ 거트만척도
⑤ 의미분화척도

해 설 Bogardus의 사회적 거리척도는 거트만척도의 좋은 예다.

30. 척도개발방법의 종류를 세 가지만 든다면?

31. 관찰의 유형 네 가지는?

32. 측정도구와 관련된 타당도의 종류는?

답 29. ④ 30. 본문 p. 126 참조 31. 본문 p. 137 참조 32. 본문 p. 147 참조

제 6 장 단일사례설계

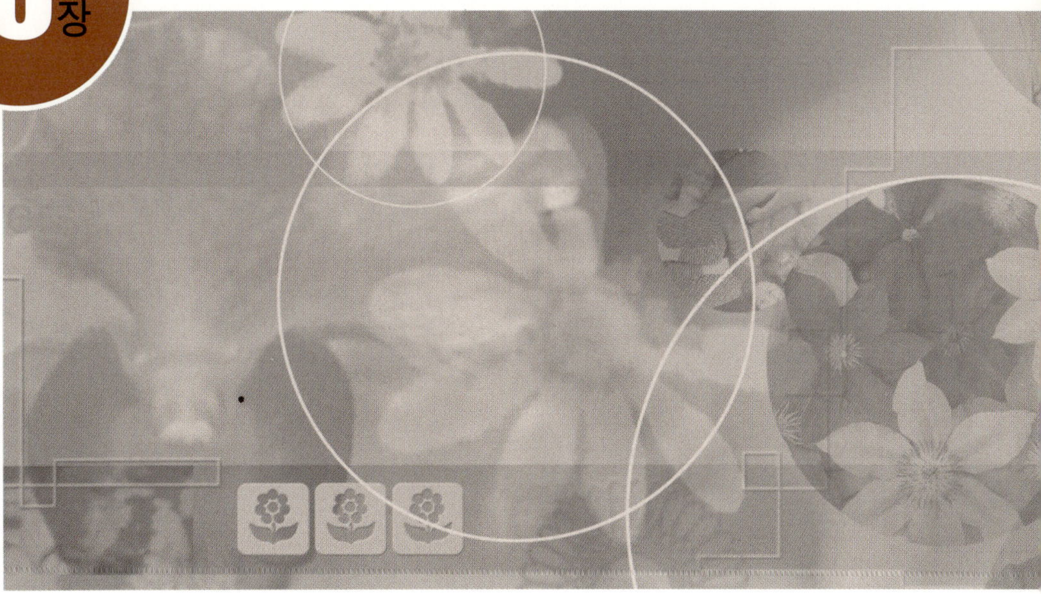

행동주의 기법에서 도래된 단일사례설계(single system design)는 사회사업실천의 효과성을 평가하고 사회사업지식의 개발을 이끌어 내는 유용한 방법으로 사용되어 왔다. 단일사례설계는 임상가들이 쉽게 현장에서 일하면서 사회사업지식을 창출하는 도구로 사용될 수 있으며, 현장에서 사용할 수 있기에 사회사업의 이론과 실천의 간극을 줄일 수 있는 도구가 된다. 단일사례설계의 가장 큰 특징은 하나의 개인, 하나의 집단, 하나의 가족, 하나의 지역기관을 집중적으로 조사하는 데 있다. 비교집단이 없는 대신 여러 번의 반복측정을 한다. 단일사례설계는 사회사업 개입이 효과를 나타내는지에 대한 풍부한 정보를 제공할 수 있는데, 여러 번의 반복된 측정을 통해 언제 클라이언트의 문제가 해결되기 시작했고, 어떻게 진행되고 있는지를 알 수 있다. 또한 단일사례설계로 사회사업 프로그램의 효과를 평가할 수도 있는데, 이 프로그램에서 서비스를 제공하는 사회복지사들이 클라이언트의 치료결과를 모두 모아서 하나의 집단결과를 낼 수도 있는 것이다.

단일사례설계를 사용하기 위해서는 세 가지 기본조건이 있다. 그것은 클라이언트의 목적을 '잴 수 있도록' 정하고, 타당도와 신뢰도가 있는 결과측정도구를 선택해야 하며, 결과를 그래프로 나타내는 것이다. 이 장에 대한 설명은 Williams 등(1995)의 단일사례설계를 주로 참조하여 소개하도록 한다.

단일사례설계의 절차

1. 목적을 구체화한다(표적문제의 설정).
2. 적절한 측정도구를 선정한다(직접관찰을 통해 행동의 수를 세거나, 자기지적척도를 활용하거나, 표준화된 척도를 활용한다).
3. 기초선을 기록한다.
4. 개입을 수행하고 모니터한다.
5. 시각적 분석이나 통계적 분석을 통해 변화를 사정한다.
6. 효과를 추론한다(내적타당도의 문제나 본질적 유의성을 따져 본다).

제1절 측정 가능한 목표의 설정

클라이언트와 치료자는 협력관계 속에서 목표를 세워야 한다. 구체적이고 잴 수 있도록 조작화된 성취목표를 '클라이언트의 표적문제(target problem)' 라고 한다. 이 표적문제는 변화되어야 할 클라이언트의 감정, 지식수준, 행동을 포함한다.

종종 클라이언트는 한 가지 표적문제만 갖는 것이 아니라 여러 가지를 동시에 갖게 되기도 하고, 이 표적문제들이 상호연결되어 있는 경우도 많다. 한편, 클라이언트들은 그들의 문제를 희미하고 모호한 상태로 표현하는 경우가 많은데, 그것은 무엇을 변화시켜야 할지 모르기 때문이다. 치료자가 무엇이 변해야 하고, 왜 변해야 하며, 그러기 위해 어떻게 해야 하고, 어느 정도로 변해야 할지를 알 수 있다면 그 문제에 대한 해결은 매우 긍정적이라고 볼 수 있다.

표적문제를 파악하기 위한 첫 번째 단계는 클라이언트가 어떤 상태에 있기를 원하는지를 분명히 하는 것이다. 원하는 변화상태가 무엇인지 모른다면 그 변화는 발생할 수 없을 것이다. 그러므로 표적문제를 정확히 기록하는 것이 매우 중요하다. 다음의 예를 살펴보자. 한 클라이언트가 남편이 자신에게 관심을 갖지 않는다는 문제를 가지고 있다. 먼저 관심을 갖지 않는다는 것이 무엇을 의미하는지 자세히 알아보아야 할 것이다. 취미활동을 같이 안 하는 것인지, 집안일을 돕지 않는다는 것인지를 파악해야 한다. 여러 가지 문제 중에서 1단계로 클라이언트와 치료자는 한 가지 표적문제에 합의를 도출해 냈는데, 이것은 클라이언트 부부가 친구들과 함께 보내는 시간을 늘리는 것이다. 다음은 '시간을 늘린다.' 는 것에 대한 조작적 정의를 내려야 한다. '부부가 함께 남편이나 아내의 친구들을 일주일에 한 번 만난다.' 와 같이 정의내릴 수 있을 것이다.

제2절 결과측정도구의 선택

치료자는 표적문제를 선정할 때 어떤 측정방법이 활용 가능하고 현실적인지 염두에 두어야 한다. 사실상 표적문제가 어떻게 조작화되고 측정될 것인지가 결정되기 전에는 표적문제가 측정할 만하다고 말할 수는 없는 것이다. 위의 예에서 치료자는 클라이언트의 친구에게 전화를 걸어 그들과 만났는지를 확인할 수 있다. 그러나 치료자가 친구와 연결될 준비가 되어 있지 않다면 이 방법은 현실성이 없다. 이 경우, 클라이언트 부부가 솔직하고 정확하게 사실을 보고할 만한 신뢰성이 없다면 표적문제의 설정이 적절하지 않다고 볼 수 있다.

사실 위와 같은 문제는 쉽게 관찰될 수 있고 잴 수 있다. 그러나 표적문제가 감정이나 태도, 지식수준 또는 클라이언트만이 알 수 있는 어떤 사건인 경우는 쉽게 측정할 수 없다. 예를 들어, 한 노인이 우울증으로 치료자를 찾아왔다고 가정해 보자. 치료자는 당연히 표적문제인 우울수준을 줄이려는 개입을 할 것이다. 그러면 어떻게 우울이 감소되었는지를 알 수 있을 것인가? 아마도 클라이언트는 기분이 더 좋아졌다고 말할 수 있을 것이다. 또는 그의 가족이 요즘은 클라이언트가 잠을 잘 자는 것 같고 식욕이 좋아졌다고 말해 줄 수 있다. 이런 모든 것이 우울증이 나아지고 있다는 지표가 될 수 있지만 타당도와 신뢰도가 아주 높은 지표라고는 볼 수 없다. 좀 더 과학적인 측정방법이 필요하다. 이 경우 표준화된 측정도구를 사용하는 것이 가능하다. 노인의 우울증을 재기 위해 개발된 노인우울척도(Geriatric Depression Scale, Brink et al., 1983)를 사용할 수 있다. 이 척도에서는 10점까지는 정상, 11~20점은 경미한 우울 내지 심각한 우울증으로 간주된다. 그러므로 이 척도에서 우울과 정상을 구분하는 점수는 10점이 될 것이고 클라이언트의 목표는 이 점수를 얻는 것이 된다. 표준화된 측정도구를 사용하면 표적문제를 쉽게 정할 수 있고 치료의 성공 여부도 잴 수 있다.

그러나 항상 염두에 두어야 할 것은 두 가지 이상의 측정도구를 사용하는 것이 바람직하다는 것이다. 즉, 교차검증/삼각검증(triangulation)을 해야 한다. 어떤 측정도구이든 완벽하지는 않으며 늘 측정오류를 가질 수 있기 때문에 여러 가지 측정도구를 사용해서 자료를 수집해야 그런 오류를 피할 수 있다. 위의 예에서는 노인우울척도와 딸에 의해 측정된 노인의 하루당 우는 횟수라는 두 가지 측정방법을 사용할 수 있다. 치료를 해 가면서 두 가지 측정도구에서 모두 향상된 변화를 보인다면 치료자는 합리적으로 우울증이 감소되고 있다는 것을 확신할 수 있을 것이다. 그러나 측정도구들이 서로 다른 결과를 보인다면, 치료자는 그 이유를 파악해야 한다. 노인은 우울하게 보이길 원했는지도 모른다. 또는 가족이 깊은 관심을 기울이지 않고 노인의 우는 횟수를 기록해 왔는지도 모른다.

표적문제를 구체화할 때는 어떤 상황에서 누가 잴 것인지도 구체화해야 한다. 위의 예에서 노인우울척도를 매일 또는 일주일에 한 번씩 저녁식사 후 노인이 직접 기록하는 것으로 결정할 수 있다. 또한 딸은 직장에서 퇴근한 후 저녁부터 잠자리에 들 때까지 노인이 울었던 횟수를 매일 기록하도록 구체화할 수 있을 것이다.

표적문제는 보통 '빈도' '강도' '기간' '간격(interval)' '유무' 측면에서 측정된다. 이와 같이 하여 얻어진 자료를 그래프로 나타내어 클라이언트의 변화를 점검해 나간다.

Tips

▶ 단일사례설계에서는 표적문제 측정을 위해 자기지적척도나 표적문제척도 같은 개별화된 평정척도를 많이 활용한다(제5장 참조).

제3절 탐색적 단일사례설계

탐색적 단일사례설계는 개입의 효과성에 관해 확실히 설명해 줄 수는 없지만 새로운 문제영역을 탐색해 나갈 때 간단히 사용할 수 있다는 장점이 있다.

1. B설계

B설계는 가장 간단한 단일사례설계다. B는 어떤 개입이 시행되었다는 것을 뜻한다. B설계가 어떻게 사용되는지 예를 통해 알아보자. 한 부부가 잦은 싸움으로 인해 치료자의 도움을 받으려고 찾아왔다. 치료자는 면접을 하면서 한 가지 대화패턴을 발견했는데, 이 부부는 대화 도중 서로 말을 가로채고 끝까지 들어주지 못하는 경향이 있었다. 치료자는 이러한 대화패턴의 수정, 즉 대화를 방해하는 횟수를 줄이는 것을 표적문제로 정하고 매주 한 시간씩 부부에게 기본적인 대화기술을 교습하고 그들의 대화패턴을 관찰하고 측정하였다. 여기서는 대화기술이 B가 된다. 매주 치료를 하는 동안 치료자는 서로 대화를 방해하는 횟수를 기록했다.

그 결과 [그림 6-1]처럼 나타났다고 하자. 치료목표가 이루어졌음을 볼 수 있다. 그러나 치료효과가 반드시 대화기술의 교습 때문이라고 간수할 수는 없다. 치료자는 대화기술 외에 다른 것을 가르쳤을 가능성도 있다. 또한 부부가 치료 외의 어떤 것을 했거나, 부부의 친구들이 어떤 것을 했을 가능성도 부인할 수 없다. 외부변수를 통제할 수 없기 때문에 현재의 치료가 어느 정도 효과적이었는지를 알 수 없다. 그러나 다른 부부에게도 같은 대화기술을 교습하여 같은 결과를 얻는다면 치료효과가 대화기술의 교습 때문이었다는 가능성은 높아지게 된다.

1회의 B설계의 사용으로 치료효과의 원인을 규명하기는 힘들다. 그러나 B설계는 시간대별로 개입의 효과성을 모니터링하면서 클라이언트가 치료

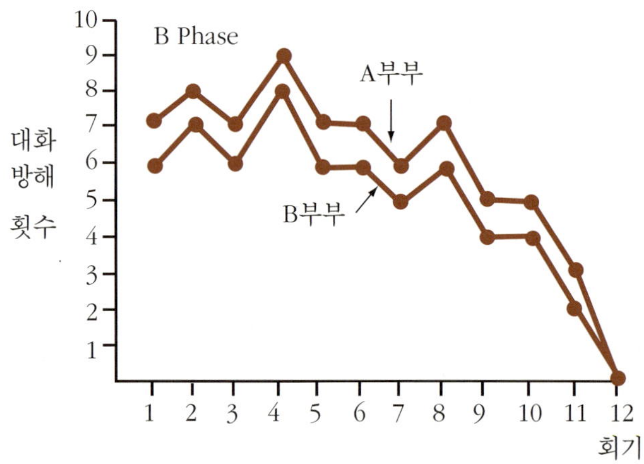

[그림 6-1] B설계 : 대화기술을 통한 가족치료

목표수준에 도달하고 있는지 아닌지를 말해 줄 수 있기 때문에 개입방법을 바꾸어야 할지의 여부를 알려 줄 수 있다.

2. BC설계

B설계를 이용하여 치료효과를 모니터링한 결과 대화기술의 교습이 몇 주가 지나도록 효과가 없는 것으로 나타난다면 치료자는 다른 개입방법이 필요하다고 생각할 것이다. 이때 BC설계를 사용할 수 있다. 치료자는 5주째부터는 C라는 개입방법을 새로이 소개하고 계속적으로 모니터링해 나갔다. 결과적으로 [그림 6-2]에서 보는 것처럼 C라는 개입 이후에는 치료효과가 나타났다. 그러나 주의해야 할 점은 치료효과가 C개입 동안 발생했다고 하더라도 C개입이 치료의 원인이 되었다고는 생각할 수 없는 것이다. 왜냐하면 BC설계 역시 외부변수를 통제할 수 없기 때문이다. 즉, C라는 개입이 진행되는 동안 어떤 외적 사건(예 : 복권당첨)이 발생하여 클라이언트가 좋아졌을 가능성이 있다. 또한 C가 효과적으로 되기 위해서는 B라는 개입이 선행되어야만 가능한지도 모른다. C라는 개입의 치료효과를 증명해

보이기 위해서는 여러 차례에 걸쳐 같은 표적문제를 가지고 있는 부부에게 C라는 치료를 적용하였을 때 효과가 있는 것으로 나타나야 한다. C 역시 효과가 없는 것으로 나타나면 BCD, BCDE설계로 계속 발전시켜 나갈 수도 있지만(이 경우 계속적으로 다른 개입방안을 적용하기 때문에 계승적 개입디자인(successive interventions design)이라고 한다), 이처럼 여러 가지 치료 개입을 하려는 것은 현실적으로 가능성이 낮으므로 외부타당도가 떨어진다.

지금까지의 설계에는 클라이언트가 치료를 받기 전 표적문제의 상태에 대해 많은 정보를 제공해 주지 못했다. 예를 들어, 어느 노인이 우울측정결과 매우 심각한 우울증을 지적하는 20점의 우울점수를 받았다고 하자. 그러나 그날 지갑을 잃어버리는 등의 어떤 특별히 좋지 않은 일로 인해 노인이 더욱 우울해 했는지도 모른다. 또한 치료를 받으러 온 어떤 아주머니가 우울 측정을 한 결과 경미한 우울증을 지적하는 10점의 우울점수를 받았다고 하자. 이 아주머니는 이미 자연적으로 회복되고 있는 단계에 와 있는지도 모르는 것이다. 그러므로 클라이언트가 치료를 받기 전에 여러 차례에 걸쳐 클라이언트의 현재 상태를 정확히 측정하는 것이 바람직하다. 이러한 목적을 위해 가장 간단히 사용될 수 있는 것이 AB설계다.

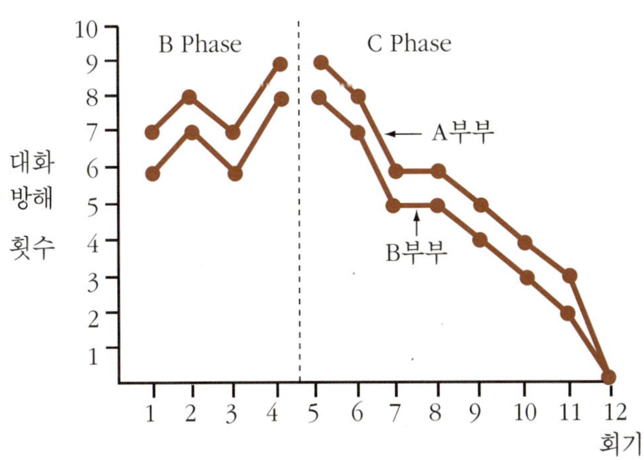

[그림 6-2] BC설계 : 대화기술 개입 후 새로운 개입 적용

3. 단일사례설계의 기본 : AB설계

AB설계는 개입 전에 클라이언트의 표적문제를 단기간에 걸쳐 모니터링할 수 있을 때 사용된다. 숙제를 하지 않는 습관이 있는 아동의 예를 통해 이 설계를 설명해 보자. 치료자는 먼저 Homework Problem Checklist라는 측정도구를 이용해 2주일간 문제의 심각성을 측정하였다. 이 기간 동안에는 어떠한 개입도 적용되지 않았다. 치료 개입이 시작되기 전 기간을 A로 표시하고 기초선[1]이라 부른다. 이 결과 [그림 6-3]과 같이 기초선이 안정적으로 나타났다면, 치료를 받지 않을 겨우 아동은 앞으로도 숙제에 대한 문제를 계속 나타낼 가능성이 크다는 것을 알 수 있기 때문에 치료의 정당성이 입증된다. 반면, 기초선 측정결과가 [그림 6-4]처럼 나왔을 때 개입을 한다면 아동의 향상이 자연적으로 된 것인지 치료 때문이었는지 불확실하게 된다. [그림 6-5]의 경우도 마찬가지다. 문제의 심각성이 어느 정도인지 알기 어렵기 때문에 치료가 효과가 있는지 알기 어려워진다. 그러므로 AB설계를 유용하게 사용하기 위해서는 기초선이 안정적이거나 문제가 점차 악

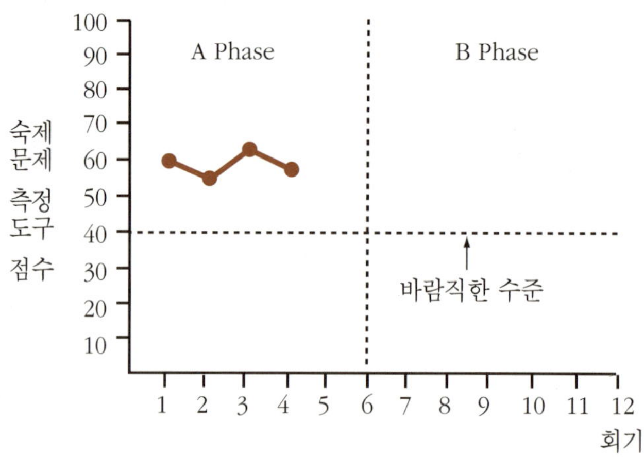

[그림 6-3] AB설계 : 숙제문제에 대한 기초선

---

1) 단일사례설계에서는 기초선이 집단설계의 비교집단에 해당되며, 단일집단설계에서의 측정횟수가 집단설계의 피실험자수에 해당된다.

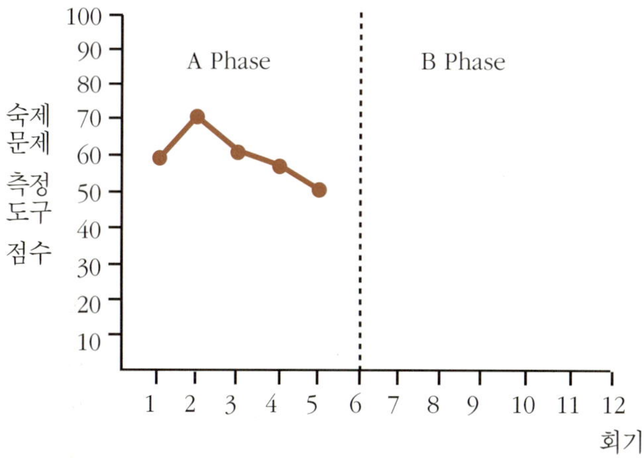

[그림 6-4] AB설계 : 숙제문제에 대한 기초선

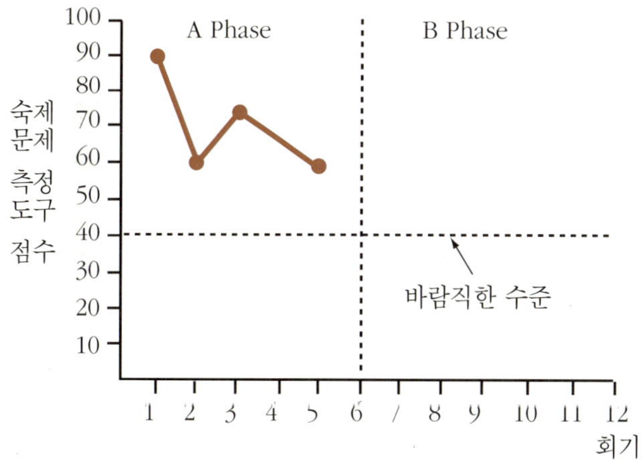

[그림 6-5] AB설계 : 아동의 숙제문제 기초선

화되고 있음을 보여 주어야 한다.

기초선 측정을 마치고 나면 개입을 시작하게 된다. 치료자는 행동수정기법 중 보상기법을 활용할 수 있다. 어떤 개입방법을 사용하든 간에 치료자는 개입과정을 자세히 기록해 두는 것이 중요하다. 개입방법이 효과적으로 입증된다면 앞으로 다른 치료자들도 이 방법을 사용할 수 있도록 하기 위

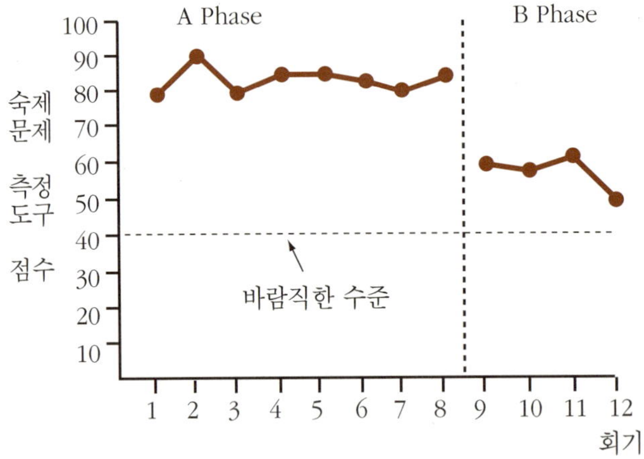

[그림 6-6] AB설계 : 숙제문제에 행동수정기법을 적용함

해서다. [그림 6-6]처럼 결과가 나왔다면 치료가 효과적이었다고 유추해 볼 수 있다. 그러나 추적조사를 통해 아동의 문제가 정말로 해결되었는지를 확인해 보는 것도 중요하다. 한편, 위 그림에서 시각적으로는 유의한 결과가 나왔으나 바람직한 목표에는 도달하지 못했다는 것을 알 수 있다. 즉, 개입의 실제적 유의성(본질적유의성 또는 임상적 유의성)은 떨어진다는 것을 알 수 있다.

AB설계는 현장에서 가장 많이 활용되고 있다. AB설계는 '역사적 사건'이라는 내적타당도 위협 요소가 있어 내적타당도가 떨어진다. 그러나 다른 사례에서 반복조사한 결과 똑같은 결과가 나온다면 내적타당도가 올라가게 된다.

제4절 실험적 단일사례설계

실험적 단일사례설계는 X라는 치료가 Y라는 결과의 원인이 되었는가라는 질문에 응답을 해 줄 수 있는 설계다. 이런 설계에서는 내적타당도에 장애가 되는 요소들은 대부분 통제된다. 실험적 단일사례설계에서는 치료 시작 후 클라이언트가 향상되었음을 두 번 이상 보여 줌으로써 외부변수들을 통제하게 된다. 여기서는 ABAB설계, BAB설계, 중다기초선설계(multiple baseline design)를 소개한다.

1. ABAB설계

ABAB설계는 AB설계를 두 번 연속해서 사용한 것이다. 앞의 예에서 아동의 숙제문제가 해결되었지만 적용된 개입방법이 아동의 문제를 해결한 것인지는 확실히 알 수 없다. 이를 입증하기 위해서는 같은 방법을 한 번 더 시행하고 같은 결과를 얻어야 하는 것이다. 같은 방법을 적용하여 같은 결과가 반복해서 나올수록 개입방법이 치료의 원인이라는 것을 확실히 입증하는 것이다.

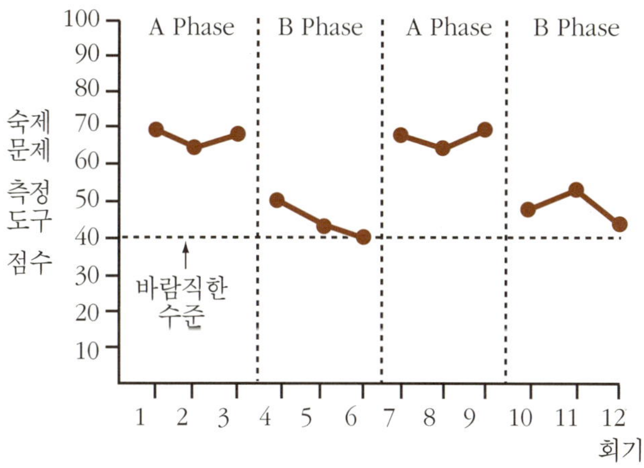

[그림 6-7] ABAB설계 : 두 번째 A단계에서 행동수정기법을 철회하였더니 문제가 다시 심각해짐

[그림 6-7]을 통해 설명하도록 하자. 6주 후 두 번째 A단계에서는 치료가 잠시 중단되었고 아동의 문제행동이 다시 증가된 것을 볼 수 있다. 10주째 다시 치료를 시작한 이후 아동의 문제행동은 다시 감소되었다. 물론 치료자

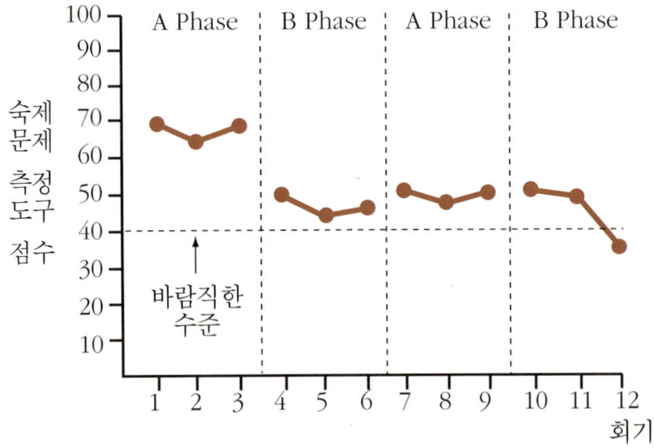

[그림 6-8] ABAB설계 : 두 번째 A단계에서 잔여효과가 나타남

는 첫 번째와 같은 치료방식을 적용하였다. 한편, [그림 6-7]과 같은 결과를 얻는 것이 이상적이지만 실제로는 그렇지 않을 경우가 많다. 아동은 이미 치료를 받았기 때문에 원래 상태로 되돌아갈 수는 없는 것이다. [그림 6-8]이 그러한 예가 될 것이다. 두 번째 A단계는 첫 번째 A단계와 차이가 있음을 볼 수 있다. 이처럼 개입을 멈추었지만 원래 상태로 돌아가지 않는 현상을 이월효과/잔여효과(carry-over effect) 또는 비반전효과(irreversible effect)라고 부르는데, 이는 내적타당도를 위협하는 요소다. 그러나 [그림 6-8]에서처럼 두 번째 A단계보다 두 번째 B단계에서 아동의 문제가 더욱 감소된 것으로 나타나면 아동의 숙제문제행동의 감소가 치료기법 때문이었다고 결론지을 수 있다. 하지만 [그림 6-8-1]에서처럼 두 번째 A단계와 두 번째 B단계에서 아동의 문제가 거의 차이가 없을 때는 결론을 내릴 때 신중을 기해야 한다. 치료효과가 너무 강력해서 치료를 멈추어도 반전이 일어나지 않았는지, 아니면 치료기법 이외의 어떤 요인에 의해 영향을 받았기 때문에 치료의 진행과 중단이 별 문제가 되지 않았는지를 고려해 보아야 한다. 그러나 이 문제를 해결하는 가장 좋은 방법은 같은 치료방법을 다른 클라이언트에게 반복 시행하는 일이다. 같은 결과가 나온다면 치료효과가 너무 강력해서 반전이 일어나지 않았다고 결론지을 수 있을 것이다.

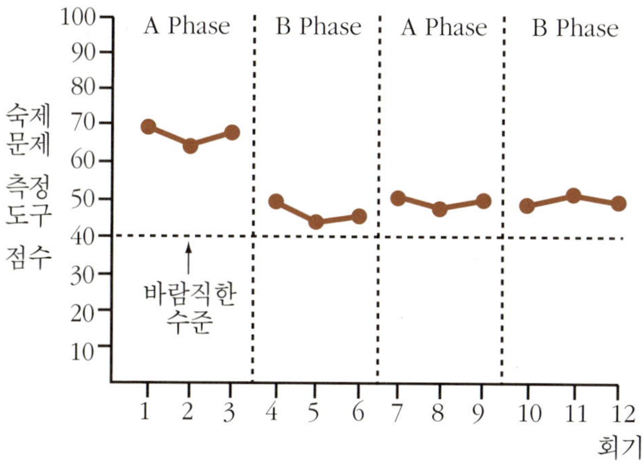

[그림 6-8-1] ABAB설계 : 두 번째 A단계에서 잔여효과가 나타남

2. 중다기초선설계

중다기초선설계에서는 두 가지 이상의 문제나 두 가지 이상의 세팅 또는 둘 이상의 클라이언트에 대해 AB설계가 반복된다. 즉, 둘 이상의 기초선을 설정하고 동시에 기초선 측정을 한다. 그러나 개입은 각각 다른 시점에서 시작한다. 예를 들어, 학교에서 자존감이 낮은 세 명의 클라이언트를 대상으로 중다기초선설계를 적용한다면 [그림 6-9]에서처럼 동시에 기초선 측정을 시작하지만 개입은 각각 다른 시기에, 즉 3주, 6주, 9주에 시작하고 있다. 이처럼 같은 개입방법을 서로 다른 시기에 적용함으로써 외부변수를 통제할 수 있게 된다. 주요 논점은 만일 치료개입 외의 외부변수에 의해 클라이언트의 향상이 발생했다면 치료를 받지 않고 있는 다른 클라이언트도 향상을 보일 것이라는 것이다. 반면, 치료 개입에 의해서 클라이언트가 향상되었다면 치료가 시작되는 시점에서 비로소 클라이언트의 향상이 시작될 것이다. 그림에서처럼 두 번째, 세 번째 클라이언트의 기초선은 개입이 시작되기 전까지는 같은 수준을 계속 유지하고 있었다는 사실은 외부변수가 존재하지 않았고 적용된 개입방법이 치료결과의 원인이라는 것을 입증

해 준다.

다음은 둘 이상의 문제를 가진 클라이언트를 대상으로 중다기초선설계를 적용한 예를 살펴보자. 한 여성이 자신의 딸과 문제를 가지고 있고, 시어머니에 대해 스트레스를 많이 받으며, 직장에서도 상사와 잘 지내지 못하고 있다. 치료자는 이 여성이 자기주장능력이 매우 부족하다는 것을 알아내고는 자기주장훈련을 시행하였다. 치료자는 직장상사와 시어머니에게 반대의견을 말한 횟수를 기록하였고, 딸이 이 여성의 말을 순종한 횟수를

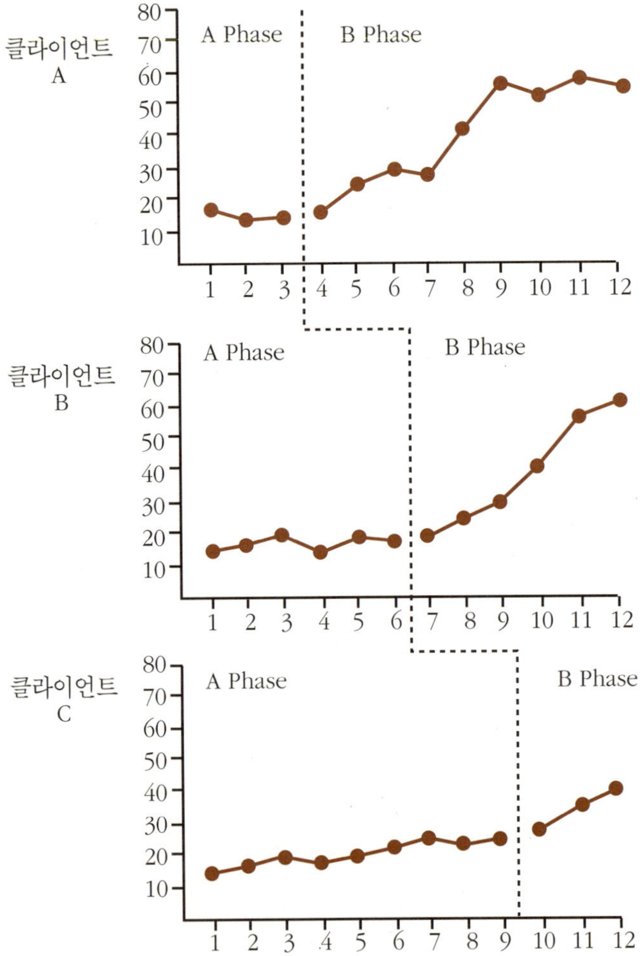

[그림 6-9] 중다기초선설계 : 개입이 서로 다른 시점에서 시작됨

기록하였다. 한편, 이런 경우 내부타당도를 위협하는 한 가지 요소가 있는데, 바로 '효과의 일반화(generalization of effect)'다. 치료 개입이 한 가지 행동 또는 한 세팅에만 적용되었지만 치료가 시작되자마자 아직 기초선 단계에 있는 다른 행동이나 세팅에도 영향을 주게 될 때 이런 현상이 나타난다. 예를 들어, 시어머니에게 반대의견을 말하도록 한 훈련이 직장상사에게도 반대의견을 말할 수 있을 정도로 파급될 수도 있는 것이다. 이런 경우에는 외부요인이 작용했는지, 아니면 효과의 일반화 때문인지 어떻게 결론을 내려야 할지 곤혹스러울 때가 있다. 이 경우 다른 클라이언트에게 개입을 반복해서 적용하여 보는 것이 바람직할 것이다.

3. BAB설계

BAB설계는 기초선 측정 없이 치료를 시행할 때 사용하는 디자인이다. 종종 치료자들은 클라이언트가 위기상황에 있으므로 즉각적 개입이 필요한 경우가 있다. 이런 경우 기초선 데이터를 모으지 않고 바로 개입을 시작해야 한다. 클라이언트의 진전을 모니터링하면서 문제가 해결되는 기미를 보일 때 치료를 잠시 중단함으로써 A단계의 데이터를 얻는다. 첫 번째 기초선이 없기 때문에 치료기간 동안 어느 정도 문제가 해결되었는지를 알

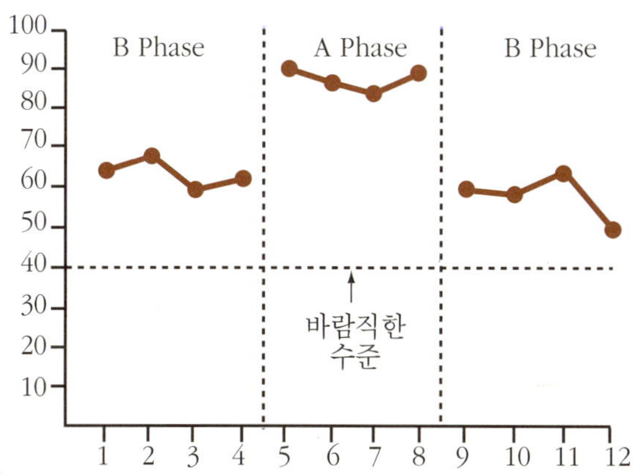

[그림 6-10] BAB설계

수 없기는 하지만, 첫 번째 치료기간인 B단계와 기초선을 비교하여 다시 기초선과 두 번째 B단계를 비교함으로써 치료의 효과가 있었는지를 판단하게 된다([그림 6-10] 참조).

Tips

▶ 위기상황에서는 BAB설계를 활용하든지, 클라이언트에게 표적문제상태를 회고하도록 하여 기초선을 작성할 수 있다.

단일사례설계의 내적타당도 위협요소

1. 역사적 사건(history) : AB설계로는 역사적 사건을 통제하지 못한다. B개입 동안에 승진이나 복권당첨이 발생할 수 있기 때문이다.
2. 성숙(maturation) : 개입기간이 길어지면 성숙의 효과가 나타날 수 있다.
3. 통계적 회귀(statistical regression) : 보통 클라이언트가 워커에게 오는 시점은 문제가 심각해 있는 경우가 많다. 그 시점에서는 문제의 심각성이 높게 평가되는 경향이 있다. 그리고 그 후에는 보통 정도로 문제를 평가하는 경향이 있는데, 이것이 통계적 회귀다. 이 문제를 해결하기 위해 기초선이 안정적인 수준이 될 때까지 자료를 수집하는 것이 바람직하다.
4. 이월효과 : ABAB설계에서 나타나는 문제다.
5. 효과의 일반화 : 중다기초선설계에서 나타나는 문제다.

제5절 단일사례설계의 유용성과 한계

단일사례설계는 임상가들이 간편하게 실천현장에 적용할 수 있고 자신의 책임감이나 효과성을 증명하는 데 유용하다. 이 설계는 반복측정을 통해 그 결과를 모니터링해 나가기 때문에 개입이 진전을 보이는지 점검할 수 있다는 것도 장점이다.

그러나 단점도 제기되고 있는데, 클라이언트의 문제를 행동상의 문제로만 한정하여 사정하고, 구체적으로 명시할 수 없고 복잡한 양상의 문제를 사정하는 데는 한계가 있다. 또한 기초선 설정을 위해 개입을 유보하거나 철회하는 것은 윤리적으로 문제가 되기도 한다.

개입과 결과를 하나의 독립변수와 종속변수로 단순화하여 제시하는 것은 복합적인 문제를 다루기 때문에 복합적인 서비스를 제공하는 사회사업 실천 현장에 부적합하다는 지적도 있다.

제6절 분석

단일사례설계에서는 시각적 분석과 통계적 분석을 시행하게 된다. 먼저 시각적 분석방법을 그림을 통해 설명하고자 한다. [그림 6-11]에서 ①과 ②는 변화가 시각적으로 유의하다고 결론내릴 수 있는 것이고, ③은 변화가 없다고 결론내리게 된다.

다음은 통계적 분석방법에 대한 설명이다. 중요한 것은 먼저 시각적으로 의미 있는 결과가 있을 경우에 한해서만 시행해야 한다는 점이다. 여기서는 단일사례설계에서 활용되는 여러 통계적 분석방법 중 하나를 소개한다. 바로 '2단위 표준편차 활용방법(two-standard-deviation procedure)'이다. 이 방법은 자료수집이 주로 연속적 자료로 수집된 경우에 해당되는 방법으로 기초선이 수평적 또는 순환적 모양으로 나타난 경우에 활용될 수 있다. 또한 가지 조건은 기초선의 자료에 변이가 있어야 모두 똑같은 값을 갖는 경우에 활용될 수 있다. 예를 들어, 기초선에서 10번 측정한 값이 모두 5점으로 똑같다면 표준편차가 0이 되어 의미가 없어진다. 이 방법은 자료가 이분형 자료, 예를 들어 '그렇다' '아니다' 형식으로 수집된 경우에는 활용될 수 없다. 이런 경우는 비율-빈도절차(Proportion-frequency procedure)를 활용하게 된다. 또한 분명하게 경사진 모양의 기초선이 나타난 경우에도

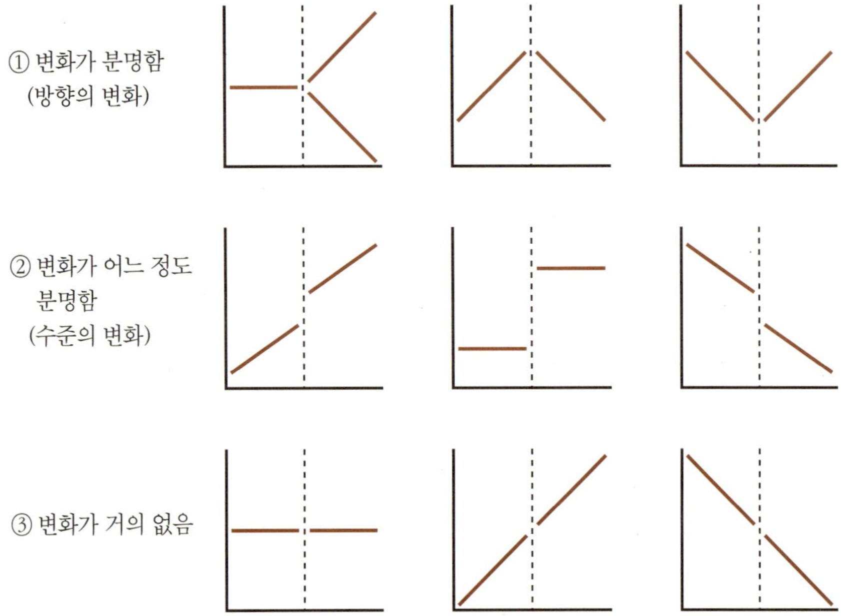

[그림 6-11] 그래프를 통한 기초선과 개입 단계의 변화 추정

출처: Berlin, S., & Marsh, J. (1993). *Informing practice decisions*. Allyn & Bacon.

활용되어서는 안 된다. 이런 경우에는 다른 방법(경향선 접근방법)을 사용해야 한다.

2단위 표준편차 활용방법은 개입기간 동안의 평균이 기초선의 평균보다 2단위 표준편차 이상으로 차이가 난다면 효과가 있는 것으로 간주한다. 여기서 유의수준은 .05로 설정된다. 이 방법의 절차를 제시하면 다음과 같다.

1. 기초선의 평균을 구한다.
2. 기초선 표준편차를 구하고 여기에 2를 곱한다.
3. 기초선 평균에서 2번에서 구한 값을 더하거나 뺀다. 바람직한 것이 기초선보다 낮아야 하는 경우라면 빼고, 높아야 하는 것이라면 더한다.
4. 개입기간의 평균을 구한다.
5. 개입기간의 평균이 3번 값과 비교하여 높은지 낮은지를 보고, 변화가

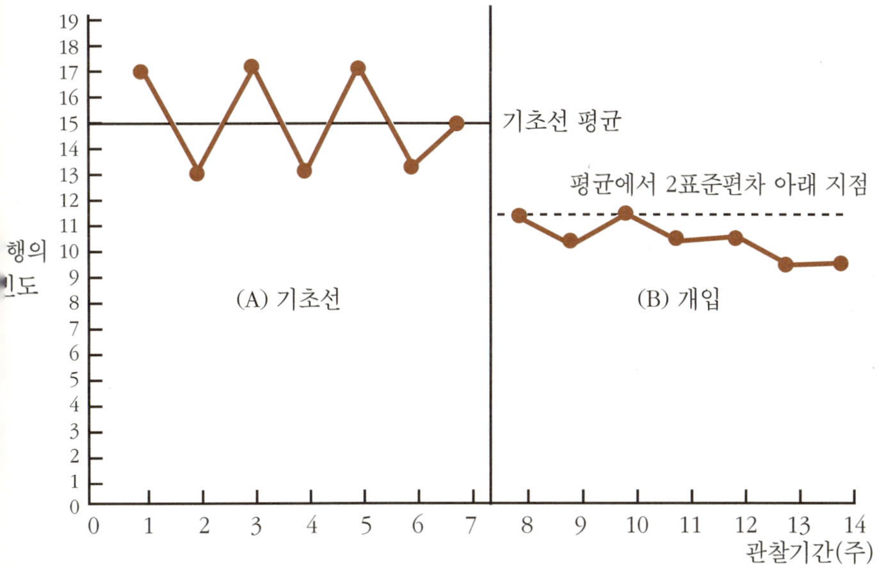

[그림 6-12] 2단위 표준편차 활용방법

유의한지를 결정한다.

그림에서 보면, 기초선의 평균은 15이고 표준편차는 2가 된다. 2단위 표준편차는 2곱하기 2를 하여 4가 된다. 그러면 낮은 값이 바람직한 것이므로 15에서 4를 뺀다. 그러면 11이 기준이 된다. 개입기간의 평균은 10이고, 이는 11보다도 낮은 값이므로 변화가 통계적으로 유의하다는 결론을 내리게 된다.

만일 통계적으로 유의하지 않다는 결론이 나왔다고 할 경우, 효과크기(effect size)를 구해 보고 제2종 오류를 범하지는 않았는지 검토해 보아야 한다. 단일사례설계는 데이터수가 적기 때문에 제2종 오류를 범할 가능성이 크기 때문이다. 효과크기를 구하는 공식은 213쪽에 소개하였다. 기존 연구들에서 효과크기는 평균 .60으로 나타나고 있다. 연구자가 자신의 연구에서 효과크기가 .60에 가깝게 나왔는데도 통계적으로 유의하지 않다면 데이터수가 적어서 유의하지 않았는지를 의심해 보아야 할 것이다.

한편, 시각적 및 통계적으로 유의한 결과가 있더라도 본질적 유의성 또는 실용적(임상적) 유의성(substantive, clinical, or practical significance)을 중요하게 고려해야 한다. 만일 개입이 시각적으로 또한 통계적으로 유의했지만 목표치에 도달하지 못했거나, 클라이언트나 임상가 또는 대중이 보기에 만족스럽지 않다면 실용적 유의성은 떨어지는 것이다. 또한 비용을 들일 만한 가치가 있다고 보기에는 변화 정도가 너무 작다면 실용적 유의성이 부족한 것이다.

단일사례설계 예상문제

1. 단일사례설계 중 중다기초선설계에 대한 설명으로 옳지 않은 것은?
   ① 내부타당도를 위협하는 요소로 효과의 일반화가 있을 수 있다.
   ② 개입을 서로 다른 시점에 적용함으로써 외부변수를 통제할 수 있다.
   ③ 한 클라이언트가 가지고 있는 두 가지 이상의 문제에 대한 설계다.
   ④ 중간에 개입을 잠시 철회한다.
   ⑤ 답 없음

해 설 ④는 ABAB설계다.

2. 다음 중 단일사례설계의 특징이 아닌 것은?
   ① 하나의 개인, 집단, 조직, 지역사회를 대상으로 한다.
   ② 반복측정을 한다.
   ③ 결과를 그래프로 나타낸다.
   ④ 시각적 분석을 하게 된다.
   ⑤ 통계적 분석을 할 수 없다.

해 설 단일사례설계도 통계적 분석을 할 수 있으나, 제2종 오류를 범하지 않도록 유의해야 한다.

3. 다음 중 단일사례설계의 특징이 아닌 것은?
   ① 비교집단을 설정하게 된다.
   ② 그래프로 결과를 나타낼 수 있다.
   ③ 반복측정을 실시한다.

답 1. ④ 2. ⑤ 3. ①

④ N=1이다.
⑤ 시각적 분석을 위주로 한다.

해 설 비교집단은 집단설계에 활용된다.

4. 단일사례설계를 설명하는 것으로 옳지 않은 것은?
① 하나의 개인 또는 하나의 조직, 지역사회가 대상이 될 수 있다.
② 측정을 여러 번 한다.
③ 결과를 그래프로 나타냄으로써 시각적 분석을 한다.
④ 위기 시에는 ABAB설계를 활용한다.
⑤ 중다기초선설계는 개입이 서로 다른 시점에서 시작된다.

해 설 위기 시에는 BAB설계가 적절하다.

5. 단일사례설계 중 두 가지 이상의 문제나 둘 이상의 클라이언트에 대해 AB설계가 반복되는 것은?
① ABAB설계 ② 중다기초선설계
③ ABC설계 ④ BAB설계
⑤ ABCD설계

해 설 ①은 개입을 중간에 잠시 철회하였다가 재개하는 설계다.

6. 단일사례설계에 대한 설명 중 옳지 않은 것은?
① 중다기초선설계는 같은 문제를 가진 사람이 두세 명 있을 때나 한 사람이 여러 문제를 가지고 있을 때 활용할 수 있다.
② BAB설계는 클라이언트가 위기상황에 있을 때 즉각적 개입이 필요할 경우 사용하는 디자인이다.

답 4. ④ 5. ② 6. ④

③ AB설계는 단일사례설계 중 가장 많이 활용되는 설계다.

④ ABAB설계는 내적타당도를 위협하는 요소를 모두 배제할 수 있다.

⑤ 표적문제는 빈도, 강도, 기간 측면에서 측정된다.

해 설 ABAB설계에는 이월효과라는 내적타당도를 위협하는 요소가 있다.

7. 다음 중 단일사례설계의 특징이 아닌 것은?

① 독립변수와 종속변수를 지닌다.

② 적어도 둘 이상의 집단, 가족, 조직, 지역사회를 대상으로 조사한다.

③ 그래프로 그 결과를 나타낼 수 있다.

④ 반복 측정을 실시한다.

⑤ 시각적 분석을 주로 한다.

해 설 단일사례설계는 하나의 사례를 연구한다.

※ 다음 상황에 적합한 설계를 보기에서 고르시오. (8~11)

① B설계	② AB설계	③ BC설계
④ ABAB설계	⑤ BAB설계	⑥ 중다기초선설계

8. 워커는 부부싸움이 심한 부부에게 행동주의 부부치료를 실시한 결과 싸움의 횟수가 줄어들지 않는 결과를 볼 수 있었다. 워커는 다른 치료기법인 현실치료기법으로 바꾸어 보았다.

해 설 새로운 기법을 적용하면서 BCD설계를 발전해 나간다. 여기에 기초선까지 있었으면 ABCD설계가 된다.

답 7. ② 8. ③

9. 워커는 치료개입 전단계에 기초선을 측정한 후 치료를 실시하여 그 효과를 측정하였다.

해 설 기초선 측정이 이루어졌으면 설계에 A가 들어가야 한다.

10. 워커는 기초선의 측정으로 내적타당도를 높일 수 있었다. 그러나 부부싸움이 개입 전과 비교하여 크게 줄어든 것이 과연 치료개입의 효과인지, 외적 사건(복권당첨)에 의한 것인지 의심스러웠다. 이 점의 사실 여부를 밝히기 위하여 워커는 잠시 치료를 중단하여 경과를 지켜보다가 다시 치료를 시행하여 반복측정을 시행하였다.

해 설 치료를 잠시 철회하는 것은 ABAB설계다.

11. 워커는 긴급상황에 처한 클라이언트를 만나게 되었다. 워커는 시급한 위기개입이 필요하다고 판단하여 바로 개입에 돌입하였다. 어느 정도 클라이언트의 상태가 호전된 후 워커는 잠시 치료를 중단하였다가 경과를 보며 다시 개입함으로써 클라이언트의 호전된 상태가 개입에 의한 것인지, 아니면 외적 사건에 의한 것이었는지 검증해 볼 수 있었다.

해 설 긴급상황에서는 BAB설계를 활용한다.

12. 다음 설명 중 옳지 않은 것은?

① 단일사례설계에서는 설계의 특성상 통계적 분석을 할 수 없다.
② 단일사례설계는 시각적 분석이 용이하다.
③ 단일사례설계의 이월효과는 내적타당도를 떨어뜨리는 한 원인이다.

답 9. ② 10. ④ 11. ⑤ 12. ①

④ 실제적 유의성은 이루고자 하는 목표에 도달했는가를 의미한다.
⑤ 단일사례설계는 실험대상자가 주로 1명이 된다.

해 설 단일사례설계도 통계적 분석을 할 수 있다.

13. 다음 설명 중 옳지 않은 것은?
① 중다기초선설계는 치료의 시점이 다르다는 것이 특징이다.
② 중다기초선설계에서는 내적타당도를 위협하는 요소가 없다.
③ 한 클라이언트의 두 가지 문제점에 대한 개입은 중다기초선설계를 활용할 수 있다.
④ 중다기초선설계에서는 효과의 일반화가 발생할 수 있다.
⑤ 답 없음

해 설 중다기초선설계에는 효과의 일반화라는 내적타당도를 위협하는 요소가 있다.

14. 단일사례설계에 대한 설명 중 옳지 않은 것은?
① 표적문제를 파악하는 첫 번째 단계로 클라이언트가 어떤 상태를 원하는지 알아야 한다.
② 단일사례에서는 비교집단이 필요하다.
③ 여러 가지 측정도구를 사용하여 측정오차를 줄이는 것이 바람직하다.
④ 어떤 상황에서 누가 잴 것인지도 구체화한다.
⑤ 반복측정을 한다.

해 설 집단실험설계에서 비교집단은 필요하다.

답 13. ② 14. ②

15. 단일사례설계에 대한 설명 중 옳은 것은?
   ① 개입의 적용단계에서 시각적으로는 좋아졌지만 바람직한 수준에 도달하지 못한 것을 비반전효과라고 한다.
   ② B설계의 개입 후 효과가 없을 때 BC설계로, C설계도 효과가 없을 때 BCD설계 등으로 발전시킬 경우 외적타당도가 떨어진다.
   ③ 위기개입 시에는 중다기초선설계가 가장 바람직하다.
   ④ 잔여효과 또는 비반전효과는 외적타당도를 위협한다.
   ⑤ 답 없음

해 설 시각적으로 좋아졌지만 목표치에 도달하지 못했을 때 실제적 유의성 또는 임상적 유의성이 떨어진다고 한다. 위기개입 시에는 BAB설계가 바람직하다. 잔여효과는 내적타당도를 위협하는 요소다.

16. 단일사례설계의 특징을 세 가지로 제시한다면?

17. 단일사례설계의 하위설계 중 ABAB설계의 내적타당도를 위협하는 요소는?

18. 실천현장에서 수행하기 쉬운 단일사례설계의 AB설계를 시행하였을 때 내적타당도를 높일 수 있는 방법은?

답 15. ② 16. N=1, 반복측정, 그래프로 결과를 제시 17. 이월효과(비반전효과 또는 잔여효과) 18. 다른 샘플로 반복조사를 시행하여 같은 결과가 나오는지 본다.

19. 단일사례설계의 하위설계 중 기초선을 사정할 수 없는 위기개입의 경우에 적용할 수 있으면서도 내적타당도를 높일 수 있는 설계는?

20. 사회사업실천에 단일사례설계를 도입하게 된 배경을 두 가지 들라.

21. 단일사례설계에서 통계적 유의성을 검증할 때 주의해야 할 점은?

답 19. BAB설계 20. ① 학자와 실천가 간의 갈등 또는 이론과 실천 간의 간극을 해소하는 방안으로 도입, ② 실천가가 자신의 실천활동을 스스로 평가하여 책임성을 확립 21. 보통 단일사례설계에서는 측정수(집단설계의 표본수에 해당)가 적어 통계적 검증력이 떨어지므로 제2종 오류를 범할 수 있으므로 효과크기(effect size)를 따져 보아야 한다.

제 7 장 분석

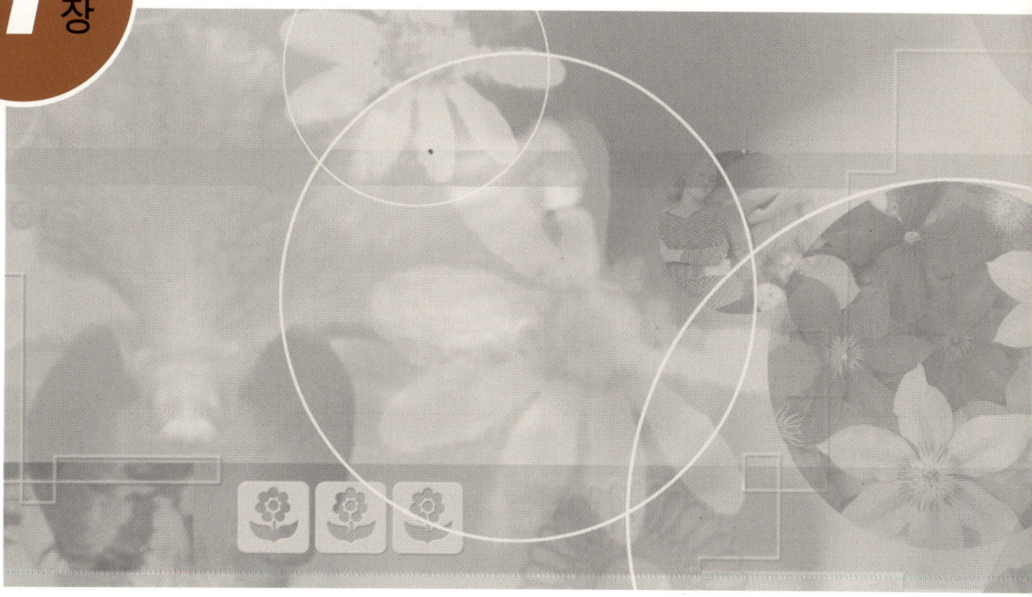

이 장에서는 자료분석에 대해 알아본다. 통계적 검증방법에는 크게 기술통계(descriptive statistics)와 추론통계(inferential statistics)가 있다. 기술통계는 많은 정보를 간략하게 서술하여 자료를 요약하여 준다. 일원기술통계(univariate descriptive statistics)에서는 평균, 최빈치, 중간치, 범위 같은 방법이 활용된다. 이원 또는 다원기술통계(bivariate or multivariate descriptive statistics)에서는 둘 이상의 변수들 간의 관계 정도를 묘사하고 또는 요약하여 표로 제시하는 것이다. 그러면 추론통계에서는 다양한 변수들 간의 관계가 통계적 의미에서 유의한지(significant)를 결정한다. 통계적 결과는 조사자에게 변수 간의 관계가 단순한 우연(chance)에 의한 확률(probability)이 얼마나 되는지를 말해 줄 수 있다. 또한 표본(sample data)에서 얻은 결과를 모집단(population)에 적용시킬 수 있는지 여부, 즉 일반화를 추론하는 것이다.

제1절 기술통계

조사자가 개인이나 집단 또는 기타 단위의 표본에 대한 방대한 양의 정보를 수집한 후에는 이러한 정보를 조직하고 요약해야 한다. 예를 들어, 1,000명에게 100개의 설문을 했다면 100,000개의 정보를 얻게 되는데, 이러한 방대한 정보를 줄여서 유용한 정보로 제시하는 것이 중요하다. 이를 위해 기술통계가 필요한 것이다.

먼저 빈도분포가 있는데, 이는 한 변수의 각 범주에 해당되는 사례수를 나타낸다. 명목척도처럼 범주로 측정된 변수는 빈도로 나타내 줄 필요가 있다. 빈도분포를 나타낼 때는 퍼센티지 분포를 같이 제시해 주는 것이 바람직하다. 한편, 유효 퍼센트(valid percent)가 보고되는 경우가 있는데, 이는 전체 총계에서 누락된 사례(missing case)를 제외시키고 계산한 퍼센트를 나타낸다. 그러므로 누락되는 사례가 있는 경우에 일반 퍼센트보다 유효 퍼센트가 높게 나타난다. 또한 누적 퍼센티지 분포도 있는데, 이는 어떤

〈표 7-1〉 교육수준에 대한 분포 (단위 : 빈도 %)

범주	빈도	퍼센트	유효 퍼센트	누적
초등학교 졸업	432	63.8	64.0	64.0
중학교 졸업	178	26.3	26.4	90.4
고등학교 졸업	13	1.9	1.9	92.3
대학교 졸업	42	6.2	6.2	98.5
대학원 졸업	10	1.5	1.5	100
missing	2	.3		
총 계	677	100	100	

주어진 범주 이하에 해당되는 퍼센티지를 모두 합하여 제시하는 것을 말한다(〈표 7-1〉 참조).

1. 집중경향치/대표값

한 변수를 더욱 간결하게 묘사하기 위해서 집중경향치(central tendency)라는 분포를 활용할 수 있다. 먼저 최빈치(mode)가 있다. 가장 높은 빈도값을 가진 범주가 바로 최빈치다. 〈표 7-1〉에서 최빈치는 바로 초등학교 졸이 된다. 다음은 중간값(median)이 있다. 중간값은 분포의 한가운데를 나타내는 값이다. 즉, 값을 일렬로 나열했을 때 가장 가운데 오는 값이다. 다음의 예를 보자. 9명에 대한 연령분포가 다음과 같은 값을 얻은 경우 중간값은 28이 된다.

5　10　15　27　28　30　33　40　45

그런데 사례수가 짝수인 경우는 가운데 값을 결정하는 데 문제가 있게 된다. 다음처럼 사례수가 10명인 경우를 보자.

5 10 15 27 28 30 33 40 45 55

이때는 28과 30을 더하여 2로 나누게 된다. 그러므로 (28+30)/2=29가 된다. 중간값은 분포가 정상분포를 이루지 못하고 기울어진 경우에 활용하게 된다. 어떤 사례가 극단의 값을 갖게 되면 평균은 왜곡되는 경우가 있다. 이럴 때는 중간값을 활용하게 된다. 마지막으로 가장 흔히 사용하는 평균이 있다. 평균을 보고할 때는 표준편차도 같이 보고하여 주는 것이 중요하다. 표준편차가 크게 나온다면 사람들이 매우 이질적인 값을 가지고 있다는 것을 뜻한다. 표본수가 작으면 표준편차가 커진다.

① 편포도(왜도)가 양의 값인 경우

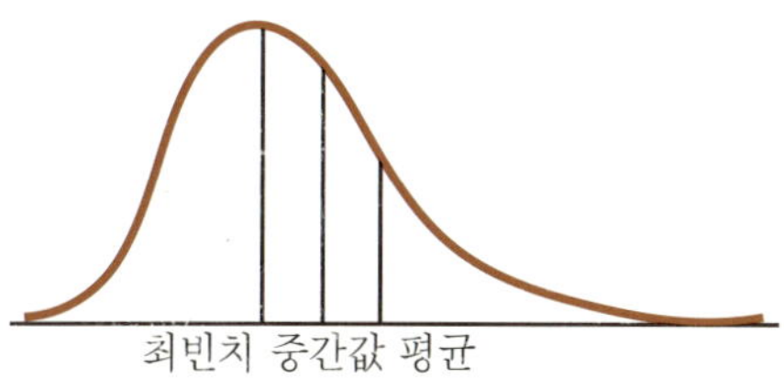

② 편포도(왜도)가 음의 값인 경우

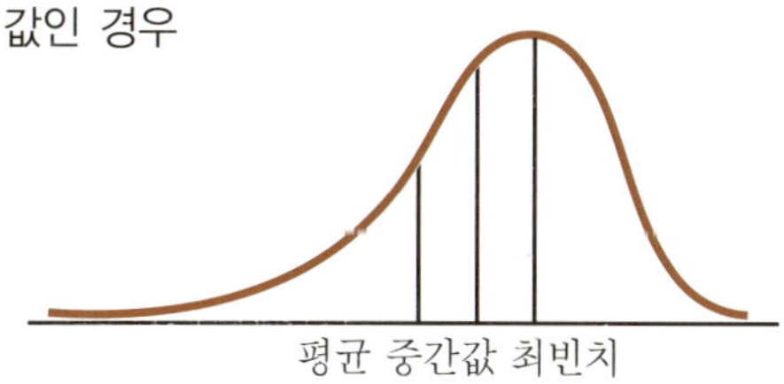

③ 정상분포의 경우

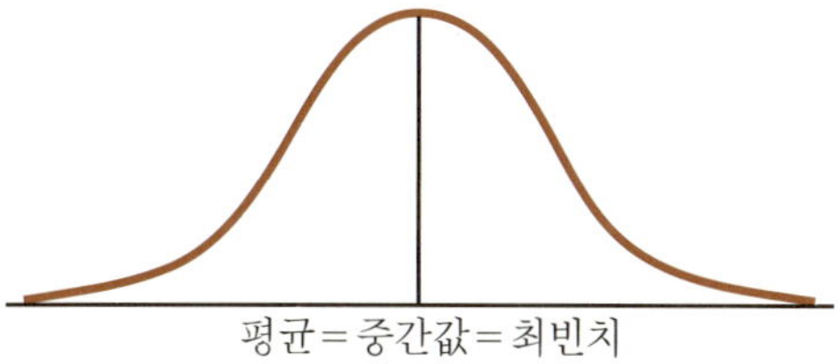

[그림 7-1] 분포에 따른 집중경향치의 위치

Tips

▶ 중간값은 어떤 분포이든 관계없이 항상 중간에 위치한다.

표준편차

표준편차는 어떤 변수의 값들이 평균값으로부터 떨어진 정도를 말해 준다. 표준편차가 크다는 것은 값들이 널리 퍼져 있다는 뜻이고 표준편차가 작다는 것은 값들이 평균 주위에 몰려 있다는 뜻이다. 정규분포와 표준편차와의 관계를 살펴보면 다음과 같다([그림 7-2] 참조). 정규분포에서는 표본의 약 34%가 보통 표준편차 1단위에 포함된다. 그러므로 평균의 위로 34%, 평균의 아래로 34%가 포함되기 때문에 평균으로부터 표준편차의 +1단위 및 −1단위 내에 표본의 68%가 포함된다. 표준편차의 +, −2단위 내에는 표본의 약 95%가 포함된다. 그리고 표준편차의 +, −3단위 내에는 표본의 약 99%가 포함된다.

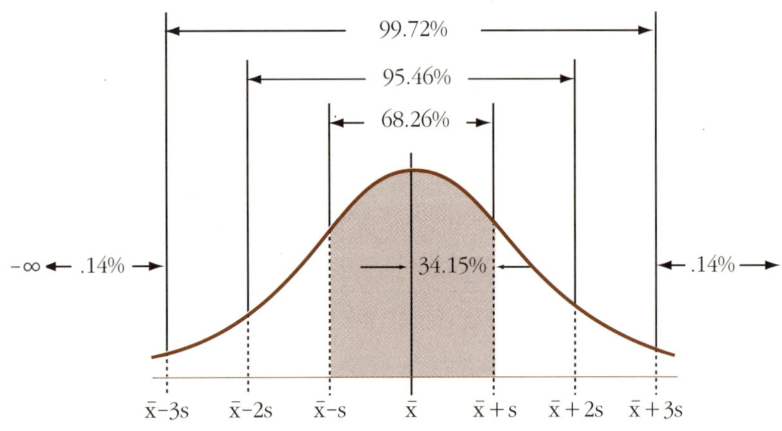

[그림 7-2] 정규분포와 표준편차

2. 산포도/분산도

집중경향치는 분포의 형태에 상관없이 전체 자료를 대표하는 중심값만을 알려 준다. 그러나 자료가 평균으로부터 얼마나 퍼져 있는지를 알기 위해서는 산포도(dispersion)를 살펴보아야 한다. 산포도란 말 그대로 흩어져 있는 상태를 말한다. 어떤 변수값이 산술평균을 중심으로 얼마나 밀집 또는 분산되었는지를 나타내는 값이다. 산포도를 알면 사례들이 어떻게 분포되었는지를 쉽게 짐작할 수 있다. 평균이라는 대표값만 가지고는 분포 정도를 알기 어렵다. 산포도의 측정치에는 범위(range), 사분편차(quartile deviation/interquartile range), 분산/변량(variance) 및 표준편차(standard deviation), 평균편차(average deviation : AD)가 있다.

범위는 가장 높은 점수와 가장 낮은 점수 간의 차이를 말한다. 그러나 극단의 값이 존재한다면 범위는 분산 정도를 추정하는 데 있어 좋은 측정치가 아닐 수 있다. 이를 보완하는 측면에서 사분편차(Q)는 범위보다 더 정확하게 분산 정도를 추정할 수 있다. Q는 어떤 변수의 분포상에 있어서 한쪽 끝에서부터 25%(1/4)에 해당되는 값과 75%(3/4)에 해당되는 값을 알아낸 후, 그 차이를 구해 2로 나눈 값이다. 달리 표현하면 한 분포의 중앙 50%에 해당되는 범위를 반으로 나눈 값이다.

$$\text{사분편차}(Q) = \frac{Q_3 - Q_1}{2}$$

다음으로 분산과 표준편차를 설명하고자 한다. 분산(변량)은 편차를 이용하여 구하게 된다. 편차란 각 사례값이 산술평균치로부터 얼마나 떨어져 있는가를 말하는 것이다(즉, 평균에서 각 사례값을 뺀 것이다). 이 편차를 제곱하여 합한 후에 전체 사례수로 나누게 되면 변량이 구해진다. 이 변량값이 크면 값의 분산 정도가 크다는 뜻이며, 값들이 매우 이질적이고 평균으로부터 많이 흩어져 있다는 뜻이다. 반대로 값이 작으면 분산 정도가 작고

값이 동질적이라는 뜻이며, 자료가 대체로 평균 주위에 뭉쳐 있다는 뜻이다. 표준편차는 변량에 제곱근을 씌워서 얻게 된다. 표준편차도 극단의 값이 있으면 표준편차값이 크게 영향을 받을 수 있다.

$$\text{표준편차}(S) = \sqrt{\frac{\Sigma(X-\overline{X})^2}{n-1}}$$

평균편차는 산술평균치로부터 각 사례값을 뺀 후 그 절대값을 모두 합치고 전체 사례수로 나누어 준 값이다. 평균편차가 크면 분산의 정도가 크다는 것을 의미한다.

$$\text{평균편차}(AD) = \frac{\Sigma\,|\,X-\overline{X}\,|}{n}$$

3. 분포도

대표값과 산포도 외에 분포의 형태를 나타내는 통계치를 알아보자. 대표값으로 자료의 중심위치를 알 수 있었고 산포도로 자료가 퍼져 있는 정도를 파악했다면 분포가 좌우대칭인지 한쪽으로 기울어졌는지 측정할 필요가 있다(한승준, 2000). 분포도(distribution)는 자료가 어떤 형태로 퍼져 있는지를 묘사해 준다. 여기에는 왜도와 첨도가 있다. 왜도(skewness)란 평균을 기준으로 하여 분포의 비대칭 정도를 나타내는 지표다. 왜도가 0이면 좌우대칭, 왜도가 0보다 크면 분포의 비대칭꼬리가 양의 값으로 치우치고, 0보다 작으면 분포의 비대칭꼬리가 음의 값으로 치우친다.

첨도(kurtosis)란 분포의 뾰족한 정도를 정규분포와 비교하여 나타내는 것으로 변수값들이 중앙에 집중되어 있는 정도를 나타낸다. 첨도가 0이면 정규분포형이고, 0보다 크면 더 뾰족한 모습으로 자료가 중앙에 몰려 있음을 말하고, 0보다 작으면 상대적으로 덜 뾰족한 모습을 띠며 자료가 분산되어 있다는 뜻이다.

4. 표준정규분포(Z-분포)

원점수 그 자체를 가지고 비교하기 어려운 경우가 있다. 예를 들어, 어느 학생이 수학은 75점을 받고 영어는 68점을 받았을 때 단순히 수학을 더 잘했다고 단정할 수 없다. 즉, 수학의 분포와 영어의 분포가 다르기 때문에 단순비교가 불가능하다. 다른 학생들의 성적 분포를 비교하면서 결정해야 한다. 그러므로 원점수를 표준점수로 환산할 필요가 있다. 표준점수란 편차(즉, 산술평균으로부터 각 사례의 값을 뺌)를 표준편차로 나누어 얻은 값을 이용하여 각 사례가 얻은 점수의 상대적 위치를 표준화하여 주는 것이다. 이 표준점수 Z의 분포에서는 평균은 0, 표준편차는 1이 된다. 이 분포를 표준정규분포(standard normal distribution)라 한다.

$$\text{표준점수}(Z) = \frac{X - \overline{X}}{S}$$

제2절 추론통계

1. 표본분포와 중심극한정리

관찰한 결과가 우연 또는 표본오차(sampling error)[1]에 기인한 것인지 아닌지를 알기 위해서는 확률이론을 이해해야 한다. 확률이론은 가설검증을 하는 추론통계(inferential statistics)에 필수적으로 활용된다. 표본에서 얻은 어떤 결과가 우연에 기인한 것일 가능성을 결정하는 것은 표본분포(일종의 정규분포)의 속성으로부터 나온다. 표본분포 또는 표집분포(sampling distribution)란 어느 모집단에서 동일한 규모의 표본을 무작위로 무수히 뽑고 그것의 통계치(변수값)를 분포로 나타낸 것을 말한다. 표본의 통계량 가

1) 현실적으로 아무리 표본추출을 잘 한다고 하더라도 표본조사에서는 표본의 통계치와 모집단의 모수 간에는 차이가 발생하기 마련인데, 이를 표본오차라고 한다.

운데 특히 평균의 확률분포를 표본평균의 분포(distribution of sample means)라고 한다. 표본의 크기를 크게 해서 무수히 뽑을 경우, 이 통계치들이 모집단의 모수를 중심으로 종모양으로 분포되게 되는데, 이것이 정규분포의 모양을 취하게 된다(정규분포는 활용의 빈도와 가치가 가장 높은 대표적 확률분포다. 정규분포는 이론적 분포로서 좌우대칭의 종모양을 가지고 있으며, 평균과 표준편차에 의해 모양이 결정된다. 표준편차가 클수록 분포는 완만한 경사를 이룬다. 정규분포의 면적은 항상 1이 된다). 또한 표본분포의 평균(즉, 표본평균들의 평균)은 모집단의 평균과 같게 된다. 표본크기가 증가함에 따라 표준오차는 감소한다(표준오차란 표본분포(또는 표집분포)의 표준편차를 말한다). 즉, 표본크기가 증가함에 따라 표본들이 모집단의 참값(모수치) 가까이에 분포하게 된다. 이 표본분포는 이론적인 확률분포이지, 현실적으로 존재하지는 않는다. 그러나 그 논리가 표집문제를 이해하는 데 유용하다. 수많은 표본을 뽑게 되면 어떠한 상황이 전개되는지를 이해함으로써 우리가 추출하여 연구하는 하나의 표본에 대한 가정을 만들게 된다. 이 표집분포의 특성을 중심극한정리(central limit theorem)라 한다. 이를 요약하면 다음과 같다.

- 일정한 크기로 무수히 뽑은 표본들의 평균은 모집단의 평균과 같게 된다.
- 표본크기가 클 때(일반적으로 30사례 이상) 표본평균의 분포모양은 정규분포모양이다.
- 표본분포의 표준편차(즉, 표준오차)는 표본크기에 좌우된다. 표본분포의 표준편차는 모집단의 표준편차를 표본크기의 제곱근으로 나누어 준 것이다.

$$\text{표본분포의 표준편차}(\sigma_{\bar{X}}) = \frac{\sigma}{\sqrt{n}}$$

σ : 모집단의 표준편차

표본분포의 특성을 알기에 우리는 표본오차(sampling error)로 인해 우연히 관찰결과를 생산했을 가능성이 어느 정도인지를 알 수 있다. 이러한 특성을 통해 하나의 표본을 뽑아 연구한 결과(통계치)가 표본분포의 어느 구간에 해당되는지의 확률을 결정할 수 있다. 다시 말해 통계치가 모집단의 모수로부터 어느 정도 떨어졌는지 그 확률을 결정할 수 있게 된다. 정규분포에서는 일반적으로 모든 사례의 68%가 평균으로부터 플러스 마이너스 1단위의 표준편차 내에 해당된다. 95%가 평균으로부터 플러스 마이너스 2단위에 해당된다. 즉, 단지 5%만이 모수로부터 2단위의 표준편차 바깥으로 떨어지게 된다. 만일 우리의 표본의 결과(통계치)가 모수의 2단위 표준편차 바깥으로 떨어지게 된다면 우연히 모집단과 다른 표본을 뽑았을 가능성은 아주 적어지게 되는 것이다. 즉, 우연(표본오차)이 아니라 우리의 연구표본의 통계치가 진실로 모수와 차이가 난다는 것으로 결론내리게 된다. 이 경우 모집단의 모수와 연구표본의 통계치에 차이가 없다는 영가설이 기각된다. 이러한 원리가 추론통계(inferential statistics)에 적용되는 것이다. 예를 들어 보자. 조사자가 무작위로 뽑은 50명의 비행청소년에게 개입을 시행하여 75%의 성공률을 거두었고, 개입을 받지 않은 모집단에서는 60%의 성공을 거두었다고 하자. 개입이 성공적이었다고 결론내릴 수 있는가? 혹시 표본오차로 우연히 그 차이가 난 것은 아닌가? 표본과 모집단에서의 차이가 우연(chance)으로 돌리기에는 너무 큰지 여부를 추론통계를 통해 알 수 있다. 추론통계결과 75%의 성공이 모집단의 60%의 성공보다 2단위의 표준편차 바깥에 해당되는 것으로 나왔다면 우연히 그런 차이가 발생했을 가능성은 적다는 결론을 내릴 수 있다. 따라서 15%의 차이가 발생했다는 것은 우연이 아니므로 개입이 효과적이었다는 것을 일반화시킬 수 있게 된다. 모든 추론통계는 이러한 표본분포와 정규분포의 논리를 활용하는 것이다.

위의 논의를 요약하면 다음과 같다. 표본분포는 어떻게 표본오차가 작용하는지를 보여 준다. 표본분포의 특성은 추론통계의 중심요소가 된다. 왜냐하면 표본분포는 조사결과가 우연히(즉, 표본오차로 인해) 나타났을 가능성을 결정할 수 있는 비교기준을 제시하기 때문이다. 다시 말해 표본을 통해 나타난 관찰결과가 우연(표본오차)으로 발생할 수 있는 분포와 비교되는 것이다. 표본조사에서 관찰된 통계치가 '우연'에 의해 발생할 수 있는 통계치보다 매우 크다면 그 결과가 우연히 발생했을 가능성이 적다고 결론내린다.

2. 모수 및 비모수통계

모수통계방법은 모집단에 대한 기본가정(정규분포, 등분산)이 충족되고 연속척도(등간/비율척도)로 자료를 얻었을 경우에 활용되는 방법이다. 모수통계의 예는 t-검증, ANOVA, 피어슨의 *r*, 회귀분석 등을 들 수 있다. 이에 비해 비모수통계(non-parametric statistic)란 모집단이 정규분포를 이룬다는 가정을 하지 않고 시행하는 통계적 방법이다. 사례수가 적고 모집단의 분포를 알 수 없는 경우 비모수적 방법이 유용하다. 자료가 연속척도로 주어지지 않고 명목이나 서열척도로 주어진 경우에도 비모수통계방법이 유용하다. 비모수통계에는 카이스퀘어검증, 멕네마검증, 맨-휘트니의 U검증(모수통계의 t-검증에 해당), 윌콕슨의 대응부호순위검증(모수통계의 대응비교-t-검증에 해당), 크루스칼-월리스검증(모수통계의 ANOVA에 해당), 콜모고로프-스미로노프검증 등이 있다. 비모수통계는 모수통계에 비해 통계적 검증력이 약하다는 단점이 있다.

3. 통계적 유의성

추론통계의 목적은 표본을 통해 발견된 변수 간의 관계 또는 변수 간의 평균의 차이가 우연(chance)이 아님을 증명하는 것이다. 사회과학에서는 관습적으로 유의수준(probability levels)을 정해 조사결과에서 발견된 관계나 차이가 우연이 아님을 증명하는데, 보통 .05를 기준으로 하며 $p<.05$로 표시한다. 이는 100번 정도 표본을 선정하여 조사하여도 95번 이상 같은 결과가 나올 수 있다고 확신할 수 있다면 조사결과가 통계적으로 유의하다고 본다는 것을 의미한다. 이는 다른 말로 표현하면 우연히 관계가 있을 확률이 5% 미만이면 통계적으로 유의하다고 본다는 것이다. 또한 모집단으

로부터의 표본선정절차가 잘못되어, 즉 표본오차(sampling error)로 인해 우연히 관계가 있을 확률이 5% 미만이면 통계적으로 의미 있다는 뜻으로 사용되기도 한다. 이 경우 변수 간의 관계가 표집오류에 의한 관계가 아니므로 조사결과를 모집단에 일반화시킬 수가 있다.

통계적으로 의미 있다는 표현의 또 다른 의미를 알아보자. 사회과학에서는 변수 간의 관계가 실제적으로 존재한다는 것을 직접 증명하기가 어렵기 때문에 변수 간에 관계가 없다는 영가설(null hypothesis)을 세워 놓고 이를 기각함으로써 변수 간에 관계가 있다고 증명하는 간접적인 방법을 선택하고 있다. 그러므로 통계분석결과 $p<.05$인 수치가 나오게 되면 영가설이 기각되고 연구자가 처음에 세웠던 본 연구가설(alternative hypothesis)이 채택된다. 이때 통계적으로 의미 있다고 이야기한다. 즉, 통계적으로 의미 있다는 것은 영가설이 기각되고 연구가설이 채택되었다는 의미다. 이때 유의수준을 $p<.05$로 설정했다는 것은 영가설을 기각할 때 실수할 확률이 5% 미만이어야 한다는 의미를 갖게 된다. 영가설을 기각하는 데 실수할 확률이 5% 미만이기 때문에 우리는 영가설을 주저 없이 기각하고 본 연구가설을 채택할 수 있는 것이다. 영가설을 기각할 때 실수를 저지르는 것(참영가설을 기각하는 것)을 다른 표현으로 하면 제1종 오류(type I error)라고 한다(제1종 오류는 α로 표시되기도 한다). 그러므로 제1종 오류를 범할 확률이 5% 미만이면 통계적으로 유의하다고 할 수 있다.

예를 들어, 통계분석결과 $p=.03$이 나오는 경우는 영가설을 기각할 때 실수할 확률이 3%라는 뜻이다. 그러므로 우리는 주저 없이 영가설을 기각할 수가 있고 연구자가 처음에 세운 본 연구가설을 채택할 수 있다. 즉, 통계적으로 유의미한 결과가 나왔다고 결론내릴 수 있다. 만일 $p=.11$이 나

Tips

▶유의수준으로는 $p<.10$, $p<.05$, $p<.01$을 많이 활용한다.

온 경우는 영가설을 기각할 때 실수할 확률이 11%이므로 기준이 되는 5%를 초과하기 때문에 영가설을 기각할 수 없게 되는 것이다. 그래서 통계적으로 유의미하지 않다는 결론을 내리게 된다.

그러나 주의해야 할 점이 있다. 유의수준을 관습적으로 .05로 잡고 있으나 때로 탐색적 연구의 경우에는 .10으로 잡아 주기도 한다. 그리고 유의수준을 .05로 잡았지만 분석결과 p값이 .06에서 .09 사이로 나오는 경우도 많이 있는데, 이 경우 통계적으로 의미가 없다고 단정적인 결론을 내리기보다는 '통계적으로 유의미하지는 않았지만 어떠한 경향이 있다.'고 표현해 주는 것이 바람직하다.

또한 표본의 숫자가 적어 유의미하지 않게 나올 수 있는 가능성도 배제해서는 안 된다. 즉, 실제로 관계가 있지만 표본숫자가 적어 p값이 높게 나올 수 있다(표본이 많아지면 p값은 떨어지는 경향이 있다). 그러므로 표본이 적은 경우 관계가 있는데도 관계가 없다고 결론내리는 오류, 즉 제2종 오류를 범하지 않도록 해야 한다(제2종 오류는 β로 표시되기도 한다). 거짓영가설을 기각하지 못하는 오류를 범하지 않도록 하기 위해서는 관계의 강도(효과크기, effect size)를 항상 고려해야 한다. 일반적으로 설문조사결과 상

Tips

▶ 오류의 유형

- 제1종 오류 : 참영가설을 잘못 기각하는 것(즉, 관계가 없는데도 관계가 있다고 결론내리는 오류)
- 제2종 오류 : 거짓영가설을 기각하지 못하는 것(즉, 관계가 있는데도 관계가 없다고 결론내리는 오류)
- 제3종 오류 : 처음부터 잘못된 연구질문이나 합당하지 않은 가설을 검증하는 것 또는 가설을 이루는 변수에 대한 조작화를 잘못한 상태에서 가설검증을 하는 것
- 제4종 오류 : 가설검증에 잘못된 통계방법을 적용하는 것

관관계값이 .3 이상인 경우에도 통계적으로 유의하지 않게 나오는 경우는 표본의 수가 작아서 그렇게 나올 가능성이 있는 것이다(일반적으로 상관관계값은 절대값으로 0에서 1 사이의 값을 갖는데, Cohen에 의하면 상관관계값이 .1이면 약하다, .3이면 중간, .5면 크다라고 간주한다). 그러므로 관계의 강도가 높은데도 통계적으로 유의하지 않게 나올 때는 통계적 검증력(statistical power)을 검토해 보아야 할 것이다. 통계적 검증력이란 제2종 오류를 범하지 않을 확률, 즉 거짓영가설을 정확히 기각하는 확률을 말한다. 제2종 오류(β)를 범할 확률은 .2(20%) 이하가 바람직하다고 본다. 즉, 통계적 검증력이 .8(즉, 1-0.2), 즉 80% 이상이어야 제2종 오류를 범할 가능성이 적다고 판단할 수 있다.

결론적으로 말하면 연구보고서를 작성할 때 주의할 점은 다음과 같다. 통계적으로 유의하지 않게 나온 경우는 통계적 검증력을 확인하고, 표본수가 적어서 그러한 결과가 나왔을 가능성을 따져보아야 한다.

$$제2종\ 오류(\beta) = 1 - 통계적\ 검증력$$

Tips

▶ **독립변수와 종속변수가 여러 개인 경우 유의수준에 대한 논의** : 유의수준 $p<.05$은 엄격히 말한다면 하나의 표본으로 하나의 가설을 검증한다는 가정 하에서 적용되는 것이다. 독립변수가 여러 개이거나 종속변수가 여러 개이면 가설검증을 여러 차례 시행해야 되는데, 그렇게 되면 제1종 오류의 가능성이 커진다. 즉, 하나의 표본을 가지고 여러 차례에 걸쳐 가설검증을 하면 우연히 관계가 있게 나올 가능성이 커진다는 뜻이다. 이를 해결하기 위해서 다음 방안을 고려해야 한다. 먼저 독립변수가 여러 개일 경우는 중다회귀분석을 활용하여 한 번에 가설검증을 끝내는 것이 좋다. 종속변수가 여러 개일 경우는 유의수준을 보수적으로 적용시킨다. 예를 들어, 종속변수가 2개이면 유의수준을 .05의 절반인 .025로 줄인다. 종속변수가 5개이면 유의수준을 .05의 5분의 1인 .01로 줄인다. 그 외의 방법으로 실험설계일 경우, 종속변수가 여러 개이면 MANOVA를 활용하는 방법이 있다.

Tips

일반적으로 제1종 오류가 제2종 오류보다 더 위험하다고 본다. 그러나 관계(효과)가 있는데도 없다고 결론내리는 제2종 오류를 범하는 것도 심각한 문제다. 예를 들어, 프로그램이 효과가 있는데도 없다고 결론내리게 되면 중요한 프로그램이 사장되어버릴 수도 있는 것이다.

4. 관계의 강도와 통계적 검증력

관계의 강도(효과크기, effect size)란 변수 사이의 관계의 강도를 나타내는 통계치다. 달리 표현하면 독립변수(또는 개입)와 종속변수의 변화 간에 존재하는 관계의 강도를 나타내는 통계치다. 상관관계연구에서는 상관계수가 바로 관계의 강도를 나타내므로 문제가 없지만 실험연구에서는 효과크기를 별도로 구해야 한다. 실험연구에서 관계의 강도를 구하는 공식은 다음과 같다.

실험연구에서 관계의 강도(효과크기 : ES)를 알아보는 공식

1. 통제집단 표준편차를 활용하는 경우

효과크기 ES =(치료집단평균－통제집단평균)/통제집단 표준편차

2. 공통표준편차를 활용하는 경우

$$ES = \frac{(\mu_t - \mu_c)}{\sigma}$$

μ_t: 실험집단평균 μ_c: 통제집단평균

σ : 실험집단과 통제집단의 공통표준편차

① 공통표준편차를 구하는 공식

* 두 집단의 참여자수가 다른 경우($n_t \neq n_c$)

$$S_p = \sqrt{\frac{(n_t-1)s_t^2 + (n_c-1)s_c^2}{(n_t-1)+(n_c-1)}}$$

* 두 집단의 참여자수가 같은 경우($n_t = n_c$)

$$S_p = \sqrt{\frac{s_t^2 + s_c^2}{2}}$$

S_t : 치료집단의 표준편차 S_c : 통제집단의 표준편차

3. 단일집단 사전사후의 설계일 경우의 효과크기

① 사전검사와 사후검사의 상관관계가 없는 경우

$$ES = \frac{\text{사후검사평균} - \text{사전검사평균}}{\text{사후검사와 사전검사의 공통표준편차}}$$

② 사전검사와 사후검사의 상관이 높은 경우

$$ES_{ap} = \frac{\mu_t - \mu_c}{\sigma\sqrt{1-r_{tc}}}$$

μ_t: 사후검사평균 μ_c: 사전검사평균

σ : 사후검사와 사전검사의 공통표준편차

r_{tc}: 사전검사와 사후검사의 상관계수

4. 단일사례설계에서 효과크기

$$\text{효과크기} = \frac{(\text{개입단계의 평균} - \text{기준선단계의 평균})}{\text{기준선단계의 표준편차}}$$

예를 들어 보자. 치료집단의 평균이 4.7이고 표준편차는 1.3이며 참여자 수는 35명이었다. 비교집단의 평균은 4.1이고 표준편차는 1.1이며 참여자는 역시 35명이었다. 비교집단의 표준편차를 이용하여 효과크기를 구하면 다음과 같다. 실험연구에서 효과크기는 d로 표시된다.

효과크기$(d) = (4.7 - 4.1)/1.1 = .54$

공통표준편차를 이용한다면 먼저 공통표준편차를 구해야 한다.

$$S_p = \sqrt{\frac{s_t^2 + s_c^2}{2}} = \sqrt{\frac{(1.69 + 1.21)}{2}} = 1.2$$

효과크기$(d) = (4.7 - 4.1)/1.2 = .50$

두 방법 중에 어느 것이 정확한지는 말하기 어렵다. 어느 학자는 공통표준편차를 선호하는데, 그 이유는 모집단의 분산을 추정하기 위해 두 개의 표본의 수치를 활용하기 때문에 더 정확하다고 한다. 그러나 다른 학자들은 개입이 진행되기 전이기 때문에 비교집단의 표준편차가 더 정확하다고 말한다.

효과크기는 어떻게 해석해야 할 것인가? Cohen은 다음의 기준을 제시하고 있다.

	작다	보통	크다
실험연구 →	$d = .20$	$d = .50$	$d = .80$
상관관계연구 →	$r = .1$	$r = .30$	$r = .50$
	$r^2 = .01$	$r^2 = .09$	$r^2 = .25$

효과크기를 구한 후 다음 단계는 통계적 검증력을 알아보아야 한다. 통계적 검증력을 높이는 방안은 다음과 같다.

- 표본수를 늘린다.
- 유의수준을 늘린다(예 : $p < .05$에서 $p < .10$으로 늘린다).
- 관계의 강도를 높인다. 이 방법은 인위적으로 하기는 어려운 방안이다.
- 그러나 신뢰도와 타당도가 높은 척도나 민감한 척도를 활용하여 관계의 강도를 정확하게 반영하는 것도 한 방법이다. 또한 개입을 더욱 집

Tips

만일 두 집단의 참여자수가 다르다면 다음 공식을 활용하라.

$$\frac{2n_t \times n_c}{n_t + n_c}$$

n_t = 실험집단 참여자수, n_c = 비교집단 참여자수

〈표 7-2-1〉에 나타난 n은 한 집단의 참여자수다. 그러므로 실험집단과 비교집단의 참여자수가 다르면 위의 공식을 적용한다.

중적으로 하고 더욱 정교히 통제된 설계를 활용하여 효과크기를 크게 할 수 있다.

그러면 통계적 검증력을 구하는 방법을 알아보자. 만일 효과크기가 .50이고 한 집단의 표본의 크기가 35명이었을 때 유의수준 .05수준에서 통계적 검증력을 구해 보자. 〈표 7-2-1〉에서 $d=.50$과 $n=35$를 찾아 만나는 곳에서 .67이라는 숫자를 보게 된다. 이는 통계적 검증력이 67%라는 뜻이다. 따라서 제2종 오류를 범할 확률은 33%이다. 통계적 검증력이 높다는 기준이 대체로 .80(80%)이므로 이 예는 통계적 검증력이 약간 낮다고 할 수 있다. 민일 유의수준이 .10이라면 통계적 검증력이 .79로 올라가게 된다.

우리는 연구 프로포절(proposal)을 계획할 때 연구에 필요한 표본크기를 대강 파악하기 위해 통계적 검증력을 활용해야 한다. 또한 분석에서 효과크기가 보통 이상으로 나왔는데도 유의하게 결과가 나오지 않았을 경우, 통계적 검증력을 살펴보아야 한다. 상관관계연구에서의 통계적 검증력을 알아보는 표는 제4장에서 제시하였다. 실험연구에서 통계적 검증력을 알아보기 위한 표를 제시하면 다음과 같다.

〈표 7-2-1〉 **통계적 검증력(POWER TABLE), 유의수준=.05**

	관계의 강도 또는 효과크기 d (effect size)										
n	.10	.20	.30	.40	.50	.60	.70	.80	1.00	1.20	1.40
8	07	10	13	19	25	31	38	46	61	74	85
9	07	11	15	20	27	34	41	50	66	79	88
10	08	11	16	22	29	36	45	53	70	83	91
11	08	12	17	23	31	39	48	57	74	86	94
12	08	12	18	25	33	41	51	60	77	89	96
13	08	13	18	26	34	44	54	63	80	91	97
14	08	13	19	27	36	46	57	66	83	93	98
15	08	13	20	28	38	48	59	69	85	94	98
16	09	14	21	30	40	51	62	72	87	95	99
17	09	14	22	31	42	53	64	74	89	96	99
18	09	15	22	32	43	55	66	76	90	97	99
19	09	15	23	33	45	57	68	78	92	98	*
20	09	15	24	34	46	59	70	80	93	98	
21	09	16	25	36	48	60	72	82	94	99	
22	09	16	26	37	50	62	74	83	95	99	
23	10	16	26	38	51	64	76	85	96	99	
24	10	17	27	39	53	66	77	86	96	99	
25	10	17	28	40	54	67	79	88	97	99	
26	10	18	28	41	55	69	80	89	97	*	
27	10	18	29	42	57	70	82	90	98		
28	10	18	30	43	58	72	83	90	98		
29	10	19	30	44	59	73	84	91	98		
30	10	19	31	46	61	74	85	92	99		
31	10	19	32	47	62	76	86	93	99		
32	11	20	33	48	63	77	87	93	99		
33	11	20	33	49	64	78	88	94	99		
34	11	20	34	50	66	79	89	95	99		
35	11	21	34	50	**67**	80	89	95	99		
36	11	21	35	51	68	81	90	96	99		
37	11	21	36	52	69	82	91	96	*		
38	11	22	36	53	70	83	91	96			
39	11	22	37	54	71	84	92	97			

Cohen(1988). Statistical Power Analysis for the Behavioral Science.

n	*d* (effect size)										
	.10	.20	.30	.40	.50	.60	.70	.80	1.00	1.20	1.40
40	11	22	38	55	72	84	93	97	*	*	*
42	12	23	39	57	74	86	94	98			
44	12	24	40	59	75	87	95	98			
46	12	24	41	60	77	89	95	99			
48	12	25	43	62	79	90	96	99			
50	12	26	44	63	80	91	97	99			
52	13	26	45	65	81	92	97	99			
54	13	27	46	66	83	93	98	99			
56	13	28	47	68	84	93	98	99			
58	13	28	49	69	85	94	98	*			
60	13	29	50	70	86	95	98				
64	14	30	52	73	88	96	99				
68	14	31	54	75	90	97	99				
72	15	33	56	77	91	97	99				
76	15	34	58	79	92	98	*				
80	15	35	60	81	93	98					
84	16	36	61	82	94	99					
88	16	37	63	84	95	99					
92	17	38	65	85	96	99					
96	17	40	66	87	96	99					
100	17	41	68	88	97	*					
120	19	46	75	93	99						
140	21	51	80	95	99						
160	23	56	85	97	*						
180	24	60	88	98							
200	26	64	91	99							
250	30	72	96	*							
300	34	79	98								
350	37	84	99								
400	41	88	*								
450	44	91									
500	47	93									
600	53	97									
700	59	98									
800	64	99									
900	68	*									
1000	72										

* 단측검증. n = 한 집단의 표본수

〈표 7-2-2〉 통계적 검증력, 유의수준=.10

n	관계의 강도 또는 효과크기 d (effect size)										
	.10	.20	.30	.40	.50	.60	.70	.80	1.00	1.20	1.40
8	13	18	24	30	37	44	53	60	74	85	92
9	14	19	25	32	39	47	56	64	78	88	94
10	14	19	26	34	42	50	59	67	81	91	96
11	14	20	27	35	44	53	62	70	84	93	97
12	15	21	28	37	46	56	65	73	87	94	98
13	15	21	29	38	48	58	68	76	89	96	99
14	15	22	30	40	50	61	70	79	90	97	99
15	15	23	31	42	52	63	72	81	92	97	99
16	16	23	32	43	54	65	75	83	93	98	*
17	16	24	33	44	56	67	76	84	94	98	
18	16	24	34	46	58	69	78	86	95	99	
19	16	25	35	47	59	70	80	87	96	99	
20	16	25	36	48	61	72	82	89	97	99	
21	17	26	37	50	62	74	83	90	97	99	
22	17	26	38	51	64	75	84	91	98	*	
23	17	27	39	52	65	77	86	92	98		
24	17	27	40	53	67	78	87	93	98		
25	17	28	41	55	68	79	88	94	99		
26	18	28	41	56	69	80	89	94	99		
27	18	29	42	57	70	82	90	95	99		
28	18	29	43	58	72	83	91	95	99		
29	18	30	44	59	73	84	91	96	99		
30	18	30	45	60	74	85	92	96	99		
31	19	31	45	61	75	86	93	97	*		
32	19	31	46	62	76	86	93	97			
33	19	32	47	63	77	87	94	97			
34	19	32	48	64	78	88	94	98			
35	19	33	48	65	79	89	95	98			
36	19	33	49	66	80	89	95	98			
37	20	33	50	66	80	90	96	98			
38	20	34	51	67	81	91	96	99			
39	20	34	51	68	82	91	96	99			

n	d (effect size)										
	.10	.20	.30	.40	.50	.60	.70	.80	1.00	1.20	1.40
40	20	35	52	69	83	92	97	99	*	*	*
42	20	35	53	70	84	93	97	99			
44	21	36	55	72	85	94	98	99			
46	21	37	56	73	86	94	98	99			
48	21	38	57	75	88	95	98	*			
50	22	39	58	76	89	96	99				
52	22	39	59	77	90	96	99				
54	22	40	61	78	90	97	99				
56	22	41	62	80	91	97	99				
58	23	42	63	81	92	97	99				
60	23	42	64	82	93	98	99				
64	24	44	66	83	94	98	*				
68	24	45	68	85	95	99					
72	25	47	70	87	96	99					
76	25	48	71	88	96	99					
80	26	49	73	89	97	99					
84	26	51	74	90	97	*					
88	27	52	76	91	98						
92	27	53	77	92	98						
96	28	54	79	93	99						
100	29	55	80	94	99						
120	31	60	85	96	*						
140	33	65	89	98							
160	35	69	92	99							
180	37	73	94	99							
200	39	76	96	*							
250	44	83	98								
300	48	88	99								
350	52	91	*								
400	55	94									
450	59	96									
500	62	97									
600	67	99									
700	72	99									
800	76	*									
900	80										
1000	83										

* 단측검증. n = 한 집단의 표본수

Tips

▶ **주의** : 표본이 수백 명 이상으로 클 경우, 대부분 가설검증을 하게 되면 유의하게 결과가 나오는 경우가 있다. p값이 .05보다 작게 나왔다고 하여 무조건 가설이 지지되었다고 생각해서는 안 된다. 반드시 상관계수가 어느 정도로 큰가도 살펴보아야 한다. 예를 들어, 회귀분석을 시행했는데, 표준화 회귀계수인 베타(β)값은 .08 정도밖에 안 되는데도 p <.05라는 결과가 나왔다고 하자. 표준화 회귀계수 베타값이 .08이라는 것은 너무나도 약한 상관관계다(우리는 보통 변수 간의 상관관계의 값이 .1은 약함, .3은 보통, .5는 강함으로 분류한다). 추론통계분석의 맹점은 바로 표본의 크기가 크면 대부분 유의하게 결과가 나온다는 데 있다. 반드시 상관관계가 어느 정도인지도 살펴보고 실제로 의미 있는 정도의 상관관계값이 나온 상태에서 유의한 결과가 나왔는지를 따져 보아야 한다. 즉, 실제적 유의성(본질적 유의성)이 있는지 살펴보아야 한다. Rubin과 Babbie(1993)에 의하면, 많은 외국 저널들을 메타분석한 결과 상관관계값의 평균은 대략 .3 정도가 된다.

5. 관계의 검증

두 변수 간의 관계(associations)를 검증하는 통계기법으로 대표적인 것이 카이스퀘어검증(chi-square test)이다. 이 검증은 변수의 측정이 명목척도 또는 서열척도로 된 경우에 하게 되며, 두 변수가 관련이 있는지 없는지를 결정하는 기법이다. 그러나 주의할 것은 얼마나 강하게 관련이 되어 있는지 그 강도를 말해 주지는 않는다. 또한 한 변수가 다른 변수의 원인이 되었다는 것을 말해 주지도 않는다. 사실 일회성 설문으로 얻어진 조사의 경우, 카이스퀘어검증을 포함하여 모든 상관관계검증은 원인과 결과를 말해 주는 것이 아니라 상관 여부만을 말해 준다는 점을 잊지 말아야 한다.

카이스퀘어검증을 한 후 관계의 강도를 보기 위해서는 2×2(독립변수의 범주가 2이고 종속변수의 범주가 2인 경우)표인 경우는 파이(ϕ), 그 이상인 경우는 크레머의 V를 보아야 한다. 〈표 7-3〉은 3×4인 표이므로 크레머의

〈표 7-3〉 학력과 수입 간의 관계분석(카이스퀘어검증)

	중졸	고졸	대졸
100만 원 이하	235 (52.0)	165 (30.0)	79 (15.7)
101~150만 원	177 (39.2)	318 (57.8)	231 (45.8)
151~200만 원	33 (7.3)	44 (8.0)	122 (24.2)
201만 원 이상	7 (1.5)	23 (4.2)	72 (14.3)
계	452 (100.0)	550 (100.0)	504 (100.0)

* Chi-Square = 253.5 $df=6$ $N=1506$ $p<.0001$
크레머의 V = .50

V를 제시하였다. 카이스퀘어검증 시 유의해야 할 또 다른 점은 각 칸의 기대빈도가 5 미만인 경우가 전체 칸의 20% 미만이어야 한다는 조건이다. 이는 컴퓨터가 계산해 주기 때문에 걱정하지 않아도 된다. 표본수가 적은 데 비해 변수의 범주가 너무 많으면 이 조건을 충족시키기가 어려우므로 범주 수를 줄일 필요가 있다.

독립변수가 연속이고 종속변수가 연속일 경우, 상관관계를 보기 위해 활

Tips

▶ **주의** : 카이스퀘어분석표를 제시할 때 주의할 점은 〈표 7-3〉처럼 독립변수를 위쪽으로, 종속변수를 좌측으로 표시하도록 한다. 학력이 독립변수이므로 위쪽에, 수입이 좌측에 표시되어 있다. 또한 퍼센티지는 칼럼의 합이 100%가 되도록 표시해야 한다. 위의 표에서 중졸의 경우 100만 원 이하가 52.0%, 101~150만 원이 39.2%, 151~200만 원이 7.3%, 201만 원 이상이 1.5%로 이를 모두 합쳐서 100%가 됨을 알 수 있다.

〈표 7-4〉 자존감과 생활만족도의 상관관계(r)

	생활만족
자존감	.29*

$* p < .05$

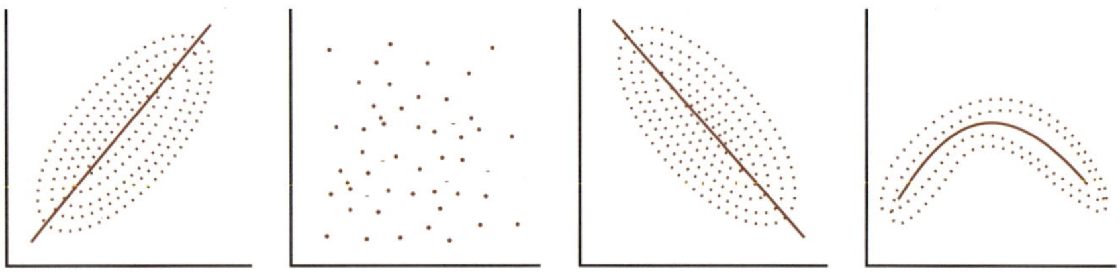

① 정(+)적 관계 ② 관계 없음 ③ 부(-)적 관계 ④ 곡선관계

[그림 7-3] 변수들 간의 관계유형

용하는 대표적인 방식은 피어슨의 r(Pearson's r)이다. 이 값은 절대값 0에서 1까지의 값을 갖는데, 절대값을 기준으로 .1은 약한 관계, .3은 보통, .5는 강한 관계라고 해석한다. 〈표 7-4〉에서는 상관계수값이 .29이므로 보통의 강도를 가지고 있다고 볼 수 있다.

6. 평균의 비교

여기서는 종속변수가 등간척도 이상인 연속변수(continuous variable)이고 독립변수가 명목척도(종종 서열척도도 가능)로 구성된 이산변수(discrete variable) 또는 비연속적 변수일 경우에 적합한 통계적 검증방법에 대해 논해 보고자 한다.

1) t-검증

t-검증방법은 간단히 말해 두 집단 간의 평균에 차이가 있는지를 검증하

는 데 적합한 방법이다. 독립변수가 두 개의 카테고리로 구성된 명목척도이고 종속변수는 등간척도 이상으로 구성된 경우에 사용된다. 예를 들면, 어떤 치료를 받은 집단과 그렇지 않은 집단이 한 달 월급이나 자존감이나 결혼만족도 같은 변수 면에서 차이가 있는지를 검증하는 경우에 t-검증방법을 사용할 수 있다(주의 : 엄격히 말해 scale을 사용해 측정한 자존감이나 결혼만족도 같은 것은 사실상 완벽한 등간척도는 아니지만 사회과학에서는 표준화된 측정도구를 사용해 얻은 값은 등간척도로 간주하여 분석하는 경우가 대부분이다). t-검증에서 사용되는 종속변수의 예를 좀 더 들어 보면, 아내에 대한 구타횟수, 사회복지에 대한 태도, TV 청취시간 등을 들 수 있다. t-검증이 유용한 이유 중의 하나는 표본의 규모가 상대적으로 그리 크지 않아도 되기 때문이다. 임상현장에서 조사를 하는 경우 커다란 표본규모를 확보하기란 쉽지 않다. 이 경우 t-검증은 매우 적합한데, 보통 총 20~30명이면 충분하다(될 수 있으면 한 집단에 최소한 15명 이상이 좋다). 또한 두 집단이 동등한 수의 표본을 가지고 있지 않아도 된다. 두 집단의 표본크기에서의 차이는 t값을 구할 때 자동적으로 통제된다.

t-검증은 간단히 말해 두 집단의 평균을 비교하여 차이가 나는지를 검증하는 것이다. 확률에 의거하여 두 집단의 평균이 차이가 나는지를 결정하는데, t는 바로 그 차이의 양을 말해 주는 분석이다. 그 차이가 작다면 영가설은 기각될 수 없다. 즉, 두 집단의 차이가 우연(예 : 표본오차나 확률)에 의한 것이지, 실제 차이를 반영하는 것은 아니라고 할 수 있다.

특히, 표본이 작은 경우 두 집단의 평균에서 꽤 커다란 차이가 나온다 하더라도 통계적으로 유의미한 결과가 나오지 않는 경우가 있는데, 이때 주의해야 할 점은 제2종 오류를 범하지 않도록 유의하는 것이다. 즉, 거짓영가설을 기각하지 못하게 되는 것인데, 표본이 커지면 통계적으로 유의한 결과가 나올 가능성을 배제할 수 없기 때문에 추가분석이 필요하다. 이때는 관계의 강도(effect size)를 검증하여야 한다. 효과크기라고도 불리는 이 값을 계산하는 공식은 앞에서도 제시했듯이 다음과 같다.

$$\text{관계의 강도} = \frac{\text{치료집단평균}-\text{통제집단평균}}{\text{통제집단 표준편차 또는 공통표준편차}}$$

이 값이 보통 0.5 내지 0.6 정도 이상으로 나오면 효과크기가 '보통', 0.8 이상이면 '크다'라고 판단하게 되며 이 경우, 효과크기가 큼에도 불구하고 왜 통계적으로 유의하지 않게 결과가 나왔는지를 조심스럽게 제시해야 한다. 즉, 표본의 크기가 작아서 유의한 결과가 나오지 않을 가능성이 크다는 것을 제시해야 한다.

그러면 t값을 해석하는 방법을 알아보자. 이를 해석하기 위해서는 t값, 자유도 그리고 t-분포표가 필요하다. 또한 양측검증을 할 것인지 단측검증을 할 것인지를 미리 결정하여야 한다. 일반적으로 가설이 방향이 있는 가설이면 단측검증을 해야 하고 방향이 없는 가설인 경우는 양측검증을 한다. 치료집단과 비교집단을 비교하는 경우는 보통 단측검증을 해야 한다. 컴퓨터는 단측검증을 하라는 명령을 내리지 않으면 무조건 양측검증을 기준으로 결과를 내기 때문에 주의해야 한다. 데이터를 분석한 결과 t값이 1.90이었고, 자유도는 8인 경우를 예로 들어 설명해 보자. 이때 우리가 던지는 질문은 다음과 같다. 1.90의 t값과 자유도 8인 상태가 통계적으로 유의한 것인가(1차 오류를 범할 확률이 통계적 유의수준보다 작은가)? 이 질문에 대한 대답을 얻기 위해서는 t-분포표를 참고해야 한다(〈부록 2〉 참조). 이 경우는 양측검증(two-tailed test)을 할 경우 t값은 유의수준 .05에서 통계적으로 의미 있는 것으로 결론내릴 수 없지만 단측검증인 경우에는 .05수준에서 의미 있는 것으로 나타난다. 그러므로 단측검증을 할 것인지 양측검증을 할 것인지를 분명히 해야 한다. t-분포표에는 t값이 2.306과 2.895(자유도=8) 사이에 있어야만 양측검증의 경우는 .05수준에서, 단측검증에서는 .025수준에서 통계적으로 의미 있는 것으로 나타난다. 요즘은 컴퓨터가 계산해 주기 때문에 통계표를 보지 않아도 된다.

〈표 7-5〉 성별에 따른 스트레스의 차이에 대한 t-검증

	남자	여자	t	p
스트레스	2.9(.30)	3.0(.21)	1.37	.18

〈표 7-6〉 스트레스에 대한 실험집단과 비교집단의 비교 : 사전조사와 사후조사 차이의 평균비교

	평균(표준편차)	t	p
실험집단	.62(.20)	8.3	.000
비교집단	.07(.23)		

Tips

▶ **양측검증과 단측검증의 차이** : 양측검증에서의 p값이 단측검증에서는 그 반으로 떨어진다. 예를 들어, 양측검증에서 p값이 .08이 나왔다면 단측검증에서는 p값이 .04가 된다. 그러므로 양측검증에서는 유의하지 않았지만 단측검증에서는 유의하게 나오는 경우가 있다. 그러므로 방향이 있는 가설을 세운 경우나 실험연구에서는 단측검증을 활용하여 제2종 오류(유의한데도 영가설을 기각하지 못하는 것)를 범하는 것을 막아야 한다.

▶ **주의** : 한 집단의 사전검사와 사후검사의 차이를 검증하는 경우는 paired t-test(대응표본 t-검증)를 하게 된다. 예를 들어, 어떤 개입을 받기 전과 받은 후에 클라이언트의 상태가 좋아졌는지를 검증하는 경우처럼 같은 집단으로부터 나온 두 차원의 점수를 비교할 때는 대응표본 t-검증을 하게 된다.

2) 변량분석(ANOVA)

변량분석(ANOVA)은 세 집단 이상의 평균의 차이를 보는 것이다. 기본적으로 t-검증의 확장이라고 보면 된다. 변량분석은 F-검증이라고 부르기도 한다. 예를 들어, 초등학생, 중학생, 고등학생이 자아존중감 측면에서 서로 다른가를 분석하는 경우 변량분석을 할 수 있다. 또한 A, B, C반의 지능지수가 서로 차이가 있는지를 분석하는 경우도 예로 들 수 있다. 변량분석에서 유의할 점은 ANOVA는 세 집단 또는 그 이상의 집단이 차이가 있는지 여부만을 말해 주지, 어느 집단끼리 차이가 있는지를 말해 주지는 않는다. 그러므로 변량분석을 한 후에는 후속검증(post-hoc test)을 해야 한다. 여기에는 Duncan의 검증방법(Duncan's multiple range)이나 Newman-Keuls, 쉐페의 방법, Tukey 등이 있다. 반드시 먼저 변량분석을 통해 유의한 차이가 있다는 것을 파악하고 후속검증을 하는 것이 원칙이다. 후속검증은 F-검증보다 민감하여 F-검증에서는 유의하지 않았는데도 후속검증에서는 유의하다는 결과를 낼 수 있기 때문이다. F-검증에서 유의한 차이가 나오지 않았다면 후속검증은 할 필요가 없다. 그러므로 가장 보수적인 검증을 먼저 해야 한다.

〈표 7-7〉 대도시, 소도시, 농촌 간의 생활만족에 관한 ANOVA분석

	대도시	소도시	농촌	F
생활만족	3.55(1.9)	3.1(2.3)	4.1(1.2)	3.4*

$N=91$ $df=(2.88)$ $^{*}p<.05$

독립변수가 2개인 경우는 이원변량분석을 시행하게 된다. 독립변수는 모두 범주형(예 : 명목) 척도이어야 한다.

7. 회귀분석

독립변수가 등간척도 이상으로 측정된 연속변수(서열척도일 경우는 최소한 5점 이상의 서열척도이어야 사용 가능하다)이고 종속변수가 연속변수인 경우에 사용된다. 독립변수가 종교나 성별처럼 명목인 경우는 더미(dummy) 변수(가변수)화시켜야 한다. 즉, 그 변수의 값이 0이나 1이 되도록 하는 것

〈표 7-8〉 생활만족에 영향을 미치는 요인에 대한 중다회귀분석

변수	B	beta	p
수입	8.5	.12	.07
직업만족	.51	.25	.001
교육	2.3	.24	.001

* R Square = .23(p = .001)
F=66.4
df=(3,639)

이다. 예를 들어, 성별의 경우 남자는 1, 여자는 0으로, 종교의 경우 있다는 1, 없다는 0으로 하는 것이다. 범주가 3개 이상인 경우는 더미변수 만드는 과정이 복잡한데, 이에 대해서는 통계학책을 참고하기 바란다. 독립변수가 하나이면 단순회귀분석, 독립변수가 여러 개이면 다중회귀분석이라고 한다. 회귀분석(regression)의 원리를 간략히 말하면, 수집된 자료의 분포를 가장 잘 설명하는 선(line)을 찾아내는 것이다. 그러므로 이 선을 찾아내기

Tips

▶ 다중공선성(multi-colinearity) : 중다회귀분석에서 신경써야 할 부분은 바로 독립변수들이 상호독립적인지의 여부다. 즉, 다중공선성이 없어야 한다. 이를 알아보기 위한 몇 가지 방안이 있는데, 먼저 독립변수들 간의 단순상관관계를 보는 것이다. 단순상관관계, 즉 피어슨의 r값이 보통 .8을 넘지 않으면 다중공선성은 없다고 판단해도 좋다. 그러나 보수적 관점에서는 .6을 넘지 않는 것이 좋다. 만일 두 독립변수 간의 상관관계계수가 .8을 넘는 경우가 있다면 두 개 중에서 한 독립변수를 빼버려야 한다. 다른 방법은 공차한계(tolerance limit)나 VIF(분산팽창인자)값을 보는 것이다. 다중공선성이 없기 위해서는 공차한계값이 .1 이상이어야 한다. 그러나 보수적인 관점에서 .3 이상이어야 한다. 공차한계가 .3이 안 되는 변수는 빼는 것이 좋다. 공차한계와 역관계에 있는 VIF의 값은 10을 넘으면 안 되지만 보수적으로는 3.3을 넘으면 좋지 않다. 3.3을 넘는 변수는 빼는 것이 좋다.

Tips

▶ 회귀분석을 시행하기 전에 각 독립변수와 종속변수가 곡선관계가 아닌 직선관계인지를 확인하고 등분산성, 정규분포성, 다중공선성을 검토하는 것이 바람직하다.

위해 방정식을 활용한다. 가장 기본적인 방정식은 $Y = a + bX$가 된다. 독립변수가 2개이면 $y = a + b_1X_1 + b_2X_2$가 된다. 회귀분석을 하게 되면 비표준화된 회귀계수(b)와 표준화된 회귀계수(β : 베타)가 나타나는데, b는 위의 회귀식을 계산할 때 활용하고, β는 종속변수에 대한 독립변수의 상대적 영향력을 살피는 데 활용된다. 어느 독립변수가 상대적으로 더 중요한지를 보기 위해서는 비표준화 회귀계수인 b를 보지 않고 β를 보아야 한다. 만일 종속변수가 명목척도일 경우는 로지스틱회귀분석을 시행해야 한다.

〈표 7-9〉 척도의 종류에 따른 분석방법

종속변수 / 독립변수	명목	서열	등간/비율
명목	카이스퀘어, Lambda, phi (2 by 2 table), Cramer의 V(2 by 2 이외의 경우)	카이스퀘어 (예 : 성별과 학력의 관계)	eta, t-검증(독립변수범주가 2), ANOVA(독립변수 범주가 3 이상)
서열	카이스퀘어 (예 : 학력과 직업 유무)	캔달의 타우, 스피어만의 rho, gamma	ANOVA(예 : 학력과 자아존중감)
등간/비율	Point-biserial(종속변수의 범주가 2), 로지스틱 회귀분석, 판별분석	Ordinal 로지스틱 회귀분석(종속변수의 범주가 3 이상)	피어슨의 r, 회귀분석

8. 본질적 유의성/실용적 유의성

분석결과가 과연 실용적 견지에서도 중요성을 가지고 있는가를 보는 것이 본질적 유의성(substantive significance)이다. 통계적으로 유의하게 나왔다 하더라도 결과가 본질적으로 중요한 것인지 아니면, 사소한 결과인지를 따져 보아야 한다. 이는 가치판단의 문제라고 할 수 있다. 예를 들어, 어느 개입연구의 결과가 유사한 다른 연구결과에 비해 더욱 효과가 있는 것으로 나타난다면 그 연구는 본질적으로 더 유의하다고 할 수 있다. 또한 어느 연구가 사소한 문제를 다루고 있어서 연구결과의 함의를 수행하는 이점에 비해 비용이 너무 많이 든다고 판단된다면 연구결과가 본질적 유의성이 떨어진다고 보아야 한다. 또한 어느 연구결과가 통계적으로 유의하지만 예상 기대치나 바람직한 목표치에 도달하지 못한 결과가 나왔을 때도 실용적 유의성(practical significance)이 떨어진다고 할 수 있다.

분 석

예상문제

1. 기술통계분석에 대한 설명으로 옳은 것은?

① 중심경향치에 최빈치는 포함되지 않는다.

② 분포가 극단으로 기울어진 경우는 평균을 제시하기보다는 중간값을 제시하는 것이 바람직하다.

③ 추론통계를 통해 방대한 자료를 요약해서 제시할 수 있다.

④ 가장 많은 빈도가 나온 값을 평균이라 한다.

⑤ 정상분포의 경우에 평균과 중간값과 최빈치는 각각 다르다.

해 설 ① 중심경향치에는 최빈치, 중간값, 평균이 있다. ③ 기술통계를 통해 방대한 자료를 요약하여 제시한다. ④ 가장 많은 빈도가 나온 것을 최빈치라고 한다. ⑤ 정상분포에서는 평균, 최빈치, 중간값이 모두 같다.

2. 변량분석(ANOVA)에 대한 설명으로 옳지 않은 것은?

① 2차 분석을 하지 않는다.

② 보통 세 집단 또는 그 이상의 집단의 평균차이의 여부를 말해준다.

③ 명목척도가 독립변수로 활용될 수 있다.

④ 변량분석은 F-검증을 한다.

⑤ 독립변수가 2개이면 이원변량분석이라 한다.

해 설 ANOVA분석을 시행한 후에는 2차 분석을 통해 어떤 집단 간에 차이가 나는지를 파악한다.

3. 분석방법에 대한 설명으로 옳지 않은 것은?

① 카이스퀘어검증은 관계의 유무를 제시할 뿐 관계의 강도는 말해 주지 않는다.

답 1. ② 2. ① 3. ③

② t-검증방법은 두 집단 간의 평균에 차이가 있는지를 검증하는 방법이다.

③ ANOVA는 비모수통계방법이다.

④ 다중회귀분석에서는 독립변수가 여러 개 들어간다.

⑤ 연속변수와 연속변수의 상관관계를 보기 위해 피어슨의 r을 본다.

해 설 ANOVA나 t-검증은 모수통계방법이다.

4. 두 집단의 평균차이를 검증하는 방법은?

① 변량분석 ② 카이스퀘어검증

③ t-검증 ④ 회귀분석

⑤ 피어슨의 r

5. 분석방법의 연결이 옳지 않은 것은?

① 독립변수가 연속이고 종속변수가 비연속일 경우—카이스퀘어검증

② 두 집단의 평균을 비교하여 차이가 나는지를 검증—t-검증

③ 세 집단 이상의 평균의 차이를 검증—ANOVA

④ 독립변수가 연속이고 종속변수가 연속일 경우—회귀분석

⑤ 독립변수가 여러 개일 경우—중다회귀분석

해 설 독립변수가 연속이고 종속변수가 비연속일 경우 로지스틱 회귀분석을 시행한다.

6. 다음 설명 중 옳지 않은 것은?

① 카이스퀘어검증은 독립변수와 종속변수가 명목일 때 가능하다.

② 카이스퀘어검증은 독립변수와 종속변수관계의 강도를 측정할 수 있다.

답 4. ③ 5. ① 6. ②

③ 두 집단의 평균의 차이를 검증하기 위해서는 t-검증을 사용한다.

④ 세 집단 이상의 평균의 차이를 검증하기 위해서는 ANOVA검증을 한다.

⑤ 회귀분석에서 명목척도를 독립변수로 쓰려면 더미(dummy)변수화시킨다.

해 설 카이스퀘어검증은 관계의 유무만을 말해 준다. 관계의 강도를 알기 위해서는 파이나 크레머의 V를 알아보아야 한다.

7. 분포도가 오른쪽으로 기울었을 때 중심경향치의 바른 위치는?

① 최빈치, 중간값, 평균 ② 최빈치, 평균, 중간값

③ 중간값, 평균, 최빈치 ④ 중간값, 최빈치, 평균

⑤ 평균, 최빈치, 중간값

해 설 왜도가 양의 값을 가질 경우 통계량의 위치는 최빈치, 중간값, 평균의 순이 된다.

8. 다음 설명 중 옳은 것은?

① 평균을 제시할 때는 표준편차도 함께 제시하는 것이 바람직하다.

② 분포가 극단으로 기울어진 경우에는 중간값보다 평균이 정확하다.

③ 분포가 달라져도 중심경향치의 위치는 항상 같다.

④ 추론통계란 방대한 자료를 간단히 요약해 주는 것을 말한다.

⑤ 변수가 명목척도로 측정되었을 때 평균을 구한다.

해 설 정규분포가 아닌 편포도일 경우는 평균보다 중간값이 분포를 설명하는데 더 도움이 된다. 분포의 상태에 따라 중심경향치의 위치는 바뀌게 되며, 자료를 요약하는 통계는 기술통계다. 명목척도는 빈도와 퍼센티지를 보고해야 하며, 평균을 구해서는 안 된다.

9. 다음 중 t-검증을 활용할 수 있는 경우는?

① 대도시, 농촌, 소도시 주민 간에 생활만족도에서 차이가 나타날

답 7. ① 8. ① 9. ⑤

것이다.

② 수입(등간척도)이 높은 사람이 자존감이 높게 나타날 것이다.

③ 생활수준(상, 중, 하)이 높은 가정일수록 아내구타가 일어나지 않는다.

④ 작업만족도(등간척도)가 높은 사람이 생활만족도도 높게 나타날 것이다.

⑤ 완장치료를 받은 A집단이 받지 않은 B집단에 비해 자존감이 높게 나타난다.

해 설 ①은 ANOVA, ②는 피어슨의 r, ③은 ANOVA, ④는 피어슨의 r이 적절하다.

10. 다음 중 $p<0.05$와 의미가 다른 것은?

① 통계적으로 유의하다.

② 우연히 관계가 있을 수 있는 확률이 5% 미만이다.

③ 영가설이 기각되고 본가설이 채택된다.

④ 제1종 오류를 범할 확률이 크다.

⑤ 답 없음

해 설 $p<.05$의 의미는 영가설을 기각할 때 실수할 확률이 5% 미만이라는 뜻으로 영가설을 기각할 수 있음을 말한다. 영가설이 기각되면 본 가설이 채택되고, 이는 통계적으로 의미 있다는 뜻이다. 영가설을 기각할 때 실수로 잘못 기각하는 것을 제1종 오류라고 한다. 그러므로 $p<.05$는 제1종 오류를 범할 확률도 5% 미만이라는 뜻이다. 따라서 제1종 오류를 범할 확률이 크다는 것은 옳지 않다.

11. 양측검증과 단측검증에 대한 설명으로 옳지 않은 것은?

① 양측검증에서의 유의확률 p값이 단측검증에서는 반으로 떨어진다.

답 10. ④ 11. ④

② 양측검증에서는 유의하지 않았지만 단측검증에서는 유의하게 나올 수도 있다.

③ 이론적으로 뒷받침되는 실험연구에서는 단측검증을 활용하는 것이 바람직하다.

④ 이론적 뒷받침이 되는 방향이 있는 가설은 양측검증이 더 바람직하다.

⑤ 단측검증을 하면 양측검증 시보다 p값이 반으로 줄어든다.

해 설 방향이 있는 가설은 단측검증이 바람직하다.

12. 다음 중 제2종 오류에 대한 설명이 아닌 것은?

① 실제로 관계가 있음에도 불구하고 영가설이 기각되지 않는 경우를 말한다.

② 샘플크기가 작았을 때 발생할 수 있다.

③ p의 기준값을 .05에서 .01로 줄이면 제2종 오류를 줄일 수 있다.

④ 설계의 미숙함으로 단측검증을 해야 하는데 양측검증을 시행한 경우 발생할 수 있다.

⑤ 답 없음

해 설 관계가 있는데도 관계가 없다고 결론내리는 오류, 즉 제2종 오류를 범하지 않도록 해야 한다. 제2종 오류를 줄이기 위해서는 표본의 수를 늘리거나 유의수준인 p값을 넓게 잡아 주는 것이 좋다. 즉, p값을 .05에서 .10으로 늘려 주는 것이 좋다. p값을 .05에서 .01로 줄여 주는 것은 제1종 오류를 줄이는 것이다. 또한 방향이 있는 가설은 단측검증을 해 주어 영가설이 쉽게 기각되도록 한다.

답 12. ③

※ 다음 보기에서 알맞은 분석방법을 택하시오. (13~18)

보 기		
① t-검증	② ANOVA분석	③ 카이스퀘어검증
④ 피어슨의 r	⑤ 로지스틱회귀분석	⑥ 캔달의 타우 C

13. (수입을 100만 원 이상 200만 원 미만, 200만 원 이상 300만 원 미만, 300만 원 이상으로 구분하여 나타내었을 때) 남성이 여성보다 수입이 높게 나타날 것이다.

해 설 독립변수가 성별로 명목척도다. 그리고 종속변수는 수입으로 여기서는 서열식 범주로 나누고 있다. 그러므로 카이스퀘어검증을 시행해야 한다.

14. 완장치료를 받은 A집단이 받지 않은 B집단에 비해 자존감이 높게 나타날 것이다. 여기서 자존감의 측정은 표준화된 측정도구를 활용하도록 한다.

해 설 서로 다른 두 집단이 종속변수인 자존감(연속변수)에서 차이가 있는지를 비교하는 것이므로 t-검증이 맞다.

15. 대도시, 농촌, 소도시 주민 간에 생활만족도(연속변수)에서 차이가 나타날 것이다.

해 설 세 집단이 생활만족도에서 차이가 있는지를 보는 것이므로 ANOVA가 맞다.

16. 직업만족도가 높은 사람이 생활만족도도 높게 나타날 것이다. 직업만족도와 생활만족도의 측정을 위해 각각 한 문항으로 구성된 5점 평정척도를 활용하였다.

답 13. ③ 14. ① 15. ② 16. ④ 또는 ⑥

해 설 한 문항으로 구성된 평정척도는 서열이기 때문에 캔달의 타우를 활용한다. 그러나 평정척도는 연속으로도 인정할 수 있기 때문에 피어슨의 r을 활용할 수도 있다.

17. 수입이 높은 사람의 자존감이 높게 나타날 것이다. 수입은 연속척도로 측정하였으며, 자존감의 측정은 표준화된 스케일을 활용하였다.

해 설 독립변수가 연속이고 종속변수도 연속이므로 피어슨의 r을 사용한다.

18. 수입이 높은 가정일수록 아내구타가 일어나지 않는다. 수입은 연속척도로 측정하였다. 아내구타는 발생한다와 발생하지 않는다로 측정하였다.

해 설 독립변수는 연속변수이고, 종속변수는 발생한다와 발생하지 않는다로 구분되는 명목척도다. 그러므로 로지스틱회귀분석을 활용한다.

19. 다음 설명 중 옳은 것은?

① 서열과 명목척도로 구성된 변수 간의 관계의 강도까지 알려면 카이스퀘어검증을 한 후 파이(ϕ)나 크레머의 V를 활용한다.
② 서열과 서열 간의 강도차이를 알고 싶을 때는 에타값을 활용한다.
③ 크레머의 V는 독립변수와 종속변수의 범주가 모두 두 개일 경우 활용하도록 한다.
④ 연속변수와 연속변수의 관계는 분할표분석을 한다.
⑤ 범주로 구성된 변수 간에는 회귀분석을 한다.

해 설 카이스퀘어검증은 관계의 유무만을 제시해 주지, 관계의 강도는 제시하지 않는다. 그러므로 파이나 크레머의 V같은 추후분석을 해 주어야 한다. 파이는 2×2 표에서, 크레머의 V는 그 이상일 때 활용한다. 에타는 독립변수가 명목, 종속변수가 연속일 때 구한다.

답 17. ④ 18. ⑤ 19. ①

20. 다음 설명 중 옳지 않은 것은?

① 명목척도는 빈도와 비율로 제시하기보다는 평균을 보고한다.

② 서열척도지만 평균 측정을 가능하게 해 주는 것으로 리커트척도가 있다.

③ 카이스퀘어검증결과를 해석 시 각 셀의 빈도보다는 비율을 비교하면서 해석해야 한다.

④ 평균을 제시할 때는 표준편차도 보고해 주는 것이 좋다.

⑤ 답 없음

해설 명목척도는 평균을 제시해서는 안 된다.

※ 다음 표를 보고 물음에 답하시오. (21 ~ 22)

〈주거욕구를 종속변수로 한 회귀분석표〉

독립변수	비표준화 회귀계수(b)	표준화 회귀계수(β)	t값
사회경제적 지위(X_1)	8.661	.303	34.83***
주택소유형태(X_2)	-9.057	.219	18.41**
가정생활주기(X_3)	-.431	.030	.33
이전주택유형(X_4)	-.703	.033	.43
예정거주기간(X_5)	-.879	.031	.35
회귀상수	103.235		
R^2	.161		

21. 위의 표에 대한 설명 중 옳지 않은 것은?

① 독립변수는 총 5개다.

② 독립변수들이 종속변수를 약 161% 설명해 주고 있다.

③ X_3, X_4, X_5는 주거욕구를 통계적으로 의미 있게 설명해 주지 못한다.

답 20. ① 21. ②

④ β값을 비교해 보면 X_1이 주거욕구에 가장 많은 영향을 미치고 있다.

⑤ 종속변수는 주거욕구다.

해 설 독립변수가 종속변수의 변량을 16.1% 설명해 주고 있다.

22\. 위의 표를 바탕으로 회귀식을 세워 보라.

해 설 비표준화된 계수를 가지고 세운다.

23\. 다음 설명 중 옳은 것은?

① 회귀분석 시 독립변수가 연속일 경우 더미화한다.

② 회귀분석에서는 수집된 자료의 변량을 가장 잘 설명하는 직선을 구하게 된다.

③ 중다회귀분석 시에는 독립변수의 다중공선성이 높아야 상호독립성이 확보된다.

④ 회귀분석에서 종속변수는 이산변수이어야 한다.

⑤ 다중공선성을 검사하는 방법으로 t-검증이 있다.

해 설 회귀분석에서 다중공선성이 없어야 독립변수 간의 상호독립성이 확보된다. 종속변수는 연속변수이어야 한다.

24\. 단일집단의 사전검사와 사후검사의 차이를 검증하는 방법은?

① 크레머의 V　　② ANOVA

③ 대응표본 t-test　　④ 감마

⑤ t-검증

해 설 독립된 두집단에서는 t-검증이지만 대응표본일 경우는 paired t-test를 활용한다.

답 22. $Y=103.235+(8.661)X_1+(-9.057)X_2+(-.431)X_3+(-.703)X_4+(-.879)X_5$　23. ②　24. ③

25. 다음 설명 중 옳지 않은 것은?

① 세 집단 간의 평균 비교는 ANOVA분석을 통해 할 수 있다.
② 일반 범주는 평균을 구할 수 없으므로 빈도와 %로 나타낸다.
③ 리커트척도는 서열로서 평균 측정이 가능하다.
④ 두 집단 간 평균 비교 시 카이스퀘어검증을 활용할 수 있다.
⑤ 극단값이 있을 때는 중간값이 평균보다 정확하다.

해 설 두집단 간 평균 비교는 t-검증이다.

26. 다음 중 '영가설을 잘못 기각할 확률은 5% 미만이어야 한다.' 라는 의미와 다른 것은?

① 통계적으로 유의미하다.
② 우연히 관계가 있을 확률이 5% 이상이다.
③ 제1종 오류를 범할 확률이 5% 미만이다.
④ 결과를 모집단에 일반화시킬 수 있다.
⑤ 답 없음

해 설 우연히 관계가 있을 확률이 5% 미만이다.

27. 다음의 가설에 대한 올바른 분석방법은?

> 가설 : 거주지역에 따라 적응이 다르다.
> • 거주지역 : 중소도시, 대도시, 읍 · 면 단위
> • 적응 : 표준화된 측정도구 사용

① 캔달의 타우
② 로지스틱회귀분석
③ 피어슨의 r
④ ANOVA
⑤ t-검증

답 25. ④ 26. ② 27. ④

해 설 세 집단의 평균차이는 ANOVA분석이다.

28. 제2종 오류를 범할 가능성이 있는 경우는?
   ① 샘플수가 많을 때
   ② 영가설이 기각될 때
   ③ 유의수준을 넓게 설정할 때
   ④ 단측검증을 해야 하는데 양측검증을 했을 때
   ⑤ 통계적 검증력이 높을 때

해 설 단측검증을 하면 양측검증을 할 때보다 p값이 반으로 줄어들어 영가설이 쉽게 기각된다.

29. 통계적으로 유의미하다는 의미는?
   ① 연구가설이 기각되었다.
   ② 영가설이 채택되었다.
   ③ 제2종 오류가 발생하였다.
   ④ 제1종 오류를 범할 확률이 5% 미만이다.
   ⑤ 우연히 관계가 있게 나왔다.

해 설 통계적으로 의미 있기 위해서는 영가설(귀무가설)이 기각되고 연구가설이 채택되어야 한다.

30. 다음 중 기술통계에 대한 설명이 아닌 것은?
   ① 많은 정보를 요약 서술하는 통계다.
   ② 일반화를 추론하는 통계다.
   ③ 빈도분포, 집중경향치 등으로 나타낸다.
   ④ 둘 이상의 변수들 간의 관계 정도를 묘사, 요약하여 제시하는 것을 포함한다.

답 28. ④ 29. ④ 30. ②

⑤ 답 없음

해 설 일반화를 추론하는 통계는 추론통계다.

31. 기술통계에 대한 설명으로 옳지 않은 것은?
   ① (5, 10, 15, 27, 28, 30, 33, 40, 45)의 중간값은 28이다.
   ② 어떤 사례가 극단의 값을 갖게 될 경우 평균은 왜곡되는 경우가 많다.
   ③ 평균은 최빈치와 함께 제시하는 것이 바람직하다.
   ④ 유효 퍼센트는 누락된 사례를 제외시키고 계산한 퍼센트다.
   ⑤ 집중경향치에는 평균, 최빈치, 중간값이 포함된다.

해 설 평균은 표준편차와 함께 제시한다.

32. 다음의 설명 중 옳지 않은 것은?
   ① 변수 간의 관계가 있는데도 없다고 결론내리는 것을 제2종 오류라고 한다.
   ② 분석에서 $p<0.05$이라는 결과는 유의미한 결과다.
   ③ 제2종 오류를 범할 확률은 크게 신경 쓰지 않아도 된다.
   ④ 실제로 관계가 있지만 표본숫자가 적으면 p값은 .05보다 높게 나타나는 경향이 있다.
   ⑤ 답 없음

해 설 제2종 오류 역시 중요한 관심사이며, 제2차 오류를 범할 확률은 일반적으로 20% 이하를 권고한다.

33. 다음 중 변량분석 후의 후속검사방법이 아닌 것은?
   ① Duncan의 방법　　② 쉐페의 방법

답 31. ③　32. ③　33. ④

③ 터키　　　　　　④ 피어슨의 r

⑤ 답 없음

해 설 피어슨의 r은 연속척도와 연속척도 간의 상관관계를 보는 데 활용한다.

34. 다음 중 옳은 것은?

①

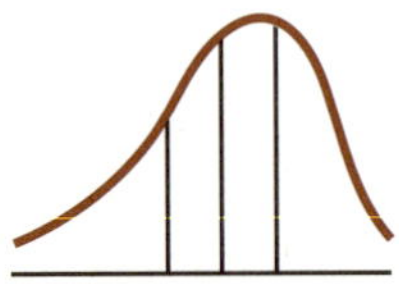

중간값 최빈치 평균

②

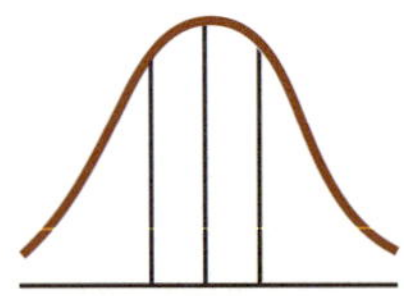

평균 중간값 최빈치

③

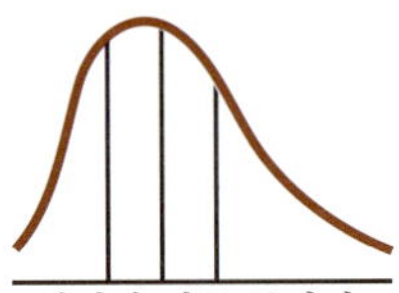

최빈치 평균 중간값

④

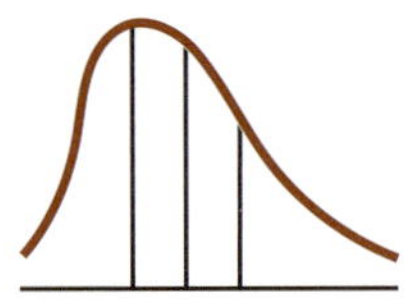

최빈치 중간값 평균

⑤

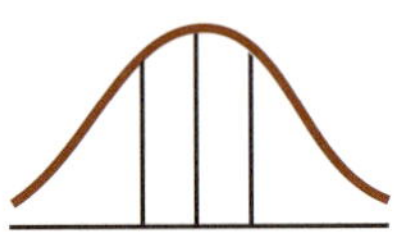

최빈치 평균 중간값

해 설 중간값은 항상 가운데에 와야 한다. 최빈치는 빈도가 가장 많은 것을 말한다.

35. 기대빈도가 5 미만인 경우가 전체 칸의 20% 미만이어야 하는 기본조건을 갖는 검증은?

① t-검증　　　　　　② ANOVA

③ 카이스퀘어검증　　　　　　④ 회귀분석

⑤ 피어슨의 r

답 34. ④　35. ③

해 설 카이스퀘어검증조건이다. 카이스퀘어검증 시 표본수가 적은 데 비해 변수들의 범주가 너무 많으면 곤란하다.

36. t-검증에 대한 설명 중 옳지 않은 것은?
① 단일집단 사전사후설계의 분석에서는 paired t-검증을 한다.
② 독립변수가 두 개의 카테고리로 구성된 명목척도이고 종속변수는 등간척도 이상으로 구성된 경우 사용한다.
③ 두 집단의 평균의 차이를 말해 주는 분석이다.
④ 두 집단의 분산이 같은지 다른지는 중요하지 않다.
⑤ 양측검증을 할 것인지, 단측검증을 할 것인지 미리 결정해야 한다.

해 설 t-검증 시 두 집단의 분산이 같은지 다른지를 구분해서 분석해야 한다.

37. 회귀분석에 대한 설명 중 옳지 않은 것은?
① 수집된 자료의 분포를 가장 잘 나타내는 선을 찾아내는 것이다.
② 회귀식은 보통 다음과 같다. $Y=a+b_1X_1+b_2X_2$(독립변수가 2개인 경우)
③ 독립변수가 연속인 경우에 더미화해야 한다.
④ 표준화된 회귀계수는 독립변수의 상대적 영향력을 살피는 데 활용된다.
⑤ 독립변수 간에 다중공선성을 살펴야 한다.

해 설 독립변수가 명목인 경우에 더미화한다.

38. 분석결과가 실용적, 실제적 측면에서도 중요성을 가지고 있는가를 보는 것을 무엇이라 하는가?
① 본질적 유의성　　② 비용편익분석

답 36. ④　37. ③　38. ①

③ 비용효과분석 ④ 본질적 효율성
⑤ 시각적 유의성

해 설 분석결과 통계적으로 유의하더라도 임상적, 실제적 측면에서도 유의한가를 따져 주는 것을 본질적 유의성 또는 실제적 유의성이라 한다.

39. 회귀분석에 대한 설명으로 옳은 것은?
① 비표준화 회귀계수는 다른 나머지 변수들은 통제시키고 어떤 변수의 독특한 영향력을 말해 주는 것이다.
② 두 독립변수 간의 단순상관관계가 .8보다 커야 한다.
③ 공차한계(tolerance)가 .3보다 작아야 한다.
④ 독립변수 간에 다중공선성이 없어야 한다.
⑤ 연속척도로 구성된 변수는 더미화한다.

해 설 표준화된 회귀계수(베타)가 상대적 영향력을 말해 준다. 회귀분석 시 독립변수 간의 상관계수는 보통 .8보다 작아야 한다. 공차한계는 .3보다 커야 한다. 그래야 독립변수 간에 다중공선성이 없다고 말할 수 있다.

40. 요인분석에 대한 설명이 아닌 것은?
① 표준화된 척도를 만들 때 하위차원을 알아보기 위해 사용한다.
② 확인적 요인분석은 내적타당도를 높이기 위해 사용된다.
③ 요인분석 후에 버리는 설문문항이 발생할 수 있다.
④ 내적일관성을 알기 위해 전체신뢰도를 구해 준다.
⑤ 답 없음

해 설 확인적 요인분석은 개념(구성체)타당도를 볼 때 사용된다.

41. 분산도(산포도)를 측정하는 방법에는 어떠한 것이 있는가?

답 39. ④ 40. ② 41. 본문 pp. 203-204 참조

42. 중심극한정리 세 가지를 제시하라.

43. 통계적 검증력과 제2종 오류와의 관계는?

답 42. 본문 p. 206 참조 43. 본문 p. 211 참조

제8장 프로그램 평가

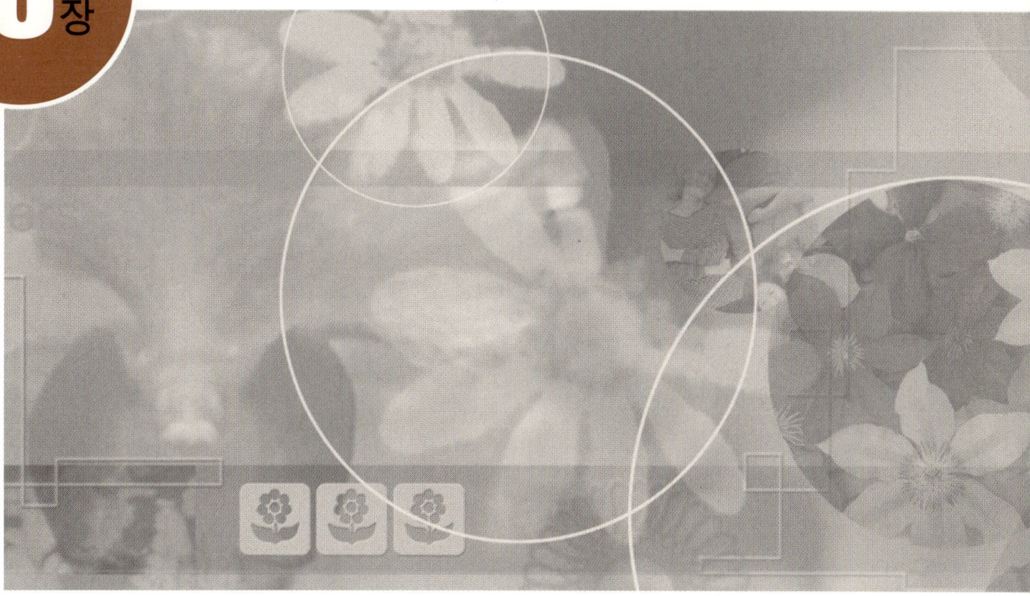

프로그램이란 어떤 목적에 도달하기 위해 고안된 조직화된 활동의 집합체라고 할 수 있다. 프로그램은 계획된 활동이고 프로그램 참여자에게 어떤 영향을 줄 것으로 기대되는 개입이나 서비스를 말한다(Royse et al., 2001). 과학적으로 신뢰할 수 있는 조사방법을 사용하여 서비스나 프로그램을 평가하는 것은 매우 가치 있는 전문적 기술이다. 프로그램 평가는 '조사(research)' 라고 불리는 활동의 하부유형으로 볼 수 있다(Barker, 1999).

프로그램 평가란 서비스가 필요한가, 서비스가 활용될 것인가, 계획된 대로 수행되는가 그리고 서비스가 실제로 사람들의 욕구나 목적을 충족시키는 데 도움이 되는가를 결정하는 방법이라고 할 수 있다. 이 정의에는 프로그램 평가의 세 가지 양상이 나타나고 있다. 먼저 프로그램 평가의 한 양상은 욕구조사(needs assessment)다. 이는 매우 중요한 주제인데, 프로그램이 존재하는 이유가 해당 사람들의 욕구를 충족시키기 위한 것이기 때문이다. 욕구조사를 수행하는 몇 가지 방법에 대해서는 다음 장에서 자세히 다루도록 한다. 둘째로, 프로그램 평가는 프로그램의 수행에 초점을 맞추어 연구를 수행하기도 한다. 셋째로, 프로그램이 목적달성에 있어 성공적인 결과를 얻어 내고 있는지의 여부는 아마도 우리가 하게 될 평가적 질문의 주요 요지일 것이며, 또한 프로그램 평가에 대해 생각할 때 가장 먼저 떠올

Tips

평가조사는 응용된 조사로 볼 수 있고 일반적인 이론적 조사 또는 순수한 조사와 달리 실용적 이유에서 수행된다. 즉, 일반 조사와 평가는 결과의 활용에 대한 기대에 있어서 차이점이 있다. 예를 들어, 프로그램 평가는 프로그램이 목적을 이루어 자금을 지속적으로 지원할 가치가 있는지 등을 파악하기 위해 수행된다. 또한 조사는 일반화할 수 있는 지식을 생산하는 것이 주요 목적이지만 프로그램 평가로부터의 정보는 특정 프로그램에만 적용되는 경우가 많다. 또한 프로그램 평가는 프로그램에 대한 최상의 결정을 내리는 데 도움을 주고, 또한 우리의 자원을 어떻게 더 잘 활용할 수 있을지에 대한 의사결정에 도움을 준다.

리게 될 질문이다. 이는 또한 자금조달과 관련된 문제에 직접적으로 연결되어 있기 때문에 정치적으로 가장 민감한 문제이기도 하다.

프로그램 평가가 어떠한 목표들을 갖는지 간단히 정리하면 다음과 같다. 평가를 통해 ① 프로그램의 궁극적인 성공 ② 어떻게 프로그램을 수행할 것인지에 관한 문제점 ③ 프로그램 계획과 개발에 필요한 정보 ④ 투입요소의 적절성 및 노력의 양을 사정하게 된다. 이런 프로그램 평가의 방법과 목표는 상호배타적인 것이 아니라 상호보완적이다(Rubin & Babbie, 1993).

Tripodi(1987)는 프로그램 평가의 사명은 사회 프로그램의 개선을 위한 유용한 정보를 제공하는 것이라고 서술하였다. 아이러니한 것은 프로그램 평가가 매우 가치 있는 조사유형이라는 것을 많은 학자나 실무자들이 인정하면서도 실제로는 매우 드물게 수행되고 있고, 그 결과도 많이 발표되고 있지 못하다는 것이다(Royse et al., 2001).

기존의 서비스를 평가하는 것이 왜 필요한가? 문제를 해결하는 다른 방법이나 더 좋은 방법은 늘 존재할 수 있기 때문이다. 기존의 서비스나 프로그램을 평가한 결과들이 누적되어 있다면, 실무자들이 효과적이고 효율적인 프로그램을 선정하여 활용하도록 하는 데 도움이 된다. 클라이언트나 가족들도 더 빠르고 효과 있는 서비스를 받을 수 있게 될 것이다. 또한 프로그램이 성공적인 결과를 가져왔는지를 자금제공자에게 보여 주고, 프로그램의 실행가로서 자신의 책임감을 보여 주기 위해서도 프로그램 평가가 필요하다. 평가를 통해 프로그램이 본질적으로 문제를 어떻게 해결하고 어느 정도 해결하는지를 알게 되면, 문제를 재규정하고 재확인하는 데도 도움이 된다. 다음의 예를 보자.

학생들의 학교이탈률을 줄이기 위한 소위 '학생이탈방지 프로그램'을 두 개의 중학교에서 시행하였다. 프로그램 내용 중 특징적인 것은 한 학교에서는 이탈률을 줄이게 되면 담임교사에게 인센티브를 제공하기로 하였고, 한 학교는 인센티브를 제공하지 않았다. 프로그램에 대한 평가결과를 보니, 두 개 중학교에서 시행된 프로그램이 이탈률을 줄인 것으로 나타났다. 그러나 학생이탈률을 줄인 데 대하여 교사에게 보상을 하지 않은 학교에서 더 이탈률이 줄어들었다. 이러한 정보는 문제제기를 재규정하는 데 도움을 준다. 교사에 대한 보상이 이탈률을 줄이는 해결책이 아니라는 점을 알 수 있다. 또한 학교의 자원과 지역사회 자원의 활용이 이탈률을 줄이는 것과 연관되어 있음을 알 수 있었다. 따라서 새로운 문제제기는 이탈률을 줄이기 위해서는 학교자원과 지역사회 자원을 잘 활용해야 한다는 점을 부각시키는 것일 것이다. 새롭게 개념화된 문제를 가지고 프로그램을 계획하고 평가해 보아야 할 것이다.

Tips

▶ **총괄평가(summative evaluation)와 형성평가(formative evaluation)** : 총괄평가는 프로그램의 궁극적 성공 여부를 가려 그 프로그램을 지속할 것인지와 그 프로그램을 다른 대안적 사항들보다 우선적으로 선택할 것인지를 결정하는 것과 연관된다. 총괄평가를 통해 최종적 결과를 알게 되며, 성공 여부에 따라 프로그램은 지속되거나 중단된다. 반면, 형성평가는 프로그램의 성패를 가르는 것과 관련이 없다. 대신에 프로그램 개혁과 수행 및 완성에 도움이 되는 정보를 얻는 데에 초점을 둔다.

제1절 평가성 검증

평가를 계획할 때 흔히 다음과 같은 문제에 봉착하는 경우가 많다. ① 평가자와 프로그램에 여러 모양으로 이해관계가 있는 개인들이 평가의 목적이나 수행기준 등에서 합의점을 찾지 못한다. ② 프로그램에 할당된 재원이나 프로그램 활동을 고려해 볼 때 프로그램 목표나 목적이 비현실적이다. ③ 프로그램 수행에 대한 정확한 정보를 얻기가 힘들다. ④ 평가결과가 나온다 하더라도 프로그램의 행정가나 고위 관계자들이 이를 바탕으로 하여 프로그램을 수정하여 시행할 의향이 별로 없다. ⑤ 처방된 방식대로 프로그램이 수행 가능하지 않다. 이러한 문제가 심각하다면 많은 비용을 들여 평가를 시행한다 하더라도 프로그램의 향상을 가져오기는 힘들 것이다.

이러한 문제들을 해결하기 위한 평가계획의 일환으로 평가성 검증을 수행한다. 평가성 검증은 프로그램의 설계를 분명히 하고 프로그램의 실제를 탐색하여 필요하다면 프로그램의 평가가 용이하게 되도록 프로그램을 재설계하는 과정이다. 평가성 검증은 프로그램이 의미 있게 평가될 수 있는지 그리고 평가가 프로그램의 수행을 향상시키는 데 공헌할 수 있는지를 보여 준다. 평가성 검증은 보통 과정평가의 일부로 간주되기도 한다.

평가성 검증 단계

1. 평가결과를 활용하고자 하는 사람을 파악하여 관여시킨다. 즉, 매니저나 직원, 관련 공무원, 이해당사자, 자금제공자 등을 평가과정에 관여시켜 프로그램을 통해 무엇을 기대하고 있는지를 분명히 한다.
2. 프로그램의 의도를 명확히 한다. 즉, 프로그램설계모델(program design model)을 개발한다. 프로그램의 활동, 투입요소(input), 산출(output) 및 성과(outcomes) 그리고 이 요인들 간의 가능한 원인결과 관계를 명확히 묘사한다.
3. 프로그램의 목적이나 수행이 현실적인지와 측정 가능한지를 포함하여 프로그램의 실제를 파악한다. 평가자는 기존 기록을 검토하고 현장방문 등을 통해 원래 의도한 프로그램과 비교하여 실제 프로그램 수행상의 자원(input), 수행활동내용 및 이에 따른 가능한 결과물을 기술한다. 목적이 성취될 가능성을 사정하고 효과적인 프로그램 수행을 방해하는 문제를 파악한다. 현재 사용되고 있는 프로그램 수행 측정체계를 검토하고, 프로그램 수행과 그 결과를 어떻게 측정할 것인지 가능한 측정도구를 파악한다.
4. 프로그램의 목적이나 수행내용에서 수정해야 할 사항이 있다면 이를 제안하여 관계자들의 동의를 이끌어 낸다.
5. 평가의 설계방안을 탐색한다. 어떠한 평가방법이 가장 유용할 것인가? 자료수집절차나 분석방법 그리고 어떤 변수를 측정하고 가설을 검증할지를 설계한다. 평가비용도 고려해야 한다.
6. 평가결과를 어떻게 활용할지 동의를 이끌어 낸다. 평가자는 자금제공자나 관리자 등이 평가결과에 대한 정보를 활용하도록 고무해야 한다.

제2절 성과평가

성과평가에 대해 논의하기에 앞서 먼저 다음의 시나리오를 살펴보자.

사회복지 박사과정 학생인 유리는 보호관찰 처분을 받은 청소년을 위한 프로그램을 평가하도록 요청받았다. 유리는 성공적으로 프로그램을 마친 청소년들을 만나 보았는데, 그들은 자존감이 향상된 것으로 보였다. 유리는 대학 도서관에서 자존감 측정도구를 찾아 프로그램의 평가도구로 사용하기로 하였다. 유리는 25명의 보호관찰 처분을 받은 청소년들이 프로그램을 시작하기 전과 후에 자존감 도구를 나누어 주고 응답하도록 하였다. 그리고 그 자료를 분석하였다. 그런데 놀랍게도 프로그램 전과 후에 거의 변화가 없는 것으로 나타났다. 이는 프로그램이 효과가 없었다는 뜻인가?

우리는 다음과 같은 몇 가지 질문을 떠올릴 수 있을 것이다. 자아존중감 향상이 과연 보호관찰 프로그램의 목적인가? 문헌에 그러한 이론이 나와 있는가? 프로그램의 성공 여부를 측정하는 다른 변수는 없었는가? 혹시 자아존중감 도구의 질이 떨어지는 것은 아니었는가? 신뢰도와 타당도가 확보된 도구였는가?

프로그램 성과(outcomes)에 대한 평가는 프로그램이 의도한 목표를 실제로 달성하고 있는지, 프로그램으로 인해 뜻하지 않은 역효과는 없는지를 평가하는 것이다. 성과평가는 총괄평가와 같다고 할 수 있다. 성과평가는 효과성평가 또는 영향(impact)평가라 불리기도 한다(Marlow, 2001). 평가에 있어 '목표달성모델(goal attainment model)'이라고도 불리는 이 접근법은 프로그램의 공식적 목표와 직무에 주의를 기울인다(프로그램 창시자나 일반 대중이 원하는 목표가 프로그램을 통해 달성되고 있는지 여부). 목표달성평가모델은 전형적으로 프로그램의 공식적 목표를 종속변수로 규정하고 측정 가능하도록 조작화한다. 평가모델의 내적타당도를 최대화하여 외부요인들을 배제함으로써 어떤 특정한 결과가 진정으로 프로그램을 통해 나온 결과인지 여부를 가리는 데 초점을 모은다.

그러므로 목표달성평가모델은 가능한 한 내적타당성이 가장 큰 실험모델을 사용하고 정밀하고 객관적이며 양적인 측정방법을 사용한다. 프로그램 참여자(예를 들어, 서비스 수혜자)가 실험집단이 되고, 그 프로그램에 참여하지 않거나 다른 대안적 프로그램에 참여하는 사람들이 통제집단 혹은 비교집단이 되도록 하는 것이 이상적이다. 아니면 통제집단을 두지 않는 시계열(時系列, time-series)설계나 단일사례(single-subject)설계와 같은 유사-실험(quasi-experimental)모델을 사용할 수도 있다(Rubin & Babbie, 1993).

목표달성을 평가하는 전통적 방법론에 대한 비판으로 Rubin과 Babbie (1993)은 다음 두 가지를 지적하고 있다. 먼저 프로그램 목표와 그것의 달성을 측정하는 지표를 결정하는 것이 잘못될 수 있다는 것이다. 때때로 프로그램의 목적은 과장되어 있어—정치적인 이유에서나 프로그램에 자금조달을 하도록 설득하기 위해서 과장되게 서술되기도 한다—목표달성에 대한 평가를 하게 되면 부정적인 결과가 나오는 것은 당연한 결론이라는 주장이다. 과장되게 서술된 공식적 목표를 중심으로 계속 평가해 나간다면

Tips

▶ 기관이 프로그램을 평가할 때 몇 가지 조건이 있다. 하나는 프로그램의 목적이 구체적으로 설정되어 있어야 한다는 것이다. 또 하나는 평가의 결과가 프로그램 때문이었다는 것을 확실히 할 수 있도록 충분히 표준화되어 있어야 한다는 것이다. 프로그램이 표준화되어 있는 정도를 결정하는 한 방법은 클라이언트가 기관에 들어와 서비스를 받고 종결하게 되는 결정이 어떻게 진행되는가를 분명히 하는 것이다. 장애인에게 직업훈련을 제공하는 기관의 예를 보자. 기관이 의뢰를 어떻게 받고, 어떻게 사례를 심사하고, 그 사례에 대한 직업훈련계획을 결정하기 위해 어떻게 하고, 어떤 직종에 배치하고, 언제 종결하는지 살펴본다. 이는 프로그램 평가자가 직접 관찰할 수도 있고 기록을 검토할 수도 있다.

그러한 평가는 필연적으로 부정적인 결과들을 내게 된다.

둘째로, 목표달성평가 시 문제가 되는 것은 이해당사자 또는 평가자들 간에 목표의 일치점을 찾기가 어렵다는 것이다. 그러한 적절한 예로 미국의 '빈곤과의 전쟁'의 한 프로그램인 Head Start 프로그램이 자주 언급된다. 프로그램의 공식적 목표는 빈곤의 악영향을 차단하여 어린이들에게 보다 많은 기회를 제공해 주는 것이다. 그것은 고귀한 목표지만 그것을 실제로 측정하기 위한 지표는 무엇이었는가? 학업준비, 학업적 성취, 정서적 발달과 자아정체감, 학급에서의 행동, 비행, 신체적 건강과 영양, 자원 재분배 등과 같은 지표들 중 결과 측정의 초점을 어느 지표에 둘 것인지에 관해 평가조사자들의 의견은 각각 다를 수 있다(Rubin & Babbie, 1993). 그러므로 목표달성평가 시 지표설정에 신중한 노력을 기울여야 한다.

평가자가 목표달성 지표설정 시 고려할 사항을 제시하면 다음과 같다. Weiss(1972)는 평가의 목적을 선정할 때, 즉 종속변수를 설정할 때는 실용적 측면, 누가 그 결과를 활용할 것인가 그리고 장단기적 목적이 반영될 수 있도록 선정되어야 한다고 지적한다. 실용적 측면이 반영되지 않는다면 결과의 유용성이 떨어진다. 누가 이 결과를 활용할 것인지에 관한 정치적인 안배를 하는 것도 평가결과가 유용하게 활용되는 데 일조할 수 있다. 프로그램의 단기적 목적과 장기적 목적을 설정한다면 프로그램이 의도한 목표를 성취했는가에 대해 좀 더 세심하고 신중한 결론을 내릴 수 있다. 또한 결과의 지표를 설정할 때 다양한 지표를 활용할 것을 권고한다. 각각의 측정치는 다양한 정보를 제공할 수 있기 때문이다. 프로그램의 공식적 목표는 물론, 그 프로그램이 기반을 두고 있는 이론에 비추어 가장 적합한 부가적 목표들도 사정하는 것이 좋다. 그러나 많은 목표(즉, 종속변수 많아짐)가 측정될 때는 우연히 여러 목표 중 한 목표가 달성되었다는 결과가 나올 수도 있다. 즉, 제1종 오류를 범할 가능성이 높아진다.

한편, 프로그램의 결과를 볼 때는 의도하지 않았던 결과도 알아낼 수 있어야 한다. 이 결과는 바람직한 것도 있고 부정적인 것도 있을 수 있다.

그러면 목표달성을 무엇으로 측정할 것인가? 먼저 행동적 성과자료

Tips

▶ 프로그램의 결과중심평가에는 산출(output)평가와 성과(outcomes)평가가 포함되는데, 실적중심의 산출평가보다는 성과평가가 선호된다. 일반적으로 성과와 실적(산출)을 구분하지 못하는 경우가 있는데, 성과는 클라이언트의 변화와 관련된 내용이다. 즉, 프로그램으로 인해 클라이언트가 얼마나 영향을 받았는지를 확인한다. 예를 들어, 인식이나 태도변화(예 : 장애인에 대한 인식), 행동변화(예 : 아내구타행동을 하지 않음), 지위변화(예 : 취업)를 가져오는 것을 의미한다. 이에 비해 실적 혹은 산출은 프로그램 참가자수, 상담회기수, 서비스 제공시간 등 주로 프로그램 자체와 관련하여 산출된 내용들을 의미한다. 즉, 프로그램 활동의 직접적인 생산물이며 완성된 업무량을 측정한다. 감독기관에서는 이러한 실적중심으로 평가하는 경향이 있지만 이러한 실적중심의 평가는 숫자 자체가 갖는 허구성이나 기만성으로 인해 클라이언트 중심의 양질의 서비스를 추구하는 사회복지의 기본적 목표를 반영하지 못하는 경우가 많다(김통원, 2003).

(behavioral outcomes data)를 활용하여 목표를 달성했는지 여부를 알 수 있다. 예를 들어, 알코올 및 약물남용 치료 프로그램의 경우, 평가지표로써 약물을 하지 않은 날의 수와 약물을 한 날의 수를 기록하면 된다. 정신장애인을 위한 프로그램의 경우에는 입원일수나 재발횟수를 기록하면 된다. 이외에도 아내구타횟수, 결석일수, 완성된 과제의 수, 입원한 환자수, 소변분석결과, 취업자수, 집단 프로그램 진행 중의 긍정적 발언 및 부정적 발언의 수 등은 모두 행동적 자료가 된다. 그러나 많은 경우 행동적 결과물을 얻기 힘들다. 예를 들어, 약물예방 프로그램을 시행하는 경우, 프로그램 시행 후에 약물 남용자의 비율이 줄어들었는지 추적조사를 시행하기는 매우 어렵다. 대신 약물에 대한 지식이 증대하였는지 또는 약물남용에 대한 태도의 변화가 있었는지를 사정하는 것이 용이하다. 따라서 프로그램의 목적이 클라이언트의 지식이나 태도, 감정의 변화를 추구하는 경우가 많다. 이런 경우 설문지로 된 측정도구를 주로 활용하게 된다. 이러한 측정도구를 활용

하면 프로그램을 통한 사람들의 변화와 진전의 양을 계산해 낼 수 있다. 잘 개발된 측정도구는 자존감이나 우울증처럼 추상적인 개념을 양화할 수 있도록(수치화할 수 있도록) 해 준다. 설문지로 된 측정도구(예 : 표준화된 측정도구)의 이점은 작성하고 수집하기가 상대적으로 쉽다는 점이다. 물론 지식이나 태도의 변화가 실제로 행동의 변화를 가져왔는지는 단언할 수 없다는 것이 단점으로 작용한다. 예를 들어, 알코올 남용에 대한 지식이 많아졌지만 알코올을 줄이지는 않을 수 있다. 그럼에도 불구하고 행동변화를 관찰하는 것이 늘 가능하지 않기 때문에 하나의 대안으로서 척도라고 불리는 도구를 사용하여 태도나 지식의 변화를 사정한다. 물론 이러한 도구는 신뢰도와 타당도 측면에서 좋은 평가를 받아야 한다.

측정도구 선정 시 신뢰도와 타당도 외에 다음 몇 가지 측면을 고려해 보아야 한다. 첫째, 측정도구는 클라이언트 집단에 적합해야 한다. 측정도구는 클라이언트의 주요 증상이나 문제, 문장이해 수준, 개입의 목적에 부합하는 것으로 선정해야 한다. 둘째, 측정도구에 대한 응답방법이 용이해야 한다. 과도하게 길고 복잡한 설명을 요하는 측정도구는 클라이언트에게 부담이 되며, 치료나 개입도 방해받게 된다. 셋째, 측정도구는 해석이 용이해야 한다. 점수를 가지고 진단이나 치료계획을 수립하는 데 도움이 되어야 한다. 이해하기 용이하도록 분명한 점수계산법과 해석법이 있어야 한다. 넷째, 측정도구는 개입이 의도한 변화에 민감해야 한다. 즉, 클라이언트가 향상되거나 악화될 때 그것을 감지할 수 있어야 한다. 너무 적은 항목으로 구성되어 있다면 작은 변화를 감지하는 데 어려움이 있을 수 있다. 마지막으로 비용이 많이 들지 않아야 한다. 측정도구를 구입하고, 점수를 내고, 그 사용법을 훈련시키는 데 비용이 많이 들지 않아야 한다.

1. 정신보건 프로그램의 평가

정신보건영역에서는 프로그램의 효과성평가를 위해 주로 가족의 부양부담 경감, 클라이언트가 독립적으로 기능할 수 있는 능력이나 삶의 질, 증상의 경감, 사회적 지지망, 취업상태, 입원기간, 재발률, 비용 등을 평가지표로 활용한다. 이들

지표들에 대한 사정도구로 많이 활용되는 표준화된 척도를 제시하면 다음과 같다.

삶의 질에 대한 사정도구로는 Oregon Quality of Life Questionnaire(QQLQ : Bigelow, Brodsky, Stewart, & Olson, 1981)가 있다. 여기서는 심리적 고충, 대인관계, 여가시간 활용의 세 영역을 사정한다. Greenley 등(1997)의 삶의 질 측정도구는 간단하면서도 7가지 생활영역에 대한 평가를 할 수 있어 유용한 도구로 각광받고 있다. 우리나라에는 양옥경의 정신장애인 생활만족도 척도가 있다. 소비자만족도를 사정하기 위해서는 Macias와 Jackson(1990)의 Self-Report Inventory를 활용할 수 있다. 이 척도의 한 차원이 서비스만족도를 측정하는 내용으로 구성되어 있다. 총 3문항인데, 주요 치료기법에 대한 만족과 정신건강센터에 대한 만족을 사정한다. 사회적 기능이나 적응에 대한 도구로는 Social Functioning Schedule(Remington & Tyrer, 1979)이나 Katz Social Performance Scale(Katz & Lyerly, 1963)을 활용할 수 있다. 사회적 지지망을 사정하기 위해서는 Pattison Psychosocial Kinship System Inventory(Hurd et al., 1981)를 활용할 수 있다. 가족의 부양부담을 사정하기 위해서는 Utah Family Burden Scale(Macias, Kinney, & Vos, 1991)을 활용할 수 있다. 이 척도에서는 가족의 부담을 정서적 안녕감 측면, 걱정이나 책임감 측면, 가족기능의 와해 측면 차원에서 사정하고 있다. 정신적 기능을 사정하기 위해서는 Brief Follow-up Rating Scale(Soskis, 1970), Symptom Checklist(SCL 90-R)를 활용할 수 있다. 심리적 안녕감을 사정하기 위해서는 Brief Psychological Well-Being Index(Macias & Kinney, 1990)를 활용할 수 있다.

앞으로의 과제는 시간과 노력이 적게 들면서도 정보를 얻어 낼 수 있는 사정도구를 개발하는 것이다. 클라이언트나 워커가 사정도구를 채워 넣는 데 너무 많은 시간을 소비해야 한다면, 연구를 용이하게 진행시키지 못할 가능성이 크기 때문이다.

한편, 강점모델의 등장과 함께 클라이언트 각 생활영역에서의 개인적 목표가 성취되었는가를 판단하는 것이 중요하다는 논점이 부각되고 있다(이윤로 외, 2000). 즉, 클라이언트의 상황이 전반적으로 향상되었는가를 평가하는 것 외에 개별목표를 측정하여 클라이언트가 해결하기 원하는 실제적 문제가 해결되었는지를 측정하는 것이 바람직하다는 주장이 제기되고 있다. 클라이언트의 개별문제의 성취 여부를 사정하기 위해서는 목표달성척도를 활용하거나 전반적 향상척도(global improvement scale)를 활용할 수 있다.

다음은 정신보건 프로그램의 유형에 대해 알아보자. 정신보건영역에서 주로 적용되어 왔던 프로그램을 개인, 집단, 가족, 지역사회, 예방 차원으로 분류하여 제시하면 다음과 같다(Farmer et al., 1998 참조). 물론 모든 가능한 프로그램을 제시하는 것은 아니다. 여기서 제시하는 프로그램은 그동안 문헌에서 많이 인용되었던 프로그램들이라는 것을 밝혀두며, 다만 적용 가능한 프로그램으로서의 가이드라인을 제시하는 것이다. 앞으로 정신장애인을 위한 개입 프로그램을 지속적으로 개발해 나갈 필요가 있다.

첫째, 개별치료에서는 주로 지지치료(supportive therapy), 사회적 기술훈련, 인지행동치료, 강점모델 내지 권한강화개입이 포함된다. 지지적 치료는 지지적이고 현실지향적인 접근이 역동적이고 통찰지향적인 치료보다 사회적응 측면에서 우월하다는 인식과 함께 많은 관심을 받고 있다(Rockland, 1993). 사회기술훈련은 행동수정기법의 한 형태인데, 이 기법이 사회적 적응에 어떠한 효과가 있는지를 평가하는 연구가 많다. 앞으로는 사회기술훈련의 효과가 일반화될 수 있는지에 대한 평가가 요청된다(Scott & Dixon, 1995). 인지행동개입에는 심리교육, 대처반응의 향상, 문제의 재조명, 역기능적 신념의 수정 등이 포함된다. 이러한 개입은 정신적 증상 완화에 많은 도움이 되는 것으로 평가되고 있다(Bellack, 1992). 감정중심의 개입은 클라이언트의 욕구를 중시하고, 강점을 형성하며, 자원을 동원하며, 클라이언트와의 파트너십을 강조한다. 최근 들어 이 모델이 확산되고 있으며, 그 효과성이 여러 연구에서 검증되고 있다(Sullivan & Rapp, 2002).

둘째, 집단치료 프로그램은 클라이언트의 사회적 고립을 줄이고 현실감을 향상시키는 데 도움이 된다(Malm, 1982). 주로 상호작용을 촉진하는 집단활동 프로그램이 선호된다. 사회기술훈련을 집단을 통해 시현할 수도 있다. 예술치료집단을 통해 집단성원들의 상호작용을 향상시키고, 감정 및 사고의 표현을 촉진하며, 창조적 활동을 통한 자존감 향상을 이끌 수도 있다(Potocky, 1993).

셋째, 가족개입에서는 주로 가족심리교육의 효과를 평가한다. 가족심리교육이 환자의 재발을 줄였다는 보고가 많이 나오고 있다(Dixon & Lehman, 1995). 앞으로 가족심리교육은 개별적으로도 할 수 있고 다중가족집단 형식으로 진행될 수도 있는데, 어느 형식이 더욱 효과적인지 평가해 볼 필요가 있다. 또한 외국의 경우는 교육기간이 장기간에 걸쳐 이루어져야 효과적이라는 결과가 나오고 있는데, 우리나라에서는 단기간으로도 효과가 있다는 논문이 많이 나오고 있어 이에 대한 명확한 정립이 이루어질 필요가 있다.

넷째, 지역사회중심의 치료에는 단정적 지역사회치료(ACT), 사례관리 그리고 직업재활이 중심을 이룬다. 우리나라에서는 최근 사례관리 프로그램을 적용하여 이에 대한 평가를 수행하고 있는 추세다. 학제간 팀으로 이루어지는 외국의 ACT 모델을 적용하여 평가해 볼 필요도 있을 것이다. 또한 어떠한 직업재활 프로그램이 클라이언트의 취업과 유지에 영향을 줄 수 있는지에 대한 연구를 시행할 필요가 있다.

다섯째, 일반 정신장애에 대한 예방 프로그램의 효과를 조기발견할 수 있는 프로그램을 개발하고 이를 평가하는 것도 의미 있는 일이다. 지역사회 교육은 보건이나 정신보건 영역의 중요한 요소로 자리 잡고 있다. 알코올 및 약물예방 프로그램, 청소년 비행 예방 프로그램 등을 시행하여 예방효과를 평가하는 연구도 좋은 연구주제가 될 것이다.

2. 개입의 효과성 인증을 위한 기준

개입이 효과적인지를 명백히 하기 위해서는 엄격한 실험설계를 적용하는 것이 당연하다. A task force of American Psychological Association은 개입 프로그램의 효과성 인증을 위한 기준을 제시하였는데(Crits-Cristoph, 1998), 이는 사회사업에서도 적용할 수 있다.

1) 최소한 두 번의 집단비교실험을 통해 특정 치료나 비교집단보다 효과성을 보여야 함(또는 효과성을 인증받은 치료와 동등한 수준을 보여야 함)
2) 최소한 9개의 사례에 대한 단일사례설계를 통해 특정 치료보다 효과성이 증명되어야 함
3) 개입 매뉴얼의 활용
4) 표본의 특성을 분명하게 기술
5) 서로 다른 조사자에 의해 최소한 두 번 이상 효과성의 증명

위 기준보다 완화된 기준에는 다음 사항이 포함된다. ① 대기통제집단을 활용하는 유사실험설계일 경우, 두 번의 실험을 하여 통제집단보다 효과성이 증명되어야 한다. ① 최소한 3개의 사례에 대한 단일사례설계(개입 시 반드시 매뉴얼 사용, 표본에 대한 상세한 설명 요망). 그러나 이러한 기준들은 현실적으로 그대로 충족시키기가 어려운 것이 사실이다. 방법론적으로 약간의 결점이 있더라도 그 결점에 대한 타당한 설명을 곁들이고 또한 반복연구를 통해 실증적 검증을 지속해 나가는 것이 대안이 될 수 있다.

제3절 효율성평가

프로그램 평가의 한 가지 양상은 바로 프로그램 수행의 비용을 고려하는 것이다. 아무리 정밀하게 결과에 대해 사정한다 하더라도 목표를 달성하는 데 지출된 비용을 검토하지 않았다면 그 평가는 불완전한 것으로 간주된다. 효율성(efficiency)평가는 다음 유형의 질문에 대한 대답을 얻고자 하는 것이다. ① 프로그램의 수행으로 인한 편익이 그 비용을 정당화할 수 있는가? ② 적절한 비용으로 프로그램을 성사시켰는가? 또는 더 적은 비용으로 같은 결과를 양산할 수 있는 다른 방안이 있는가? 즉, 어떤 프로그램의 편익 : 비용의 비율이 그 프로그램과 유사한 목적을 지니는 다른 프로그램들의 편익 : 비용의 비율과 어떻게 비교가 되는지를 사정하는 것이다. 프로그램의 효율성을 사정하는 데 있어 두 가지 주요 방법론이 있는데, 비용효과(cost-effectiveness)분석과 비용편익(cost-benefit)분석이 그것이다. 비용편익분석은 프로그램의 결과로 발생한 편익이 비용을 넘어서는지 여부를 사정하는 것이다. 예를 들어, 학교사회사업 프로그램으로 인해 졸업률이 높

Tips

▶ **비용효과분석과 비용편익분석** : 비용효과분석은 프로그램 자체에 드는 비용에 초점을 둔다. 프로그램의 성과로 인해 발생하는 재정상의 이익은 사정되지 않는다. 비용편익분석은 프로그램 비용을 산출하는 것에 덧붙여서 프로그램 성과로 인한 재정적 이익의 산출에도 노력을 기울인다. 프로그램 수행비용에만 초점을 둔다면 그것은 비용효과분석이 된다. 즉, 어떤 프로그램이 하루에 5만 원이 들었고 또 다른 프로그램은 하루 3만 원이 들었다는 것을 보고한다면 그것은 비용효과분석을 한 것이다. 한편, 학교사회사업 프로그램을 제공받은 사람들이 졸업을 하게 되어 경제적 생산성이 향상되었다는 것과 같이 프로그램의 사회적 유용성에 대해 사정하려 한다면 그것은 비용편익분석을 한 것이다.

아졌다고 하자. 졸업으로 인해 월급이 인상되었기에 이러한 편익을 계산하니 학교사회사업 프로그램에 지불한 비용보다 편익이 훨씬 화폐적 가치가 높았다면 이 프로그램은 비용편익적이라 할 수 있다. 편익이란 프로그램의 성과에 대한 화폐적 가치를 말한다.

한편, 목적을 성취하는 방안은 여러 가지가 있을 수 있으므로 비용이 덜 드는 방법을 찾는 평가할 수 있는데, 이는 비용효과분석이다. 저소득층 아동의 영양을 유지하기 위한 프로그램 중 어떤 프로그램이 비용이 덜 드는지를 비교할 수 있다.

효율성은 투입(비용)/산출(노력)의 비율로 표현된다. 산출은 바로 노력의 양이며, 노력의 양은 서비스단위로 표현된다. 즉, 효율성은 서비스단위당 프로그램의 비용을 결정하기 위해 사용된다. 서비스단위는 참여한 클라이언트수, 사건(상담건수 등 직원의 구체적 활동의 수), 시간(클라이언트에게 할당된 시간), 지위의 변화(취업자수), 에피소드(입양된 아동의 수 같은 목표를 가진 일련의 활동의 종료) 등이 될 수 있다(정무성 외, 2001).

다음으로 Rubin과 Babbie(1993)의 효율성평가에 대한 논점과 이슈를 살펴보자. 만성 정신병환자의 재입원을 방지하기 위한 사례관리 프로그램(case management program)이 환자들의 입원기간을 줄이는 데 성공적이었다는 평가결과가 나왔다고 가정해 보자. 50명의 통제집단의 총 입원일수는 500일이었고, 프로그램을 제공받은 50명의 실험집단의 총 입원일수는 400일이었다. 다시 말해 사례관리 프로그램 수혜자는 입원기간이 100일 더 짧게 되었다. 여기까지는 문제가 없다. 그런데 연구기간 동안 사례관리 프로그램을 제공하느라 든 추가비용이 500만 원이었다. 100일 줄이는 데 500만 원이 더 들어 결국 입원비용보다도 사례관리비용이 더 들게 되었다고 한다면, 몇몇 사람들은 사례관리 프로그램이 입원기간을 줄이는 데 효과가 있다 하더라도 입원비용보다 더 들었으니 정신병 환자를 다루는 데 있어 효율적이지 않다고 할 수 있다.

그러나 효율성에 관한 그러한 논평들은 순전히 경제적인 측면만을 고려하고 있는 것으로, 서비스 수혜자들이 얻게 될 인간적 이득의 유용성과 같은 중요한 가치적 측면들을 간과하고 있는 것이다. 위에서 언급된 사례관리 프로그램을 다수의 환자들에게 시행한다고 할 때 비용이 많이 드는 것처럼 보일 수 있다. 그러나 그 사례관리를 받은 환자들이 퇴원을 보다 빨리 하여 지역사회에 가서 생활할 때는 질적으로 보다 향상된 삶을 누리게 될 것이기 때문에 그것에 드는 비용은 정당하다고 주장하는 사람들도 있다. 사실 건강증진이나 개인의 자아정체감 향상과 같이 돈으로 가치를 매길 수 없는 것이 많이 있다. 여기에서 다시 한 번 프로그램 평가의 사회적이고 정치적인 국면을 보게 된다. 프로그램으로 얻는 효과가 추가로 비용을 들일 만한 가치가 있는지 여부에 대해 서로 다른 이해관계에 얽혀 있는 사람들은 어느 쪽이 비용을 지불하고 어느 쪽이 이득을 취하느냐에 따라 다른 의견을 제시할 것이다(Rubin & Babbie, 1993).

제4절 과정평가

프로그램이 성공적이었는지 여부를 평가하는 것에 덧붙여 프로그램이 의도된 대로 전달되었는가, 왜 성공적이었고 왜 그렇지 않았는가, 누구에게 효과적이고 어느 상황에서 효과적인가를 아는 것도 매우 유용하다. 이것이 바로 과정평가(process evaluation)의 목적이다. 또한 과정평가는 프로

Tips

▶ 형성평가에서는 프로그램이 어떤 목적을 성취했는지 여부를 알아내려고 하지 않는다. 그러기에 보통은 독립변수와 종속변수를 선정하지 않는다. 결과물의 일반화가 목적이 아니므로 보통 표본은 의도적 표집방식으로 얻어진다. 초점은 프로그램을 강화하고 향상시키기 위한 것이므로 심층적으로 자세한 묘사와 분석을 한다. 형성평가는 프로그램의 개선과 성장을 위한 피드백을 제공해 주기 때문에 프로그램의 형성 초기에 매우 유용하다.

그램의 어느 요소가 성공과 실패에 기여했는지를 파악한다. 이를 위해 프로그램의 전 과정과 다양한 양상들을 추적한다. 과정평가는 프로그램의 질적인 측면과 서비스 전달체계의 정밀성, 행정적 측면도 사정한다. 과정평가에서 많이 점검하는 내용을 예로 들면 다음과 같다. 문서화된 서비스 전달절차가 있는가? 이 절차를 따르는가? 사례기록을 어느 정도 하고 있는가? 서비스 전달직원의 지속성이 확보되고 있는가? 과정평가는 형성평가와 같다고 할 수 있다.

프로그램 수행과정의 평가는 반드시 필요한 것이다. 단순히 프로그램의 성패를 판가름하기보다는 무엇이 잘못되었는지를 밝혀내는 것이 정책결정자가 프로그램의 수행과정을 보완하는 데에 도움을 줄 수 있다.

프로그램 수행과정에 대한 평가에는 프로그램이 계획대로 수행되는지의 여부는 물론, 프로그램의 최고 수행방법과 관리방법을 찾는 것과 같은 많은 고려할 사항들이 있다. 몇 가지 주요 질문들의 예는 다음과 같다(Rubin & Babbie, 1993).

- 어떤 프로그램 요소가 결과에 가장 기여했는가?
- 어떤 유형의 개인들이 서비스를 받지 못하는가?
- 목표대상 개인들 중 왜 많은 수가 서비스를 거부하는가?
- 클라이언트들은 어떤 지역의 상담소와 가장 많이 접촉하는가?
- 어떤 유형의 임상가가 특정 목표대상에게 가장 적합한가?
- 임상가들은 어느 방면에서 준비가 덜 되어 있고, 어느 방면에서 보충적 교육이 필요한가?
- 클라이언트들은 서비스에 만족했는가? 왜 만족했는가? 왜 불만족했는가?
- 왜 많은 클라이언트들이 치료의 초기단계에서 중단을 하는가?

과정평가의 예를 들어 보자. 경기도에서 아동학대 상담전화 프로그램을 시행한다고 가정해 보자. 이 프로그램의 목적은 지역주민들이 아동학대가 의심된다면 신고하도록 하고 잠재적 학대자에게 학대 대신 다른 대안을 찾아주기 위한 것이었다. 이 프로그램이 성공적이었다고 하면 어떻게 그리고 왜 이 프로그램이 아동학대를 줄였는지를 아는 것도 유용할 것이다. 과정평가를 수행한 결과 이 프로그램은 단지 도시지역에서만 효과가 있었던 것으로 나타났다. 아동학대가 군지역에서는 줄지 않았다. 그 이유는 군단위 지역에서는 상담전화를 많이 사용하지 않은 것으로 나타났다. 군지역에서는 주민들이 서로 알고 있는 경우가 많아 군민들은 상담소 직원들이 혹시 자신을 알게 될까 봐 두려웠던 것이다. 이러한 분석결과는 아동학대 프로그램 책임자로 하여금 익명성을 보장하기 위한 새로운 절차를 마련하도록 했다.

과정평가를 위해 어떤 조사방법을 선택할 것인가는 연구문제의 성격에 달려 있다. 먼저 수행과정 검토는 사례연구방법으로 진행될 수 있다. 프로그램의 기록을 검토하거나 조직의 정보제공자와 인터뷰를 통해 프로그램에 대한 그들의 역할과 반응을 탐색할 수 있다. 또한 정책결정회의나 워커의 활동을 직접 관찰할 수도 있다. 또한 프로그램 참여나 전달 정도, 어떤 요인이 중요했는지에 대한 정보를 얻기 위해 우편 서베이를 시행할 수도 있다. 포커스집단을 구성하여 과정평가를 할 수도 있다. 여러 가지 전략 중에서 어떤 것이 효과적인지 사정한다거나, 설득하기 어려운 클라이언트를 치료에 참여토록 하는 가장 효과적인 접촉전략은 무엇인지 결정하는 데는 실험설계 혹은 유사-실험설계(quasi-experimental design)를 사용할 수도 있다(제10장 '집단사회사업의 평가' 참조).

제5절 기타 평가유형

1. 투입요소평가

투입요소(input)평가에서는 프로그램을 구성하는 다양한 요소에 초점을 맞춘다. 즉, 프로그램의 자원, 시설, 서비스, 클라이언트, 직원이 적절한지를 결정하는 것이다. 이러한 투입요소의 적절성은 지역사회의 욕구, 기관의 목적, 최상의 실천기준, 단위비용의 기준에 비추어 평가된다. 투입요소 평가에서는 다음과 같은 질문을 하게 된다.

- 클라이언트의 성격이 기관의 서비스 목적과 얼마나 잘 조화를 이루는가?
- 프로그램 진행 직원은 서비스를 전달하는 데 있어 적절한 자격을 갖추고 있는가?
- 프로그램이 진행되는 장소는 클라이언트가 쉽고 안전하게 접근할 수 있는가? (Pietrzak et al., 1990)

2. 노력평가

Suchman(1967)은 노력(effort)평가를 평가의 한 유형으로 제시하고 있다. 투입요소평가가 주로 투입요소의 적절성에 초점을 둔다면, 노력평가는 프로그램을 제공하기 위해 기관이 얼마나 많은 활동을 했고 얼마나 많은 서비스를 제공했는지 노력의 정도와 양, 즉 사업의 산출(실적)을 사정하는 것이다. 예를 들어, 교육 워크숍의 수, 전화상담수, 배포된 유인물수, 광고비용 등이다.

3. 소비자만족도조사

소비자만족도조사는 프로그램의 과정이나 수행에 대한 소비자의 반응을 평가하는 것이다. 또한 소비자들의 문제에 프로그램이 도움이 되는지 등 프로그램의 유용성이나 효과에 대한 소비자들의 판단을 알아보는 것도 만족도조사에 해당된다.

만족도를 재는 설문은 상대적으로 간단하고 비용이 저렴하다. 반면에 만족도 설문도 단점이 있다. 설문에 대한 응답은 응답자의 기분에 의해 영향을 받는다. 덧붙여 우편으로 할 경우, 불만족한 성원들은 만족한 성원들보다 설문을 돌려보내지 않는 경향이 있다. 또한 끝까지 서비스를 받고 남아 있던 클라이언트는 만족하는 사람들이고 불만족한 사람들은 이미 서비스를 중단하고 떠나버렸을 가능성이 있으므로 긍정적인 결과가 나오는 경향이 있다. 긍정적 결과가 나오는 또 다른 이유는 서비스를 받는 클라이언트는 불만족한다고 응답하게 되면 서비스를 계속 받지 못할 것이라는 두려움이 있어 긍정적으로 대답하는 경향이 있다. 한편, 만족도 조사도구가 기관에서 자체 제작된 것인 경우 신뢰도와 타당도의 문제가 있을 수 있다. 다음에 소개되는 신뢰도와 타당도가 검증된 소비자만족도 척도를 활용하는 것이 도움이 될 것이다.

만족도 설문의 예는 다음과 같다.

예 서비스만족도 설문(CSQ-8)

다음 각 문항에 5점 척도로 응답해 주세요.

(1=매우 반대한다, 2=반대한다, 3=보통이다, 4=동의한다, 5=매우 동의한다)

1. 기관으로부터 본인이 받기 원하는 서비스는 대부분 다 제공받았다.
2. 제공받은 서비스의 질이 매우 훌륭하다고 생각한다.
3. 기관의 서비스가 본인의 욕구를 충분히 충족시켰다고 생각한다.
4. 주위 사람들에게 기관의 서비스를 추천하겠다.
5. 서비스가 문제를 효과적으로 해결하는 데 도움이 되었다.
6. 서비스의 양이 충분하였다.
7. 전반적으로 서비스에 대해 만족한다.
8. 도움을 청할 일이 있으면 다시 오고 싶다.

예 집단만족도 설문

다음 각 문항에 5점 척도로 응답해 주세요.

(1=매우 반대한다, 2=반대한다, 3=보통이다, 4=동의한다, 5=매우 동의한다)

1. 나는 이 집단이 목적을 성취했다고 생각한다.
2. 나는 지금까지 수행된 집단활동에 대해 매우 만족한다.
3. 이 집단을 통해 나의 개인적 목적이 성취되었다.
4. 나는 이 집단의 성원이 되어 매우 즐거웠다.
5. 리더는 집단을 매우 잘 이끌었다.
6. 이 집단에 참여함으로써 인격적으로 크게 성장했다.
7. 집단의 성원들에 대해 매우 만족한다.

제6절 질적평가방법

평가는 질적방법으로 수행되기도 한다. 질적평가를 주장하는 학자들은 사회 프로그램의 핵심은 바로 프로그램의 해석과 사회적 의미에 있다고 주장한다. 사회 프로그램이 프로그램 제공자뿐만 아니라 수혜자에게도 어떻게 경험되고 있는지에 관심을 갖는다. 서비스를 받는 입장에서는 경제적 효율성이나 양적인 문제가 중요하게 간주되지 않는다. 질적평가를 주장하는 해석주의적 접근에서는 단지 재정을 담당하고 있거나 공급자입장에 있는 힘 있는 사람들의 견지에서 사회이슈나 해결책이 결정되는 것에 반대한다. 다양한 참여자들의 견지와 해석, 의미를 발견하는 방법을 중요시하므로 참여관찰, 심층면접, 사례연구, 포커스집단면접 같은 방법을 활용한다.

질적조사방법을 활용한 평가방법의 예

Johnson(1991)은 선진국의 정신장애인 프로그램에 대한 평가를 위해 질적조사방법을 활용하였다. 그는 평가를 위해 환자들뿐만 아니라 프로그램 매니저 및 직원, 정책입안자와 환자옹호집단 대표들에게도 면접을 시행하였고, 직접관찰을 시도하였다. 여기서는 면접 시 사용된 주요 질문가이드라인의 예를 제시해 본다. 이 질문들은 Johnson이 기존의 문헌들을 검토하여 도출하였다.

스웨덴의 지역사회 프로그램 평가에 사용된 질문들

〈환자용〉

1. 귀하가 활용하는 프로그램에 대해 설명해 주세요.
2. 프로그램 내용 중에서 가장 좋아하는 것은 무엇입니까?
3. 프로그램 내용 중에서 좋아하지 않는 것은 무엇입니까?
4. 병원과 비교해서 지역사회에서의 생활을 설명해 주세요.
5. 귀하는 어디서 사십니까? 편안하십니까? 혼자 사세요? 아니면 가족이나 친구와 사십니까?

6. 임대료는 얼마입니까?
7. 외로울 때 전화할 친구가 있습니까?
8. 식사는 어떻게 하십니까? 누구와 함께 하십니까?
9. 이 지역사회에서 생활하기에 어려움이 없습니까?
10. 가장 자주 가는 곳은 어디입니까?
11. 신체적 건강은 어떻습니까? 건강관리를 어떻게 받으십니까?
12. 경제사정은 어떻습니까?
13. 귀하는 현재 만족스럽습니까? 만일 그렇지 않다면 그 이유는? 더 행복하게 되기 위해 필요한 것은 무엇입니까?

〈프로그램 매니저, 직원, 정책입안자, 환자옹호집단 대표용〉
1. 본 프로그램에 대해 설명해 주세요.
2. 프로그램은 어디서 후원해 줍니까?
3. 프로그램이 성공하기 위해 필요한 것은 무엇입니까?
4. 프로그램의 목적 중 어떤 것을 가장 강조합니까? 그 이유는?
5. 위의 목적들 중에서 클라이언트들이 가장 원하는 것은 무엇이라고 생각하십니까?
6. 위의 목적들 중에서 프로그램 후원자들이 원하는 목적은 무엇입니까?
7. '치료'와 '보호' 중 귀하는 어디에 비중을 두십니까?
8. 클라이언트의 사회적 조건을 향상시키기 위해 옹호를 시행한 예가 있으면 말해 주세요.
9. 프로그램 중 고용훈련에 대한 장단점을 설명해 주세요.
10. 프로그램은 사회적으로 지지를 받고 있습니까?
11. 클라이언트의 삶의 질은 어떤지 묘사해 주세요. 그들의 삶의 질을 촉진하는 요인은 무엇입니까?
12. 서비스를 제공하는 데 어려움이 많은 클라이언트는 어떤 유형입니까?
13. 더욱 이상적인 프로그램이 되기 위해 무엇이 필요합니까?

프로그램 평가 예상문제

1. 평가에 대한 설명 중 옳지 않은 것은?

① 욕구조사–프로그램 계획에 먼저 선행되는 것이다.

② 성과평가–총괄평가라고도 한다.

③ 과정평가–프로그램이 계획된 대로 잘 진행되었는지를 따지는 것이다.

④ 평가성 검증–평가하기에 앞서 평가가 적절히 수행될 수 있는지를 따져 본다.

⑤ 형성평가–프로그램의 성공과 실패를 따지는 것이다.

해 설 형성평가는 과정평가와 같은 것이다. 프로그램의 성공과 실패를 따지는 것은 결과평가다.

2. 프로그램 성과평가에 관한 설명 중 옳지 않은 것은?

① 프로그램의 공식적 목표 달성 여부에 주의를 기울이는 평가다.

② 프로그램의 공식적 목표를 독립변수로 규정하고 측정 가능하도록 조작한다.

③ 최대한 외부요인들을 배제하도록 한다.

④ 객관적이고 양적인 측정방법을 사용한다.

⑤ 내적타당도가 높은 설계를 활용한다.

해 설 프로그램의 공식적 목표의 달성 여부는 종속변수가 된다.

3. 평가에 대한 설명으로 옳은 것은?

① 효율성평가에서 비용은 고려하지 않는 것이 좋다.

답 1. ⑤ 2. ② 3. ③

② 목표달성평가모델에서 프로그램에 참여하는 집단을 비교집단이라고 한다.

③ 평가에 앞서 평가성 검증을 시행하는 것이 좋다.

④ 목표달성 여부에 중점을 두는 것을 과정평가라 한다.

⑤ 성과평가를 형성평가라고도 한다.

해 설 효율성평가는 비용을 고려하는 것이다. 프로그램에 참여하는 집단은 실험집단이다. 목표달성 여부에 중점을 두는 것은 결과평가다.

4. 프로그램 평가에 대한 설명 중 옳지 않은 것은?

① 서베이처럼 일회성 설문으로 얻은 응답을 효과성 검증으로 간주하기에는 부족하다.

② 과거에 프로그램에 참여했던 대상에게 후일 설문지를 돌려 프로그램에 대한 의견을 물을 수 있다.

③ 프로그램 평가를 한다면 계획단계에서 이미 목표측정을 무엇으로 할지 생각하여야 한다.

④ 과정평가는 주로 실험설계를 활용한다.

⑤ 성과평가와 과정평가를 병행하는 것이 좋다.

해 설 과정평가는 주로 질적조사방법이나 설문으로 하게 된다.

5. 빈칸에 알맞은 것을 보기에서 고르시오.

보 기	
① 비용편익적	② 비용효과적

이번 학교사회사업의 개입목표는 시내 고등학교 학생들의 중퇴율을 줄이는 것이었다. 기존 자료에서 제시한 목표대상 고등학교 학생들의 졸업률은 겨우 50%였다. 개입 A를 100명의 학생들에게 시행하는 데 5백만

답 4. ④ 5. ②

원이 들었으며, 이 100명 중 75명이 고등학교를 졸업하였다. 개입 B를 100명의 학생들에게 시행하는 데는 400만 원이 들었으며, 그중 60명이 고등학교를 졸업하였다. 개입 A는 500만 원을 들여서 25명의 졸업생을 보탰고, 개입 B는 400만 원을 들여 10명의 졸업생을 보탠 결과가 나타나므로 여기에서는 개입 A가 개입 B에 비하여 더 (　　　)이다.

해 설 졸업으로 인한 편익은 계산하지 않고 있으므로 여기서는 비용효과적이라고 해야 한다.

6. 다음 설명 중 옳은 것은?
   ① 총괄평가에서는 프로그램의 전반적 계획과 수행에 도움이 되는 정보를 얻을 수 있다.
   ② 프로그램의 수행과정에 관한 평가는 자금조달과 직접적으로 연관되어 있어 민감한 문제다.
   ③ 프로그램 형성평가는 프로그램의 성공 여부에 초점을 두고 있다.
   ④ 프로그램 평가 시 총괄평가와 과정평가를 모두 시행해야 더 바람직하다.
   ⑤ 답 없음

해 설 프로그램 진행 전반에 대한 정보는 과정평가를 통해 얻는다. 자금조달과 직접 관련된 평가는 목표가 달성되었는가에 관한 총괄평가다. 형성평가는 과정평가다.

7. 다음 평가성 검증에 대한 설명으로 옳지 않은 것은?
   ① 효과성평가를 하기에 앞서 효과성평가 절차의 가능성과 타당성을 검증한다.
   ② 프로그램 목표의 현실성을 미리 따져 볼 수 있는 과정이다.
   ③ 목표달성 여부에 관한 정확한 정보를 준다.

답 6. ④ 7. ③

④ 평가를 시행하게 될 기관의 목표수준과 직원의 협조, 비용 면을 고려한다.

⑤ 과정평가의 일부로 간주되기도 한다.

해설 목표달성 여부에 관한 정보를 제공하는 것은 결과평가다.

8. 프로그램 평가에 관한 설명 중 옳지 않은 것은?

① 프로그램 수행과정에 대한 평가를 하기도 한다.

② 효과성평가는 프로그램의 궁극적 성공을 목표로 한다.

③ 욕구조사는 프로그램 평가의 한 양상이다.

④ 프로그램 평가의 방법들은 상호독립적이다.

⑤ 답 없음

해설 프로그램 평가의 여러 방법은 상호보완적이다.

9. 목표달성평가에서의 유의사항이 아닌 것은?

① 현실적인 목표설정이 필요하다.

② 구체적인 목표설정이 필요하다.

③ 목표의 수는 무조건 많을수록 좋다.

④ 결과를 볼 때는 의도하지 않았던 결과도 알아낼 수 있어야 한다.

⑤ 내적타당도가 높은 설계를 활용한다.

해설 평가 시 목표의 수, 즉 종속변수의 수가 너무 많으면 그중 한 목표에 우연히 도달할 수 있으므로 제1종 오류를 범하게 된다.

10. 과정평가에 대한 설명으로 옳지 않은 것은?

① 프로그램의 목표달성 여부에 초점을 둔다.

② 프로그램 전 과정의 양상들을 추적해야 한다.

답 8. ④ 9. ③ 10. ①

③ 프로그램의 어느 요소가 성공과 실패에 기여했는지를 파악한다.
④ 수행과정 검토는 사례연구방법으로 진행될 수 있다.
⑤ 형성평가라고도 불린다.

해 설 목표달성 여부는 효과성평가다.

11. 과정평가의 방법에는 어떠한 것이 있는가?

12. 평가지표 설정 시 주의해야 할 점은 무엇인가?

답 11. 본문 p. 265 참조 12. 본문 p. 255 참조

제 9 장

욕구조사

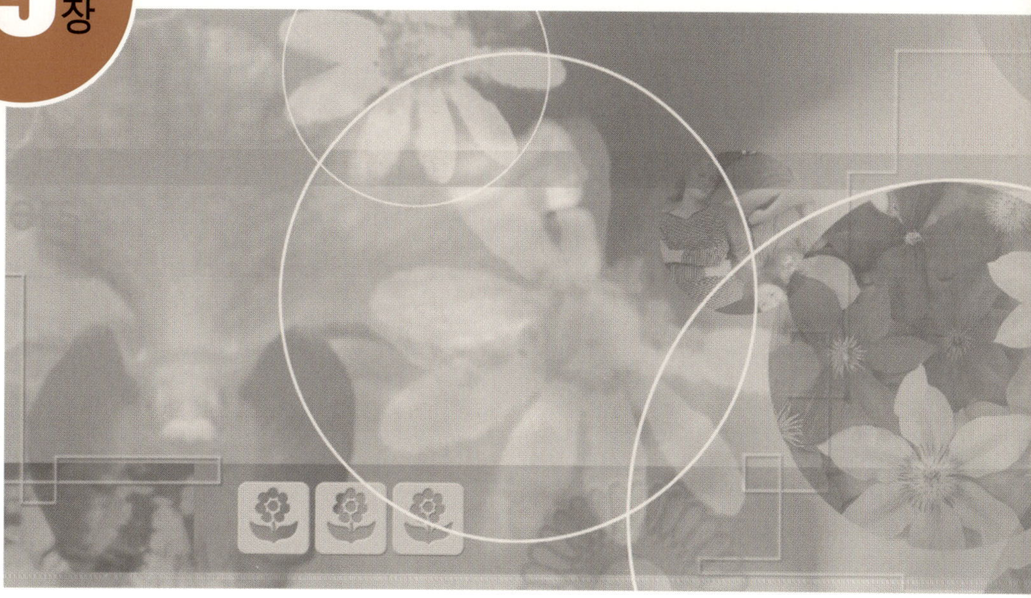

욕구측정(needs assessment)은 필요하거나 바람직한 어떤 것이 요청되는 상황을 평가, 견적 또는 감정하는 행위라고 정의할 수 있다(Kimmel, 1983). 우리 모두는 욕구를 가지고 있기에, 프로그램을 계획하고 평가하는 전문가들은 프로그램의 성공적 수행을 위한 기본조건으로 참여대상자들의 욕구를 사정한다. 목표대상집단의 특성, 문제점, 요구사항은 물론 프로그램을 통해 개선하고자 하는 문제에 대한 폭넓은 견해를 수집한다. 여기서 얻어진 정보는 어떤 서비스를 누구에게 제공하며, 어떻게 서비스의 활용도를 최대화할 것인지를 결정하는 데 사용된다. 욕구측정이 필요한 이유는 다양하다.

- 욕구측정은 계획의 첫 단계다. 만약 '욕구가 무엇인가'를 알지 못한다면 어떻게 프로그램을 계획할 수 있겠는가? 이 관점에 의하면 욕구측정을 위한 이론적 근거는 자명하다. 욕구측정은 계획, 우선순위 설정, 평가, 자원할당, 결정 그리고 정책형성 등을 포함하는 광범위한 활동에 도움을 주며, 합리적, 분석적 도구로 자리매김하고 있다.
- '욕구'에 대해 초점을 두는 것은 기본적으로 비용절감, 책임성, 공공프로그램의 정당성 요구에 대한 반응이라고 할 수 있다. 이러한 요구가 증가하기 때문에 프로그램 주창자들이나 공무원들은 스스로 욕구측정연구를 수행하거나 후원하게 되었다. 욕구측정은 '욕구'가 실제적으로 존재하며, 현 서비스의 적용범위보다 훨씬 광범위한 욕구가 있음을 강조함으로써 서비스의 존속과 성장이 필요하다는 정당성을 부여해 준다. 이러한 점은 욕구측정이 서비스 존속 및 성장을 위한 옹호목적을 위해 유용함을 시사한다. 물론 어떤 계획이나 정책이 잘못되었다는 것을 지적하기 위한 목적으로 사용될 수 있다는 점도 시사한다.
- 욕구측정은 '참여민주주의'의 부가적인 도구다. 사람들이 무엇을 필요로 하고 원하는지 물어보기 위해 그들에게 직접 나아가는 도구이기에 관료주의를 극복하는 방법이다. 이 해석에 의하면, 욕구측정의 주목적은 정치적인 것이다. 욕구측정은 시민들로부터 정보를 직접적으로 모아서 그것을 정책결정들에게 직접 전달하는 방법이다.
- 마지막으로 욕구측정의 성장은 새로운 유행, 심지어는 새로운 사상으

로 특징지어진다. 이는 마치 지역사회 정신건강의 발달처럼 하나의 '운동(movement)'이라 시사되기도 한다.

이렇게 욕구측정은 현재 시대적으로 요청되는 매우 중요한 방법이라고 할 수 있다. 이 장에서는 욕구측정 시 부각되는 논점을 정리해 보고 욕구측정의 다양한 방법을 제시하고자 한다.

제1절 욕구의 정의

욕구측정은 프로그램 계획을 위해 자료를 수집하는 모든 종류의 기법을 포함하며, '프로그램 계획을 위한 평가'라고 볼 수 있다. 욕구측정의 기법을 선택하기 앞서 욕구의 정의를 복잡하고 어렵게 만드는 한 가지 개념적 문제를 다루어 볼 필요가 있다. 여기서 개념적 문제란 욕구가 규범적인(normative) 조건에서 규정되는지 혹은 요구적인(demand) 조건에서 규정되는지에 관한 것이다. Rubin과 Babbie(1983)는 다음을 논하고 있다.

욕구가 규범적으로 정의되는 경우를 보자. 여기서는 목표대상집단을 원조하는 경우에 그들의 객관적 생활환경을 일반 다른 집단들과 비교하여 그들의 생활환경이 인본주의적 입장에서 볼 때 적절하고 바람직한지에 욕구측정의 초점이 맞추어질 것이다. 예를 들어, 노숙자들의 욕구를 규범적으로 정의한다면 거리에서 비참한 생활을 하는 사람들—그들이 자신의 현재상태에 대해 아무런 불만이 없더라도—을 위한 몇 가지 주거 프로그램이 개발되어야 한다고 생각할 수 있다.

한편, 요구적인 조건으로 욕구를 규정한다면 스스로 욕구를 느끼거나 그것을 인식하고 있는 사람들만 특정한 프로그램이나 개입의 대상이 될 것이다. 그러므로 노숙자에 대한 예를 다시 들면, 떠돌아다니기를 좋아하는 사람들은 프로그램의 대상이 되지 않는다. 욕구를 요구적인 조건으로 규정하는 것은 어려운 문제다. 사람들은 프로그램이 어떻게 그들을 도와줄 수 있는지 이해하지 못하거나, 사회적 프로그램을 제공받을 때 낙인이 뒤따른다고 생각하거나, 혹은 그 외의 다른 이유를 들어 프로그램을 거부할 수 있기 때문이다. 집 없이 떠도는 사람들을 위한 쉼터 프로그램에 대한 욕구측정을 할 때, 많은 노숙자들은 프로그램을 거부하거나 심지어는 경멸하기까지 하는 것을 볼 수 있는데, 이는 새로운 쉼터가 과거에 자신들이 이용해 왔던 쉼터보다 더 나으리라는 확신이 없기 때문이다.

규범적인 욕구와 요구적 욕구의 논쟁의 예로 사회사업학부 교육 프로그램에 대한 욕구를 들 수 있다. 대학의 사회사업학과 개수와 우리 사회가 필요로 하는 사회사업 전공분야는 사회복지계 노동력의 수요에 의해 평가되어야 한다는 주장이 많다. 다시 말해 사회사업교육에 대한 욕구는 사회사업가를 고용하는 직업시장의 수요에 의해서 규정되어야 한다는 것이다. 만약 사회사업을 전공한 졸업생의 수가 사회에서 필요한 수를 넘어선다면 요구적인 조건으로 욕구를 규정하는 사람들은 이러한 사태를 문제시하여 사회사업학과의 입학을 제한해야 한다고 주장할 것이다. 그러나 욕구를 표준적으로 규정하는 사람들은 이에 동의하지 않을 것이다. 즉, 사회사업 전공자들이 사회사업계에서 직업을 얻지 못하더라도 혹은 심지어 그들이 사회사업관련 직업에 아무런 흥미가 없더라도 우리 사회는 사회사업 전공자들이 많아짐에 따라 지속적으로 개선될 여지가 많다는 것이다. 직업으로 연결되지 않더라도 사회사업교육은 사회복지문제와 욕구에 대해 더 잘 이해하며, 사회문제를 경감하기 위한 사회적 노력에 공헌하려고 하는 바람직한 시민을 양성하는 데 도움을 준다는 원리다. 다른 말로 하면 사회가 사회사업가에 대한 욕구를 깨닫지 못하고 또 활용할 준비가 되어 있지 못하더라도 우리 사회는 더 많은 사회사업 전공자들을 필요로 한다는 것이다.

욕구를 어떻게 규정하느냐의 문제는 그것을 측정하는 특정한 기법을 선택하는 데 영향을 준다. 예를 들어, 만약 욕구를 규범적으로 규정했다면 기존 통계자료의 분석을 통해 특정 프로그램에 대한 욕구를 알아낼 수 있을 것이다. 통계조사자료를 통해 어떤 특정 지역의 십대 미혼모 수치가 상당히 높게 나타났다면 우리는 그 지역에 가족계획이나 아동양육 서비스가 많이 필요하다고 성급한 결론을 내릴 수 있다. 그런데 만약 요구(demand)를 고려한다면, 계획하고 있는 특정 서비스를 미혼모들이 실제로 이용할지 안

욕구의 유형

Bradshaw(1977)가 제시하는 욕구의 유형에는 네 가지가 있다.

1. 규범적 욕구(normative need)

어떤 기준이 설정되고 그 기준과 현실을 비교하여 욕구를 결정한다. 개인이나 집단의 상황이 바람직한 기준에 미달될 때 욕구가 존재한다고 본다. 예를 들어, 어느 지역에 영아사망률이 높다면 그 지역에 산전산후 서비스가 필요하다고 판단하는 것이다. 규범적 욕구는 주로 전문가의 견해를 바탕으로 측정하기 때문에 클라이언트의 실제 욕구가 반영되지 않을 수도 있어 표적집단이 서비스를 사용하지 못하는 경우가 발생할 수 있다.

2. 체감욕구(felt need-want)

욕구를 경험하고 있는 개인의 인지(perception)에 기초한 욕구다. 체감욕구는 개인이 누구보다도 자신의 문제를 잘 알고 있다는 데 기초를 둔다. 욕구를 인식하고 있지 못하다면 서비스는 쓸모없는 것이 될 수 있다. 개인의 인지상태에만 초점을 두므로 개인이 충분히 정보를 얻지 못하거나, 도움을 요청하길 주저하거나, 도움을 요청할 수 없는 상황에서는 실제 욕구가 왜곡되어 측정될 수 있다.

3. 표현된(요구된) 욕구(expressed need-demand)

체감욕구가 실제로 표출된 상태의 욕구로 체감욕구가 행동으로 전환된 욕구이다. 즉, 서비스가 필요하다고 요구하는 사람들에 기초한 욕구(예 : 서비스 신청자수나 서비스 대기자명단)다.

4. 비교적 욕구(comparative need)

서비스를 받고 있는 개인이나 집단이 서비스를 받지 않고 있는 유사한 개인이나 집단에 대한 준거틀로 사용될 때 나타나는 욕구다. 즉, 그 서비스를 받고 있는 사람들의 조건이나 특성에 기초하여 비슷한 조건에 있으면서도 그 서비스를 받고 있지 않다면 그런 사람들에게 욕구가 존재한다고 파악하는 것이다.

할지 그 상황을 좀 더 면밀히 예측 검토하기 위해 미혼모들을 대상으로 설문조사를 한 후 통계조사자료를 보충하려 할 것이다.

제2절 욕구측정방법

욕구측정에서 제기되는 또 하나의 문제는 욕구측정 각각의 방법이 완벽하지 못하다는 데 있다. 이 문제를 논의하기 앞서 각각의 욕구측정방법에 대해 알아보자. 그동안 욕구측정방법으로 제시되어 온 대안들을 보면 다음과 같다.

욕구측정방법의 종류

1. 견해와 판단의 수집
   - 주요 정보원(어떤 상황에 대해 지식을 갖춘 개인이나 전문가들)
   - 지역사회 포럼(지역사회 성원들과의 토론)
   - 공청회(일반인이나 전문가의 증언)
   - 지역사회 지도자와 정치지도자
   - 집단과정(포커스집단) : 잠재적 소비자들로 구성된 집단에서 멤버들이 집단을 통해 원하는 것을 적어 낸다.

2. 서비스 통계자료 수집
   - 서비스 제공기록
   - 불안과 불평 데이터
   - 서비스 대기자(wait-list) 명단
   - Management information Systems 같은 기존의 정보체계로부터의 서비스 데이터

3. 문제의 발생이나 파급에 대한 연구(예 : 질병이나 장애의 발생 및 파급에 대한 연구)

4. 사회지표

   지표가 되는 변수들에 대한 측정방법 사용(예 : 실업, 범죄, 교육, 소득, 가격, 주택 등). '지표' 는 인구조사 데이터 같은 기술적인 사회인구통계학 데이

터에서 도출될 수 있다.

5. 서베이(survey)

- 일반 인구집단 표본조사(직접설문, 전화 또는 우편질문지를 통해 수행됨)
- 하위집단 표본조사(예 : 장소, 연령에 따른 집단이나 서비스 대상자들 조사)
- 클라이언트, 서비스 제공자, 기관공무원들과의 선별적 인터뷰

6. 기존의 조사자료에 대한 부차적인 분석

이들 욕구측정 접근법들은 다음의 세 가지 형태로 요약될 수 있다.

- 현재의 그리고 잠재적인 클라이언트에게 설문지를 돌리거나 인터뷰를 하는 직접적인 질문법
- 다른 사람의 욕구를 이해하는 전문가, 정보제공자 그리고 지식을 갖춘 사람들을 포함하는 직접적인 질문법
- 사회인구통계학적 자료와 각종 사회지표를 사용하여 욕구를 추론하는 간접적 접근법

욕구측정의 주요 방법(주요 정보제공자 방법, 지역사회 포럼, 서비스 제공기록을 통한 잠재적 클라이언트의 특성과 욕구측정, 사회지표, 지역사회 혹은 목표집단 서베이)에 대한 Rubin과 Babbie(1993)의 설명을 살펴보자.

1. 주요 정보제공자

주요 정보제공자(key informants) 방법은 목표대상집단의 문제점과 욕구에 대한 특별한 지식을 갖고 있는 사람들로부터 질문지나 인터뷰를 통해 서비스 전달체계의 현재 결함뿐만 아니라 전문적인 의견을 얻어 내고자 하는 것이다. 이 조사대상에는 목표대상집단과 자주 접촉하며 그들의 문제점에 대해서 특별한 지식이 있는 전문가집단, 조직의 지도자나 임상가가 포함된다. 학교중퇴예방을 위한 학교사회사업의 욕구측정에 관한 예를 든다

면 학교행정 전문가, 중퇴생들이 모이는 지역의 지도자, 학교중퇴문제를 해결하기 위해 입법을 주장하는 공무원, 보호관찰소 직원, 학교사회사업가, 학생들을 옹호하는 시민단체장 등이 포함될 수 있다.

주요 정보제공자 방법의 최대 장점은 빠르고 쉽게 그리고 저렴하게 표본을 얻어 조사할 수 있다는 점이다. 또한 조사를 시행하면서 문제와 관련된 주요 지역사회자원과 연계성을 구축하고 프로그램에 관한 전반적 시각을 얻게 되는 이점이 있다. 이 방법의 최대 단점은 얻어 낸 정보가 목표대상집단으로부터 직접 얻어 낸 것이 아니라는 것이다. 이 방법은 주요 정보제공자들의 주관적 견해가 끼어들 여지가 많고 또한 피택된 정보제공자들이 전문지식이 부족한 사람들일 수도 있다. 이러한 문제를 해결하기 위한 한 방법은 주요 정보제공자 표본의 대표성을 최대화하는 것이다(Rubin & Babbie, 1993).

2. 지역사회 포럼

지역사회 포럼은 지역사회의 구성원들이 자유롭게 욕구와 관련된 그들의 견해를 표현하고 상호작용할 수 있는 모임을 만드는 것이다. 이 방법은 편리성, 지지세력의 구축, 후원자 모색, 생각지 못했던 새로운 의견과 문제를 깊이 고려할 수 있는 분위기를 제공하는 이점이 있다. 그러나 과학적인 측면에서 보면 한계가 많다. 모임 참석자들이 목표대상집단의 욕구에 대해서 가장 잘 알고 있는 사람들이 아닐 수도 있고 편견을 지닌 사람들일 수도 있다. 무엇보다도 기득권이 있는 사람들이 지나치게 대변된다. 또한 그러한 모임에서는 공공연히 견해가 표출되기 때문에 주변의 압력으로 인해 특정 개인이 전혀 자신의 의견을 개진하지 못할 수도 있다. 이러한 문제점들 때문에 모든 사람들이 참여하는 공개모임을 주최하기보다는 여러 개의 소규모집단을 비밀리에 선정해 놓고 각각에 대한 비공개모임을 연속적으로 여는 것이 더 바람직하다(Rubin & Babbie, 1993).

3. 서비스 활용비율

서비스 활용비율(rates under treatment) 방법은 잠재적 클라이언트의 성향과 서비스 욕구의 추정을 목적으로 하며, 이미 서비스를 받고 있는 클라이언트의 인원수와 성향에 기반을 두고 연구한다. 다시 말해 앞으로 서비스를 제공할 A라는 지역사회에 얼마만큼의 서비스가 필요한지를 알기 위하여 A지역사회와 아주 유사한 지역사회를 찾아내어 그 지역의 서비스 수혜비율을 검사해 보는 것이다. 두 지역사회가 실로 유사하다면 앞으로 서비스를 받게 될 목표대상집단의 크기와 성향도 현재 서비스를 받고 있는 집단과 유사할 것이라는 가정이다. 주요 자료수집방법은 2차 자료분석이다. 이 방법의 최대 장점은 신속성, 용이성, 저렴성이다. 단점으로는 이미 서비스를 받고 있는 사람들의 비율만 측정하기 때문에 요구적(demand) 욕구에 대해서만 주로 다루고 규범적(normative) 욕구에는 비중을 적게 둔다는 점이다. 사실 어떤 경우는 서비스를 더 받고 싶어도 그 지역에 할당된 서비스 분량이 너무 미약하여 서비스를 받지 못하는 경우도 있기 때문에 이미 제공된 서비스의 양만을 기준으로 삼는 것은 한계가 있다. 또한 어떤 경우는 서비스 사용 기록의 신뢰성이 떨어지기도 한다. 한 사람이 중복신청하는 경우라던가 4인 가족에게 제공된 가족 서비스가 4명이 서비스를 수혜받은 것으로 기록되는 경우가 그 예다(Rubin & Babbie, 1993).

4. 사회적 지표

욕구측정을 하는 또 다른 방법은 사회적 지표(social indicator)를 이용하는 것으로 기존의 통계자료를 이용하는 것이다. 이 방법은 단순히 수혜통계량만을 보는 것이 아니라 전체 인구의 상태를 반영하는 집합적 통계를 검토한다. 예를 들어, 유아사망률은 어떤 특정 지역사회에 태아기 서비스가 필요하다는 지표가 될 수 있다. 그러한 비율은 태아기 서비스에 대한 욕구가 큰 지역사회를 파악해 내기 위해 검토될 수 있다. 이와 마찬가지로 한

지역사회의 아동학대비율은 새로운 학대예방 프로그램의 개발에 대한 지역사회의 욕구를 반영하는 지표로 이용될 수 있다. 학교중퇴비율은 학교사회사업가를 두도록 하는 학교규정이 필요하다는 욕구를 나타내 줄 수 있다. 사회적 지표를 활용하는 것은 객관적이고 신속하며 저렴하다는 장점이 있다. 그러나 기존자료의 신뢰도가 높지 않을 경우 문제가 되며, 이 방법의 활용은 기존지표가 미래의 서비스 활용행태를 어느 정도나 정확히 반영할 수 있는가에 달려 있다(Rubin & Babbie, 1993).

5. 지역사회(또는 목표집단) 서베이

대상집단의 특성, 문제점, 욕구를 측정하는 가장 직접적인 방법은 그 성원들을 직접 조사하는 것이다. 주로 전체 집단으로부터 표본을 선정하여 수행하게 된다. 자료수집방법으로는 구조화된 설문지나 인터뷰를 시행한다. 예를 들어, 저소득층 부모를 위한 아동보호 서비스가 추가적으로 더 필요한지 여부에 대해 욕구측정을 할 때에는 응답자와 같이 살고 있는 미취학아동의 수, 현재의 아동보호를 하고 있는 방식, 새로운 아동보호시설의 사용 여부와 시간 및 시기, 아동보호 서비스를 원하는 응답자들의 특성, 서비스 제공 시 기대되는 혜택, 조사응답자의 인구학적 배경 등의 내용을 질문할 수 있을 것이다.

서베이는 직접조사를 시행하는 것이고 앞으로의 서비스 사용 여부를 확인할 수 있다는 장점이 있지만 낮은 응답률, 사회적으로 바람직한 응답을 하려는 경향 등 단점도 있으므로 각별한 주의를 기울여야 한다(Rubin & Babbie, 1993). 서베이의 단점에 대해서는 다음 페이지에서 다시 언급할 것이다.

지금까지 욕구측정의 주요 방법을 설명하였다. 앞에서 제시한 다섯 가지 욕구측정방법들은 각기 나름대로의 장점과 단점을 가지고 있다. 그러므로 서비스에 대한 욕구, 다시 말해 규범적 욕구와 요구적 욕구에 대해

온전히 파악하기 위해서는 두 가지 이상의 방법을 병행하여 사용하는 것이 바람직하다. 한 방법의 단점은 다른 방법의 강점에 의해 보완될 수 있기 때문이다.

욕구측정을 위해 한 가지 방법을 사용할 때 어떤 제한점이 있는지 서베이의 경우를 들어 좀 더 구체적으로 설명해 보도록 하겠다. 서베이는 문헌에서 자주 언급되고, 실제에서 매우 자주 사용되기 때문에 특별히 언급할 만하다. 그러나 서베이의 전형적인 한계점과 문제점이 몇 가지 있다.

- 서베이는 비용이 많이 드는데, 특히 자세한 질문으로 구성된 설문지를 큰 지리적 영역에 걸친 상대적으로 큰 표본에 돌릴 때 그렇다. 서베이는 욕구측정을 위한 다른 대안적인 접근법보다 비용이 많이 들 것이다.
- 표본이 엄격히 선정되더라도 높은 무응답비율은 사실상 실제적인 응답자의 대표성에 영향을 줄 수 있다.
- 전형적인 서베이는 자기보고식 자료에 의존한다. 복잡하고 민감한 개인문제나 사회문제에 대한 자기보고는 종종 신뢰할 수 없는데, 예를 들어, 어떤 주제는 극도로 민감하여 인터뷰를 통해서도 신뢰할 만한 자료를 얻기 힘들므로 실제 탐구에 도움이 되지 못한다.
- 서베이 조사자들은 자료를 쉽게 정리할 수 있다는 이유로 미리 구조화된 폐쇄형의 질문을 선호하는 경향이 있다. 미리 구조화되고 양자택일적인 응답방식은 시간 및 비용 면에서 효과적이고, 피면접인의 인내심과 시간을 고려할 때도 효과적으로 보인다. 그러나 반만 구조화하거나 개방형의 질문을 하는 경우가 인간의 욕구와 문제를 창출하거나 지속시키는 생활습관, 스타일 그리고 상황을 탐구하는 데 있어 보다 효과적인 경우가 많다. 문제의 원인을 탐구해야 하는 경우에는 보다 많은 숙련되고 민감한 면접자의 시간과 기술을 필요로 한다.
- 만일 주어진 질문이 다른 방법으로 물어졌거나 혹은 어떤 질문에 앞서 나오거나 그 뒤에 나왔다면 다른 응답이 나올 가능성도 배제할 수 없다.

제3절 욕구의 우선순위 결정

욕구측정은 우선순위에 따라 욕구의 순위를 매김으로써 자원할당을 결정하도록 설계될 수 있다. 플로리다 주의 한 서베이는 그러한 구체적인 예를 제공해 준다. 세 부류의 표본, 즉 클라이언트, 지역주민, 주요 정보제공자들에게 가장 중요함에도 불구하고 충족되지 못한 다섯 가지 욕구의 순위를 매기는 설문을 하였다. 〈표 9-1〉은 세 집단의 순위를 비교하고 있다. 예상했던 대로 집단마다 다양한 순위를 보이고 있다.

〈표 9-1〉 지역사회 주민과 클라이언트 그리고 주요 정보제공자들의 다섯 가지 비충족욕구 순위 비교

지역사회 주민 서베이 (1,187명)	클라이언트 서베이 (1,769명)	주요 정보제공자 서베이(1,154명)	
		소비충족욕구	가장 심각한 문제영역
치과문제	치과문제	실업	아동학대
food stamps (식료품 보조)	재정적 보조	아동학대	노인학대
재정적 보조	food stamps (식료품 보조)	영양문제	실업
정보 및 의뢰	전화 같은 생활필수품문제	교통수단	영양문제
교통문제	교통문제	저소득층의 의료문제	정신건강문제

표를 보면, 클라이언트와 주민들은 5개 중 4개에 같은 우선권을 두었지만 서로 다르게 순위를 매겼음을 알 수 있다. 주요 정보제공자들은 한 가지만 제외하고(교통수단 제공) 다른 두 집단이 선택한 항목들과는 다른 항목들을 선택하여 순위를 매겼다. 뿐만 아니라 그들은 '충족되지 않은 욕구'와 '중요한 문제항목'의 하위범주에서 5개 중 3개만(실업, 아동학대, 영양결핍)을 공통으로 선택하였고, 또 이것들은 순위에 있어서는 서로 다르게 매겨졌

욕구조사에 포함되는 내용

- 지역사회의 일반적 특징에 관한 사항
- 조사대상의 생활영역별 현재상태
  (경제상태, 고용상태, 교육상태, 주거상태, 건강상태, 가정생활상태)
- 기존 서비스의 평가사항
  (서비스 인지 및 활용도, 서비스 활용의 장애요인)
- 새로운 서비스 개발사항
  (심각한 문제, 현재 필요한 서비스)
- 활용 가능한 자원에 관한 사항
  (지역사회 정보체계, 지역사회 서비스자원, 정치적 자원)

참조 : 김성이, 채구묵(1997). **욕구조사론**. 아시아미디어리서치.

다. 정신보건문제는 단지 주요 정보제공자들의 목록에만 수록되었다.

한편, 응답범주를 살펴보면 어떤 문제항목들은 원인과 치료 면에서 상호 관련된 것처럼 보인다. 치아문제(클라이언트와 주민들이 밝혔음)의 어떤 부분은 빈약한 식사와 영양결핍(주요 정보제공자들이 밝혔음)에 확실히 그 원인이 있다. 식료품 보조와 재정보조에 대한 욕구(클라이언트와 주민들이 밝혔음)는 부분적으로는 실업(주요 정보제공자들이 밝혔음)에 그 원인이 있다. 아동학대는 아마 실업의 상황이나 복지상태가 그 원인이나 계기가 되었을 것이다.

그러면 요점을 명확히 해 보자. '우선순위'가 표면적으로 강력히 도출되더라도 그것은 합리적인 자원할당전략을 결정하는 데 별로 직접적인 도움이 되지 못할 수도 있다는 것이다. 그러므로 우선순위를 결정할 때는 여러 차원을 고려하여야 하며, 다각적인 분석이 필요하다.

욕구조사

예상문제

1. 다음 중 욕구측정방법의 종류가 아닌 것은?

① 사회지표 ② 사전검사
③ 지역사회 포럼이나 공청회 ④ 전문가집단의 의견수렴
⑤ 서베이

해 설 사전검사(pretest)는 실험이나 프로그램을 진행하기 앞서 연구참여자들의 상태를 측정하는 것이다.

2. 욕구측정에 관한 설명으로 옳지 않은 것은?

① 욕구측정은 한 가지 조사방식을 사용하는 것이 바람직하다.
② 기관의 프로그램 계획과정에서 필수적으로 시행하는 것이 바람직하다.
③ 느껴진 욕구와 규범적 욕구를 함께 측정한다.
④ 현재 문제점과 필요한 서비스 항목을 조사한다.
⑤ 욕구측정결과를 바탕으로 필요한 서비스를 우선순위화한다.

해 설 욕구측정은 두 가지 방식을 동시에 병행하여 요구적 욕구와 규범적 욕구를 동시에 사정하는 것이 바람직하다.

3. 다음은 Bradshaw의 욕구의 유형 중 어디에 해당하는가?

욕구를 경험하고 있는 개인의 인지에 기초한 욕구로 도움을 요청할 수 없는 상황에서는 실제 욕구가 왜곡되어 측정될 수 있다.

① 체감욕구 ② 표현된 욕구
③ 비교적 욕구 ④ 규범적 욕구
⑤ 요구적 욕구

답 1. ② 2. ① 3. ①

해 설 체감욕구는 개인의 인지상태에 초점을 두므로 개인이 충분히 정보를 얻지 못하거나 도움을 요청할 수 없다면 실제 욕구가 왜곡될 수 있다.

4. 기존의 통계자료를 활용하는 욕구측정방법은?

① 서베이 ② 지역사회 포럼
③ 포커스집단 ④ 사회적 지표
⑤ 주요 정보제공자

해 설 사회적 지표방법은 기존의 통계자료를 이용하는 방법으로서 신속하고 저렴한 방법이긴 하지만 기존지표가 미래의 서비스 활용형태를 어느 정도 정확히 반영할 수 있을지가 관건이다.

5. 욕구측정방법의 종류에는 무엇이 있는가? 장단점은 무엇인가?

6. 욕구측정의 내용에는 어떤 사항이 포함되는가?

7. 욕구측정을 시행하는 이유와 의의는 무엇인가?

8. 욕구의 유형에는 무엇이 있는가?

답 4. ④ 5. 본문 pp. 282-285 참조 6. 본문 p. 288 참조
7. 본문 p. 277 참조 8. 본문 p. 280 참조

제 10 장

집단사회사업의 평가

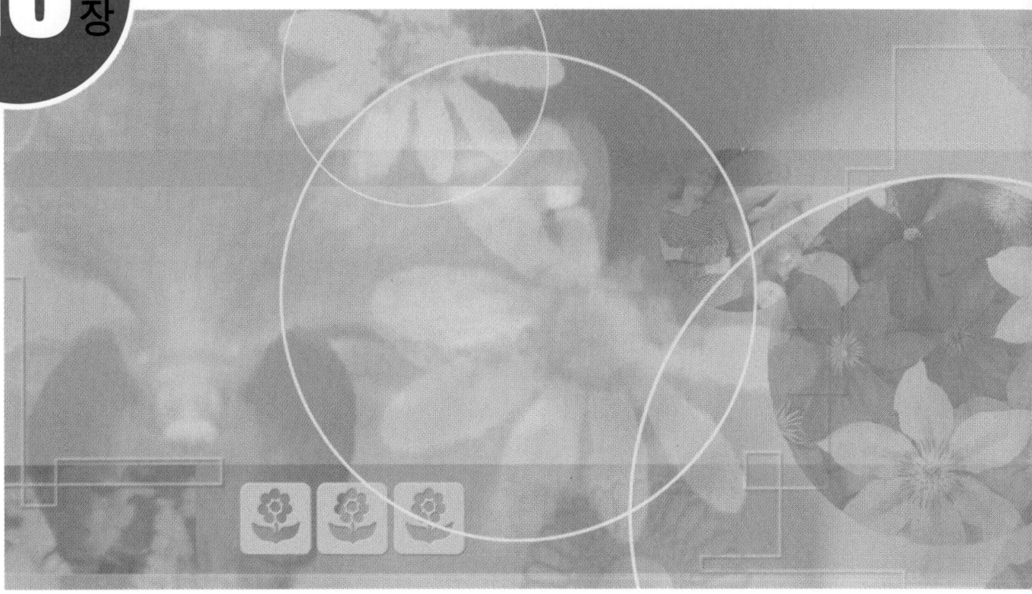

상담, 심리치료 및 다양한 프로그램을 제공하는 수단으로서 집단사회사업의 신뢰성을 향상시키는 방안은 집단 지도자와 구성원의 특성, 치료기법 및 집단활동의 효과에 대하여 개념적 및 방법론적으로 철저한 조사를 시행하는 것이다.[1] 그러나 현실적으로 아주 소수의 사회복지사나 전문가들만이 집단사회사업의 효과성에 대한 조사를 시행하고 있으며, 따라서 보고되는 조사결과는 매우 부족한 실정이다.[2] 「한국사회복지학회지」에 발표되는 논문 중 집단과 관련된 연구논문은 최근 10년(1992~2001년) 동안 총 6편으로 연평균 0.6편에 불과하다. 또한 「정신보건사회사업학회지」에 발표된 최근 100편의 논문 중 약 3편만이 집단 프로그램이나 집단개입의 평가에 관한 것이었다. 이처럼 학자들이나 실천가들이 집단사회사업에 대한 조사를 시행하지 못하는 주요 이유로는 집단조사의 복잡성과 집단활동 조사방법에 대한 훈련의 부족을 들 수 있다.[3] 사실 복잡한 집단기능을 다루면서 집단을 진행시키고, 동시에 문제를 개념화하고 디자인하고 분석하기는 매우 어려운 것이다. 그러나 집단사회사업은 사회사업실천의 중요한 방법론으로서 그 비중이 매우 크므로 집단개입의 발전과 지식 확대를 위한 노력을 배가시킬 필요가 있다. 이를 위해서는 집단사회사업에 대한 조사의 중요성에 대한 인식을 증진시키고, 조사방법에 대한 훈련과 보급을 확대하며, 집단조사의 논점과 이슈를 분명히 제시하는 노력이 뒤따라야 한다. 집단조사 설계를 방해하는 제반 문제들을 파악하고 대처방안을 모색해야 하며, 선진

---

1) Hulse-Killacky, D., Robinson, F. F., & Morran, D. K. (1991). Reporting Group Research: Conceptual and Technical Consideration for Preparing Manuscripts. *The Journal for Specialists in Group Work, 16*, pp. 101-108; Robinson, F. F., Bond, L., Evans, N. J., Gazda, G. F., Gerstein, L., Harris, M., Hulse, D., Jenkins, S., & Stockton, R. (1985). *Research needs for promoting the credibility of group counseling.* Paper presented to the Annual Meeting of the American Association for Counseling and Development, New York.

2) 황성철(1998). 사회사업실천의 효과성에 관한 논쟁과 미국 사회사업의 발전-임상적 실천을 중심으로. 한국사회복지학, 34호.

3) Forman, B. D. (1988). The process of journal article publishing. *Counselor Education and Supervision, 28*(2), pp. 181-185; Ostrowski, P. M., & Bartel, S. (1985). Assisting practitioners to publish through the use of support groups. *Journal of Counseling and Development, 63*, pp. 510-511.

연구자들이 어떻게 그런 문제를 다루고 있고 어떤 연구결과를 얻었는지를 주의 깊게 검토해야 할 것이다. 이 장에서는 집단사회사업조사의 활성화를 촉진하고 전문적 연구기반의 확대를 위한 노력의 일환으로 집단사회사업조사의 발전적 시행방안을 논의하고자 한다. 집단사회사업 조사연구의 개념과 목적, 조사되어야 할 변수, 자료수집방법 그리고 조사설계상의 문제점과 해결방안을 소개함으로써 집단조사에 대한 이해를 돕고 집단을 연구하는 과정에서 직면하는 주요 문제들을 실제적으로 어떻게 해결할 수 있을지에 대한 방안을 제시하고자 한다.

제1절 집단사회사업 평가조사의 개념과 목적

집단사회사업조사는 집단활동의 효과성 측정은 물론 효과적인 집단활동을 가능하게 하는 집단의 구체적이고 기본적인 요소에 관한 지식과 정보를 추구하는 데 그 목적이 있다고 볼 수 있다. 구체적으로 다음의 문제들을 조사하는 것이다.[4]

① 집단활동이 클라이언트 향상에 영향을 주는가?
② 어떠한 구성원 또는 워커의 특성이 집단과정에 영향을 줄 수 있는가?
③ 어떠한 개인의 기능이 집단과정을 통해 가장 향상될 수 있는가?
④ 어떠한 집단과정이 개인에게 좋은 영향을 주는가?

그러나 대부분 발표되는 집단활동 조사보고서는 집단과정이 어떻게 클라이언트의 향상에 영향을 주었는지를 설명하지 않고 있으며, 단지 집단치료가 클라이언트의 향상과 관계되었다는 정도를 보고하고 있다. 우리는 어떠한 집단조건(예 : 리더십, 집단의 구조, 클라이언트의 배경, 집단성원 간 상호

4) Kaul, T. J., & Bendnar, R. L. (1986). Experiential group research: Results, questions, and suggestions. In S. L. Garfield, & A. Bergin (Eds.), *Handbook of psychotherapy and behavior change*. New York: Wiley.

작용, 치료요인들)이 어떠한 상호작용을 통해 클라이언트의 향상과 연계되었는지를 조사할 수 있어야 한다. 위의 여러 목적을 성취하기 위해서는 먼저 어떠한 변수들이 집단조사에서 사용될 수 있는지와 자료수집방법 그리고 조사디자인을 이해해야 한다.

제2절 집단사회사업조사에서 탐색되는 변수들

집단사회사업조사를 수행하기 위해서는 기본적으로 고려되어야 할 변수들을 파악해 두어야 한다. 집단이나 개인이 성취하고자 하는 치료목표가 보통 종속변수로 사용된다. 독립변수로 사용될 수 있는 변수로는 크게 다음의 세 가지를 들 수 있다.[5)]

① 구성원들의 특성－구성원들의 인구사회학적 배경, 문제 또는 질환에 대한 이전의 경험(입원횟수, 치료의 횟수 등), 역할능력(직업이나 교육, 가족관계 면에서), 구성원들이 집단활동을 좋아하는지 아닌지에 대한 정보

② 워커의 특성－워커는 어떠한 특성을 가지고 있으며, 집단에 어떤 영향을 주는지에 대한 정보

③ 집단 회합의 길이－어느 정도의 집단활동이 집단기능을 향상시키며, 따라서 언제 집단을 종료시켜야 하는가에 대한 정보

위의 독립변수 중 워커의 특성에 대해 좀 더 설명해 보자. 워커의 특성은 중요한 독립변수로 사용될 수 있다. 어떤 워커 스타일이 최선인지는 아직 알 수 없지만 집단워커의 스타일은 집단에게 커다란 영향을 준다고 일반적으로 믿어진다. 매우 구조적인 성향으로 집단을 이끌어야 할지, 매우 자유로운 분위기로 이끌어야 할지, 유머를 사용하는지, 고도의 감정이입기법을

5) Fike, D. F. (1980). Evaluating Group Intervention. *Social Work with Groups, 3*, pp. 41-51.

사용하는지 등 어떠한 형태가 효과적인 집단사회사업 결과를 도출시키는지 조사되어야 한다.

독립변수 또는 종속변수 어느 쪽으로도 사용될 수 있는 변수로는 집단의 특성이나 구조를 들 수 있다. 집단의 특성이나 구조에 대한 정보는 집단이 어떤 성격을 가지고 있고 어떠한 집단인가를 말해 준다. 집단응집력, 하부집단행태, 집단분위기 등이 포함된다. 집단의 특성에 관한 자료는 집단의 목적에 따라 독립변수로도 종속변수로도 사용될 수 있는데, 예를 들어, 집단응집력, 동료지지 등이 개인의 향상을 이끌어 내는 도구로 설정된다면 이런 형태의 자료는 독립변수로 사용될 수 있다. 그러나 집단의 목적이 응집력 있는 집단활동으로 설정된다면 이는 종속변수로 사용된다. 집단특성을 나타내는 변수들은 개인 구성원들의 동기, 구성원들에 대한 만족감, 지도자에 대한 만족감 그리고 구성원들의 태도의 동일성(집단 동질감), 대화행태(communication pattern), 집단발달형태, 집단의 분위기 등을 들 수 있다.

제3절 자료수집방법

집단지도 조사자에게 가장 중요한 이슈 중의 하나는 위에서 제시된 변수들을 어떻게 측정하는가다. 변수를 측정하기 위한 방법은 다양하다. 자기보고(self-report) 형식을 활용하여 각 성원들이 자신이 취한 행동의 수를 세거나, 자신의 감정 또는 태도에 평점을 매기는 방법을 사용할 수 있다. 또는 워커가 관찰하고 판단하는 방법을 사용할 수 있다. 집단변수들에 대한 자료를 수집하는 방식은 일반적으로 다음의 여섯 가지를 들 수 있다.[6)]

① 표준화된 도구를 이용한 검사

② 훈련받은 관찰자가 집단의 구성원들을 체계적으로 관찰
(예 : 행동의 수를 세기)

6) Rose, S. D. (1984). Use of data in identifying and resolving group problem in goal oriented treatment groups. *Social Work with Groups, 7*, pp. 23-36.

③ 매 회합의 종료 시에 클라이언트나 워커에 의한 설문지의 작성
④ 자신의 행동과 인지상태를 클라이언트 스스로 평가하며 기록하기
⑤ 제3자에 의한 표적문제의 평가
⑥ 레코딩의 활용

조사에 사용되는 변수를 측정하기 위해 표준화된 측정도구를 활용하는 것이 가장 일반적인데, 개인의 속성을 측정하는 표준화된 측정도구들은 이미 많이 개발되어 있다(예 : The Mental Measurements Yearbooks, Measures for Clinical Practice : A Source book). 집단조건을 측정하는 표준화된 측정도구들도 개발되어 있는데, 집단 발달단계를 측정하는 'Group Climate Questionnaire(GCQ)', 집단규범을 측정하는 'Group Norms Checklist' 등을 들 수 있다. 개인의 상태를 측정하기 위해 표준화된 척도를 사용하는 것은 신뢰도와 타당도가 확보된 척도를 사용한다는 점에서 바람직하지만, 한 가지 미흡한 점은 표준화된 척도는 주로 개인의 전반적인 문제나 총체적인 인격상태를 측정하게 되고 개인이 해결하기 원하는 구체적이고 실질적인 문제나 욕구에 대해서는 직접적인 정보를 제공해 주기 어렵다는 점이다. 이러한 점을 보완하기 위해 자기지적척도(self-anchored scales)나 표적문제척도(target problem scales)를 병행하는 것이 바람직하다. 이러한 척도는 개인의 표적문제 등에 대한 자기평가를 위해 보통 1에서 5점 내지 7점 사이에서 스스로 자신의 문제의 심각성을 지적하도록 하는 방법으로서, 신뢰도가 높은 것으로 나타나고 있다.

개인의 표적문제가 집단활동 후 실제로 얼마만큼 변화가 있었는지를 요약해 주는 '전반적 항상척도(global improvement scale)'를 활용하는 방법도 있다. 예를 들면 다음과 같다.

표적문제 : 자신의 감정을 표현하기 어려움
질　　문 : ○○○이 갖고 있는 위의 표적문제가 집단활동 후에 어떻게 변화되었는지 다음 보기 중에서 선택하여 주세요.

위의 문제가

(1) 더욱 악화되었다

(2) 변화가 없다

(3) 아주 조금 향상되었다

(4) 많이 향상되었다

(5) 매우 많이 향상되었다

이러한 척도에 클라이언트나 워커가 응답하는 방법도 있으나, 클라이언트에 대해 잘 알고 있는 제3자를 통해 표적문제의 향상 정도를 측정한다면 더욱 객관적인 결과를 얻을 수 있다.

개인의 상태를 측정하기 위해 개인행동의 수를 셀 수도 있다(behavioral counts). 즉, 개인이 의도한 어떤 행동(예 : 숙제의 완성, 결석, 대화의 시도, 애정표현)을 시도한 횟수를 세는 것을 말한다. 행동의 수를 세는 방법은 집단조건이나 과정을 측정하기 위해 사용되기도 한다. 예를 들어 보자. 워커는 집단성원들이 집단응집력을 증대시키길 원할 수 있다. 이때 집단응집력에 해당되는 행동들, 즉 자기노출, 도움의 요청, 피드백 제공 같은 행동을 세어서 집단응집력이라는 집단의 조건을 양화하여 제시할 수 있다. Rose는 성원들 사이의 의사소통 내용을 측정하는 방법을 개발하였다. 그는 다음의 내용범주를 만들었다. ① 타인에게 의견 주기, ② 질문하기, ③ 질문에 대한 반응, ④ 자신에 대한 의견제시, ⑤ 부정적 감정표현, ⑥ 긍정적 감정표현, ⑦ 정보 주기다. 관찰자는 누가 가장 자주 말했고, 누구에게 말했는지 그리고 가장 빈번한 의사소통유형은 무엇인지를 계산하여 집단과정을 양화시키게 된다.[7] 한 예를 더 들어 보자. Rose는 또한 의사소통의 구조를 측정하기 위해 집단으로 하여금 자신이 강화받는 횟수를 알도록 하는 절차를 개발하였다. 성원들은 자신이 강화를 받는다고 느끼면 노란색 포커 칩을 캔 위에 올려놓도록 하였고, 비난받는다고 느낄 때는 다른 색 포커 칩을 올려

---

7) Rose, S. D. (1977). *Group Therapy: A Behavioral Approach*. Englewood Cliffs, Prentice-Hall.

놓도록 하여 그 수를 셈으로써 집단과정의 상태를 측정하였다. 이처럼 집단조건이나 과정을 측정하는 방법은 독창적으로 개발해 나갈 필요가 있다.

집단과정에 대한 자료를 얻기 위해 매 회합의 종료 시에 설문을 돌리는 자료수집방법도 있다. 각 회합의 끝에 성원들에게 설문을 나누어 주는데, 여기에는 다음과 같은 질문들을 포함할 수 있다.

① 오늘 회합이 얼마나 유용했는가?
② 오늘 회합에서 당신이 참여한 내용을 써라.
③ 자신 또는 자신의 문제에 대해 얼마만큼 터놓았는지 평가하라.
④ 오늘 집단에서 토론한 문제나 상황이 자신에게 얼마나 중요했는가?
⑤ 집단성원이나 리더와의 관계는 어떠했는가?
⑥ 오늘의 회합을 가장 잘 묘사하는 단어에 동그라미 표시를 하라(예 : 흥미진진함, 지루함, 우울함, 편안함).
⑦ 오늘의 회합은 얼마나 만족스러운가?

집단과정이나 조건을 측정하기 위해 각 회합 후에 레코딩을 활용할 수 있다. 과정기록을 하여 성원들 사이의 상호작용과 리더의 역할을 끄집어낸다. 집단결과에 공헌하는 요인을 분석하고자 하는 워커는 회합 동안에 발생한 중대한 사건과 성원들의 대화내용, 리더의 역할 등을 기록한다. 또는 어떻게 집단조건이 발전하는지를 기록한다.

제4절 집단사회사업조사 설계방안

1. 양적설계방법

집단사회사업에 대한 조사를 시행할 때 실험설계가 현실적으로 어려운 경우, 집단활동 종결 후에 또는 기존에 오랫동안 존재해 오고 있는 집단에 1회의 설문지를 돌리거나, 추적조사를 통해 클라이언트가 만족하게 인식하고 있는 집단활동이나 집단과정에 대한 정보를 얻고 프로그램의 효과성이나 보완 및 수정에 대한 의견을 제시할 수 있다. 이 방법은 '소비자 중심 접근(consumer approach)' 이라 할 수 있다. 이러한 형식으로 얻어진 정보는 치료접근방식의 효과성을 지지해 주는 직접적인 증거로 사용될 수는 없을 지라도, 특별한 개입전략을 수정하고 향상시키기 위한 기초수단이 될 뿐만 아니라 집단경험의 어느 양상이 미래연구를 위해 유용한지를 안내해 주고 앞으로의 연구과제를 제시해 주는 탐색적 자료로 사용될 수 있다.[8] Bell, Charping, Strecker[9]의 논문이 바로 그런 형태의 논문으로서 추적조사(follow up) 설문을 사용하는 회고적 연구(retrospective study)였다. 이 논문은 이혼한 개인들의 집단활동에 대한 만족에 관한 것으로서 참여자들에게 가치 있는 집단경험은 무엇이었는지를 파악하고 있다. 이 논문은 집단활동에 참여했던 개인들을 추적조사하여 7년 동안 21개 집단의 참여자 65명으로부터 질문지를 회수하였다. 즉, 과거의 집단활동 기억을 회상케 함으로써 지속적 효과가 있는 집단활동에 대한 정보를 얻는 '회고적 방법' 을 사용하여 그 결과를 집단경험의 지지적 측면, 치료적 측면 그리고 집단활동 후의 적응 면에서 분석하였다. 거기서 얻어진 정보를 바탕으로 앞으로의 발전적인 집단활동 프로그램을 제시하였다. 추적조사형식을 활용하는 이 방법의 장점은 특정 집단에 참여했던 경험이 있는 모든 성원들에게 설문을 돌릴 수 있으므로 충분한 표본을 확보할 수 있다는 것이다.

이런 방법은 디자인하기가 쉽지만 대신 조사방법론상의 주요 결점이 제기되는데, 회고분석(retrospective)은 정확한 과거기억(예 : 한 달 이상된 경험)을 정확히 되살리지 못하는 단점과, 주관적이라는 단점이 있고, 위에서도 언급했듯이 직접적인 효과성을 증명하는 방법은 되지 못한다. 그러나 사회사업가들이 새로운 주제로 연구 프로그램을 시행할 때 이러한 접근방

8) Bloom, B. L., Hodges, W. F., Kern, M. B., & Mcfddin, S. C. (1985). A preventive intervention program for the newly separated: Final evaluation. *American Journal of orthopsychiatry, 55*, 9-26.

9) Bell, W. J., Charping, J. W., & Strecker, J. B. (1989). Client Perception of the Effectiveness of Divorce Adjustment Groups. *Journal of Social Service Research, 13*.

식은 유용하다고 사료된다.

다음으로 집단사회사업에서 활용할 수 있는 간단한 평가설계는 통제집단이 없는 사전-사후디자인(before-and-after design)이다. 이런 디자인은 치료 전과 후에 빈도수 관찰이나 자기보고 형식의 측정도구를 사용해 자료를 얻는다(즉, 사전검사와 사후검사를 시행한다). 이 방식으로 조사자는 변화가 예견된 방향으로 일어났는지의 여부를 결정한다. 이 설계는 통제집단이 필요 없어 많은 표본을 필요로 하지 않고, 클라이언트의 치료를 미루는 윤리적 문제에 봉착하지 않으므로 손쉽게 사용할 수 있다. 그러나 내적타당도에 대한 위협적 요소들을 통제하지 못하는 단점이 있다. 또한 해결해야 할 한 가지 문제는 집단에 참여한 성원들의 수가 적다면 통계적 분석에 어려움이 따른다는 점이다. 보통 집단 프로그램에 참여하는 성원수는 보통 5~8명 정도가 적절하므로 일반적인 모수통계의 적용이 어렵다. 충분한 피실험자들을 얻기 위해 반복 사전-사후디자인(replicative before and after design)을 사용할 수 있다. 같은 내용이나 구조를 가진 집단을 한 번 더 진행시키고 이들의 자료를 모두 합하여 분석하게 된다.

한편, 현장에서 실무를 하다보면 사전검사를 하지 못하고 바로 개입을 하게 되는 경우가 많다. 이때 회고적 사전검사(retrospective pretests)를 활용할 수 있다. 즉, 집단개입이 다 끝난 후 사후검사를 한 다음, 집단에 참여하기 전에는 어떠했는지를 회고하도록 하여 다시 한 번 응답하게 함으로써 사전검사를 하는 것이다. 이 방법은 단점도 있지만 장점도 많다. 단점으로는 정확한 기억을 되살리기 어렵다는 것이다. 장점으로는 예산이 부족한 경우 매우 간단히 사용할 수 있다는 것이며, 또한 클라이언트가 자신이 얼마나 변화했는지를 스스로 평가할 수 있는 수단이 된다. 또한 많은 경우에서 일반적인 사전검사를 하는 경우는 응답자들이 사회적으로 바람직한 대답을 하려는 경향 또는 자신의 문제를 드러내지 않으려는 경향 때문에 사전검사에서 솔직한 응답을 얻기 어렵다. 따라서 집단개입이 끝나고 사후검사를 했을 때 통계적으로 유의한 변화가 나타나지 않는 예가 있다. 그러나 회고적 사전검사를 시행하여 예전의 상태를 되물어보는 방법을 쓰면 그러

한 문제를 방지할 수 있다.[10]

앞 설계에서는 사전조사와 사후조사의 결과차이가 유의하게 발견되었다 하더라도 이것이 반드시 집단활동 때문이라고 말할 수는 없다. 변화의 원인이 무엇이었나? 진정으로 개인이나 집단의 향상이 집단활동에 기인한 것인가를 검증하기 위해 통제집단이 필요하다. 여러 종류의 통제집단이 있지만 가장 쉽게 무리 없이 사용되는 것은 대기통제집단(waitlisted control group)이다. 치료집단이 다 채워진 후에 찾아오는 클라이언트를 대기통제집단에 할당하는 방법을 사용할 수 있다. 이러한 설계의 장점은 적절한 표본규모를 확보할 수 있다는 것이다. 사실상 단기간에 무작위 할당을 할 수 있을 정도의 클라이언트 수를 모집하기는 쉽지 않다. 무작위 할당을 하는 순수실험설계를 활용하는 것이 바람직하기는 하나, 표본규모를 크게 하기가 현실적으로 어려워 자칫 제2종 오류를 범하게 될 가능성이 크다는 것이다. 예를 들어, 김미경[11]은 집단의 효과성 평가를 위해 순수실험설계를 활용하였는데, 총 18명을 모집하여 9명씩 무작위 할당을 하였다. 연구결과 중 수줍음 측정결과에서 훈련집단과 통제집단이 서로 다르지 않았다는(통제집단보다는 효과가 있었을지라도 유의한 결과는 아니었다) 결과는 사실상 표본규모가 작은 데 기인한 불충분한 통계적 검증력(제2종 오류) 때문이었을 가능성이 크다. 그러나 대기통제집단을 활용하면 일단 모집된 사람들을 모두 실험집단에 할당하여 집단활동을 진행시키고, 그동안에 비교집단에 들어갈 클라이언트를 모집할 수 있기 때문에 충분한 표본의 확보가 용이하다. 무작위로 할당되지는 않았을지라도 치료집단과 통제집단이 인구사회학적 변수나 중요하게 생각되는 변수 면에서 유사하다고 파악된다면 이 두 집단이 치료결과를 놓고 서로 비교될 수 있다. 무작위 할당을 시행하지 않는 유사실험설계(quasi-experimental design)를 활용할 때 주의할 점은 통제

10) Robinson & Doueck(1994). Implications of the pre/post/then design for evaluating social group work. *Research on Social Work Practice, 4*, pp. 224-239.

11) 김미경(1992). 수줍어하는 아동을 위한 집단자기표현 훈련의 효과. 동부아동상담소 상담사례연구집.

집단과 실험집단의 배경변수에서 차이가 있는지 없는지 분석해야 한다는 것이다. 또 분석하여 차이가 있음을 나타내었다면 이런 차이를 통제해야 한다. 단순 t-검증을 통해 비교집단과 실험집단이 사전사후에 어떤 변화가 있었는지 없었는지 여부만을 검사하는 것이 아니라, 두 집단 간 차이가 나는 배경변수와 사전검사점수를 공변량(covariates)으로서 통제하면서 치료조건 간의 차이를 평가하는 ANCOVA 또는 위계적 회귀분석방법을 사용하게 된다면 더욱 정교하고 강력한 분석을 할 수 있다. 이에 대해서는 '분석' 부분에서 좀 더 설명할 것이다.

사전조사와 사후조사를 행하는 것은 변화가 치료시작부터 치료종료 사이에 일어났다는 것을 증명할 수는 있으나, 치료의 진행사항에 관해서는 아주 적은 정보만을 제공한다. 이 제한점 때문에 반복된 측정이나 단일사례 디자인의 사용이 종종 선호되기도 한다. 단일사례설계는 또한 구성원들의 결과를 합산하여 제시하므로 발생하는 문제를 해결해 준다. 집단 구성원들은 집단의 상호작용의 영향을 받으면서, 어느 구성원은 목적을 성취하고 어느 구성원은 진전이 없거나 도리어 악화될 수도 있다. 이런 차이들은 구성원들의 성별, 연령, 이전의 경험상태, 인지, 정서상태 등에 기인한다고 볼 수 있다. 결과를 산출하기 위해 집단성원의 자료를 합산하는 것은 개인 구성원들 간의 변이를 무시하는 결과를 낳을 수 있다. 단일사례설계를 통해 이러한 문제를 해결할 수 있다. 그러나 단일사례디자인을 사용하는 경우 기초선의 측정이 필요하다. 기초선은 어떤 개입도 시행되기 전에 측정되어야 한다. 그러나 대부분의 경우 집단이 이미 형성된 후에야 이 기초선의 측정이 시행된다. 집단구성원들은 이미 상호작용을 시작했고, 따라서 측정되어야 할 사항에 이미 영향을 주고 있다고 볼 수 있기에 순수한 기초선을 구할 수가 없게 된다. 조사자는 이런 문제를 다룰 수 있는 방법을 찾아야 한다.[12)]

지금까지는 주로 집단활동의 성과를 측정하는 설계방안이었다. 지금까

---

12) Brower, A. M., & Garvin, C. D. (1989). Design Issues in Social Group Work Research. *Social Work with Groups, 12*, pp. 91-102.

지 토론되지 않은 중요한 문제가 하나 남아 있다. 집단에 소개된 치료기법을 통해 개인들이 향상되었는지의 여부만을 조사하는 연구디자인들로는 치료결과에 대한 집단조건(집단과정)의 효과를 파악할 수 없다. 집단활동의 어떤 조건 때문에 좋은 결과가 나타났는지를 밝히기 위해서는 여러 변수를 분석단계에서 고려할 수 있도록 설계되어야 한다. 많은 변수들은 서로 다른 상황에서 서로 다른 영향력을 갖는다. 예를 들어, 한 워커의 개입은 여성들로 구성된 집단과 남성들로 구성된 집단에 다른 영향을 끼칠 수 있다. 또한 남성 워커가 수행하는 치료와 여성 워커가 수행하는 치료는 다른 결과는 낳을 수 있다. 또한 집단의 발달단계마다 또는 단기, 장기 집단에 따라 다른 결과를 가져올 수 있다. 이런 여러 가지 변수들을 한 번에 다룰 수 있는 디자인을 고안하기는 현실적으로 매우 힘들다. 그러면 이를 위한 설계방법은 무엇인가? 두 가지 방법을 소개한다.[13] 먼저 집단의 여러 특성이나 기능 중에서 독특한 한 기능의 효과를 측정하는 실험적 방법이 있다. 이 방법에서는 집단기능의 한 측면이 독립변수로서 선택된다. 예를 들어, 집단응집력의 효과를 조사하려는 연구자는 고도의 응집력을 가진 집단과 아주 낮은 응집력을 가진 두 집단을 설정하고 집단활동의 결과(클라이언트의 향상)를 비교하는 것이다. 이 디자인의 장점은 내부타당도에 대한 위협적 요소들을 통제할 수 있다는 것이다. 그러나 이 디자인은 단지 하나의 독립변수와 종속변수를 조사하기 때문에 집단의 역동성을 너무 단순화시키는 단점이 있다.

다음 설계방법은 위에서처럼 주요 분석의 단위를 집단의 한 기능에 두지 않고 집단맥락의 여러 변수와 멤버의 치료결과의 관계를 조사하는 '집단-맥락-개인디자인(Individual-within-the group method)'으로서 '상관관계설계'를 활용하는 것이다.[14] 매회 종결 후 설문이나 매회 관찰을 통해 다양

13) Ibid.

14) Brower, A. M., & Rose, S. D. (1986). *A post-session questionnaire packet to examine changes in group behaviors over time*. Group Process Research Project. University of Wisconsin School of Social Work.

한 변수들에 대한 자료를 얻음으로써, 조사의 범위가 집단에 관한 하나의 독립변수에 제한되지 않고 더욱 복잡한 집단기능을 다룰 수 있다. 즉, 치료결과 같은 복잡한 현상이 단지 하나의 독립변수와 종속변수의 원인결과 관계에 의존하지 않고 다차원적 측면에서 평가될 수 있다. 예를 들면, 청소년을 위한 어머니역할 학습집단에서 집단활동의 결과는 구성원들의 집단에 대한 만족도, 참여율 그리고 구성원들이 설정한 목표에의 도달 정도 등을 측정하여 얻어진다. 그리고 이런 결과들이 여러 집단과정 변수들과 어떤 상관관계가 있는지 검토된다. 집단과정 변수들을 조사하기 위한 예를 들어보자. 매 집단 회합의 종결 시에 설문지가 각 개인에게 분배된다. 이때 구성원들의 참여, 대화 정도, 자기노출, 집단응집력 그리고 워커의 효과성 같은 복잡한 현상이 측정된다. 그리고 집단활동이 끝난 후 이러한 변수들의 자료가 조사자가 관심 있어 하는 결과변수들과 어떤 상관관계가 있는지 검토된다.

그러나 이런 디자인 역시 단점이 있다. 이런 디자인으로 치료결과에 관한 특정 집단조건의 조작효과(예 : 집단성원 간 대화의 집중성이 높은 집단과 그렇지 않은 집단)를 단정적으로 이끌어 낼 수 없다. 다시 말해 여기서는 집단의 치료적 요인이 무엇인지를 상관관계를 통해서 유추할 수 있을 뿐이지, 엄격히 어떤 요인이 치료결과에 대해 원인이 되었다고 단정적으로 말하기는 어렵다. 흔히 우리가 혼동하는 한 가지 용어상의 문제가 있는데, 바로 상관관계와 인과관계를 혼동하는 경우다. 일반적으로 실험설계 연구의 경우는 변수 간에 원인과 결과의 관계가 있다는 것을 말할 수 있지만, 단순히 상관관계를 보는 경우, 즉 일회성 횡단적 연구에서는 두 변수 간에 원인과 결과가 있다는 것을 단정적으로 말할 수는 없는 것이다.

집단효과성평가에서 추가적으로 제기되는 문제가 있다. 집단 구성에서, 현장에서는 동질적인 문제를 가진 성원들로만 집단을 구성하기 어렵고, 이질적인 문제를 가진 성원들로 구성되는 경우가 많다는 것이다. 예를 들어, 비행청소년집단이라 하더라도 각 개인이 가지고 있는 문제는 매우 다양하다. 그러므로 결과 측정에서 자아존중감 향상처럼 전반적인 향상만을 재는 것은 각 개인의 문제의 해결 여부를 측정하지 못하는 결과를 가져온다. 종속변수로서 전반적인 인격이 향상되었는가만으로 결과를 측정하는 것은 한계가 있다. 치료를 받는 개인의 향상 정도를 측정할 때, 구체적이고 조작적인 결과측정을 하여 개인의 실제적 문제가 해결되었는가를 측정하는 것이 총체적 또는 성격측정(global or personality assessment)보다 바람직하다는 연구결과가 제시되기도 했다.[15] 특히 강점모델이 사회사업실천에서 중요한 위치를 차지하고 있는 현시점에서 개인의 욕구나 개별 문제해결 여부는 매우 중요한 평가지표가 된다.[16] 그러므로 집단성원의 구체적 표적문제나 욕구가 해결되었는지를 측정하는 집단평가 설계방법이 필요하다. 이를 위해서는 집단에 노출된 문제와 노출되지 않은 표적문제를 놓고 개선 정도를 비교하는 '문제비교방법'을 활용할 수 있다. 예를 들어, 각 성원으로 하여금 자신의 문제를 두 가지 이상 적게 하고 그중 한 문제는 집단활동 중에 노출시키지 않도록 계약을 맺은 후, 집단 종결 후에 제3자에게 노출된 문제와 노출되지 않은 문제의 향상 정도를 평가토록 한다.[17] 이 방법의 단점은 바로 '효과의 일반화'라는 내적타당도를 위협하는 요소다. 노출되지는 않았지만 클라이언트가 집단에서 배운 기술을 활용하여 노출되지 않은 문제까지도 개선시킬 수 있어 차이가 발생하지 않을 수 있다.

2. 질적평가방법

실험설계가 어려운 경우, 질적방법을 활용하여 집단과정과 성원들의 변화에 대한 자세한 서술을 통해 집단실천을 평가할 수도 있다. 고전적인 실험설계에서는 복잡한 클라이언트의 문제나 목적 또는 집단의 복잡한 상호

15) Ciminero, A. R., Calhoun, K. S., & Adams, H. E. (1977). *Handbook of Behavioral Assessment*. New York: Wiley and Sons; Mitchell, W. (1977). On the future of personality research. *American Psychologist, 32*, pp. 246-254.

16) 이윤로(2002). 정신보건 사회복지론. 학지사.

17) Flowers, J. V., Booraem, C. D., & Hartman, K. A. (1981). Client improvement on higher and lower intensity problems as a function of group cohesiveness. *Psychotherapy: Theory, Research, and Practice, 18*, pp. 246-251.

작용 등은 측정하기가 어려워 그러한 주제들을 연구에서 배제하는 경우가 많았다. 그러므로 집단사회사업의 효과성에 대한 고전적 실험설계는 집단활동이 어떤 목적을 성취했다는 정보를 제공해 주기는 하지만, 실천가들이 절실히 필요로 하고 집단사회사업실천이 향상되기 위해 필요한 다음과 같은 측면에 대한 정보는 아주 제한적으로 제공되고 있다.

① 회합 동안에 실제로 무엇이 발생하였는가?
② 어떤 어려움이 나타났는가?
③ 다음에는 어떻게 그런 비슷한 어려움을 피할 수 있겠는가?
④ 기대하지 못한 결과가 발생했는가?
⑤ 어떤 것이 수행되지 못했는가?
⑥ 어떤 과정이 가장 유용했고 가장 해로웠는가?
⑦ 발생해야 했는데 그러지 못한 것이 있었는가?
⑧ 성원의 향상을 가져온 것은 무엇 때문이었는가? 어떻게 성원들을 돕는 것이 효과적이었는가?

질적조사에서는 양적조사처럼 집단의 효과성을 측정하기 위해 '측정할 만한 지표'에 초점을 두기보다는 집단조건에 영향을 주고 있는 참여자, 관계형성, 활동, 자원, 구조 그리고 과정에 대해 폭넓게 초점을 둘 수 있다. 즉, 조사자는 참여자들의 태도나 가치, 상호작용유형, 리더의 활동과 이론적 방향, 집단의 규범, 역할구조, 기타 폭넓은 중요한 특징들에 대해 비교적 쉽게 조사할 수가 있다는 장점이 있다. 물론 질적조사는 정보수집이 객관적이지 못하다는 비판이 있다. 이를 극복하기 위해서는 교차검증(triangulation)을 통해 자료의 타당도와 신뢰도를 높여야 할 것이다. 즉, 관찰방법을 두 가지 이상 활용하는 등 자료수집방법, 출처 또는 도구를 다양하게 하는 것이 좋다.

질적방법을 활용한 Goodman[18]의 논문은 보호관찰대상 청소년집단 프

18) Goodman, H., Getzel, G. S., & Ford, W. (1996). Group Work with high-risk urban youths on probation. *Social Work*.

로그램을 새롭게 개발하여 그 프로그램을 자세히 묘사하고 있다. 보호관찰대상 청소년들을 위한 혁신적 집단사회사업모델을 질적방법으로 평가한 논문이다. 이 논문에서는 16~20세의 청소년들을 대상으로 하여 인지행동접근을 적용하였다. 목적은 자신의 신변안전을 도모하는 방법을 가르치고 친사회적 사고와 행동을 하도록 함으로써 재범을 막도록 하는 것이다. 조사자는 직접 프로그램을 시행하면서 매회의 참여관찰과 클라이언트의 피드백에서 얻어진 질적자료를 통해 워커들이 집단성원들을 어떻게 도울 수 있는지를 설명하고 있으며, 발전적인 집단사회사업 방안을 제시하고 있다.

사례연구 형식을 빌려 질적조사 형태로 이루어진 이러한 유형의 논문은 양적조사에서는 관찰되지 않을지도 모르는 독특한 집단과정을 묘사하는 장점이 있으나, 객관적 측정도구를 사용하지 않으므로 비판을 받을 여지가 있다. 그러나 새로운 프로그램의 개발과 소개 및 앞으로의 연구가설 내지 연구과제 제시라는 점에서 매우 중요한 의미를 가지며, 집단연구의 가장 기초적인 출발점이라고 볼 수 있다. 앞으로 이런 프로그램은 실험디자인을 통한 효과성 검증을 받는 것이 과제로 남게 된다.

제5절 분석

집단의 효과성평가를 위한 분석에는 t-검증방법이 가장 많이 활용된다. 이 방법은 간단히 말해 두 집단 간의 평균에 차이가 있는지를 검증하는 데 적합한 방법이다. t-검증이 유용한 이유 중 하나는 표본의 규모가 상대적으로 그리 크지 않아도 되기 때문이다. 임상현장에서 조사를 하는 경우 커다란 표본규모를 확보하기란 쉽지 않다. 이럴 경우 t-검증은 매우 적합한데, 보통 한 집단에 약 15명 이상이면 적합하다. 덧붙여 두 집단이 동등한 수의 표본을 가지고 있지 않아도 된다. 두 집단의 표본의 크기에서의 차이는 t값을 구할 때 자동적으로 통제된다. 한 집단의 사전검사와 사후검사의 차이를 검증하는 경우는 paired t-test(대응표본 t-검증)를 하게 된다. 사례수가 적은 경우는 보통 비모수통계방법인 맨-휘트니의 U검증(모수통계의 t-검증에 해당), 윌콕슨의 대응부호순위검증(모수통계의 대응비교-t검증에 해당)을 활용할 수 있으나, 비모수통계의 단점은 통계적 검증력이 모수통계에 비해 약하다는 것이다.

비교집단을 설정한 경우, 분석하는 방법은 세 가지가 있다. 첫째, 우리나라 논문에서 가장 많이 제시되고 있는 방법으로 실험집단에 대해 사전검사 점수와 사후검사 점수를 가지고 대응표본 t-검증을 하여 유의한 변화가 있었는지를 확인하고, 비교집단에도 대응표본 t-검증을 하여 비교집단에서는 유의한 변화가 없었다는 것을 확인하는 방법이다. 그러나 이 방법은 비교집단에서도 유의한 변화가 나타났을 때 문제가 된다. 종종 비교집단에서도 성숙, 역사적 사건 발생, 치료의 모방 등의 요인으로 문제가 좋아지는 경향이 있기 때문이다. 그러므로 더 정확한 결과를 얻기 위해서는 다음 방법을 사용해야 한다. 실험집단의 사후검사에서 사전검사를 뺀 후 이를 가지고 새로운 변수 V_1을 만든다. 다음은 비교집단에서 사후검사에서 사전검사를 빼어 새로운 변수 V_2를 만든다. 그리고 V_1과 V_2를 가지고 독립표본 t-검증을 수행한다. 이 방법 역시 문제점은 남아 있다. 즉, 사전검사가 사후검사에 미치는 영향을 통제하지 못한다는 것이다. 다시 말해 사전검사에서 어떤 점수를 받았는지가 사후검사에서 어떤 점수를 받게 되는지에 대해 어느 정도 영향을 미칠 수 있는데, 이를 통제할 필요가 있다. 이를 위해서는 사전검사를 공변량으로 통제하면서 ANOVA를 시행하는 방법, 즉 ANCOVA를 시행할 수 있다. 이 방법의 장점은 통계적 검증력(제2종 오류를 방지하는 확률)을 높인다는 것이다.

t-검증을 사용할 때 주의할 점이 있는데, 양측검증을 할 것인지 단측검증을 할 것인지를 미리 결정하여야 한다는 것이다. 일상적으로 방향이 있는 가설이면 단측검증을 해야 하고 방향이 없는 가설인 경우는 양측검증을 한다. 치료집단과 비교집단을 비교하는 경우는 보통 단측검증을 해야 한다. 치료 프로그램이 이론적으로 뒷받침되고 있어 방향이 있는 가설이 세

워지기 때문이다. 컴퓨터는 단측검증을 하라는 명령을 내리지 않으면 기본적으로 양측검증을 기준으로 결과를 내기 때문에 이를 주의해야 한다. 양측검증과 단측검증의 차이는 무엇인가? 양측검증에서의 유의확률 p값이 단측검증에서는 그 반으로 떨어진다. 예를 들어, 양측검증에서 p값이 .08이 나왔다면 단측검증에서는 p값이 그 반으로 떨어져 .04가 된다. 그러므로 양측검증에서는 유의하지 않았지만 단측검증에서는 유의하게 나오는 경우가 있다. 그러므로 방향이 있는 가설을 세운 경우나 실험연구에서는 단측검증을 활용하여 제2종 오류(유의한데도 영가설을 기각하지 못하는 것)를 범하는 것을 막아야 한다.

집단활동평가를 할 때 주의할 점이 하나 더 있다. 임상평가에서는 실험대상자를 모집하기 어렵기 때문에 표본이 10명 이하로 작은 경우가 많다. 표본이 작은 경우, 두 집단의 평균에서 꽤 큰 차이가 나온다 하더라도 통계적으로 유의미한 결과가 나오지 않는 경우가 있다. 이때 제2종 오류를 범하지 않도록 유의해야 한다. 즉, 거짓영가설을 기각하지 못하게 되는 것인데, 표본이 커지면 통계적으로 유의한 결과가 나올 가능성을 배제할 수 없기 때문에 추가분석이 필요하다. 이때는 관계의 강도(effect size)를 검증하여야 한다. 관계의 강도(효과크기, effect size)란 변수 사이의 관계의 강도를 나타내는 통계치다. 달리 표현하면 독립변수(또는 개입)와 종속변수의 변화 간에 존재하는 관계의 강도를 나타내는 통계치다. 효과크기라고도 불리는 이 값을 계산하는 공식은 다음과 같다.[19]

$$\text{효과크기} = \frac{(\text{치료집단평균} - \text{통제집단평균})}{\text{통제집단 표준편차 또는 공통표준편차}}$$

단일집단 사전사후설계일 경우의 효과크기를 구하는 공식은 다음과 같다.

19) Cohen, J. (1977). *Statistical Power Analysis for the Behavioral Sciences*. New York: Academic Press.

$$ES = \frac{\mu_t - \mu_c}{\sigma\sqrt{1 - r_{tc}}}$$

* r_{tc}는 사전검사와 사후검사의 상관계수
μ_t: 사후검사평균, μ_c: 사전검사평균, σ: 공동표준편차

단일사례설계에서도 통계적 분석을 할 수 있는데, 이때 효과크기를 구하는 방법은 다음과 같다.[20]

$$\text{효과크기} = \frac{\text{(개입단계의 평균-기준선단계의 평균)}}{\text{기준선단계의 표준편차}}$$

효과크기의 값이 보통 0.5 내지 0.6 정도 이상으로 나오면 효과크기가 '보통', 0.8 이상이면 '크다' 라고 판단하게 되며, 이럴 경우는 효과크기가 큼에도 불구하고 왜 통계적으로 유의하지 않게 결과가 나왔는지를 조심스럽게 제시해야 한다. 즉, 표본의 크기가 작아서 유의한 결과가 나오지 않을 가능성이 크다는 것을 제시해야 한다. 그러므로 연구보고서를 작성할 때 주의할 점은 통계적으로 유의하지 않게 나온 경우에는 효과크기를 확인하고, 표본수가 적어서 그러한 결과가 나왔을 가능성을 제시해야 한다.

1. 본질적/실용적 유의성 검토

자료분석 후에 한 가지 더 유념해야 할 것은 분석결과가 과연 실용적 견지에서도 중요성을 가지고 있는가를 따져 보아야 한다. 이것이 바로 본질적/실용적 유의성(substantive significance)이다. 통계적으로 유의하게 나왔다 하더라도 결과가 본질적으로 중요한 것인지, 아니면 사소한 결과인지를

20) Rubin, A., & Babbie, E. (1993). *Research Methods for Social Work*. Belmont Wadsworth Publishing Company.

따져 보아야 한다. 이는 가치판단의 문제라고 말할 수 있다. 예를 들어, 어느 연구가 사소한 문제를 다루고 있어서 연구결과의 함의를 수행하는 이점에 비해 비용이 너무 많이 든다고 판단된다면 연구결과가 본질적 유의성이 떨어진다고 보아야 한다. 또한 어느 연구결과가 통계적으로 유의하지만 예상 기대치나 바람직한 목표치에 도달하지 못한 결과가 나왔을 때도 실용적 유의성이 떨어진다고 말한다. 통계적 유의성의 맹점은 표본수가 수백 명으로 크게 되면 프로그램의 영향력이 미약한데도 불구하고 유의한 결과가 나온다는 점이다. 그러므로 프로그램의 영향력의 강도가 예상 기대치에 도달하고 있는지, 비용을 들일 만한 가치가 있는지 등을 살펴보아야 한다(이익섭, 이윤로, 2004).

제6절 결론

현재 우리나라의 집단사회사업조사 현황을 보면 집단사회사업의 실천이 체계적 및 과학적 조사의 기반 위에 있다는 것을 보여 주기에는 그 양과 질 면에서 매우 부족하다. 이 장에서는 집단사회사업조사의 활성화를 위한 노력의 일환으로서 집단사회사업조사에 대한 논점과 시행방식을 제시했다. 집단사회사업조사는 개인들의 향상에만 관심을 보여서는 안 되며, '어떻게' 개인들이 집단이라는 맥락 속에서 향상되었는지에도 관심을 기울여야 한다. 집단조사 디자인은 개인적 특성, 개인과 집단의 상호작용, 집단조건, 지도자의 특성, 치료 요인 등에 대한 타당한 측정과 분석을 할 수 있도록 디자인되어야 한다. 구성원과 집단 그리고 워커 사이에서 존재하는 복잡한 상호작용을 한 번에 고려하는 것은 비용 때문에 힘들 수도 있다. 그러나 우리는 한 가지 한 가지 관심 있는 집단조건들을 체계적으로 조사해 나갈 수 있어야 한다. 아마도 독립변수와 종속변수와 매개변수를 분명히 하는 것이 도움이 될 것이다. 개입방식과 집단조건을 자세히 서술하는 것이 중요하다. 집단과정을 명백히 묘사하고 설명하는 길만이 결과를 해석하는 데 혼선을 피할 수 있게 한다. 그러나 개인, 집단 그리고 상호작용이라는 변수들을 분별하고, 집단과정과 결과를 연결시켜야 하는 집단사회사업조사는 매우 복잡하고 까다롭기 때문에 완벽한 조사디자인과 통계적 분석을 사용하는 것은 불가능하다. 어느 정도의 불가능성을 인정하면서 조사자 자신이 최상의 조사방법을 선택해야 할 것이다. 어느 연구도 완벽할 수는 없다. 집단연구자들은 개념적 및 방법론적 문제들에 대해 적절한 타협안을 도출해 내는 것이 필요하다. 즉, 자신의 연구의 약점을 인정하면서도 자신들의 결과를 타당성 있는 결과로서 강화시키는 전략을 사용할 수 있어야 한다. 집단연구자는 일련의 한계를 제시하고, 그것에 대해 독창적 해결책을 찾아내야 할 것이며, 궁극적으로 집단사회사업에 대한 실증적 지식을 점차로 축적해 나가야 한다.

앞으로 집단의 결과에 관련되는 다양한 조건들을 체계적으로 분류하는 연구 프로그램을 개발하고 또한 여러 개별적 연구들의 결과보고를 용이하게 하기 위한 보고서 모형을 만드는 등 결과보고 표준화 전략을 세운다면 집단사회사업조사가 더욱 활성화되리라고 본다.

집단사회사업의 평가

예상문제

1. 집단사회사업 조사방법에 대한 설명으로 옳지 않은 것은?
   ① 집단사회사업조사가 자주 시행되지 못하는 이유로 집단조사의 복잡성과 훈련의 부족을 들 수 있다.
   ② 집단사회사업조사는 효과성평가만을 시행하는 것이 바람직하다.
   ③ 어떤 집단과정이 클라이언트의 향상에 영향을 주었는지를 설명할 필요가 있다.
   ④ 집단조사에서도 단일사례설계를 활용할 수 있다.
   ⑤ 집단성원 점수를 평균하여 결과를 낼 수 있다.

해설 집단을 평가할 때에는 효과성평가뿐만 아니라 집단과정에 대해서도 보고해 주는 것이 바람직하다.

2. 집단조사 시 독립변수로 사용하기 어려운 것은?
   ① 구성원들의 특성 ② 워커의 특성
   ③ 집단 회합의 길이 ④ 집단응집력
   ⑤ 집단성원의 변화

해설 집단성원의 변화는 종속변수가 된다.

3. 집단 프로그램의 효과성 평가방법에 대한 설명으로 옳지 않은 것은?
   ① 실험설계가 어려운 경우, 질적방법을 활용하여 집단과정과 성원의 변화에 대해 자세한 서술을 해 준다.
   ② 집단성원이 이질적인 경우, 각 성원의 구체적 문제가 해결되었는지를 파악하는 것도 중요하다.

답 1. ② 2. ⑤ 3. ④

③ 집단성원의 자료를 합산하여 보고하는 것은 개인구성원들 사이의 변이를 무시하는 결과를 낳는다.

④ 상관관계설계를 통해 집단효과를 평가하는 것은 실험설계에 비해 내적타당도가 높다.

⑤ 어떤 집단과정이 효과를 내었는지를 파악할 필요가 있다.

해 설 상관관계설계는 실험설계에 비해 내적타당도가 떨어진다.

4. 집단조사에서 독립변수로 사용될 수 있는 변수에는 무엇이 있는가?

5. 집단조사에서 자료수집방법에는 무엇이 있는가?

6. 집단조사설계의 어려움은 무엇이고, 효과적인 집단조사설계 방안은 무엇인가?

답 4. 본문 p. 295 참조 5. 본문 p. 296-297 참조 6. 본문 pp. 299-306 참조

제 11 장 질적조사방법

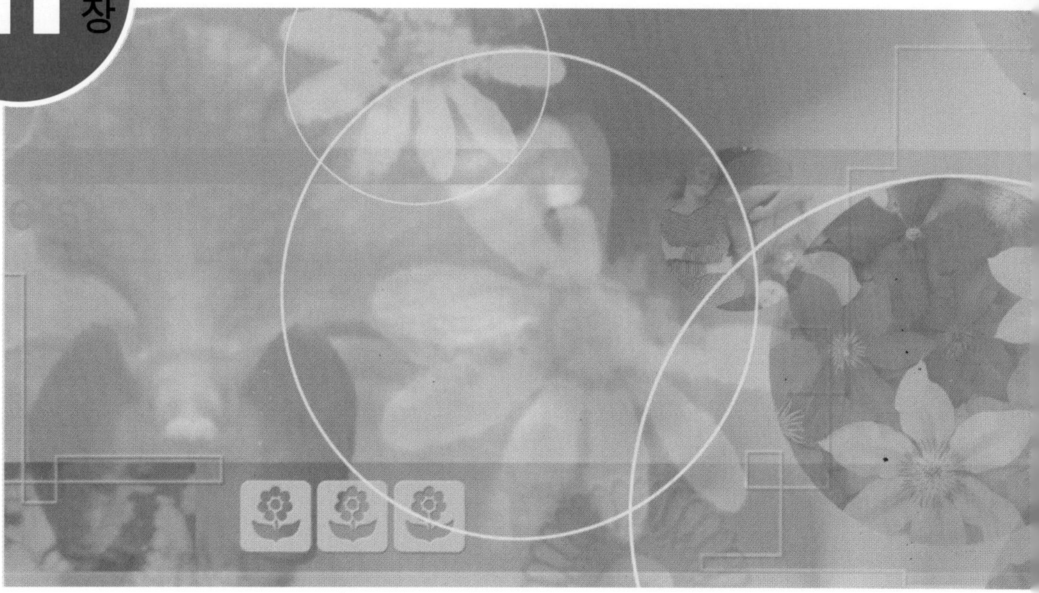

1970년대 이후 많은 사회사업 연구자들은 전통적인 양적조사방법과는 다른 패러다임인 질적조사방법에 대해 관심을 기울였다. 이것은 사회가 점차 복잡해지는 양상 속에서 전통적인 양적방법의 적용은 한계가 있다는 인식의 확산으로 볼 수 있다. 질적방법은 양적방법을 보완해 줄 수 있을 뿐만 아니라 사회현상에 대한 심층적 견해를 얻을 수 있기 때문에 최근 들어 급속하게 보급되고 있다.

질적방법은 사회현상에 대한 폭넓고 다양하며 풍부한 정보를 얻어 내는 것을 목적으로 한다. 조사자가 조사과정에서 객관적 입장에 서 있는 양적조사방법과는 대조적으로, 질적조사방법에서 조사자는 조사과정에 깊이 관여하여 중요한 자료측정도구역할을 한다. 또 하나 질적방법의 특징은 자료수집과 분석이 양적방법처럼 구별되어 있다기보다는 상호의존적이며 상호작용하면서 동시적으로 진행된다는 것이다.

조사자는 자료를 수집하면서 자료의 유사성과 상이점을 탐색하며 왜 이런 현상이 일어나는지를 유추해 나간다. 이 과정에서 파악된 현상에 대해 계속적으로 어떤 명제를 제시해 나가고 일시적으로 어떤 결론을 내린다. 조사자는 일시적으로 내려진 결론을 기반으로 하여 자료를 계속 수집해 나가며, 더 새로운 주제가 나타나는지 탐색한다(이를 위해 자료수집방법을 약간 바꿀 수도 있다).

질적조사는 자연상황에서 일어나는 일상적 행위를 중요시하고 이런 일상적 행위의 의미를 새기려 노력한다. 자연현상에서 발생하는 일상적 일들은 어떤 관행이나 지속적인 상호작용, 현재의 여건 등을 포함한다. 질적조사는 바로 양적조사에서는 쉽게 찾아내기 어려운 관행이나 관습, 지속되는 상호작용유형 그리고 기타 맥락적 요인들을 찾는 데에 그 장점이 있다. 질적조사는 고도로 묘사적이어야 한다. 일반적으로 클라이언트와의 면담 중 주어진 시간과 장소에서 파악된 내용을 잘 묘사할 수 있어야 한다.

조사자가 성공적으로 질적방법을 사용하려면 유연성 있는 디자인을 수용할 수 있어야 하고, 몇 가지의 실제적 기술을 갖추어야 하며, 철저한 준비를 해 두어야 한다. 이 장에서는 질적방법을 위한 준비사항과 표본선정방법, 질적자료의 수집 및 분석방법에 대해 소개하고 결과물의 신뢰도와 타당도를 높일 수 있는 방법을 살펴보기로 한다.

제1절 질적방법의 준비

1. 조사준비

질적조사를 시작하기 전에 조사자는 조사가 진행될 세팅에 대한 기본정보 수집은 물론 연구내용에 대한 기본이론과 개념을 잘 파악하고 있어야 한다. 예를 들어, 아동 성폭행과 같은 아주 민감한 주제를 탐색하는 경우, 기존의 연구들은 어떤 장애요소에 부딪혔는지 등을 알아보고 어떻게 클라이언트에 접근할 것인지 전략을 잘 수립하여야 한다. 또한 어떤 이론적 지식을 미리 준비하고 있어야 실전에서 유리한지를 신중히 검토해 보아야 할 것이다.

2. 연구설계

질적조사 설계는 일반적으로 양적방법에서처럼 미리 구체적으로 설계되어 어떤 명백한 형태를 띠고 있는 것은 아니다. 질적조사자는 자료수집과 분석을 진행해 나가면서 자료수집대상과 방법을 바꾸기도 하고 또는 기초분석자료를 가지고 주요 조사질문을 부분적으로 또는 전체적으로 바꿀 수도 있기 때문이다. 그러므로 보통 조사의 목적, 문헌연구, 표본선정, 자료의 수집, 귀납적 분석, 기초이론의 개발 그리고 후속조사에 대한 제안 등을 일반적으로 검토는 하지만 대부분 현장에서 해 나가면서 설계된다고 보아야 할 것이다.

질적조사는 이론적 배경을 가지고 시행되므로 분석할 때 이론적 배경을 바탕으로 전반적 사례분석틀을 개발하여 활용하기도 하고 이론적 배경 없이 시행되어 사례분석틀이 없이 분석하기도 한다.

3. 조사자의 면접기술

자료수집과 분석을 효과적으로 수행하기 위해 필요한 몇 가지 기술이 있다. 먼저 질적조사자는 종합적이고 객관적인 질문을 던져 편견에 치우친 응답이 나오지 않도록 해야 한다. 어떤 특별한 응답이 나오기를 바라서는 안 되며, 가치판단적인 질문을 해서도 안 된다.

질적조사자는 효율적으로 시간을 운용할 수 있어야 한다. 자신의 조사시간은 물론이고 피면접인의 시간도 고려해 주어야 한다. 그러므로 조사자는 항상 연구의 목적을 염두에 두고 질문을 하고 들으며 그 의미를 해석해야 한다. 특히 피면접인이 하는 말을 집중해서 듣고 기억하고 있어야 면접을 빨리 진행시킬 수 있다.

조사자는 또한 유능한 관찰자여야 한다. 물리적 프로그램 세팅이나 클라이언트의 비언어적 대화 등 어떤 정보에 간접적 실마리를 제공할 수 있는 요소들을 재빨리 감지할 수 있어야 한다. 조사자에게 필요한 또 한 가지는 기록하는 기술이다. 아무리 깊이 있는 면접을 했더라도 자세하고 풍부하게 기록해 놓지 못한다면 분석에 상당한 애로가 있게 마련이다.

마지막으로 조사자는 어떤 선입견에 사로잡혀 있어서는 안 된다. 또한 하나의 정보제공처에만 의지해서도 안 되며, 여러 가지 대안에 대하여 항상 마음의 문을 열고 있어야 한다.

제2절 표본선정

질적방법에서 의도적 표집의 논리는 확률표집의 논리와 사뭇 다르다. 통계적 표본의 장점은 무작위표본, 즉 모집단에 대해 일반화시킬 수 있는 대표적 표본을 추출하는 데서 비롯된다. 의도적 표집의 장점은 깊이 있는 조사를 위해 정보를 풍부히 줄 수 있는 사례(information-rich case)를 선정하는 데 달려 있다. 조사목적에 중심이 되는 이슈에 관한 많은 정보를 줄 수 있다는 데서 '의도적(purposeful) 표집'이라는 용어를 쓴다. 예를 들어, 조사의 목적이 저소득계층을 위한 프로그램의 효과성을 증진시키는 것이라면 확률표집을 한 서베이를 통해 손쉬운 정보를 얻기보다는 조심스럽게 선정된 소수의 빈곤가족을 선정해 이들의 욕구, 관심사, 동기들을 깊이 있게 이해하는 데 초점을 맞추는 것이 더 좋을 것이다.

표본의 크기에 대하여 Zyzanski 등(1992)은 동질적인 표본일 경우 6~8명을, 변이를 최대화하기 위한 경우에는 12~20명을 추천한다. 그러나 질적조사에서는 표본크기보다는 정보의 풍부함이 더 중요한 관심사다. 사실 질적조사에서는 규정된 표본크기가 없다. 뒤에 나오는 현장기반이론(grounded theory) 방법에서도 알 수 있듯이, 분석결과에 따라 예상보다 더 표본이 필요할 수도 있고 필요하지 않을 수도 있다. 그러나 표본이 클수록 바람직한 것은 사실이다.

풍부한 정보를 주는 사례를 의도적으로 선정하는 데 사용될 수 있는 몇 가지 전략이 있다. 조사의 목적에 따라 각 전략을 선정할 수 있다(Patton, 1987).

1. 극단적/예외적 사례표집

이 접근은 특이하고 특별한 사례를 통해 정보의 범위를 넓히는 것이다. 특이하고 특별한 사례란 각별한 성공사례나 실패처럼 특별하게 부각된 사례를 말한다. 예를 들어, 조사의 목적이 더 많은 클라이언트에게 서비스를 제공하는 방안에 관한 것이라면 대기자가 많은 기관과 대기자가 별로 없는 기관을 비교할 수 있을 것이다.

극단적 사례표집(extreme or deviant case sampling)의 논리는 특이한 조건 또는 극단의 결과로부터 교훈을 얻을 수 있다는 것이다. 예를 들면, 어린이집 프로그램이 서울시에서 수십 개가 운영되고 있다. 어린이집 프로그램 개선에 대해 알고자 한다면 어떻게 표본을 선정하는 것이 좋겠는가? 제한된 자원과 시간을 고려한다면 조사자는 훌륭한 프로그램 한두 개와 빈약한 프로그램 한두 개를 집중적으로 연구함으로써 많은 정보를 얻게 된다. 이때 초점은 어떤 조건에서 프로그램이 고충을 갖게 되고 어떤 조건에서 성공적인가를 이해하는 데 맞추어질 수 있다.

이와 관련하여 한 예를 더 들면, 프로그램을 이용하는 많은 클라이언트 중에서 조사자는 도중하차한 클라이언트와 성공적인 클라이언트를 조사할 수 있을 것이다.

2. 변이극대화표집

이 전략은 수많은 조사대상 전반에 걸쳐 나타나는 주요한 결과나 중심주제를 묘사하거나 파악하기 위해 사용된다. 다양하고 이질적인 조사대상으로부터 나타나는 공통된 유형은 그 집단의 중심적이고 핵심적인 경험이나 양상을 파악하는 데 중요하다. 그러면 소수의 표본 내에서 변이를 최대화하기 위한 방법은 무엇인가? 한마디로 다양한 특성을 선정하는 것이다. 서울시에서 운영되는 어린이집 프로그램을 예로 들어 보자. 어떤 어린이집은 빈곤층에서, 어떤 어린이집은 중산층에서 또는 상류층에서 운영된다. 무작위표본을 하기에는 재원이 부족한 경우, 조사자는 지리적인 변이만이라도 최대화할 수 있도록 표본을 선정할 수 있다. 한 프로그램을 조사하는 경우의 예를 들어 보자. 어떤 프로그램에 참여한 클라이언트들로부터 표본을 선정하는 경우, 매우 다른 경험을 가지고 있는 개인들을 선정함으로써 집단 내의 변이를 더욱 철저히 묘사할 수 있고 경험의 다양성을 이해할 수 있다. 또한 참여하고 있는 개인들의 경험에서 전반적으로 나타나는 핵심요소와 공유된 주제나 양상도 조사할 수 있다. 다양한 배경을 가진 표본을 선정하여 자료를 수집하고 분석하는 경우 다음과 같은 결과를 얻어 낼 수 있다.

- 각 사례의 독특성을 자세히 묘사할 수 있다.
- 다양한 배경의 사례 전반에 걸쳐 나타나는 중요한 공통유형을 묘사할

수 있다.

변이극대화표집(maximum variation sampling) 전략은 결과물을 전체 집단에 일반화시키려고 시도한다기보다는 조사대상자들이 경험하는 변이와 그 변이 내에서 중대한 공통유형을 설명해 주는 정보를 찾는 데 목적이 있다.

3. 동질적 표본

변이극대화표집과 대조되는 것으로 동질적인 표본(homogeneous sample)을 선정하는 전략이다. 목적은 어떤 특별한 하위집단을 깊이 있게 묘사하기 위한 것이다. 예를 들어, 부모교육 프로그램을 구성하고자 할 때 편모(single parent female)의 경험을 이해하고 싶은 경우 이 전략을 쓸 수 있다. 포커스집단면접(focus group interview)은 전형적으로 동질적 집단에 기반을 둔다. 이러한 면접은 특별히 초점을 맞춘 주제에 대해 5~8명으로 구성된 집단과의 개방형 면접을 수행하는 것이다. 포커스집단을 위한 샘플링은 전형적으로 어떤 주제에 관련 있는 사람들을 집단면접에 참여시키기 위해 유사한 배경과 경험을 가진 사람들을 선정하게 된다.

4. 전형적 사례표집

어떤 상황이나 어떤 프로그램에 대해 소개하고자 할 때 전형적인 사례(typical case)에 대한 질적 프로파일을 제공하는 것은 매우 도움이 된다. 전형적인 사례는 그 주제에 대해 정통한 정보제공자나 전문가의 도움을 받아 선정하는 것이 좋다. 또한 서베이를 통해 나타난 인구통계학적 배경을 바탕으로 평균적인 사례를 선정하는 것도 가능하다.

5. 중요사례표집

중요사례(critical case)란 어떤 상황에 대해 아주 극적인 요점을 제공해 줄 수 있는 사례를 말한다. 다음과 같은 효과가 나타나기를 기대할 수 있을 때 중요사례라고 간주할 수 있다. '거기서 이 일이 일어난다면 어디서도 그 일은 일어날 것이다.' 또는 '거기서 이 일이 발생하지 않는다면 어디서도 발생하지 않을 것이다.' 예를 들어, 어떤 집단이 문제를 가지고 있다면 모든 집단이 문제를 가지고 있다고 확신할 수 있다고 할 때 그 집단이 중요사례가 된다. 중요사례를 찾는 것은 조사자원이 부족할 때 매우 중요한 전략이다. 하나 또는 몇 개의 중요사례를 연구하는 것으로 모든 사례에 대한 일반화된 결론을 끌어내는 것은 불가능하지만 무게 있는 증거를 도출해 냄으로써 논리적인 일반화를 도출할 수는 있다. 물리학은 중요사례에 대한 좋은 예를 제시해 준다. 갈릴레오의 중력에 대한 연구에서 그는 물체의 무게가 떨어지는 속도에 영향을 주는지를 알고 싶었다. 일반화를 위해 서로 무게가 다른 물체를 무작위로 선정하기보다는 그는 하나의 중요표본-깃털-을 선정하였다. 진공상태에서 깃털이 더 무거운 물체(동전)와 같은 속도로 떨어지는 것을 증명함으로써 논리적으로 하나의 중요사례를 모든 물체에 일반화시킬 수 있었다. 그의 발견은 매우 유용했고 신뢰성 있는 것이었다.

사회과학조사에서도 많은 중요사례들이 있다. 예를 들어, 어떤 새로운 지역사회 프로그램에 대해 지역사회 주민들의 이해 정도를 알고자 하는 경우, 중요사례는 교육수준이 높은 지역사회가 될 수 있다. 교육수준이 높은 지역사회에서 잘 이해하지 못한다면 그렇지 못한 지역사회에서는 더더욱 그 프로그램을 이해하지 못할 것이기 때문이다.

6. 눈덩이/체인표집

이 접근방법은 주요 정보제공자(key informant)나 중요사례를 찾기 위한 방법이다. 이 과정은 다음과 같은 질문을 던지면서 시작된다. '…에 대해 누가 잘 알고 있을까요? 다음엔 누구에게 말해야 할까요?' 마치 눈덩이가 굴러가면서 점점 커지는 것처럼 정보를 제공해 줄 수 있는 사람들을 하나 하나 만나 가는 것이다.

7. 기준표집

기준표집(criterion sampling)은 미리 결정한 기준을 충족시키는 모든 사례를 연구하는 것이다. 이 표집방법은 중요한 정보를 줄 수 있는 어떤 양질의 사례를 확보하기 위한 노력이다. 예를 들어, 정신건강 외래 프로그램에 참여하도록 기대된 기간이 최소 4주 내지 26주였다면 26주 이상을 참여한 모든 사례를 검토하여 프로그램을 통해 참여자들에게 어떤 결과가 나왔는지를 검토한다. 입원기관에서 지역사회로 퇴소한 지 3개월 이내에 자살을 시도한 사람들을 연구하는 것(3개월 이내의 자살률이 가장 높으므로)도 한 예가 된다.

8. 확인 및 예외사례표집

질적조사에서는 조사자가 자료를 수집하면서 어떤 유형이 나타나는가를 조사하게 된다. 새로운 자료와 추가적인 사례를 지속적으로 검토하면서 아이디어를 검증하고 어떤 가능한 유형의 의미와 중요성을 확인해 가며 도출되는 결과의 신뢰성을 검증해 간다. 확인사례(confirmatory case)란 이미 나타나고 있는 유형에 일치하는 사례를 말한다. 이런 사례들은 결과물을 확인시켜 주고 보충시켜 주며 신뢰도와 깊이를 더해 준다. 예외사례(disconfirming case)란 이미 나타나고 있는 유형과 일치하지 않는 사례다. 이런 경우 이 사례를 통해 또 다른 유형이 있다는 경쟁적 해석을 할 수 있는 가능성이 발생한다. 또한 기존의 결과를 수정할 수 있는 가능성도 열어놓게 한다.

이상에서 제시된 표집전략이 상호배타적인 것은 아니다. 또한 경우에 따라서 한 가지 이상의 표집전략을 선정하는 것이 필요할 수도 있다.

조사자는 사례를 표집하는 이유를 주의깊게 분명히 밝혀야 한다. 또한 어떤 표집전략이 왜곡된 결과를 도출할 수 있다는 점, 즉 비판받을 여지가 있음도 밝혀야 한다.

제3절 자료의 수집

질적자료 수집방법에는 다음과 같은 방법들이 있다. 첫째, 관찰(observation)이다. 질적방법의 핵심원리의 하나는 질적조사는 세심한 관찰로부터 시작된다는 것이다. 조사자는 이런 초기의 세심한 관찰 속에서 어떤 의미를 해석해 내고, 일시적인 결론을 이끌어 내며, 후속적인 자료수집을 위한 새로운 변수와 조사질문을 파악해 낸다. 조사자는 추가로 관찰을 다시 하고, 일시적 결론을 재검토하며, 다시 재분석을 시행한다. 조사자는 또한 직접 구체적 사건이나 일을 관찰해야 한다. 조사자는 사람들이 상호작용하는 물리적 세팅, 개인과 사회환경의 상호작용형태, 개인과 사회환경의 상호작용형태, 사람들의 행동과 언어, 비언어적 대화 등을 관찰한다.

관찰은 크게 직접관찰과 참여관찰로 나누어 생각할 수 있다. 먼저 직접관찰은 관찰자의 존재가 자료수집에 영향을 미치지 않으면서 자료를 수집하는 것이다. 예를 들어, 복지관 프로그램 운영방식에 대하여 관찰자가 복지관 세팅을 관찰하는 경우다. 복지관 사무실이 정렬된 방식, 가능한 서비스내용, 직원들의 상호작용형태 등을 직접관찰을 통해 측정하고 자세히 기록한다. 참여관찰은 관찰자가 직접 연구상황의 참여자가 되어 관찰한다. 예를 들어, 프로그램의 클라이언트로서 또는 직원으로서 참여하면서 관찰한다.

두 번째 질적자료 수집방법은 기존자료분석이다. 이 분석방법의 예를 들어 보면, 조사자는 복지관에서 발간한 정강정책과 프로그램 수행결과기록을 검토하고 분석하여 이 두 가지 내용이 서로 일관성 있는지를 조사할 수 있다.

세 번째 자료수집방법은 면접이다. 질적면접방법은 일반적으로 구조적 면접방식보다는 심층면접을 활용한다. 자료수집과 분석이 동시에 수행된다. 면접자는 대강의 질문 가이드라인을 미리 준비하지만 면접도중 계속 새로운 주제로 탐색해 나가게 된다. 듣기 및 탐색적 질문을 던지는 능력이 매우 중요하다. 면접을 계획할 때 조사자는 면접대상자에게 대강의 질문 목록을 알려 주는 것도 좋다. 주요 질문내용은 연구질문과 문헌연구, 자문위원들과의 토론 등에 기반을 두어야 한다.

조사자는 피면접자에게 면접형식이 구조화되지 않을 것이고, 상황에 따라 질문하게 될 것이라는 것을 미리 알려 주는 것이 좋다. 초반부 면접은 연구 해당분야의 책임 있는 주요 정보제공자(key person)을 먼저 면접하는 것이 연구분야의 커다란 맥락을 잡는 데 유리하다. 일시적 해석과 결론을 설정해 가면서 연구후반부로 진행해 가며 점차 구조화된 질문을 던지게 된다.

모든 정보소스의 이점을 활용하기 위해 실전에서는 위의 세 가지 자료수집방법을 혼합해서 사용하는 경우가 많다.

올바른 질문을 던지는 것만으로 타당한 자료를 확보한다고 보장할 수는 없다. 면접이나 관찰을 수행하는 조사자는 조사 후 최소한 12시간 내에 현장노트에 조사내용을 기록해야 한다. 내용은 사람, 사건, 들은 것, 대화, 물리적 세팅을 포함하는 모든 활동과 맥락에 대해 완벽히 묘사해야 한다. 모든 자세한 내용을 시간대별로 현장노트에 기록하는 것이 바람직하다. 한 가지 주의해야 할 점이 있다. 조사자는 현장노트에 내용을 기록하면서 동시에 내용을 분류하거나 범주화하는 등 자료를 변형시켜서는 안 된다. 즉, 자료를 분류하거나 범주화하는 등의 작업은 일단 원자료(raw data)를 상세히 기록하는 것을 다 끝낸 뒤에 시행해야지, 원자료를 분류처리하면서 기록하는 것은 후속적 분석을 어렵게 만드는 경우가 많다. 자료의 수집과 분석이 진행됨에 따라 조사자는 새로운 정보를 얻게 되므로 때로 분류와 해석을 새로이 해야 하는 경우가 많기 때문이다. 처음부터 미리 분류처리한 자료는 나중에 재분석이나 수정을 가하는 데 사용하기 어렵다. 만일 나중에라도 분석도중 한 분야가 중요한 결과로서 부각된다면 초기 면접에서 타당하지 않은 것으로 보였던 것을 다시 체크해 봐야 하는데, 이 부분이 자세히 기록되어 있지 않다면 곤란해진다.

현장노트에는 관찰내용과 그 관찰에 대한 조사자의 해석을 모두 포함시켜야 한다. 물론 나중에라도 내용을 검토할 때 추가적으로 정보를 덧붙일 수 있다.

자원봉사 프로그램 사례연구 질문 가이드라인

자료수집방법 : 자료의 신뢰도를 높이기 위해 다양한 대상으로부터 자료를 얻는다(triangulation). 즉, 기관의 자원봉사담당자, 자원봉사자 또는 수혜자로부터 심층적 면접을 하여 자료를 얻고 참여관찰을 하며 기관의 자료를 검토한다.

주요 조사내용

1. 자원봉사 프로그램의 목적은 무엇인가? 무엇을 얻고자 하는가? (기관의 자원봉사담당자, policy statement)
2. 기관의 간부들 및 일반직원들은 자원봉사 프로그램의 개발과 모니터링하는 데 어느 정도 열심인가? (기관 간부와 일반 자원봉사 담당직원)
3. 자원봉사자 모집과 배치는 어떻게 하고 있는가? (자원봉사담당자, 자료 검토)
4. 자원봉사자 채용 시 선정기준은 무엇인가? 그들의 배경을 체크하는가? (자원봉사담당자, 자료검토)
5. 자원봉사자를 어떻게 훈련시키고 있는가? 훈련자격이 있는 직원은 있는가? (자원봉사담당자, 자료검토, 자원봉사자)
6. 자원봉사자의 수와 유형은 어떠한가? 시간배정은 어떠한가? 자원봉사자들이 서비스를 제공한 시간은 얼마나 되는가? (자원봉사담당자, 자료검토)
7. 자원봉사자는 주로 어떤 과제를 수행하는가? 주로 누가 자원봉사 서비스를 받는가? (자원봉사담당자, 자료검토)
8. 자원봉사자 훈련유형은 어떻고 훈련에 참석하는 수는 얼마나 되는가? (자원봉사담당자, 자료검토)
9. 자원봉사자에게 어떤 인센티브를 제공하고 있는가? (자원봉사담당자, 자원봉

사자)

10. 자원봉사자와 기관직원과의 관계는 어떠한가? (자원봉사담당자, 자원봉사자)
11. 어느 곳에 배치되었다가 다른 곳으로 재배치되는 자원봉사자의 수는 어느 정도이고 그 이유는 무엇인가? (자원봉사담당자, 자료검토)
12. 인정받고 있는 자원봉사자의 수는 얼마나 되고 그들이 인정받는 이유는 무엇인가? (자원봉사담당자)
13. 탈락하는 자원봉사자가 있다면 그 이유는 무엇인가? 그만둘 경우 그들의 관심사와 문제점은 무엇인가? (자원봉사담당자, 자원봉사자)
14. 자원봉사자는 자신의 맡은 분야에서 얼마나 능숙한 기술을 발휘하는가? (자원봉사담당자, 수혜자, 자원봉사자)
15. 수혜자들은 만족하고 있는가? 왜 그런가? (수혜자, 자원봉사담당자, 자원봉사자)
16. 자원봉사로 인해 얻는 화폐적 가치는 얼마나 되는가? (자원봉사담당자, 자료검토)
17. 자원봉사활동은 정기적으로 검토하고 있는가? 평가기준은 있는가? (자원봉사담당자, 자료검토)
18. 지난해에 비해 자원봉사 프로그램의 성장 정도는? (자원봉사담당자, 자료검토)
19. 자원봉사 프로그램의 목표를 어느 정도 성취하였는가? 잘 성취되었다면 그 이유는 무엇인가? 제대로 성취되지 못하고 있다면 그 이유는 무엇인가? (자원봉사담당자, 자료검토)
20. 앞으로 자원봉사 프로그램을 어느 방향으로 발전시켜 나갈 것인가? 그 이유는? (기관 간부, 자원봉사담당자)
21. 앞으로 자원봉사 프로그램이 활성화되기 위해서는 무엇이 뒷받침되어야 한다고 생각하는가?

제4절 분석

분석전략은 자료수집이 진행됨에 따라 변경될 수 있지만 분석계획은 자료수집 전에 수집해 두는 것이 좋다. 분석은 크게 세 단계로 나누어 생각할 수 있다. 첫 번째는 광범위하게 수집된 자료를 핵심부분으로 줄여 나가는 자료축소작업이다. 자료축소는 현장노트 속의 원자료를 선정, 단순화, 변형하는 과정이다. 두 번째 작업은 자료를 정렬하여 더욱 잘 조직화하는 것이다. 세 번째는 결론을 도출하고 신뢰성을 높이며 정당화하는 작업이다.

질적자료의 분석에 가장 많이 활용되는 방법은 내용분석(content analysis)이다. 질적방법은 일반적으로 방대한 양의 정보를 분류하게 된다. 내용분석은 자료의 의미를 조사하는 분석방법이다. 주로 어떤 개념적 틀에 따라 내용이 코드화되거나 분류되기도 하고 개념적 틀이 없이 시작되기도 한다. 코드화하는 자료처리과정은 크게 단위화(unitizing)와 범주화(categorizing)로 나눌 수 있다. 단위화는 연구질문에 타당한 또는 적용할 수 있는 정보단위들을 지속적으로 찾는 것으로서 가장 작은 정보단위를 끄집어내 분류하는 것을 뜻한다.

단위는 특정 단어일 수도 있고 어떤 행동이나 사건, 관계, 과정, 전략, 의미일 수도 있다. 단위는 한 문장일 수도 있고 여러 문장일 수도 있다. 범주화는 위의 단위들을 종합하여 어떤 관계를 갖는 형태로 조직하는 것을 뜻한다. 파악된 단위들을 지속적으로 서로 비교해 가면서 조사자는 단위들 간에 어떤 중심주제나 경향을 발견해 낼 수 있다. 다시 말해 비슷한 내용을 가진 단위들을 묶어 범주화하게 된다. 단위화와 범주화의 예를 들어 보자. 정신장애인을 위한 치료기법 중 어떤 치료기법이 정신장애인의 재발을 방지하는지에 대한 질적연구가 있다고 하자. 무엇이 효과적이었는지에 대해 장애인 가족에 대한 면접을 통해 얻은 내용을 분석하는 경우, 단위화와 범주화의 예를 들면 다음과 같다.

- 단위화 : 정신질환에 대한 강의, 증상 다루는 기술교육, 장애인과 대화하는 법 습득

위의 단위들을 자세히 검토해 보니 모두 가족심리교육의 구성요소들임을 알 수 있다. 그리하여 이들을 묶어 '가족심리교육'으로 범주화하게 된다.

- **범주화** : 가족심리교육

범주화할 때는 질적조사의 자료수집과 분석방법의 성격상 유연성을 갖추어야 한다. 실제적으로 자료를 계속 수집하고 분석해 나가다 보면, 처음에 분석단위로 선택한 자료의 의미를 재고해야 할 경우가 많기 때문이다. 어떤 범주가 너무 좁기 때문에 나중엔 더 큰 범주로 통합하게 될 것이라고 미리 예측하고 큰 범주를 설정해서는 안 된다. 너무 넓은 범주로 시작하는 것(위의 예에서 가족심리교육으로 범주화하기보다 통합적 접근으로 범주화하는 경우)은 중요한 특성을 잃어버릴 염려가 있으므로 좋지 않다.

수집된 자료내용 모두를 코드화할 필요는 없다. 조사질문에 직접 관련된 사항만 하면 된다.

내용분석의 과정을 자세히 설명하면 다음과 같다(Crabtree & Miller, 1992).

- **기본틀 분석방법**(template analysis method) : 사전에 이전의 조사나 문헌을 참고하여 기본틀을 개발한다. 물론 이 기본틀은 자료수집과정이나 분석과정 동안에 변화될 수 있는 유연한 틀이다. 이 기본틀을 가지고 자료를 분석해 나간다. 틀에 있는 코드나 범주에 들어맞거나 조화를 이루는 단위들을 파악해 나간다. 필요하다면 틀 속에 있는 코드나 범주를 수정한다. 수정한 틀을 다시 자료에 적용시켜 본다. 틀이 자료를 만족스럽게 분류할 수 있을 때까지 이러한 과정을 반복한다. 범주들 간에 연결을 만들어 나가고 해석한다.
- **편집 분석방법**(editing analysis method) : 기본틀 없이 분석해 나간다. 연구문제와 관련된 의미 있는 단위들을 찾아 나가면서 범주화한다. 범주들을 검토하면서 유형이나 주제가 나타나는지를 파악한다. 나타나는 가설을 확인해 보기 위해 새로운 자료를 수집한다. 범주나 유형이 수정될 필요가 있는지 따져 본다. 수정된 부분이 있다면 수정된 것을 자료에 다시 적용해 본다. 자료와 범주 간에 적합한 조화가 이루어질 때까지 수정을 계속해 나간다. 수정된 범주를 가지고 범주 간에 연결을 만

들어 나가고 어떤 주제가 나타나는지 본다. 가설을 제시할 수도 있다.

내용분석에서는 코드화된 단위의 숫자를 세어 빈도로 표시하기도 하고 이 빈도를 통해 통계적 분석을 하기도 한다. 예를 들어, 초등학교 국어교과서와 고등학교 국어교과서에 성차별 내용이 얼마나 나오는지를 빈도로 제시하고 두 교과서 간에 성차별 내용의 횟수에 차이가 있는지 여부를 알기 위해 카이스퀘어검증을 시도할 수도 있다.

제5절 결과의 신뢰도 향상을 위한 제언

질적조사의 단점은 조사자의 주관이 많이 개입되고, 결과의 신뢰도 면에서 많이 떨어지는 경향이 있으며, 일반화하는 데 어려움이 따른다는 것이다. 이를 보강하기 위해 다음 전략들을 추천한다.

- 표본추출전략 : 질적방법에서는 무작위표집방법보다는 비확률표집방법이 많이 사용된다. 실제로 질적조사에서는 모집단과 분석의 단위가 다소 모호한 경우가 많다. 예를 들어, 어떤 시의 비행청소년조직을 조사한다면 분석의 단위가 조직이어야 하는지, 청소년 개인이어야 하는지, 아니면 시 전체이어야 하는지 조사자가 미리 분명히 정해놓기 힘든 경우가 있다. 앞에서도 언급했듯이 표집전략은 조사를 진행해 나가면서 바뀔 수 있기 때문이다. 연구도중 어떤 현상을 발견하고 그 현상에 대해 좀 더 자세한 정보를 얻기 위해서는 연구 초기에 계획했던 표본만으로는 부족하다고 판단되어 새로운 표본을 더 찾아야 할 경우가 있다. 그러므로 질적방법에서는 의도적 표집 같은 비확률표집방법이 흔히 사용된다. 이 경우 대표성문제가 종종 대두된다. 이러한 문제를 조금이라도 줄이기 위해서는 다음 사항을 염두에 두어야 한다. 먼저, 조사자는 표집이 용이하다는 점에만 의존하여 한 가지 정보제공처에만 의존한다던가 또는 전형적인 예가 될 수 없는 극단적인 사건에 너

무 비중을 두지 말아야 한다(이 경우 편견에 치우친 정보를 얻을 확률이 높다). 둘째, 표본의 수를 가능한 한 늘려 잡고 또한 혹시라도 표본선정에 취약한 부분이 있는지 연구기준에 근거해서 표본을 정리해 본다. 셋째, 조사자는 될 수 있는 한 다양한 지역이나 프로그램 세팅에서 표본을 선정함으로써 정보의 다양성을 증대시켜야 한다. 정보가 다양해야 그 연구의 설명력이 증대하는 것이다. 이렇게 다양한 지역에서 자료를 수집하게 되면 같은 프로그램이라도 지역에 따라 어떠한 차이가 있고 공통점이 있는지 알 수 있다. 또한 지역별로 프로그램이 서로 다른 진행단계를 거치고 있을 것이기 때문에 프로그램의 진행단계별로 자료를 얻는 데도 유익하다.

- 연구팀의 구성 : 연구팀을 다양한 배경을 가진 팀원으로 구성한다. 서로 다른 견지를 가지고 있으므로 결과에 대한 서로 다른 견해를 절충하게 되면 결과물의 정확성이 올라간다.
- 면접전략 : 반드시 물어야 할 질문목록을 작성하고 추가적으로 물어야 할 질문들을 미리 생각해 둔다. 두 명의 면접자가 동시에 참여하는 전략도 좋다. 동료면접자가 있다면 빠짐없이 추가적인 질문을 하기가 용이하며 기록하기에도 도움이 된다.
- 교차검증 : 정보의 출처나 자료수집방식을 다양하게 한다.
- 자료수집방법의 조직화와 일관성 있는 분석 : 자료수집방법을 일관성 있게 계획하고 자료분석도 처음에는 각 사례를 일정한 틀을 따라 분석하는 것이 유리하다.
- 본질적 증거와 일시적 증거의 구분 : 자료를 분석해 나가게 되면 반복되어 나오는 주제가 있으며, 드물게 나오는 주제가 있다. 이때 반복되는 정보 또는 믿을 만한 출처로부터 나오는 정보를 심도 있게 보고하고 드물게 나오는 주제는 일시적 결론으로 제시할 수 있다.
- 대안적 설명의 제시 : 주요 결과물의 의미와 한계를 분명히 밝혀 주고 대안적으로 다른 설명이 가능할 수 있음을 밝혀 둔다.
- 반복조사 : 연구과정을 자세히 소개하고 연구의 틀을 제시하여 같은

Tips

▶삼각검증법/교차검증법(triangulation)

Denzin(1978)은 질적조사를 시행할 때 결과의 신뢰도를 높이기 위한 방법으로 네 가지 유형의 삼각검증법을 제시하였다.

- 자료 삼각검증 : 같은 질문에 대한 자료를 다양한 소스로부터 얻는다. 예를 들어, 다른 지위나 위치에 있는 사람들을 면담하거나 다른 견해를 가지고 있는 사람들을 면담한다.
- 조사자 삼각검증 : 한 명의 조사자가 갖는 편견을 없애기 위해 몇 명의 조사자를 조사과정에 포함시킨다.
- 이론 삼각검증 : 일련의 자료를 해석하기 위해 다양한 이론이나 견지를 활용한다.
- 방법론적 삼각검증 : 어떤 문제를 연구하기 위해 다양한 방법을 활용한다. 예를 들어, 참여관찰방법과 기존 기록분석방법 또는 심층면접방법을 활용한다.

결과물이 나올 수 있는 연구조건과 그렇지 않을 수 있는 조건을 밝혀 둔다.

- 피드백 받기 : 내부 및 외부 조사자로부터의 피드백을 받는다. 또는 연구에 참여했던 성원들로부터 검증을 받는다.
- 자세히 기록하기 : 수집된 정보는 자세히 기록해 둔다. 어떤 상황에서 누구로부터 어떤 정보를 얻었는지 등에 대해 자세히 기록한다.

제6절 근거이론/현장기반이론

Glaser와 Strauss(1967)에 의해 개발된 근거이론(grounded theory)은 자료로부터 이론을 발견하는 귀납적 방법이다. 이들은 선행이론으로부터 연구를 시행하는 것은 새로운 견지를 찾아내는 데 단점으로 작용한다고 주장하면서 관찰로부터 이론을 얻어 내는 것이 더 유용하고 타당하다고 주장했다.

근거이론에서는 새로운 개념이나 개념 간의 관계(설명)가 나타나지 않을 때까지 새로운 자료를 분석하면서 개념이나 관계를 지속적으로 규정하고 재규정한다. 이를 위해 '지속적 비교(constant comparison)'와 이론적 표집이 활용된다. 표본으로부터 얻은 자료를 지속적으로 비교해 가면서 분석하였을 때 새로운 내용이 더 이상 나타나지 않으면 샘플추출은 중단된다. 그러면 **지속적 비교방식**을 설명해 보자. 조사자가 1차로 수집된 자료 속으로 깊이 들어가(이를 위해 보통 자료를 읽고 또 읽는다) 자료를 설명할 만한 개념이나 범주를 창출해 내게 된다. 범주가 일단 만들어지면 그 범주를 활용하면서 다시 원자료를 재검토하여 새로운 범주가 개발될 필요가 있는지 탐색한다. 즉, 처음에 만들어진 개념이나 범주를 다시 자료를 검토하면서 수정하는 것이다. 새로운 개념이 나타나지 않을 때까지 이러한 과정을 반복하게 된다. 이 과정이 끝나면 조사자는 새로운 표본으로부터 자료를 수집하여 1차 조사에서 얻어진 개념과 비교해 보고 그 개념의 적합성을 알아본다.

다음은 이론적 표집방법에 대해 알아보자. 근거이론에서는 **이론적 표집**(theoretical sampling) 방법을 활용한다. 이것은 일종의 의도적 표집방법인데, 이 방법에서는 먼저 조사목적에 부합하는 사례를 의도적으로 선정한다. 일단 첫 번째 사례조사가 완성되면 조사자는 1차로 첫 번째 연구의 표본과 유사한 표본을 연속적으로 추출한다(새로운 정보가 발견되지 않을 때까지). 조사자는 여기서 조사를 끝낼 수도 있지만 2차로 첫 번째의 연구표본과 한두 변수 면에서 다른 유형의 표본을 연속적으로 추출할 수도 있다(새로운 정보가 더 이상 나오지 않을 때까지). 새로운 정보가 더 이상 발견되지 않는 시점을 '이론적 포화상태(theoretical saturation)'에 도달했다고 한다.

이론적 표집이 적용되지 않더라도 수집된 자료를 분석하고 개념을 추출하고 다시 그 자료를 재분석하여 개념을 수정하는 과정을 반복하는 경우도 지속적 비교방식이라고 할 수 있다.

현장기반이론에서는 **체계적 코딩**(systematic coding)을 수행한다. 즉, 자료를 의미 있게 범주화하거나, 설명적 개념이나 주제를 개발해 나간다. 단순히 사건이나 행동을 묘사하는 범주를 넘어서 그런 사건이나 행동을 설명할 수 있는 범주를 만들어 나간다. 조사자는 궁극적으로 이러한 개념들을 잘 연합하여 이론의 기반이 될 수 있는 가설을 형성해 나간다. 현장기반이론은 또한 **다양한 견지**(multiple perspective)를 고려한다. 현장기반이론을 활용하는 조사자는 단지 자신이 관찰한 것만을 그대로 보고하지 않는다. 조사자는 그 자료를 해석한다. 해석할 때는 조사대상자들의 관점도 포함시킨다. 사회적 상황 속의 다양한 사람들의 견해가 종합되도록 한다. 서로 다른 상황 속에 있다면 같은 현상도 매우 다르게 볼 수 있으므로 조사자는 성별, 계층, 종교 등으로 인한 해석의 차이에 민감해야 한다. 조사자는 자신의 견지로 인해 조사결과의 해석이 달라질 수 있음을 공개적으로 인정한다. 현장기반이론에서는 또한 **조사자와 참여자의 상호관계 형성**을 중요시한다. 조사자와 조사대상자는 상호작용하면서 서로에게 영향을 준다. 예를 들어, 조사자는 초기단계에서 개발된 개념이나 설명을 조사대상자에게 제시할 수 있다. 이러한 제시가 조사대상자의 앞으로의 행동에 영향을 줄 수 있다. 조사자는 조사과정에서 조사대상자와 같은 역할을 할 수도 있고 이것이 조사대상자의 행동에 영향을 줄 수도 있다. 현장기반이론 조사자는 이러한 측면을 최소화하려 하기보다는 이러한 영향을 공식적으로 인정하고 활용

Tips

- ▶**이론적 표본추출** : 현장기반이론에서는 이론적 표집방법에 의해 새로운 사례를 선정한다. 이미 발견된 개념과 가설을 도출시킨 사례들과 유사한 사례를 선정한다. 새로운 사실이 발견되지 않을 때까지 유사한 사례를 선정한다. 일단 더 이상 새로운 것이 발견되지 않는다면, 이제는 다른 유형의 사례를 선정하여 새로운 사실이 나타나는가를 보며, 새로운 결과가 나오지 않을 때까지 그 다른 유형의 표본을 계속 선정해 나간다. 이론적 표본추출은 동질적 표본추출과 예외적 표본추출(deviant case sampling)을 혼합하고 있다(Rubin & Babbie, 1997).
- ▶현장기반이론에서 활용되는 주요 방법론적 개념에는 이론적 표집, 지속적 비교, 체계적 코딩, 다양한 견지, 조사자 –참여자 상호작용이 포함된다.

한다(Mark, 1996).

제7절 기타 질적조사방법

1. 민족지학적 접근

질적조사는 종종 다른 명칭이 붙기도 하는데 예를 들어, 자연주의적 조사(naturalistic research)라 하여 모든 생활을 세세하게 관찰한다는 점을 강조하기도 한다. 때로는 민족지학적(ethnography) 접근이라 하여 어떤 문화에 속한 사람들의 관점에서 그 문화를 연구한다는 점을 강조하기도 한다. 이러한 민족지학적 접근이 사회사업에 응용되는 예로 사회복지기관에 속한 워커나 클라이언트의 관점으로부터 그 기관의 문화를 연구하는 것을 들 수 있다. 또는 노숙자의 관점에서 노숙자의 문화를 연구하는 경우다. 민족지학적 접근을 하는 어떤 학자들은 민속방법론(ethnomethodology)이라는 용어를 사용하기도 하는데, 이는 사람들이 자신의 일상활동을 의미 있게 만들고, 사회적으로 수용할 만한 방식으로 행동하기 위해 사용하는 규범이나 명칭, 언어적 표현, 이해 그리고 가정(assumption)에 초점을 둔 연구를 의미한다(Rubin & Babbie, 1993).

2. 현상학적 접근

현상학(phenomenology)이란 세상에 대한 사람들의 주관적인 경험과 해석에 대해 초점을 두고 연구하는 것을 말한다. 이러한 초점은 사실 민족지학적 방법을 포함하여 모든 질적 탐구에 적용되는 것이다. 현상학의 한 유형이 바로 발견주의적 탐구(heuristic inquiry)다. 이 발견주의적 탐구에서 조사자는 편견이 없는 관찰자가 되도록 노력하고 실제로 자신이 연구하려는 현상을 먼저 경험한다. 조사자는 그 현상을 경험하는 동안 자신의 생각과 감정을 검토하기 위해 자기성찰을 활용한다. 사회사업현장에 적용되는 예를 들어 보자. 조사자가 노숙자쉼터에 한동안 머물면서 쉼터에 머무는 경험이 어떤 의미가 있는지를 이해하려고 노력하는 경우를 들 수 있다.

현상학적 접근과 관련된 철학적 용어로 해석학(hermeneutics)이 있다. 해석학은 해석하는 과정을 중시하는데, 이 해석과정을 통해 조사자는 매우 많고도 복잡하며 세세한 자료로부터 어떤 주제나 유형을 발견해 간다. 이 해석과정에서는 어떤 논리적 규칙을 적용하기보다는 조사자의 예술적인 기술이 더 필요하다. 해석과정은 대체로 특별한 형식이 없는 경향이 많고 주관적 견해에 영향을 많이 받기 때문에 조사자가 자신이 관찰한 것의 의미를 보고하거나 해석할 때는 조사대상자들의 관점뿐만 아니라 자신의 연구관점도 함께 설명해야 한다.

질적조사에서 한 가지 중요한 현상학적 원리는 바로 독일어로 'verstehen', 즉 '이해(understanding)'다. 질적탐구에서는 우리가 관찰하는 사람들을 그들의 관점에서 이해하려고 노력한다는 점을 중시한다. 즉, 그들의 감정과 생활관 등을 그들의 관점에서 이해해야 한다는 것이다. 그러므로 'verstehen'은 사회사업에서 중시하는 공감과 상응하는 원리다 (Rubin and Babbie, 1993).

Tips

▶ 질적조사에서는 현장기반이론, 민족지학적 접근, 현상학접 접근, 해석학, 자기발견적 방법, 구성주의 등이 모두 혼용되어 활용되는 경우가 많으므로 굳이 여러 가지 질적조사방법 간에 분명한 선을 그어 이해하려는 노력은 하지 않는 것이 좋다.

3. 사례연구

조사자가 단일사례를 연구하거나 몇 개의 사례를 집중적으로 연구할 때 사례연구(case study)를 행한다고 말한다. 이를 위해서는 질적이거나 양적인 다양한 방법이 모두 활용될 수 있다. 그러나 보통은 질적이고 총체적인(개인의 삶의 복잡한 면을 총체적으로 다룬다) 조사를 수행하게 된다. 사례연구는 기록을 검토하거나 면접을 통해 수행된다. 개인에 대한 사례연구를 하는 경우, 개인이 자신의 경험과 그에 대한 반응에 대해 직접 기록하는 자기이야기기법(own story technique)을 통해 정보를 얻기도 한다. 단일사례에 초점을 두는 사례연구는 하나의 개인을 연구대상으로 하기도 하지만 하나의 가족, 소집단, 조직, 지역사회를 대상으로 할 수도 있다.

사례연구를 하는 이유는 사례를 통해 인간행동의 복잡성에 대한 이해를 도울 수 있는 자세한 정보를 얻을 수 있기 때문이다. 즉, 구체적 사례에 대한 이해가 인간행동과 사회적 기능의 지식을 획득하는 데 도움이 될 것이라는 전제하에 진행된다. 조사자들은 보통 관심분야에 대한 지식이 거의 없는 경우에 사례연구를 활용하곤 한다. 사례연구의 결과는 앞으로 검토되어야 할 분야나 중대한 이슈 또는 이론의 토대를 구축할 수 있는 개념을 제시해 줄 수 있다.

사례연구는 단지 어떤 사례에 대한 충분한 이해를 하기 위한 목적으로 수행되기도 하고, 어떤 사회문제에 대한 이해를 돕고 이론을 보완하기 위해 수행되기도 한다. 특히 여러 사례에 대한 비교를 통해 이론을 확장하거나 검증하기도 한다. Stake(1994)는 사례연구자들은 각 개별사례에 독특한 것이 무엇이고 다른 사례와 공통적인 것은 무엇인지를 검토해야 한다고 지적한다.

질적조사 방법 예상문제

1. Glaser와 Strauss에 의해 개발된 질적조사방법으로서 이론적 표집과 지속적 비교방식을 활용하는 방법은?

① 상황이론
② 근거이론
③ 2차 분석
④ 민속학적 접근
⑤ 현상학적 접근

해 설 ④, ⑤ 모두 질적조사방법이나, 이론적 표집과 지속적 비교방식이 특징인 방법은 근거이론이다.

2. 질적조사방법에 대한 설명 중 옳지 않은 것은?

① 사회현상에 대한 폭넓고 풍부한 정보를 얻어 내는 것을 목적으로 한다.
② 질적조사에서 조사자는 조사과정에 깊이 관여하여 자료측정도구역할을 한다.
③ 질적방법의 특징은 자료수집과 분석단계가 분명히 구별되어 있다는 것이다.
④ 질적조사자는 중립적이고 객관적인 질문을 던져 편견에 치우친 응답이 나오지 않도록 해야 한다.
⑤ 질적자료 수집방법에는 관찰, 기존자료 분석, 면접 등이 있다.

해 설 질적방법에서는 자료수집과 분석이 동시에 이루어지는 경우가 많다.

3. 다음 설명 중 옳지 않은 것은?

① 질적조사는 양적조사방법을 보완하여 사회현상에 대한 심층적 견해를 얻을 수 있다.

답 1. ② 2. ③ 3. ④

② 질적조사에서 조사자는 측정도구가 된다.
③ 자료수집과 분석은 상호작용하며 동시적으로 진행된다.
④ 질적조사는 자료에 대한 객관성이 쉽게 확보된다.
⑤ 질적조사에서는 의도적 표집을 많이 한다.

해 설 질적조사의 단점은 주관성이 많다는 것이다.

4. 다음 설명 중 옳지 않은 것은?
① 질적조사는 구체적 설계 후 진행되므로 설계를 중도에 변경해서는 안 된다.
② 질적조사자는 자료수집과 분석을 진행하면서 자료수집대상을 바꿀 수 있다.
③ 질적조사는 이론적 배경 없이 시행하기도 한다.
④ 질적조사의 자료분석방법은 보통 내용분석방법을 사용한다.
⑤ 질적조사는 풍부한 정보를 줄 수 있다.

해 설 질적조사의 설계는 매우 유연하여 중간에 수정할 수 있다.

5. 질적조사자의 면접기술에 대한 설명 중 옳지 않은 것은?
① 질문은 중립적이고 객관적이어야 한다.
② 될 수 있는 대로 폐쇄형 질문을 던진다.
③ 조사자는 클라이언트의 비언어적 대화를 통한 정보를 감지할 수 있어야 한다.
④ 조사자는 늘 연구의 목적을 염두에 둔 질문을 던지도록 한다.
⑤ 심층면접을 한다.

해 설 질적조사에서는 개방형 질문이 많이 활용된다.

답 4. ① 5. ②

6. 다음은 질적조사의 표집방법들이다. 설명에 적절한 표집을 보기에서 고르면?

〈보기〉

① 극단적 사례표집 ② 변이극대화표집 ③ 기준표집
④ 전형적 사례표집 ⑤ 중요사례표집 ⑥ 확인 및 예외사례표집

이 전략은 수많은 조사대상 전반에 걸쳐 나타나는 주요한 결과나 중심주제를 묘사하거나 파악하기 위해 사용된다. 다양하고 이질적인 조사대상으로부터 나타나는 공통된 유형은 그 집단의 중심적이고 핵심적인 경험이나 양상을 파악하는 데 매우 가치가 있다. 이를 위해 다양한 특성을 선정하여 표집하는 방법을 활용한다.

해 설 극단적 사례표집은 실패나 성공 등의 극단사례를 표집하는 방식이다. 여기서는 다양하고 이질적인 조사대상을 선정하므로 변이극대화표집이 맞다.

7. 질적조사의 내용분석에 대한 설명 중 옳지 않은 것은?

① 내용분석은 자료의 의미를 조사하는 분석방법이다.
② 단위화는 가장 큰 정보단위를 끄집어내어 분류하는 것이다.
③ 범주화는 비슷한 내용을 가진 단위들을 묶어 경향을 발견하는 것이다.
④ 범주화는 처음부터 큰 범주에서 시작하지 않도록 한다.
⑤ 내용분석은 통계적 기법을 활용할 수도 있다.

해 설 단위화는 가장 작은 정보단위를 끄집어내는 것이다.

답 6. ② 7. ②

8. 질적조사의 신뢰도 향상을 위한 설명 중 옳지 않은 것은?
   ① 면접내용은 녹음해 두지 않는다.
   ② 연구팀을 다양한 배경을 가진 팀원으로 구성한다.
   ③ 추가질문을 미리 생각해 두고 두 명의 면접자가 동시에 참여한다.
   ④ 교차검증과 반복조사를 실시한다.
   ⑤ 답 없음

해 설 원자료를 잘 보존해 두어야 한다.

9. 다음 중 근거이론에 관한 설명으로 옳지 않은 것은?
   ① 근거이론이란 자료로부터 이론을 발견하는 귀납적 방법이다.
   ② 근거이론은 관찰을 통해 새로운 견지를 찾아내 이론을 얻어 내기 위한 것이다.
   ③ 근거이론은 지속적 비교와 이론적 표집으로 이루어진다.
   ④ 근거이론은 가설검증을 용이하게 해 준다.
   ⑤ 이론적 틀 없이 분석을 하게 된다.

해 설 근거이론은 질적방법으로 가설검증방법이 아니다.

10. 사례연구에 관한 설명 중 옳지 않은 것은?
   ① 주로 질적이고 총체적으로 이루어진다.
   ② 하나의 개인, 가족, 소집단, 조직, 지역사회를 대상으로 할 수 있다.
   ③ 조사자들은 사례연구의 결과를 쉽게 일반화할 수 있다.
   ④ 조사자들은 사례연구를 통해 이론의 확장이나 보완, 검증을 하기도 한다.
   ⑤ 답 없음

해 설 사례연구는 사례수가 적어 일반화가 어렵다.

답 8. ① 9. ④ 10. ③

11. 질적조사의 자료수집과정으로 옳지 않은 것은?

① 주요 질문내용은 연구질문과 문헌연구, 자문위원들과의 토론 등에 기반을 둔다.

② 질적조사는 세심한 관찰이 필요하다.

③ 조사자는 처음부터 기록의 내용을 범주화시키며 기록한다.

④ 질적조사에서는 조사자 자신이 측정도구가 된다.

⑤ 자료수집 시 삼각검증법을 활용하는 것이 좋다.

해 설 처음에는 모든 자료를 모두 기록해 두고 분석 시에 범주화해야 정보손실이 없다.

12. 질적조사의 분석방법 중 옳지 않은 것은?

① 분석전략과 분석계획은 자료수집 전에 일단 수립해 둔다.

② 자료를 범주화할 때는 유연성을 갖추어야 한다.

③ 기본틀 없이 자료를 분석해 나가면서 주제를 끌어내기도 한다.

④ 내용분석결과로는 통계적 분석을 실시할 수 없다.

⑤ 지속적 비교방식을 활용할 수 있다.

해 설 내용분석을 할 경우, 특정 단어 등의 빈도를 계산하고 변수 간의 관계를 보기도 하므로 통계적 분석도 할 수 있다고 보아야 한다.

13. 현장기반이론에 대한 설명으로 옳은 것은?

① 근거이론은 연역적 방법이다.

② 이론적 표집 시 조사목적에 부합하는 사례를 의도적으로 선정한다.

③ 새로운 정보가 발견되지 않는 시점을 '지속적 포화상태'에 도달했다고 한다.

답 11. ③ 12. ④ 13. ②

④ 선행이론으로부터 분석틀을 만들고 분석해 나가는 것을 권고한다.

⑤ 주로 확률표집방법을 활용한다.

해 설 근거이론은 귀납적 방법이며, 새로운 정보가 발견되지 않는 시점을 이론적 포화상태라고 한다. 근거이론은 이론적 분석틀 없이 분석해 나갈 것을 권고한다.

제 12 장 보고서 작성법

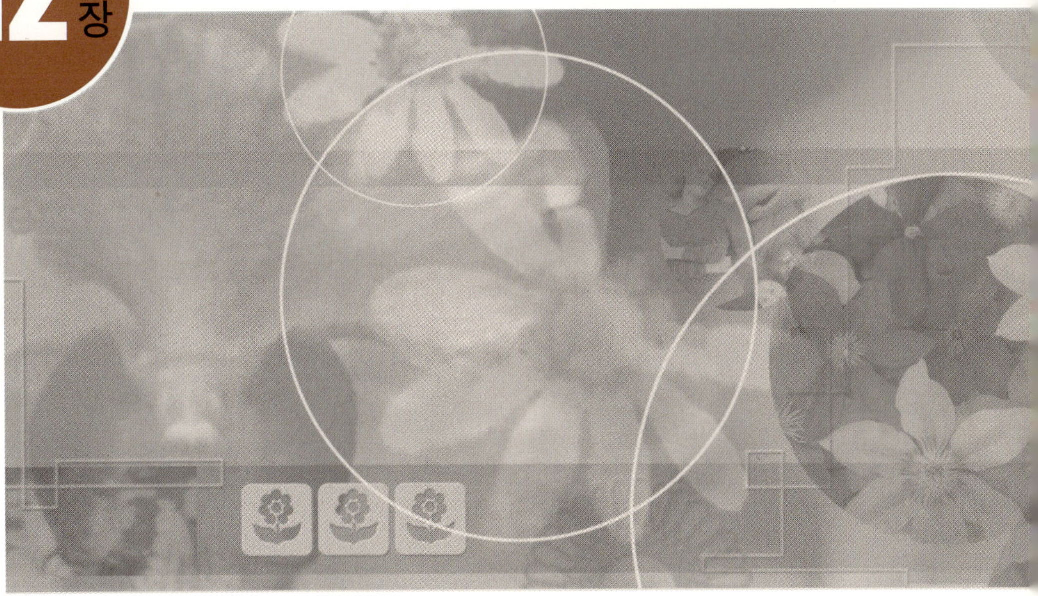

이 장에서는 공식적 보고서의 전형적 구조를 제시해 보도록 하겠다. 대부분의 보고서는 문제제기와 목적, 이론적 배경, 연구방법, 결과, 결론을 포함한다. 각 부분에 모든 핵심요소들이 포함되었는지를 확실히 하기 위해 늘 명심해야 할 것은 모든 영역에 있어서 합리성을 생각해야 한다. 예를 들어, 연구질문이나 가설이 합리적인가? 문제를 정확히 제시하고 있는가? 기존 연구의 한계를 잘 파악하고 있는가? 통제집단이 사용되고 있다면 비교하는 데 있어 적합한 집단인가? 표본은 충분한가? 편견이나 제한점은 없는가? 보고서의 길이도 늘 고려해야 한다. 일반적으로 논문은 보통 16~20쪽이 적절하다. 또한 독자층이 어떤 특성의 소유자인지를 면밀히 고려하여, 작성된 보고서가 과연 그들에게 의미를 통하게 할 것인지를 검토해 보아야 한다. 또한 보고서는 한 번에 쓰고 제출하기보다는 피드백을 받고 면밀히 검토하여 대략 3~4번 수정하여 완성하는 것이 바람직하다. 그러면 보고서의 각 구성요소에 대해 간략히 언급해 보자.

제1절 연구문제

보고서에는 본인의 연구문제제기(problem formulation)를 분명하고도 간결하게 설명한다. 조사자는 정확히 무엇을 발견하고자 하였는가? 연구문제에 대한 정확한 서술이 연구 전 과정을 이해하는 데 영향을 주기 때문에 이 부분에 많은 시간과 노력을 투자해야 한다.

연구자는 어떤 문제가 얼만큼 심각하다는 점을 간결하면서도 비판적으로 제시해야 한다. 또한 여기에 덧붙여, 어떤 부분이 연구가 미흡하다는 점을 제시하면서 이런 연구를 하면 어떤 이점이 있기 때문에 본 연구를 시행했다는 내용을 설득력 있게 서술한다. 문제제기는 2~3쪽 분량이 적절하다.

제2절 이론적 배경

문헌고찰에서는 주요 개념에 대한 소개와 이론적 기반 그리고 선행연구의 동향과 한계를 제시하게 된다. 특별히 신경써야 할 점은 단순한 소개가 아니라 비판적 관점으로 문헌에 대한 고찰을 해야 한다는 것이다.

이론적 배경에서는 먼저 연구문제에서 제시된 문제 또는 변수에 대한 개념의 규정을 잘 내려야 한다. 본인의 연구주제가 직무만족도와 관련된 것이라면 이 개념이 무엇을 뜻하는지 사람들에 따라 다를 수 있다. 그러므로 개념에 대해 기존 학자들의 예를 논의하면서 나름대로의 개념을 설정해야 한다. 예를 들어, '본 연구에서 직무만족이란 수입과 근무환경과 직장 내 대인관계에 대한 만족이다.' 라고 구체화하는 개념화가 필요하다.

다음은 기존의 연구나 이론을 검토하여 현 문제에 대해 어떠한 내용이 연구되어 왔고 알려져 왔는지를 서술한다. 어떤 변수들이 종속변수에 관련되어 있는지를 파악하여 제시해 준다. 기존 연구들의 한계는 무엇이었고 이를 해결하기 위해 본 연구는 어떤 노력을 기울였는지도 설명해 주어야 한다.

가설을 검증하는 연구에서는 연구의 기본도구가 어떻다는 것을 제시하는 이론적 틀을 이론적 배경 마지막 부분에 제시한다. 이론적 틀(연구모형)은 연구에서 활용되는 변수들의 관계를 간략하고도 분명하게 제시하는 것이다. 연구의 틀을 설정할 때는 기존의 이론이나 선행연구를 바탕으로 독립변수와 종속변수 또는 제3의 변수들을 선정하게 된다. 연구자가 기존 연구를 바탕으로 창의적으로 이론적 틀을 만들 수도 있으나, 가장 간편한 방법은 기존 학자의 모델을 활용하는 것이다. 그 모델을 바탕으로 연구자가 관심 있게 보려는 변수를 추가하거나 변형하는 것이다.

이론적 틀에 제시된 변수들을 바탕으로 연구가설을 정리해 주어야 한다. 가설이 왜 그렇게 설정되었는지 타당한 이유를 덧붙인다. 예를 들어, '치매노인과 동거하는 보호자는 부양부담이 더 클 것이다.' 라는 가설을 제시했다면 왜 이 가설이 타당하다고 생각하는지 이론이나 각종 사실에 연계하여 이유를 대야 한다. 그러므로 가설은 이론이나 선행연구를 바탕으로 도출되어야 하는 것이 타당하다(가설은 연구자의 성향에 따라 연구방법란에 서술하기도 한다).

청소년 비행화과정에 관한 선행연구의 한계를 시작하는 예

지금까지 우리나라에서 이루어진 청소년비행에 대한 연구는 수적인 면에서 적다고 할 수는 없으나, 비행화과정에 대하여 통합적으로 접근한 경우는 찾아보기 힘들다. 먼저 노성호의 연구(1993)에서는 비행경력의 관점에서 청소년들의 생활영역이 그들의 비행화에 어떻게 차별적인 영향을 미치는가를 살펴보고 있다. 이 연구에서 그는 청소년들의 생활영역인 가정, 학교, 친구의 각 영역과 비행이 어떠한 관계에 있는가를 이론적으로 검토하고 경험적 연구결과를 제시하고 있다. 이 연구에서는 청소년비행의 시기를 조기와 후기로 나누어 각 시기에 있어 가정이나 학교, 친구가 미치는 영향력이 다르게 나타난다는 것을 밝히고 있다. 그러나 청소년비행에 있어서 각 생활환경의 차별적인 영향을 살펴보았을 뿐 비행화과정을 제대로 밝히지는 못했다는 지적이 있을 수 있다(이익섭 외, 1998).

제3절 연구방법

조사자는 제시된 연구문제를 수행하기 위해 어떠한 조사설계를 활용했는지 설명해야 한다. 설문지를 활용하는 서베이(설문조사)를 하였는지 또는 종단적 연구를 하였는지, 질적조사를 하였는지, 실험을 하였는지를 설명한다. 그리고 다음 사항에 대해 각각 서술해 준다.

- 표본선정절차를 자세히 소개한다. 단순무작위표집을 시행했는지, 비확률표집을 시행하였는지, 표본의 수는 얼마이고 표본선정의 기준은 무엇이었는지를 서술한다.
- 실험을 한 경우라면 실험설계의 종류 중 어떤 방법을 활용하였는지 소

개한다. 또한 적용한 프로그램이 무엇인지 간략히 묘사한다.

- 자료수집방식과 조사도구를 설명한다. 연구자는 설문도구와 절차에 대한 설명을 구체적으로 해야 한다. 즉, 다음 사항을 보고해야 한다. 자료를 어떻게 수집하였는지 설명한다. 면접을 어떻게 수행하였는지, 설문지를 어떻게 돌렸는지, 기존 문헌을 어떻게 재분석한 것인지, 관찰을 어떻게 한 것인지 자세히 서술한다. 측정도구는 무엇을 사용하였고 어떻게 만들어졌는지도 서술한다. 어디서 빌려온 것인지, 연구자가 직접 만든 것인지, 직접 만든 것이라면 어떤 절차로 만들어졌는지를 서술한다. 또한 모든 설문지는 사용되기 전에 반드시 시험검사(pilot test)를 해야 하는데, 어떻게 시행했는지 서술한다. 표준화된 설문, 즉 표준화된 측정도구를 사용한 경우에는 그 측정도구의 신뢰도와 타당도에 대해 자세히 보고한다.
- 자료분석방법은 무엇이었는지 서술한다. 빈도분석이었는지, 상관관계분석인지, 중다회귀분석을 활용하는 다변량분석인지를 서술한다. 가설의 성격에 따라, 측정도구의 성격에 따라 어떤 분석을 사용하였는지 서술해 준다. 질적조사를 하였다면 질적자료를 분석하기 위해 어떤 절차를 수행했는지 서술해 준다.

제4절 자료분석 및 결과

결과부분에서는 조사자가 자료를 수집하고 분석하여 알아낸 것을 제시하게 된다. 앞에서 제시한 연구문제에 대한 해답을 제공하는 곳이다. 단지 분석을 통해 알아낸 사실을 제시하게 된다. 결과에 대한 함의는 토론부분에서 다루어진다. 먼저 표본의 일반적 사항을 제시해 주고 난 다음에 연구문제에 대한 결과를 제시해 준다. 조사과정에서 얻어진 자료를 모두 제시하는 것은 바람직하지 않다. 모든 결과물이 중요하게 보일 수도 있다. 그렇지만 연구질문에 타당하지 않는 자료는 과감히 제거하고, 정책에 반영될

분석 시 일관성의 부족

분석을 수행할 때 문헌고찰에서 고려되지 않은 변수에 대해 분석을 시행하는 경우가 많다. 조사자가 무엇인가 통계적으로 의미 있는 것을 찾으려고 시도할 때 이러한 문제가 발생하는 것 같다. 특히 인구사회학적 변수들, 예를 들어 성별, 종교, 수입, 교육수준 등의 차이에 의한 의미 있는 결과를 찾고자 한다. 그러나 그러한 변수들이 문헌고찰이나 가설에 포함될 정도로 중요하지 않은 것인데, 분석에서 이들 변수를 고려하는 것은 논리적이지 못하다. 역으로 문헌고찰이나 가설에서 그러한 변수들을 검토하였는데, 분석에서 다루지 못했다면 분석이 불완전한 것이라 할 수 있다.

수 있는 자료를 집약하고 우선순위화하는 것이 중요하다. Crobach 등(1980)은 모든 것을 기록하려는 조사자들의 문제를 '자가파괴적 철저함(self-defeating thoroughness)'라 언급하였다.

표를 제시할 경우, 참여인원을 제시하고 빈도를 제시해 줄 때는 반드시 퍼센티지를 함께 제시하며, 평균을 제시할 때는 반드시 표준편차를 함께 표시해 준다. 다음은 표 제시의 실례다.

〈표 12-1〉 **학력과 수입 간의 관계분석(카이스퀘어검증)** (단위 : 빈도, %)

	중졸	고졸	대졸
100만 원 이하	235 (52.0)	165 (30.0)	79 (15.7)
101~150만 원	177 (39.2)	318 (57.8)	231 (45.8)
151~200만 원	33 (7.3)	44 (8.0)	122 (24.2)
201만 원 이상	7 (1.5)	23 (4.2)	72 (14.3)
계	452 (100.0)	550 (100.0)	504 (100.0)

* Chi-Square = 253.5 $df = 6$ $N = 1506$ $p = .0001$
Gamma = .50

〈표 12-2〉 자존감과 생활만족도의 상관관계(r)

	생활만족
자존감	.29*

$*p < .05$

〈표 12-3〉 성별에 따른 스트레스의 차이에 대한 t-검증

	남자	여자	t	p
스트레스	2.9(.30)	3.0(.21)	1.37	.18

〈표 12-4〉 스트레스에 대한 실험집단과 비교집단의 비교 : 사전조사와 사후조사 차이의 평균 비교

	평균편차	t	p
실험집단	.62(.20)	8.3	.000
비교집단	.07(.23)		

〈표 12-5〉 대도시, 소도시, 농촌 간의 생활만족에 관한 ANOVA분석

	대도시	소도시	농촌	F
생활만족	3.55(1.9)	3.1(2.3)	4.1(1.2)	3.4*

$N=91$ $df=(2, 88)$ $*p < .05$

〈표 12-6〉 생활만족에 영향을 미치는 요인에 대한 중다회귀분석

변수	B	beta	p
수입	8.5	.12	.07
직업만족	.51	.25	.001
교육	2.3	.24	.001

R Square = .23 ($p = .001$)
F = 66.4
$df = (3, 639)$

제5절 토론

토론부분에서는 어느 가설이 지지되었고 어느 가설이 기각되었는지를 분명히 설명해야 한다. 조사의 목적과 연결지어 무엇이 발견되었는지를 진술한다. 그리고 그 결과를 독자를 위해 해석하여 준다. 기존의 연구결과와 비교하면서 논의하는 것이 바람직하다. 비슷했던 점이나 차이나는 점을 지적하면서 이론적 함의를 제시한다. 만일 결과물이 기대했던 것과 다르게 나왔다면 왜 그런 결과가 나왔는지를 설명해야 한다. 만일 어떤 편견이 원인으로 작용했다면 그것을 제시해 주어야 한다. 결과를 바탕으로 실천적, 정책적 함의도 제시한다. 그러나 조사결과의 함의를 논의할 때 너무 과도한 주장을 하거나 결과물을 넘어서는 주장을 해서는 안 된다. 다시 말해 해석이 결과에서 드러난 증거와 연결되고 지지되어야 한다. 끝으로 연구의 한계와 앞으로의 연구방향을 제안한다. 어느 연구도 완벽할 수는 없다. 연구진행 시 현실적으로 시행하기 어려웠던 점을 제시하고 나름대로 합리적인 이유를 제시한다. 표본선정 시의 한계, 자료수집상의 신뢰도와 타당도 문제, 내적 및 외적타당도의 한계, 해석상의 문제 등을 제시하고 이를 해결하기 위해 어떤 노력을 기울였는지를 밝혀 주어야 한다. 그리고 앞으로 추진하면 좋은 연구주제를 제시한다.

Tips

▶ 보고서 작성 시 주의사항

- 보고서 작성 시 독자의 수준을 고려해서 작성한다.
- 연구의 목적이 정확히 반영되도록 작성한다.
- 보고서를 활용하려는 이해당사자의 관심사를 반영한다.

제 13 장

질적조사 연구사례

지역사회복지관의 자원봉사자 활용에 영향을 주는 관리요인에 관한 질적연구

제1절 문제제기

지방자치제의 실시와 더불어 시민들의 지역사회복지에 대한 욕구와 열망이 높아지면서 자원봉사활동이 중요한 이슈로 등장하였다. 국민의 복지욕구는 증대되고 다양화되고 있는 반면, 정부의 재정부담능력에는 한계가 있으므로 각계 각층에서 스스로 지역사회의 문제를 해결하며 건강한 공동체를 만들기 위한 자원봉사활동의 활성화가 절실히 필요한 시점이다. 자원봉사활동은 사회복지를 향한 시민참여의 한 형태로서 공동체의식을 높이고 사회적 통합을 이끌어 낼 수 있으며, 연대의식과 책임의식을 바탕으로 한 민주시민의 양성 및 사회복지제도의 제정과 인력부족에 따른 불완전성을 보완, 강화시킬 수 있다(한국사회복지협의회, 1988). 특히 민간자원의 발굴, 육성, 활용은 지역사회복지의 실현에 매우 중요한 요소이므로 자원봉사활동을 통한 지역주민들의 자발적인 복지참여를 유도하는 일은 매우 중요한 과제다. 그러나 현재 우리나라 전 국민의 자원봉사 참가현황을 보면 참여율이 10~14% 정도로•선진국에 비해 매우 저조한 수준(정무제2장관실, 1993; 블런티어 21, 1999)에 머물러 있다.

한편, 현재 자원봉사자를 가장 활발히 사용하고 있는 사회복지분야에서 가장 크게 당면하고 있는 문제는 바로 자원봉사자들의 중도탈락이다. 여러 연구를 종합해 보면 자원봉사자들의 활동기간이 6개월 이내인 경우가 조사대상의 22~41%, 1년 미만이 33~61%를 이루고 있는 것으로 나타났다(정무제2장관실, 1993; 표갑수, 1994; 길병석, 1994; 경기도 사회복지협의회, 1999; 서울시 사회복지협의회). 경기도 사회복지협의회의 조사결과를 보면 1년 미만의 봉사활동자가 52%를 차지하고 있고, 서울시 사회복지협의회의 조사결과에서는 57.2%로 나타났다. 단기 자원봉사자가 많다는 것은 훈련 · 교육비 등 자원의 낭비를 가져오는 결과를 낳고 효과적인 서비스 제공에도 지장이 있음을 의미하는 것이다(표갑수, 1994). 이는 자원봉사자를 지속적으로 활용할 수 있는 관리방안을 모색할 필요성이 있음을 시사한다. 본 연구에서는 지역사회 복지기관이 자원봉사자의 지속적 활용을 높일 수 있는 요인들을 찾아내고 이를 바탕으로 자원봉사자 활용의 활성화 방안을 강구하는 데 목적이 있다.

제2절 자원봉사 관리과정에 대한 이론적 틀

기존의 관리이론을 자원봉사자의 관리에 적용시켜 다음과 같은 연구분석틀을 설계하였다. 주로 이학종(1995)이 제시한 인적자원관리이론을 응용하였다.

1. 자원봉사 업무설계

성공적으로 자원봉사자를 모집하기 위해 자원봉사 활용기관은 먼저 무엇을 위한 모집이며, 어떤 종류의 사람을 모집할 것인지에 대하여 정확히 파악하고 있어야 한다. 이를 위한 기초적인 작업이 자원봉사업무에 대한 업무설계다(강미경, 1992). 업무설계는 개인과 조직을 연결시켜 주는 가장 기본적 단위인 업무내용, 방법, 관계를 구체화하여 업무수행자의 욕구와 조직의 목표를 통합시켜 줌으로써 조직의 목표달성과 개인의 욕구충족에 직접적인 영향을 미친다(양창삼, 1991)는 점에서 매우 중요한 과정이다. 이러한 업무설계는 각 업무의 철저한 분석을 통해 업무기술을 확립할 수 있어야 한다.

자원봉사자를 모집하기 전 사전작업으로서의 업무분석과정은 자원봉사자가 수행하게 될 업무의 내용 및 범위를 정하고, 이에 적합한 자원봉사자의 기준(지식, 기술, 경험, 신체적 조건)을 파악함으로써 모집대상을 구체적으로 결정하며, 기관의 시설, 재정, 관리능력 등을 고려한 모집규모를 결정할 수 있도록 도움을 준다(강미경, 1992). 업무기술서(job description)를 작성하여 업무의 목적과 표준성과를 제시해 줌으로써 구성원으로부터 기대되는 결과를 명백히 해 주고, 이를 구성원의 오리엔테이션과 교육훈련 그리고 조직구조분석과 설계에도 활용해야 한다(이학종, 1995).

2. 자원봉사자 모집

모집(recruitment)은 조직체가 필요로 하는 인력을 조직체로 끌어들이는 과정을 의미한다. 따라서 모집은 조직체의 목적달성에 기여할 수 있는 외부인력의 원천을 개발하고, 이들 인력으로 하여금 조직체에 관심을 갖고 조직체에서 일할 기회를 찾도록 만드는 과정이다. 모집은 장기적인 관점에서 조직체의 전반적인 이미지 형성과 홍보활동과도 연결되어 종합적으로 계획, 추진되는 것이 바람직하다. 그뿐 아니라 모집은 조직체의 선발방침과도 밀접한 관계하에 전개되어야 한다(이학종, 1995). 자원봉사자 모집활동은 크게 모집의 대상이 되는 사람들이 있는 장소에 대한 물색과 그들에 대한 홍보활동으로 구분할 수 있다.

자원봉사관리자들은 다양한 계층의 지역주민 모두가 중요한 잠재적 자원봉사자라는 생각을 가져야 하는데, 그 이유는 자원봉사 프로그램의 유형, 업무의 성격에 따라 자원봉사자의 유형이 달라지기 때문이다. 그러므로 자원봉사관리자는 지역사회 내 여러 계층의 개인 및 집단에 대하여 정확한 정보를 갖고 이를 활용할 수 있어야 한다. 자원봉사관리자는 주민조직이나 단체, 공공기관, 각종 협회 등과 같은 지역사회 내의 활용 가능한 집단에 대한 목록을 작성하여 이를 자원과 지속적으로 관계를 맺고 발전시켜야 한다. 그리고 목표가 되는 지역사회 조직이나 집단과의 관계를 유지할 뿐 아니라 그 구성원들과도 개인적인 접촉을 해야 한다. 이러한 역할을 수행하기 위하여 자원봉사관리자는 기관에 대한 실질적인 여건과 자원봉사 프로그램에 대한 정확한 지식을 가져야 하며, 각 집단에 대한 일반적 사항들(성격, 역사, 구성원의 특성 등)에 대한 지식을 가져야 한다. 뿐만 아니라 여러 계층의 사람들과 원활한 의사소통을 할 수 있어야 한다(조휘일, 1998; 강미경, 1992).

⋮

중략

⋮

7. 자원봉사자 인정과 보상

보상(compensation)은 조직구성원이 조직체에서 수행한 일의 대가로서 인적자원의 유지와 활용은 물론 전체 인적자원관리에서 가장 중요한 기능으로 인식되고 있다. 업무성과에 따른 보상에 대한 기대감과 이로 인한 만족감은 봉사자의 노력(동기부여)을 한층 더 강화하고, 그 결과 그의 업무성과는 향상된다.

조직체에서 주어진 업무를 수행하고 성과를 달성하는 과정에서 구성원은 자기의 기술과 능력을 개발해 나간다. 따라서 보상은 조직구성원의 노력에 대한 대가일 뿐 아니라 인적자원의 개발을 위한 투자라고 할 수 있다. 따라서 보상관리는 이들 요소가 구성원의 능력개발에 작용하도록 촉진제 역할을 해 줄 수 있다는 데에 큰 의의가 있다(이학종, 1995). 서울시 사회복지협의회(2001)의 연구에 의하면; 봉사자가 희망하는 인정보상유형은 감사의 말이나 칭찬, 봉사자 간의 친목모임, 자원봉사활동 기록관리, 기관의 간행물 게재 및 우송, 경비지원 순으로 나타났다.

제3절 연구방법

본 조사는 질적방법을 사용하여 자원봉사자 관리과정에 있어 폭넓은 정보와 이해를 얻고자 하였다. 그동안 관리자들에 대한 서베이 형식의 설문조사는 많이 시행되었으나, 단순 서베이를 통해서는 자원봉사자를 관리하는 과정에 있어서의 복잡한 양상에 대한 상세한 정보를 얻기에 제한이 따른다. 그러므로 심층면접을 통해 관리자와 자원봉사자 당사자들의 견해를 폭넓게 반영함으로써 자원봉사현장에 대한 충분한 이해 속에서 효과적인 자원봉사 관리요인들을 경험적으로 발견하고자 하였다. 표본선정은 의도적 표집방식을 활용하였다. 특히 Patton(1987)이 제시한 극단사례표집(extreme or deviant case sampling) 방식을 활용하여 자원봉사가 활성화된 기관(자원봉사자가 많고 이탈률이 적은 기관)과 그렇지 못한 기관을 선정하여 관리상황을 비교하였다. 이를 통해 어떠한 관리적 특성들 때문에 그런 차이가 나는지를 파악하였다. 위에서 제시한 관리이론의 틀을 가지고 면접의 가이드라인을 설정하였고, 그 틀을 중심으로 면접결과를 분석하였다.

1. 표집방법

본 연구를 위해 극단사례표집을 활용하였다. 이 방법은 매우 성공적인 사례나 실패사례를 선정하여 연구함으로써 그 사례로부터 어떤 교훈을 찾는 것이다. 기존의 서울시내 복지관 중 각 기관이 보고한 자원봉사활동을 토대로 자원봉사가 활성화된 기관 세 곳과 활성화되지 못한 네 곳을 조사자가 선정하였다. 이때 자원봉사가 활성화된 기관의 조작적 정의는 서울시 사회복지관의 평균 자원봉사자수보다 많고 서울시의 평균 1년 미만 이탈률보다 적은 곳으로 정의하였다. 예를 들어, 활성화된 기관은 봉사자 1년 미만 이탈률이 30% 이하인 곳으로, 활성화되지 못한 기관은 이탈률이 앞의 두 배인 60% 이상인 곳으로 하였다. 이 기준은 서울 및 경기도지역의 1년 미만 이탈률이 약 50%대(1997년 현재 서울시기준 평균 57%)를 이루고 있는 것으로 나타난 데 근거를 두었다. 그러나 이 기준은 조사자가 임의로 상정한 것이기 때문에 자원봉사관리가 활성화된 곳과 그렇지 않은 곳을 객관적으로 분명하게 구분짓는 데는 한계가 있음을 밝혀 둔다.

2. 자료수집방법

1) 심층적 면접조사

2~3명의 조사자가 한 팀을 구성, 각 팀별로 7개의 조사대상 복지관들 가운데 한 곳을 담당하여 3회 이상의 심층적 면접조사를 실시하였다. 각 복지관의 자원봉사 담당직원, 자원봉사자, 수혜자 및 기관간부들을 대상으로 면접을 실시하였으며, 가능한 한 여러 정보제공자들로부터 자료를 수집하였다.

2) 자료조사

면접조사에 덧붙여 기존의 설문자료 및 각 기관의 일반적인 문서자료들을 검토하였다.

3) 주요 질문내용

위의 이론적 틀에 입각하여 각 면접대상자에게 다음 질문내용—① 자원봉사자 활용의 목적 ② 모집 ③ 배치 ④ 교육 ⑤ 사후관리 및 보상 ⑥ 평가 ⑦ 관리조정기관과의 연계—을 포함하는 전반적이고 상세한 질문을 하였고, 덧붙여서 각 대상자의 특성 및 상황, 이해도에 따라 부가적인 질문을 하였다. 특히 관리조정기관과의 연계에 대한 부분을 넣었는데, 이는 우리나라에서 현재 정부지원하에 여러 개의 자원봉사 조정기관이 운영되고 있기 때문이다.

자료의 신뢰도와 타당도를 높이기 위한 방법으로 다음과 같은 방법을 사용하였다.

- 각각의 질문에 대한 응답을 자원봉사 담당자, 기관간부, 자원봉사자, 수혜자 등 여러 사람으로부터 받아서 자료의 신뢰도를 높였다.
- 응답의 정확성을 기하기 위해 질의내용에만 의존하지 않고 기존의 기

관자료에 대해 충분히 검토, 고찰하였다.

- 면접조사 시 2명 이상이 조사를 하여 답변내용을 빠짐없이 정리하게 하고 조사분석에 필요한 면접내용을 정확히 기술하였다.
- 조사원 중 한 명은 주요 질문자로서, 한 명은 보조질문자로서 면접전략을 세워 질문 시 필요한 사항을 모두 질문하였다.
- 슈퍼바이저 및 타기관 조사팀들과 정보 및 피드백을 제공, 교환하고 미흡하게 응답된 문항이나 일시적 결론에 도달하기 어려운 문항에 대해서는 차후 반복하여 질문함으로써 자료내용의 충실화를 도모하였다.
- 표본선정 시 연구목적에 맞추어 최대로 3~4곳을 선정하여 조사하게 하여 표본이 극단적인 기관의 예가 되지 않게 하였다.
- 충분히 훈련된 조사자(대학원생)를 사용하였다.
- 면접에 임하기 이전에 미리 질문문항을 준비하고 난 후에 면접하였다.
- 가능한 한 세부적인 사항까지 세세히 기록하였다.
- 표본선정 시 다양한 지역에 분포한 사회복지관을 선정하기 위해 노원구 지역, 중랑구 지역, 동작구 지역, 송파구 지역 등 서울시내 각 지역 내의 사회복지관을 선정하였다.

제4절 분석결과

본 연구는 자원봉사가 활성화된 기관과 그렇지 못한 기관의 주요 차이점을 파악하는 데 초점을 두었다. 먼저 자원봉사가 활성화된 기관에 대해, 위에서 밝힌 관리과정의 틀에 따라 분석결과를 요약하였다. 각 틀에 따라 3개 기관에 대한 면접내용 속에서 대두되는 주요 공통적 주제를 정리하였다. 다음으로는 활성화되지 못한 기관에 대해서 분석을 시행하였다. 이를 통해 활성화에 영향을 주는 효과적인 관리와 비효과적인 관리방안에 대한 가설을 제시하였다. 먼저 자원봉사가 활성화된 기관의 자료분석결과다.

1. 자원봉사가 활성화된 기관에 대한 분석결과

1) 자원봉사자의 모집에 관한 사항

지역신문이나 학교, 지역사회단체에 홍보 또는 내방한다. 기존 봉사자의 적극적인 소개 등을 통해서 모집이 이루어진다. 업무에 따라 전문인력이 필요한 경우에는 의뢰하거나 요청한다.

2) 자원봉사자의 배치에 관한 사항

본인의 의사를 존중하지만 전문성을 요구하는 곳에는 적임자를 배치한다. 프로그램의 전문성과 개인의 경험에 주안점을 두며, 자원봉사 희망자의 배경에 대해서는 일반적인 사항을 체크한다.

3) 자원봉사자의 교육에 관한 사항

두 기관은 정기적인 훈련교육 프로그램을 가지고 있다. A기관은 강좌 및 시청각교육(80여 명) 형식의 교육을 진행하고 있었고, B기관은 단기 자원봉사자교육(관장이 직접 오리엔테이션)을 시행하고 또한 정기 자원봉사자교육(각 부서 담당자/봄, 가을 연 2회)을 시행하고 있었다. 지역사회에서 요청 시 교육도 시행하였다(지역의 중학교 전교생 대상 교육).

4) 자원봉사자의 사후관리 및 보상에 관한 사항

정기적으로 자원봉사자를 모니터링하고 있으며, 다양한 보상(중식 제공, 생일카드 발송, 정기적인 친목모임, '자원봉사자 위로의 밤' 실시, 우수자원봉사자 선발 및 시상)을 제공하고 있다. 자원봉사활동에 대해서 정기적으로 검토(A, C기관 : 월 4회, B기관 : 월 1회)를 하고 있다. 담당직원과의 관계는 친밀하지만 프로그램 담당자 이외의 직원들과의 연계는 없다. 재배치에 대한 욕구가 있을 때에는 재배치를 하고 있다. 특히 대상자와의 결연계약 종료, 수혜자와의 인간관계 실패 시 재배치를 한다.

5) 자원봉사 프로그램 평가에 관한 사항

책임감과 성실성으로 인해 인정받는 자원봉사자가 많고(한 기관을 예로 들면, 약 35%) 수혜자들도 대부분 만족하고 있다. 기관 또는 워커와의 갈등으로 인한 탈락은 없고, 대부분 개인적인 이유(동기상실, 의지 부족, 특별한 보상이 없어서, 거주지 변경 등)로 탈락한다.

자원봉사의 화폐적 가치에 대해서는 전체 예산의 5～10% 정도(A기관 : 1인당 1일 4,000원 정도, B기관 : 강사료의 절감효과)로 산정하고 있다. 성장 정도는 양적으로는 작년과 비슷하나, 질적으로는 전문, 기술화 추세다.

자원봉사자 활용에 있어서의 기관의 문제점으로는 다양한 자원봉사자 활용을 위한 프로그램 부족, 정해져 있는 프로그램 시간과 자원봉사자의 희망 자원봉사시간과의 불일치, 힘이 많이 드는 자원봉사에 대한 인력모집의 어려움, 자원봉사자 관리를 위한 인력 및 시간상의 부족 등을 인식하고 있다. 재정적인 측면에 있어서는 기본적인 예산은 있으나, 보다 많은 경제적 확보가 필요하다고 인식하고 있다.

6) 조정기관과의 연계

두 기관은 조정기관과 상호 협조를 통한 연계체제를 유지(특히, 서울시 사회복지협의회)하고 있다.

2. 자원봉사가 활성화되지 못한 기관에 대한 분석결과

1) 자원봉사자의 모집에 관한 사항

공통적으로 사회복지관 회보 및 생활정보지, 지역신문, 관내학교, 관공서, 종교단체 등에 포스터, 홍보물로 알리는 일을 하고 있다. 기존의 자원봉사자나 친구, 선 · 후배의 소개로 자원봉사를 모집하기도 한다. 모든 복지관이 특별한 선정기준은 없으며, 신청자의 욕구를 우선한다.

⋮

중략

⋮

6) 조정기관과의 연계

필요할 때만 연락을 하고 있고, 전체적으로 이러한 기관을 신뢰하거나 기관에 대한 기대치는 없다.

제5절 결론

자원봉사가 활성화된 기관과 그렇지 못한 기관과의 차이점으로부터 얻은 결과를 바탕으로 효과적인 관리에 대한 가설을 제시하고, 사회복지관이 자원봉사자의 효과적 관리를 위해 추구해 나가야 할 방향을 제시하고자 한다. 먼저 자원봉사가 활성화되고 있는 기관으로 선정된 3개 기관에서 나타나는 공통적인 주제를 바탕으로 효과적인 관리에 대한 가설을 정리해 보자.

- 자원봉사자 모집에 있어 지역사회기관이나 단체를 직접 내방하고, 기존 자원봉사자들의 적극적인 홍보활동이 이루어지고 있다.
- 자원봉사자들은 각 프로그램의 특성과 봉사자들의 관심 및 전문능력에 따라 배치하고 있다. 재배치 요구가 있을 때 바로 재배치에 들어간다.
- 정기적인 훈련 프로그램 또는 분기별 평가회에서 체계적 교육 및 관리를 하고 있으며, 이를 통해 자원봉사자의 질적 능력 향상을 도모한다. 정기적인 훈련 및 교육 이외에도 비정기적이고 임의적인 훈련 및 교육이 특히 프로그램 담당자를 통해 이루어지고 있다.
- 각 기관에서 자원봉사자 활용의 중요성과 필요성에 대해 인식하고 있

으며, 담당직원과 자원봉사자 간의 관계가 친밀하고, 이들 간의 마찰로 인해 자원봉사자의 탈락이나 재배치 사유가 되는 것은 드물다.
- 정기적인 모니터링과 다양한 보상체계가 마련되어 있다.
- 각 기관은 타기관과의 연계를 통해서 프로그램에 대한 정보를 교환하고 관리조정을 효율적으로 하고 있다.

다음으로 자원봉사가 활성화되지 못한 기관의 관리상의 문제점에 대한 가설을 정리해 보자.

- 모집에 있어서 전반적으로 필요할 때에 현 자원봉사자들에게 부탁을 하거나 이들을 통해서 자원봉사자들을 구하는 경우가 많고 홍보지나 지역신문, 벽보를 붙임으로써 모집활동을 하고 있다. 그러나 이러한 방법들은 소극적이며, 효과 면에서도 떨어진다고 볼 수 있다.
- 배치 시에 여러 프로그램에 대한 오리엔테이션을 통해 선택하기보다는 자원봉사자가 하고자 하는 프로그램을 맡기고 있다. 따라서 개인이 능력이나 자질에 대한 충분한 고려 없이 단지 자원봉사자의 욕구에 따라 배치하고 있다.
- 자원봉사자들의 교육이 시급하나 자원봉사자들은 교육에 대한 인식이 부족하고, 기관에서는 현재 처음에만 자원봉사자활동에 대한 오리엔테이션을 시행하고 있으며, 활동 중에는 자원봉사자에 대한 교육이 거의 실시되지 않고 있다.
- 한 기관을 제외하고는 동기를 고취시켜 주는 보상적인 측면이 별도로 준비되어 있지 않다. 프로그램 실행에 필요한 예산이 부족하여 자원봉사자들이 활동할 때에 필요한 최소한의 교통비라든지 활동비 정도, 재료비 보조를 충분하게 하고 있지 못하다.
- 전반적으로 기관 간부들이 자원봉사의 중요성, 필요성에 대한 인식이 부족하고 재정과 인력부족으로 자원봉사담당자도 별도로 두지 않아 담당자가 자원봉사 프로그램에 투여할 수 있는 여력이 없다. 현재는 프로그램 담당자가 자원봉사관리까지 하고 있어, 사회복지사들은 과

중한 업무로 자원봉사자 활동의 모니터링에 많은 에너지를 투입하지 못하고 있으며, 현 인원으로는 자원봉사자 프로그램을 개발한다는 것이 매우 어려운 실정이다.

- 자원봉사 프로그램에 대한 평가가 제대로 이루어지지 않고 평가기준이 별도로 마련되어 있지 않다. 일단 자원봉사가 시작된 후에는 자원봉사자에게 모든 것을 전담하고 있고, 활동을 점검한다든지, 자원봉사자들 간의 모임을 주선하여 자원봉사활동의 애로점에 대해서 토론하는 자리가 없다.
- 자원봉사 프로그램을 운영하는 데 있어 개별 복지관에서 실시하는 데에는 한계가 있음에도 불구하고 이러한 사업을 수행해야 할 자원봉사 조정관리기관과의 연계가 없고, 관계가 없기 때문에 상호의존적인 관계가 아니라 기관에서 필요할 때에만 연락을 취하고 있는 실정이다.

위의 결과를 바탕으로 효율적인 자원봉사 관리를 위해 다음 사항을 제언한다. 첫째, 자원봉사가 비활성화된 기관에서는 복지관 간부의 자원봉사에 대한 인식부족과 부족한 예산으로 인한 인력부족으로 자원봉사를 담당하는 사회복지사가 없거나 다른 업무와 겸직을 하여 장기적인 계획을 세우지 못하고 자원봉사자에 대한 모집, 교육, 사후관리, 평가 등이 이루어지지 못하고 있다. 자원봉사 지원자수가 갈수록 증가하고 있는 시점에서 다양한 참여동기와 욕구, 배경을 지닌 자원봉사자를 관리하기 위해서는 경험과 기술을 가진 전담관리자가 절실히 필요하다. 자원봉사가 활성화되고 있는 기관에서는 자원봉사 조정기관과의 유기적 관계를 돈독히 유지하고 있는데, 이를 원활히 하기 위해서도 자원봉사 전담자가 필요하다. 자원봉사자 중에서 코디네이터를 선정하거나 파트타임 코디네이터를 두는 방안을 고려해 볼 수 있다.

둘째, 지역사회의 자원개발 차원에서 모집전략을 수립해야 한다. 지역주민을 파악하고 주민 스스로 문제해결에 참여할 수 있도록 하여 지역사회 공동체를 이루어 내는 것은 지역사회복지관 본연의 임무이기도 하다. 이를 위한 방법으로 자원봉사자를 모집하는 데 있어 지역사회 자원들을 직접 개발하는 것이 필요하다. 모집 시부터 지역사회 내의 각종 단체를 활용하는 전략이 자원봉사를 활성화시키고 이탈률을 낮추는 중요요인으로 나타나고 있다. 자원봉사를 할 잠재력을 가진 지역사회 내 기존의 모임(부녀회, 종교단체, 의사회, 미용사회) 등을 파악하고 이들을 지역사회 문제해결에 자원봉사자로 직접 참여할 수 있도록 방문, 설득하는 작업이 더 활성화되어야 한다. 또한 친목회나 클럽 등의 자생적인 조직들이 집회를 할 때를 이용하여 집단이나 회원 자신의 자기이익 추구에만 그치지 않고 다양한 방법을 통하여 자원봉사활동에 참여하게 함으로써 명예로운 집단이 되도록 유도해야 한다.

⋮

중략

⋮

여섯째, 보상 측면에서 기관에서는 자원봉사자가 소속감과 유대관계를 가질 수 있도록 각종 유인물과 자원봉사활동 관계자료를 자원봉사자에게 우송하고, 자원봉사활동 회보를 제작하는 등의 활동뿐만 아니라 정기적인 활동팀별 모임, 친목모임을 가져 자원봉사자들의 사기진작을 위한 기회를 제공하여야 한다.

마지막으로 추가하고 싶은 것은 자원봉사 프로그램 개발이다. 현재 각 복지관들이 자원봉사자들의 욕구에 맞게 프로그램을 배정하고는 있지만, 이는 기관들이 이미 자원봉사를 활용할 계획을 가진 사업만을 대상으로 자원봉사자들에게 선택을 하도록 하고 있어, 실제로 자원봉사자들의 욕구를 최대로 수용하지 못하고 있다. 이는 자원봉사자 활용도가 높은 기관이나 낮은 기관 공히 나타나고 있는 현상이다. 이를 보완하기 위해서는 자원봉사 프로그램을 많이 개발하여 자원봉사자들에게 좀 더 많은 선택의 폭을 제공해야 할 것이며, 이를 통해 이탈률을 더욱 낮출 수 있을 것이다.

끝으로 본 연구의 한계를 제시하면 다음과 같다. 본 연구는 질적조사로 일반화의 한계가 있다. 또한 해석에 있어서 조사자의 주관이 개입되었을 가능성도 크다. 본 연구결과는 효과적인 관리방안에 대한 잠정적인 가설을 제시하는 데 의의가 있다. 본 연구에서는 개인적 특성 및 지역적인 특성이나 복지관의 인지도 등 자원봉사 활용에 영향을 줄 수 있는 중요한 요인들을 고려하지 못하였는데, 앞으로의 연구는 관리 차원 이외에 그러한 요인들을 포괄적으로 고려하여 연구해 볼 수 있을 것이다.

제 14 장 실태조사 연구사례

사회복지기관 자원봉사자 활용실태와 과제
-서울시를 중심으로-

제1절 문제제기

최근 우리나라의 자원봉사활동은 외형적으로 자원봉사자의 수적 증대와 참여계층 및 활동영역 확대 등 사회전반에 영향을 미치고 있다. 특히 2001년 '세계자원봉사자의 해(International Year of Volunteers)'를 맞이한 후 각국에서는 자원봉사활동의 활성화에 대한 목소리가 높고 우리나라에서도 세계의 흐름에 동참하고 있다.

그러나 자원봉사에 대한 시대적 필요성과 중요성이 강조되는 것과는 달리, 자원봉사의 기여를 인정하고 관리하는 체계는 많이 부족한 실정이다(이창호, 1996; 강원도 사회복지협의회, 2001). 자원봉사 활용 시의 문제점과 관리방안 그리고 자원봉사활동의 활성화 방안에 대한 지속적인 연구가 필요하다. 그동안 자원봉사 활성화를 위해 자원봉사 활용실태에 관한 연구들이 실시되었는데(서울시정개발연구원, 1995; 서울시 사회복지협의회, 1997; 경기도 사회복지협의회, 2000; 강원도 사회복지협의회, 2001), 기존 연구들은 연구대상을 관리자나 자원봉사자 어느 한쪽만을 선정하여 연구하였기 때문에 포괄적인 견해를 수렴하지 못하고 있다는 한계가 있다.

본 연구는 서울지역 사회복지기관 자원봉사자 및 자원봉사자 관리를 대상으로 자원봉사 활용실태를 파악하고 효과적인 관리방안을 모색하며, 자원봉사 활성화를 위한 프로그램 개발 및 정책대안을 위한 기초자료를 마련해 보고자 한다. 서울시를 대상으로 기존에 두 연구가 1995년과 1997년에 시행되었는데, 본 조사를 통해 자원봉사실태에 대한 변화와 추세를 파악할 수 있을 것으로 사료된다.

본 조사의 구체적인 목적은 다음과 같다. 첫째, 자원봉사자의 참여욕구 및 동기, 만족도, 애로사항 등 봉사활동 참여실태 및 특성을 파악한다. 둘째, 사회복지시설 및 기관에서 이루어지는 자원봉사자 활용현황 및 관리실태를 파악한다. 셋째, 자원봉사자와 자원봉사관리자의 봉사활동 참여 및 활용에 대한 관점의 차이를 비교분석한다. 넷째, 본 연구결과와 사회복지

분야 자원봉사 활용에 관한 선행연구와 비교분석하여 변화사항을 파악한다. 다섯째, 이러한 연구결과를 토대로 자원봉사 활성화를 위한 효과적인 관리방안 및 정책방향을 제시한다.

제2절 선행연구 고찰

최근에 시행된 대표적인 자원봉사실태연구 3편의 결과를 요약해 보면 다음과 같다. 1997년 서울시 사회복지협의회에는 서울시 255개 사회복지조직을 대상으로 1, 2차 우편, 방문조사 외에 심층적 관리과정 사례조사를 실시하였다. 이 연구에서는 사회복지조직의 자원봉사관리자를 직접 만나는 면접조사를 실시하였다. 조사대상기관의 일반적인 자원봉사 활용현황을 살펴보면 비교적 많은 봉사자가 활동하는 계층은 '중 · 고등학생, 주부, 대학생, 기업임직원'의 순이었으며, 중 · 고등학생과 기업임직원이 각각 전체 자원봉사자의 33.0%와 11.0%를 차지하였다. 또한 남성 자원봉사자가 과거에 비해서 늘어나고 있으며, 봉사활동계층도 다양화되고 있는 것으로 나타났다. 자원봉사 지속기간은 6개월~1년이 30.3%로 가장 높은 비율로 나타났고, 전체적으로 1년 미만의 경우가 87.2%로 절대다수를 차지하고 있었다. 대체적으로 단기임을 알 수 있어, 단기적인 지속기간을 해결하기 위한 관리방안 모색을 시사하고 있었다. 자원봉사 활용기관이 봉사자를 활용함으로써 기관 운영에 도움이 된다고 응답한 경우가 대부분이었고, 도움이 되는 분야는 서비스의 효과성 제고와 유급직원의 업무부담 감소가 대부분을 이루었다. 자원봉사자의 역할과 관련해서는 대상자에게 서비스를 제공하는 역할이 가장 많았으며, 그 다음으로 전문가의 업무를 보조하는 역할로 나타났다. 자원봉사자 배치기준에 대해서는 자원봉사자의 의사, 적성, 직업 등을 바탕으로 하는 경우가 대부분이었지만, 기관의 사정에 따라서 배치하는 경우도 전체의 30.8%로 높게 나타났다. 봉사활동에 대한 보상방법과 관련해서는 경제적 보상을 활용하는 기관이 24.5%이고, 포상과 관련된 보상인 도덕적 보상은 50% 이상의 기관이 사용하고 있었다. 자원봉사 기관으로부터 도움을 받고 싶은 분야는 자원봉사 모집 · 홍보분야를 가장 많이 응답했으며, 자원봉사 활용지원에 관한 질적조사결과를 보면 자원봉사활동에 위험성이 큰 대인봉사자들에게 보험이 우선적으로 필요함을 지적하고 있다.

⋮

중략

⋮

기존의 연구들에서 공통적으로 나타나는 현상은 여성 자원봉사자의 수가 많고, 주부와 중 · 고등학생이 많다는 점과, 대부분의 자원봉사자가 6개월 미만으로 활동한다는 점이다. 자원봉사 전담인력이 부족하고 자원봉사자의 교육, 배치, 평가 등 관리체계가 아직 미흡하다는 점이 문제점으로 대두되고 있다. 기존 연구들의 한계는 연구대상을 관리자나 자원봉사자 어느 한쪽만을 선정하여 연구하였기 때문에 포괄적인 견해를 수렴하지 못하고 있다는 점이다.

제3절 연구방법

본 조사는 사회복지시설 · 기관에서 자원봉사활동을 하는 자원봉사자를 대상으로 한 〈자원봉사자 설문조사〉와 자원봉사업무를 담당하는 자원봉사 관리자를 대상으로 한 〈자원봉사관리자 설문조사〉로 나누어 실시되었고, 자원봉사자와 자원봉사관리자 두 집단의 관점을 비교분석하였으며, 부분적으로 선행연구결과(1997년 서울시 사회복지협의회 자료)와도 비교분석하였다.

1. 조사대상

모집단은 서울지역 내 인가된 사회복지시설 및 기관 258개소(자원봉사활동 수요자)와 서울지역 내 사회복지시설 · 기관의 자원봉사자(자원봉사활동 공급자)다. 시설 및 기관에 대해서는 전수조사를 시행하여 총 159개 시설로부터 응답을 얻었다. 자원봉사자의 표본추출을 위해서는 층화표집을 시행하였다. 서울지역 내 사회복지시설 및 기관의 명단을 확보하여 시설 종류별로 나열한 다음(예 : 지역사회복지관, 장애인복지관) 계통표집을 실시하여 129개의 사회복지시설을 선정하고, 각 시설별로 자원봉사자 중 무작위로 2인을 선정하였다. 총 147명이 참여하였다.

2. 설문내용

설문내용은 크게 자원봉사자용과 자원봉사관리자용으로 나뉜다. 먼저 자원봉사자를 대상으로 하는 조사내용은 크게 ① 자원봉사자의 일반적 특성 ② 자원봉사활동 참여기관 ③ 봉사활동 참여실태와 형태 ④ 봉사활동에 대한 인식 및 만족도 ⑤ 자원봉사자 교육 ⑥ 자원봉사활동 평가와 인정 ⑦ 애로사항 및 건의사항 등으로 구성하였다.

자원봉사관리자를 대상으로 하는 조사내용은 ① 응답기관 및 자원봉사관리자의 일반적 사항 ② 자원봉사 활용실태 ③ 자원봉사 관리현황(모집 및 홍보, 배치, 자원봉사자 교육, 자원봉사관리자 교육, 보상 및 평가) ④ 자원봉사 활용과정에 관한 종합적 평가 ⑤ 자원봉사 활성화 방안 등으로 구성되었다.

제4절 연구결과

1. 자원봉사자 실태조사 결과분석

1) 자원봉사자의 일반적 특성

〈표 14-1〉은 조사대상자들의 개인적 특성을 보여 주고 있다. 먼저 전체

〈표 14-1〉 봉사자의 일반적 특징 (단위 : 빈도, %)

항목		빈도	비율(%)
성 별	남	32	21.8
	여	115	78.2
연 령	10대	16	11.0
	20대	57	39.0
	30대	19	13.0
	40대	28	19.2
	50대	15	10.3
	60대 이상	11	7.5
결혼상태	미혼	77	52.7
	기혼	62	42.5
	기타(이혼, 별거, 사별 등)	7	4.8
학 력	국졸 이하	2	1.4
	중학교 재학	1	0.7
	중졸	6	4.1
	고등학교 재학	8	5.5
	고졸	23	15.9
	대학교 재학	54	37.2
	대졸	41	28.3
	대학원 졸업 이상	10	6.9
종 교	종교 없음	42	29.0
	기독교	64	44.1
	천주교	22	15.2
	불교	16	11.0
	기타	1	0.7
직 업	학생	59	42.1
	주부	47	33.6
	회사원	6	4.3
	자영업	4	2.9
	공무원, 교사	3	2.1
	자유직	5	3.6
	무직	4	2.9
	기타	12	8.6
가족의 월 총수입	100만 원 미만	15	10.7
	100~200만 원 미만	39	27.9
	200~300만 원 미만	39	27.9
	300~400만 원 미만	24	17.1
	400~500만 원 미만	7	5.0
	500만 원 이상	16	11.4

* 무응답 제외

〈표 14-2〉 직업과 봉사활동기간과의 관계 (단위 : 명, %)

활동기간 \ 직업	학생	직업인	주부 및 무직	합계
1년 미만	34(57.6%)	7(38.9%)	13(25.5%)	54(42.2%)
1년 이상	25(42.4%)	11(61.1%)	38(74.5%)	74(57.8%)
합계	59(100.0%)	18(100.0%)	51(100.0%)	128(100.0%)

* $x^2=11.677$, $df=2$, $p=.003$

응답자 147명 중 남자가 32명(21.8%), 여자가 115명(78.2%)으로 나타나 남자 자원봉사자에 비해 여자 자원봉사자가 압도적으로 많다. 연령층은 비교적 고르게 분포되었는데, 20대가 39.0%로 가장 많았고 30대 13.0%, 40대가 19.2%를 차지하였다. 조사대상자의 52.7%가 미혼이고 42.%는 결혼한 상태였으며, 4.8%는 사별이나 이혼한 상태였다. 학력은 높은 편이었고 대학에 재학 중인 경우가 37.2%로 가장 많았으며, 대졸인 경우도 28.3%이었다. 종교는 기독교가 44.1%로 가장 많았고 무교인 경우도 29.0%이었으며, 직업은 학생이 42.1%로 가장 많았고 다음으로 주부가 33.6%로 많아 비교적 자유롭게 시간을 활용할 수 있는 학생이나 주부들이 자원봉사활동을 많이 하고 있는 것으로 나타났다. 아직은 회사원 등 일반 성인들의 봉사활동 참여가 많지 않음을 알 수 있다.

2) 자원봉사활동 참여실태

① 자원봉사 활동기간 및 횟수

자원봉사 활동기간의 경우 1년 미만인 경우가 38.7%를 차지하였으며, 1~2년 미만은 23.1%로 나타났다. 한편, 5년 이상도 19.0%나 되었다.

기간과 직업과의 상관관계를 살펴본 결과, 학생(중 · 고 · 대학생)들의 경우 절반 이상이 1년 미만으로 하는 경향이 있는 것으로 나타났다. 학생 자원봉사 활동기간이 비교적 짧게 나타난 것은 사회봉사 활동시간을 채운 학생들의 경우 지속적으로 봉사활동에 연결되지 못하고 그만두는 현상을 반영한다고 볼 수 있다. 학생들이 단기간 봉사활동을 하는 것은 정부 및 학교 방침 때문인 것으로 보이는데, 학생들의 자원봉사가 지속되기 위해서는 자원봉사를 시작할 때 어떤 정식계약을 맺는 절차가 필요하며, 학교측과도 협의가 있어야 한다.

지난 6개월간 평균 봉사활동 횟수를 살펴보면 주 1회 이상이 67.6%로 가장 높았고, 다음으로는 월 2~3회 정도(17.9%) 순이었다. 또한 자원봉사활동 시 1회 평균 봉사시간은 2시간이 28.5%로 가장 많았고, 3시간(25.0%), 4시간, 6시간 이상(각각 14.6%), 1시간(11.1%) 순의 응답률을 보였으며, 전체적으로 1회당 평균 3.5시간 봉사활동을 하는 것으로 조사되었다.

② 자원봉사 활동동기 및 참여경로

주위(가족, 친지, 이웃, 친구 등)의 소개를 통해서가 34.0%로 가장 많았으며, 종교단체, 사회단체를 통해(18.4%), 직장, 학교(과제물 포함)의 권유(14.3%) 순으로 나타났다. 이러한 조사결과는 타조사에서도 비슷한 것으로 나타나, 대부분의 자원봉사자들이 공식적인 창구나 홍보매체를 통해서보다는 개인적 인맥에 의해 참여하는 경우가 훨씬 많았다.

자원봉사활동에 참여하는 주요 동기는 순수하게 남을 돕고 싶어서가 21.2%로 가장 높았으며, 자기발전을 위한 새로운 경험과 대인관계를 넓히기 위해서(20.5%), 여가를 보람 있게 보내기 위해서(11.6%), 자신의 전공지식 및 기술을 활용하기 위해서(11.0%) 순으로 나타났다. 이타적 동기 이외에 이기적 동기도 높게 나타나고 있음을 알 수 있는데, 이는 조사대상자 중 학생자원봉사자가 많은 것을 고려해야 할 것이다.

③ 자원봉사활동 참여분야와 희망분야

현재 하고 있는 자원봉사활동은 교육봉사(방과후교실, 교과지도, 컴퓨터지도, 한글지도, 예체능지도 등)가 가장 많았으며, 청소, 빨래, 목욕 등의 노력봉사, 서류정리, 복사, 우편발송 등의 행정봉사 순으로 많이 참여하고 있었다.

앞으로 참여하고 싶은 자원봉사활동은 현재 하고 있는 자원봉사활동과 같이 교육봉사를 가장 선호하였으며, 다음으로 전문사회복지활동, 행사보

〈표 14-3〉 **현재 참여 봉사활동분야와 향후 희망 봉사활동분야** (단위 : 빈도, %)

항목	현재 참여분야			참여 희망분야		
	1순위(%)	2순위(%)	종합 빈도	1순위(%)	2순위(%)	종합 빈도
노력봉사	26(18.4)	10(11.6)	36	4(3.1)	6(5.8)	10
행정봉사	14(9.9)	13(15.1)	27	14(10.7)	9(8.7)	23
미취학아동 및 거동이 불편한 장애인, 노인 돌보기	13(9.2)	10(11.6)	23	17(13.0)	12(11.5)	29
재가서비스활동	10(7.1)	9(10.5)	19	8(6.1)	5(4.8)	13
의료봉사	4(2.8)	4(4.7)	8	1(0.8)	3(2.9)	4
기술, 전문서비스활동	4(2.8)	6(7.0)	10	11(8.4)	-	11
교육봉사 (방과후교실, 교과지도 등)	47(33.3)	10(11.6)	57	36(27.5)	24(23.1)	60
전문사회복지활동	9(6.4)	5(5.8)	14	27(20.6)	19(18.3)	46
행사보조 (캠프, 일일나들이)	5(3.5)	18(20.9)	23	11(8.4)	26(25.0)	37
기타	9(6.4)	1(1.2)	10	2(1.5)	-	2
합 계	141(100.0)	86(100.0)	227	131(100.0)	104(100.0)	235

조(캠프, 일일나들이), 미취학아동 및 거동이 불편한 장애인 · 노인 돌보기, 행정봉사 순으로 나타났다. 이 조사결과에서는 현재 참여율이 상대적으로 낮은 전문사회복지활동을 크게 선호한다는 점과 참여율이 상대적으로 높은 노력봉사분야의 선호도가 낮은 점이 주목된다. 이 결과를 통해 볼 때 봉사자들이 비교적 소모적이고 단순한 봉사활동보다는 전문적인 봉사활동을 선호하고 있음을 알 수 있다.

3) 자원봉사활동에 대한 만족도, 인식 및 효과성

현재의 자원봉사활동에 대해 만족한다는 의견이 67.6%로 가장 높았으며, 매우 만족한다도 22.5%로 나타나, 자원봉사활동에 대해 대다수가 만족하고 있음을 알 수 있다.

자원봉사자가 봉사활동에 참여하면서 얻는 점에 대해 5점 척도로 측정한 결과, 전체 평균 3.76점으로 나타나 전체적으로 자원봉사자들이 봉사활동의 효과에 대해 긍정적으로 평가하는 것으로 조사되었다. 가장 크게 얻은 점은 타인에 대한 관심과 이해가 증진되었다가 4.36점으로 가장 높게 평가되었으며, 다음으로 자신의 삶을 의미 있게 만드는 계기가 됨(4.31점), 대인관계의 중요성 인식(4.21점), 사회구성원으로서의 책임감이 생겼음(4.07점), 사회문제를 이해하는 기회가 되었음, 봉사활동을 건전한 여가활동으로 인식(각각 4.01점) 순으로 얻는 점이 많다고 응답하였다. 이러한 결과는 자원봉사활동이 사회에 주는 긍정적 효과뿐 아니라 자원봉사자 개인적으로도 커다란 의미와 가치가 있다는 것을 확인해 주고 있다. 특히 학생자원봉사자의 경우 직업이나 진로결정에 도움이 되고, 공부에 대한 자신감이 생겼다고 긍정적으로 평가한 점은 주목할 만하다.

자원봉사자들은 대체로 직원들의 태도에 대하여 상당히 긍정적으로 생각하는 것으로 나타났다. 자원봉사자에 대한 기관직원들의 태도는 매우 고맙게 생각한다가 78.8%로 가장 높았다. 그러나 필요시에는 호의적이나 그 외는 무관심하다는 의견도 18.5%나 되므로 기관직원들은 자원봉사자들에게 변함없는 관심과 배려를 보이는 것이 필요하겠다.

⋮

중략

⋮

2. 자원봉사관리자 조사결과

1) 자원봉사관리자의 일반적 특성

〈표 14-4〉에서 보는 것과 같이 자원봉사관리자의 성별은 여자 69.2%, 남자 30.8%로 여자가 2배 정도 많았다. 연령별로 볼 때 조사대상자의 59.4%가 20대였고, 다음으로 30대가 33.5%의 분포를 보였다. 이들의 사회

〈표 14-4〉 자원봉사관리자의 일반적 특성 (단위 : 빈도, %)

항목		빈도	비율(%)
성 별	남자	49	30.8
	여자	110	69.2
	합계	159	100.0
연 령	20대	92	59.4
	30대	52	33.5
	40대	9	5.8
	50대	2	1.3
	합계	155	100.0
사회복지 실무경력	1년 미만	23	14.5
	1년 이상 ~2년 미만	32	20.1
	2년 이상 ~3년 미만	28	17.6
	3년 이상 ~5년 미만	31	19.5
	5년 이상 ~10년 미만	32	20.1
	10년 이상	13	8.2
	합계	159	100.0

복지 실무경력을 보면 1년 미만이 14.5%, 1년 이상~2년 미만 20.1%, 3년 이상~5년 미만 19.5%, 2년 이상~3년 미만이 17.6%로 나타나 전체 응답자의 71.7%가 5년 미만의 경력을 갖고 있으며, 5년 이상은 28.3%에 불과하였다. 자격증 소지 여부를 살펴보면 사회복지사 1급을 소지한 자원봉사관리자가 82.6%로 현저하게 많았고, 사회복지사 2급이 5.8%, 사회복지사 3급이 1.3%로 나타났다. 그러나 자격증을 갖고 있지 않은 경우도 7.1%에 이르고 있다. 자원봉사업무만 담당하는 관리자는 3.8%에 지나지 않아 자원봉사관리에 대한 체계적이고 집중적인 노력을 하기에는 어려움이 따를 것으로 판단된다.

⋮

중략

⋮

3. 자원봉사자와 자원봉사관리자 결과 비교분석

1) 봉사활동분야 비교

자원봉사자가 희망하는 봉사활동 1순위와 기관에서 필요로 하는 분야 1순위를 비교한 결과, 자원봉사자는 교육종사(27.5%), 전문사회복지활동(20.6%), 미취학아동 및 장애인 · 노인 돌보기(13.0%), 행정봉사(10.7%) 순으로 희망한 것에 비해, 관리자는 전문사회복지활동(29.4%)과 기술 · 전문서비스활동(17.0%)을 가장 필요로 하는 차이를 보였다. 특히 미취학아동 및 장애인 · 노인 돌보기 분야는 봉사자의 13.0%가 봉사활동을 희망하고 있는 반면, 자원봉사관리자는 2.0%만이 필요하다고 응답하고 있어 현저한 차이가 있는 것으로 나타났다.

〈표 14-5〉 봉사활동 희망분야와 봉사자 필요분야 비교 (단위 : 명, %)

항목	자원봉사자	자원봉사관리자
노력봉사	4(3.1%)	10(6.5%)
행정봉사	14(10.7%)	8(5.2%)
미취학아동 및 거동 불편한 장애인, 노인 돌보기	17(13.0%)	3(2.0%)
재가서비스 활동	8(6.1%)	20(13.1%)
의료봉사	1(0.8%)	10(6.5%)
기술, 전문서비스활동	11(8.4%)	26(17.0%)
교육봉사	36(27.5%)	24(15.7%)
전문사회복지활동	27(20.6%)	45(29.4%)
행사보조	11(8.4%)	6(3.9%)
기타	2(1.5%)	1(0.7%)
합 계	131(100.0%)	153(100.0%)

2) 자원봉사 희망시간대 비교

자원봉사관리자는 오후시간에 봉사자를 가장 필요로 하는 데 비해 자원

〈표 14-6〉 봉사활동 희망시간대와 봉사자 필요시간대 비교 (단위 : 명, %)

시간	자원봉사자	자원봉사관리자
오전(9:00~12:00)	57(39.3%)	43(27.4%)
오후(12:00~18:00)	48(33.1%)	101(64.3%)
저녁(18:00~20:00)	19(13.1%)	13(8.3%)
심야(20:00~)	21(14.5%)	-
합 계	145(100.0%)	157(100.0%)

봉사자는 오전, 오후 둘 다 봉사활동을 선호하는 비중이 비슷하게 나타났고, 오후 6시 이후의 저녁에도 봉사활동을 희망(27.6%)하고 있어 현저한 차이를 보였다.

3) 봉사활동 인정 · 보상 비교

자원봉사자는 대체로 인정이나 보상을 크게 바라지 않고 봉사활동에 임

〈표 14-7〉 봉사자가 희망하는 인정 · 보상과 기관의 실시형태 비교 (단위 : 명, %)

항목	자원봉사자 희망 내용	자원봉사관리자 실시 내용
감사의 말이나 칭찬	47(31.9%)	139(88.0%)
기관의 간행물에 게재 및 간행물 우송	36(24.5%)	109(69.0%)
기관의 각종 행사 초대	26(17.7%)	102(64.6%)
자원봉사관련 최소한의 경비지원 (교통비, 식비, 활동실비지원 등)	28(19.0%)	66(41.8%)
자원봉사활동기록 누적관리, 확인서 발급	39(26.5%)	132(83.5%)
표창 및 시상	5(3.4%)	90(57.0%)
배지나 핀 증정	7(4.8%)	9(5.7%)
다양한 혜택 부여(기관 프로그램 이용 할인혜택, 문화시설 이용 할인혜택)	28(19.0%)	22(13.9%)
봉사원 간의 친목(야유회, 회식) 주선	40(27.2%)	74(46.8)
자원봉사품앗이 서비스	16(10.9%)	6(3.8%)

* 복수 응답

하고 있는 것으로 나타난 것에 비해 대부분의 기관에서는 전반적으로 다양한 방법을 많이 실시하고 있었다. 자원봉사자는 감사의 말이나 칭찬을 가장 원하고 있고 기관에서도 이를 가장 많이 실시하고 있는 것으로 나타났으나, 봉사자가 두 번째로 가장 많이 기대하는 동료 봉사자들 간의 친목 주선에 대해서는 상대적으로 실시율이 저조하였으므로 기관에서는 이러한 기회를 자주 마련하는 것이 필요하겠다.

제5절 결론

1. 자원봉사 관리과정에 관한 제언

1) 자원봉사관리전담자 배치

다양한 참여동기와 욕구, 배경을 지닌 자원봉사자를 관리하기 위해서는 경험과 기술을 가진 전담 자원봉사관리자가 필요함에도 불구하고 대부분의 기관에서는 업무를 겸직하고 있으며, 다른 업무에 비해 소홀히 다루는 경향이 있다. 기관장들의 자원봉사에 대한 인식부족 또한 기관의 만성적인 인력부족으로 인한 이러한 현실은 자원봉사활동에 대한 장기적인 계획을 세우지 못하게 하며, 자원봉사자 모집, 교육 사후관리, 평가 등 전반적인 업무수행을 체계적으로 시행하기 어려운 결과를 초래하게 된다. 또한 자원봉사 전담직원이 없으면 수동적으로 봉사자를 기다리는 입장에 있게 될 것이고, 자원봉사 지원단체와도 유기적 관계를 지속적으로 갖기가 어려울 것이다.

그러므로 자원봉사 활성화를 위해서는 자원봉사관리전담자가 배치되어야 한다. 이를 위해 무엇보다도 자원봉사활동의 중요성을 인식하여 전담인력 배치에 대한 정부의 정책적 지원이 필요하다. 그리고 예산부족으로 전담인력의 배치가 어려울 경우, 자원봉사경험이 풍부한 중간지도자적 수준의 역할을 충분히 감당할 수 있는 자원봉사자를 선발, 교육하여 업무의 일부를 위임하는 방법도 대안이 될 수 있다.

2) 자원봉사자의 모집 및 홍보전략 개발

먼저 자원봉사자들이 이웃이나 친구, 다음으로 종교단체나 사회단체, 학교를 통해 자원봉사활동에 참여하게 되는 경우가 많은 것으로 파악되었다. 그러므로 지역사회의 각종 단체를 적극 활용하여야 한다. 이러한 단체나 모임을 적극 활용하는 것은 지역사회 자원개발 차원에서도 매우 유용한 것이다. 사회복지기관들은 지역주민을 파악하고 주민 스스로 문제해결에 참여할 수 있도록 하여 지역사회 공동체를 이루어 내야 한다. 이를 위한 방법 중의 하나로 자원봉사자를 모집하는 데 있어 지역사회 자원들을 직접 개발하는 것이 필요하다. 현재 기관에서는 인터넷, 지역신문 · 홍보지 등을 이용하여 개별적인 모집을 하는 것과 더불어 자원봉사를 할 잠재력을 가진 지역사회 내 기존의 모임(부녀회, 종교단체, 지역의료협회, 이미용사협회, 로터리클럽, 상인연합회, 노동조합, 약사회, 모범운전자회, 변호사회 등)을 파악하고 이들을 지역사회 문제해결에 자원봉사자로 직접 참여할 수 있도록 방문, 설득하는 작업이 더 활성화되어야 한다. 친목회나 클럽 등의 자생적인 조직들이 모임을 가질 때를 이용하여 집단이나 회원 자신의 자기이익 추구에만 그치지 않고 다양한 방법을 통하여 자원봉사활동에 참여하게 함으로써 명예로운 집단이 되도록 유도해야 한다. 또한 자원봉사자가 원하는 시간대와 활동 프로그램을 고려한 자원봉사 프로그램을 적극 개발하고 지원자의 능력을 발굴, 활용함으로써 지원하는 자원봉사자를 돌려보내는 일이 발생하지 않도록 노력해야 한다.

다음으로 정보화시대에 부응하는 홍보전략을 세워야 한다. 인터넷 활용을 통한 홍보비중이 높게 나왔다. 실제로 인터넷 동호회 등에서는 모임 운영을 의미 있게 하기 위해서 자원봉사활동을 희망하는 경우가 많다. 이렇게 많은 시간을 인터넷으로 보내고 있는 사람들은 자원봉사 모집의 중요한 표적집단이 될 수 있으므로 보다 효과적이고 적극적으로 인터넷매체를 활용할 수 있는 기술을 익힐 필요가 있다.

⋮

중략

⋮

6) 자원봉사자의 효율적 관리와 인정 · 보상 강화

자원봉사활동의 지속성을 유지하고 참여강도를 강화하기 위한 가장 효과적인 수단은 인정과 보상이다. 특히 자원봉사자의 만족도가 지속성을 유지하는 요인으로 작용하는 것으로 나타나고 있으므로 자원봉사자들의 만족요인을 제공하는 기회를 마련해 주는 것이 중요하다.

기관의 필요에 따라 봉사자를 배치하는 것은 자원봉사자의 불만으로 연결될 가능성이 크다. 모집 시부터 필요한 업무별로 자원봉사자를 모집하는 체계를 마련해야 한다. 또한 기관에서는 자원봉사자가 소속감과 유대관계를 가질 수 있도록 각종 유인물과 자원봉사활동 관계자료를 자원봉사자에게 우송하고, 자원봉사활동 회보를 제작하는 등의 활동을 하며, 정기적인 회의와 활동기관별 모임을 가져 자원봉사자의 제반 건의사항을 수렴하여야 한다. 특히 자원봉사자들의 사기진작을 위한 모임이나 자원봉사자실 마련은 자원봉사자들이 특별히 선호하는 것으로 나타났으므로 이를 적극 제공하여야 한다. 그리고 자원봉사자들이 남을 돕는다는 이타적인 만족 외에 자원봉사자의 자아발전 및 새로운 경험과 기술을 획득할 수 있는 장을 마련해 주어야 한다.

2. 자원봉사정책에 관한 제언

1) 자원봉사 활성화를 위한 다양한 보상 마련

지역사회 발전을 위해 헌신적으로 기여한 자원봉사자의 선행에 대해 상을 주거나 자원봉사자의 날 또는 주간을 선정하는 것도 자원봉사활동을 확산시키고 잠재적인 자원봉사자를 개발하는 한 방법이 될 것이다. 이는 자원봉사활동이 사회적으로 가치 있는 일임을 널리 알리는 행사가 됨으로써 자원봉사자들에게는 자신의 활동에 대해 긍지를 갖게 하여 정신적 보상을 해 주는 결과가 될 것이며, 동시에 국민들에게도 자원봉사활동에 대한 새로운 인식 제고가 이루어질 것이다. 또한 자원봉사에 대한 법적인 근거를 마련하여 이들에 대한 신분보장이나 안전을 위한 법률을 제정하고 자원봉사자의 안전을 위한 보험도 개발하여야 한다. 최근 여성가족부에서는 '자원봉사보험제도'를 시행하여 자원봉사활동 중 발생할 수 있는 위험에 대비해 지역별 여성자원봉사자를 선정하여 총 1만 6천 명에 대한 상해보험 가입을 추진하고 보험료를 국비로 지원하고 있는데, 앞으로 이러한 보험제도가 사회복지분야에도 확대되어야 한다.

2) 자원봉사 전문기관의 과제

자원봉사 전문기관이나 단체는 각 사회복지기관에서 자원봉사자를 모집하고 배치, 교육, 평가 등의 업무를 수행하면서 갖는 어려움과 욕구를 정확히 파악하여 지원해 주어야 한다.

첫째, 다양한 전문자원봉사자를 육성하여 사회복지기관에 지원해 주어야 한다. 조사결과에서 각 기관들은 단순노력봉사자 보다 전문자원봉사자를 원하지만 모집에 어려움이 있는 것으로 나타났으므로 이에 대한 지원방안을 강구해야 한다. 지역사회집단이나 조직들 중 능력이 있는 표적집단을 발굴하여 다양한 전문봉사팀을 운영하거나, 필요분야별로 기업 자원봉사자를 활용하고 대학의 사회봉사센터와 협력방안을 마련하는 것도 좋은 방법이 될 수 있다.

⋮

중략

⋮

5) 자원봉사법령 제정

위에서 제시된 모든 방안들이 조속히 추진되기 위해서는 자원봉사에 관한 통일된 법령의 제정이 필수적이다. 1999년 정부와 여당은 자원봉사활동 지원을 위한 근거법 제정을 추진했지만, 선거에 악용할 우려가 있다는 반대에 부딪쳐 무산되었다가, 자원봉사활동을 지원하기 위해서는 근거법 마련이 시급하다는 자원봉사관련 단체들의 요구에 따라 최근 입법 움직임이 다시 일고 있다. 자원봉사활동의 발전과 활성화를 위해 하루속히 자원봉사법안이 마련되어야 한다.

제15장 상관관계 연구사례

치매노인가족 부양부담의 한 · 미 비교연구
- 문화적 요인이 부양부담에 미치는 영향 -

제1절 문제제기

치매(dementia)라는 용어는 일반적으로 기억하고 사고하고 판단하는 능력의 손실로 시작하여 언어 및 신체적 기능을 손실하는 질환으로서 보통 65세 이상의 노인들에게 발생하는 노인성 질환이다. 이 질환의 발병률을 보면, 미국이 경우 65세 이상 노인들의 11~12%가 경미한 치매를 가지고 있고, 6% 정도가 중등도(重等度) 이상의 치매를 가지고 있는 것으로 보고되고 있다(Mortimer, 1988). 우리나라에서도 비슷한 발병률을 보이고 있는데, 박종환 및 그의 동료들의 연구결과에 따르면, 한 면(面)지역 노인들의 10.8%가 치매증상을 가지고 있는 것으로 나타났다(Park et al., 1994). 한국보건사회연구원(1997)에 따르면, 1997년 현재 65세 이상 노인의 8.3%가 치매로 추정된다고 한다. 우리나라는 현재 고령화사회로 진입하고 있으므로 치매노인의 수는 앞으로 점차 늘어날 것으로 전망된다.

치매는 일반적으로 인지 및 기능적 장애가 매우 심하므로 보호자들(caregivers)에게 상당한 스트레스와 부담을 주는데, 문헌들은 치매노인 보호자들이 사회적 고립감, 우울증, 신체적 · 경제적 어려움 등을 경험한다고 기록하고 있다(이성희, 권중돈, 1993; Biegel et al., 1991; George & Gwyther, 1986; Pruchno & Resch, 1989). 치매노인 보호부양의 어려움은 보호자들은 물론 노인의 안녕과 복지에도 문제를 제기한다. 예를 들어, 부양부담의 어려움이 과도하면 자칫 노인학대를 야기할 수 있다. 그러므로 보호자들이 이런 부담을 잘 극복해 내도록 돕기 위한 여러 가지 정보가 필요하며, 특별히 많은 부담을 느끼는 보호자의 개인적 손상을 파악해야 한다.

1980년대 초반부터 서구에서는 치매노인 보호부담에 영향을 주는 요인들을 파악하기 위해 많은 조사가 실시되었다. 이런 요인들을 요약해 보면 보호자의 성별, 노인과의 관계, 노인의 손상 정도, 과거 노인과의 친밀감, 보호자 자신의 내적 극복전략, 노인과의 동거 여부, 확대가족의 도움, 비용이 드는 서비스의 활용 등을 들 수 있다(George & Gwyther, 1986; Gilleard et al., 1984; Haley et al., 1987; Fitting et al., 1986; Pratt et al., 1987).

그러나 노인을 돌보는 데 있어서 문화 간의 차이에 관해서는 체계적으로 연구되지 못했다. 서구에서는 대부분의 연구들이 백인 중산층을 대상으로 실시되었기 때문에 문화적 풍습이나 가치의 차이 등이 고려되지 못했다고 볼 수 있다. 사회적 규범과 가치, 풍습의 차이로 인해 서로 다른 문화권에 있는 개인들은 부모부양에 대해 서로 다르게 인지하고 반응한다(Schulz, 1990). 예를 들어, 미국과 한국의 부모부양과 관련된 문화적 차이를 들어 보면 다음과 같다. 미국에서는 주로 딸들이 부모를 부양하는 데 비해 한국에서는 주로 며느리가 시부모를 부양한다. 특히 한국의 부모부양의 특징은 맏며느리가 부모를 모신다는 사회적 규범에 있다. 일반적으로 맏며느리가 사회적으로나 경제적으로 어려울 경우에 다른 자녀들이 부모를 부양한다. 이런 사회적 규범이나 풍습이 부양부담에 영향을 줄 것으로 사료된다. 예를 들어, 며느리가 시부모를 모시는 한국사회에서는 애정보다는 책임감이 부모부양의 우선적 가치가 될 수 있다. 한편 혈연관계에 있는 딸이 주로 부모를 모시는 미국에서는 고부갈등 같은 갈등관계로 인한 문제는 적고 부모부양으로 얻는 기쁨이나 위안이 더 클 수 있다. 또한 서양에서는 개인주의가 강하므로 가족에 대한 책임이 한국에 비해 상대적으로 약한 반면, 한국 부양자들은 가족 및 친족 간에 상호작용이 활발하고 더 많은 도움을 주고받는다. 한편, 서양에서는 치매보호자들을 위한 서비스산업이 많이 발달되어 있기 때문에 한국 보호자들에 비해 치매노인 부양에 적응하는 데 있어 다른 양상을 띨 수 있다. 그러므로 이러한 문화적 요인들이 부양부담에 미치는 영향이 체계적으로 조사되어야 한다.

이 연구의 주요 목적은 한국과 미국의 치매보호자들을 비교연구함으로써 문화적 요인들의 영향을 측정해 보고, 부담이 낮은 문화와 높은 문화를 비교함으로써 치매노인 보호부담을 예방하고 완화시킬 수 있는 요인들에 대한 지식과 정보를 넓히는 데 있다.

제2절 이론적 배경

일반적으로 부양부담에 관한 연구들은 스트레스 요인(stressor)과 중재요인/조절요인 그리고 결과변수인 부양부담(caregiver burden)의 관계를 조사하고 있다. 이 분야의 연구들은 환자의 질환과 문제적 행동이 가족에 대한 스트레스를 유발한다는 기본가정에서 출발한다. 실제로 많은 임상보고서들은 치매환자의 신체적 · 인지적 기능저하가 부양자들로 하여금 여러 가지 스트레스를 경험하게 한다는 것을 지적하였다. 그러나 다른 한편으로, 기존의 실험적 연구들은 환자의 신체적 · 인지적 손상 정도와 부양부담 사이에 매우 약한 상관관계가 있음을 발견하였다. 대표적인 예로 Zarit 등은 기억 및 행동장애와 부양부담 사이에 유의한 관계가 없다고 보고하였다(Zatit, Reever, & Bach-peterson, 1980), George와 Gwyther(1986)는 노인의 증상과 부양자의 안녕 사이에 유의한 관계가 있음을 발견하였지만 그 강도면에서는 관련성이 약하다는 것을 지적하였다. 이런 연구결과는 환자의 손상이 부양부담을 느끼게 하는 상황을 유발시키는 객관적 스트레스 요인으로 작용할지라도 이런 객관적 스트레스 요인과 실제적 부담 사이에는 이들을 중재하는 요인들이 있음을 시사한다. 실제로 부양자들이 스트레스를 느끼는 데 있어서 개인차가 있음을 밝혀졌다. Stephens와 Zarit(1989)은 어떤 부양자들은 노인의 부양에 잘 적응하는 반면, 다른 부양자들은 유사한 상황에서 심리적 · 신체적 건강을 유지하기 못하고 있다고 지적하였다. 부담을 중재해 주는 요인들이 중요한 변수로 작용하였기 때문이다. 이런 중재변인들은 개인적 · 환경적 조건을 포함하는데 예를 들어, 개인의 사회인구학적 변수, 노인과의 과거 관계, 가족의 도움, 극복 스타일, 노인과의 동거여부 등이 포함된다.

1. 연구의 개념적 틀

부양부담을 이해하는 데 적절하다고 판단되는 여러 변수들을 잘 구조화하기 위한 모델들이 많이 개발되었는데, 이 연구에서는 Biegel 등(1991)이 개발한 모델을 약간 변형하여 사용하였다. 이 모델은 개념적으로 만들어진 것이며, 기존 연구에서 부양부담을 이해하는 데 중요하다고 밝혀진 변수들을 통합하고 있다. 필자는 우리나라의 보호자 선택규범, 즉 맏며느리가 시부모를 부양해야 한다는 사회적 규범의 영향을 알아보기 위해 이런 규범의 수용 정도를 모델에 포함시켰다.

연구모델은 [그림 15-1]과 같다. 객관적 스트레스 요인은 환자의 증상과 문제적 행동을 가리킨다. 보호자의 개인특성은 성별, 교육, 노인과의 관계, 건강상태, 배우자 유무, 사회적 규범 수용, 극복전략, 과거 관계, 부모부양에 대한 태도(자녀로서의 책임감, 부모부양으로 얻는 기쁨과 위안)를 포함하고 있다. 환경적 변수로는 지원망과 노인과의 동거 여부가 포함된다. 결과변

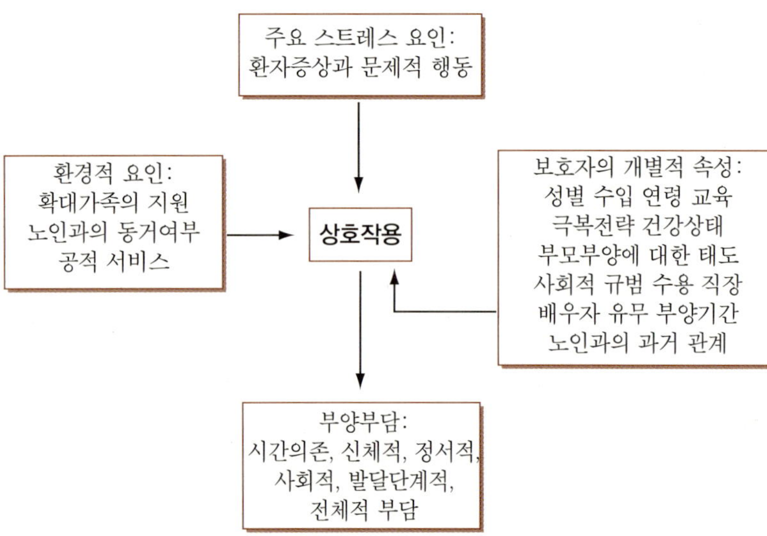

[그림 15-1] 부양부담모델

수인 부양부담은 신체적, 발달단계적, 사회적, 정서적, 전체적 부담으로 구분된다.

2. 연구가설

- 가설 1 : 한국인과 미국인 부양자들이 느끼는 부양부담수준은 서로 다를 것이다.

만약 한국인 부양자가 낮은 부담을 느낀다면 가설 2와 3을 검증할 것이다. 한국인들은 가족과 상호교류가 많은 반면 대다수 미국인들은 확대가족으로부터의 도움이 제한된다. 또한 한국은 부모부양을 전통적으로 강조하는 반면 미국은 개인주의를 강조하므로 부모부양에 대한 책임감은 한국인이 높을 것이다. 확대가족의 도움이나 부모부양에 대한 책임감은 한국인이 높으므로 한국인이 부모부양부담을 덜 느낄 것으로 가정된다.

- 가설 2 : 한국인과 미국인 부양자들이 느끼는 치매노인 부양부담 차이는 확대가족지원을 통제할 경우 줄어들 것이다.
- 가설 3 : 한국인과 미국인 부양자들이 느끼는 치매노인 부양부담 차이는 자녀책임감을 통제할 경우 줄어들 것이다.

한편, 미국인 부양자가 낮은 부담을 느낀다면 가설 4와 5를 검증할 것이다. 공적 서비스체계가 미국에서는 잘 발달되어 있으므로 이러한 서비스를 많이 이용할수록 부양부담은 줄어들 것이다. 미국의 주부양자는 혈연관계에 있는 딸이므로 한국의 며느리들에 비해서는 부모부양에서 느끼는 기쁨이나 위안이 더 클 것이다. 사실 며느리와 시부모 간에 갈등이 많다는 조사결과가 여러 차례에 걸쳐 보고되었다. 그러므로 공적 서비스와 부모부양에서 느끼는 기쁨과 위안의 차이로 인해 한국인과 미국인 부양자들의 부양부담 차이가 설명될 것으로 가정된다.

- 가설 4 : 한국인과 미국인 부양자들이 느끼는 부양부담 차이는 공적 서비스를 통제할 경우 줄어들 것이다.
- 가설 5 : 한국인과 미국인 부양자들이 느끼는 부양부담 차이는 부모부

양에서 느끼는 위안과 기쁨을 통제할 경우 줄어들 것이다.

- 가설 6 : 한국의 부양자 선택규범의 영향을 검증하는 것이다. 한국에서는 맏며느리가 부모를 부양해야 한다는 사회적 규범이 있는데, 이를 수용하는 것이 부양부담에 어떤 영향을 미치는지를 검증하는 것이다.

부양자 선택규범을 수용하는 맏며느리는 낮은 부담을 느낄 것이다.

제3절 연구방법

1. 표본

치매증상을 가지고 있는 60세 이상의 부모를 부양하고 있는 107명의 성인자녀 부양자들이 이 연구에 참여했다. 56%가 한국인이었고, 44%가 미국의 백인이었다. 표본선정의 주요 문제는 부모부양을 책임지고 있는 성인자녀들을 찾기가 어렵다는 것이다. 그러므로 의도적 표집방법을 사용하여 치매노인과 그들의 부양자들에게 다양한 서비스를 제공하고 있는 기관으로부터 연구대상을 파악하였다. 한국인 부양자들은 노인종합복지관과 대학병원의 보호자기록에서 선정되었다. 미국인 부양자들은 텍사스 주 오스틴과 휴스턴의 치매협회와 치매서비스기관에서 선정하였다. 지역사회에 거주하는 노인들만 표본으로 선정하였고, 입원기관에 있는 노인들은 제외시켰다. 〈표 15-1〉에 노인과 부양자들의 사회인구학적 사항이 나타나 있다.

한국인 부양자와 미국인 부양자에 대한 자세한 논의는 결과부분에서 다루도록 한다.

2. 측정도구

1) 종속변수

이 연구에서 종속변수는 보호자의 부담(caregiver burden)이다. 보호자의 부담은 두 가지 측정도구, 즉 총체적 부담(Burden Interview : BI)(Zarit & Zarit, 1987)과 다차원부담(Caregiver Burden Inventory : CBI)(Novak & Guest, 1989)을 사용하여 측정하였다.

BI는 22개 항목으로 구성되어 있으며, 총체적 부담을 측정하는 도구로 널리 사용하고 있다. BI의 내적일관성은 .91로 알려져 있고 구성체타당도는 Brief Symptom Inventory와 단일항목 부담측정치를 검증되었다. CBI는 24개 항목으로 구성되어 있는 것으로서 다섯 가지 차원의 부양부담을 측정하는 도구다. 이 다섯 가지 차원은 시간의존부담, 발달단계적 부담, 신체적 부담, 사회적 부담 그리고 정서적 부담이다. 그러나 위의 도구들은 서양에서 개발된 것이므로 한국적 상황에 맞지 않을 수도 있기 때문에 도구의 문화 간 동등성을 확립하기 위해 도구의 내적일관성 및 내적 구조를 파악하는 요인분석과 신뢰도를 시행하였다. Varimax 방식의 요인분석에서 .4 이상을 유지하는 항목들만 분석에 사용되었다.

이런 일련의 절차를 거쳐 BI로부터 4개 항목, CBI로부터 4개 항목이 분석에서 제외되었다. 이 연구에서 BI는 매우 높은 내적일관성을 나타내었다(α= .92). BI의 항목은 5점 척도로 구성되었다. CBI의 다섯 차원은 각각 .87, .81, .86, .76, .88의 알파 측정치를 기록하였다. 이 도구 역시 5점 척도로 구성되었다.

2) 독립변수

① 노인의 증상과 문제적 행동

노인의 인지적, 기능적 손상 정도는 기억 및 행동장애목록(Memory and Behavior Problem Checklist)(Zarit & Zarit, 1982)에 의해 측정되었다. 이 도구

〈표 15-1〉 **치매노인과 부양자들의 사회인구학적 배경**

사회인구학적 정보	한국인	미국인
치매노인 평균 손상 정도*	22.2(SD= .76)	1.9(SD= .80)
부양자 평균연령***	44(SD=10)	53(SD=11)
성별 : 남성	16.7%	12.8%
여성	83.3%	87.2%
결혼상태 : 유배우자	88.1%	74.5%
무배우자	11.9%	25.5%
노인과의 관계 : ***		
며느리	55.0%	8.6%
딸	28.3%	78.7%
아들	16.7%	12.8%
교육 정도 : ***		
국민학교 졸업	8.5%	0.0%
중 · 고 졸업	57.7%	40.4%
대학 졸업	33.9%	59.5%
주거상황 : ***		
노인과 따로 산다	18.3%	57.4%
노인과 함께 산다	81.7%	42.6%
직장 : 있다	41.7%	48.9%
없다	58.3%	51.1%
부양한 기간(달) :	49.3	45.7
건강상태 ***	3.1(SD=1.0)	3.8(SD=.9)
과거 관계 **	3.6(SD=1.05)	4.1(SD=.91)
내적 극복전략 ***	3.3(SD=.77)	4.0(SD=.52)

* 최고 손상점수=4
건강상태 : 1=매우 건강이 나쁘다…5=매우 양호하다
과거 관계 : 1=매우 나쁘다…5=매우 좋다
내적 극복전략 : 1=전혀 그렇지 않다…5=매우 그렇다

*$p<.05$; **$p<.01$; ***$p<.001$

는 28개 항목으로 구성된 것으로 치매에 관련된 일상생활의 문제빈도를 측정하기 위해 고안된, 가장 폭넓게 사용되는 도구다. 이 도구의 타당도는

Mental Status Questionnaire, Face-Hand test, Folstein Mini-mental State Examination 같은 도구들을 통해 입증되었다. 보호자들은 일주일 동안 발생한 문제빈도수를 5점 척도를 사용하여 기록하게 된다. 조사에서 이 도구의 신뢰도는 .91이었다.

② 확대가족의 지원

확대가족의 지원 정도는 두 가지 차원으로 측정하였다. ㉠ 도움을 주고 있는 가족이나 친척들의 수 ㉡ 방문빈도 : 한 달에 한 번 이하, 한 달에 2~3번, 일주일에 1~2번, 일주일에 3~5번, 거의 매일(Zarit & Zarit, 1986; Mindel & Wright, 1982)

③ 내적 극복전략

극복전략은 스트레스적 상황을 운용해 나가기 위한 인지적, 행동적 노력으로 규정된다(Lazarus & Folkman, 1984). 여러 문헌들이 세 가지의 내적 극복전략을 지적해 왔는데, 그 세 가지 전략에는 논리적 이해, 계획적 문제해결 그리고 비판적 · 수동적 행동이 포함된다(Hinrichsen & Niedereche, 1994). 비판적 · 수동적 행동은 부담의 극복에 부정적 영향을 주는 것으로 보고되어 왔다. 이 연구에서 극복전략은 위의 세 가지 극복전략을 반영하는 다음 5개 항목으로 측정되었다.

- 나는 노인의 문제적 행동을 볼 때 한 걸음 물러나서 그 행동을 객관적으로 이해하려고 노력한다.
- 나는 노인의 문제적 행동을 다루기 위해 계획을 세우고 그대로 지키려고 노력한다.
- 나는 노인의 질병에 관해 많은 정보를 찾으려고 노력한다.
- 나는 노인의 행동을 긍정적인 면에서 보려고 노력한다.
- 나는 노인의 문제적 행동에 소리를 지르거나 노인을 비난함으로써 다루어 나간다.

이 항목들은 모두 5점 척도로 구성되었다. 다섯 번째 항목은 부정적인 내용이므로 분석에서 역으로 코딩되었다. 이 연구에서 위 항목들의 알파측정치는 .72이었다.

④ 부모부양에 대한 태도

부모부양에 대한 태도를 측정할 수 있는 객관적 도구는 아직까지 많지 않다. 본 연구에서는 다음의 두 가지 차원에서 측정되었다. 첫째, 부모부양에 대한 자녀의 책임감 둘째, 부모부양에서 느끼는 기쁨 및 위안의 정도가 그것이다. 부모부양에 대한 자녀의 책임감은 Seelbach와 Sauer가 개발한 자녀기대감 측정도구(Filial Expectancy Scale) (Seelbach & Sauer, 1977)에 의해 측정되었다. 이 도구는 부모부양에 대해 성인자녀들이 느끼는 의무감을 측정하기 위해 고안된 것으로 여러 연구에서 사용되어 왔다. 이 도구는 5개 항목으로 구성되어 있으며, 각 항목은 5점 척도로 측정된다.

부모부양에서 느끼는 기쁨 및 위안의 정도는 다음 질문에 대한 반응으로 측정되었다. '부모를 부양하는 것이 어렵고 힘들지라도 위안과 기쁨의 순간을 느끼곤 한다.' 이 질문에 대한 반응은 5점 척도(1=전혀 그렇지 않다 … 5=늘 그렇다)로 측정되었다(Motenco, 1989).

⑤ 과거 노인과의 관계

노인과의 과거 관계에서 친밀감의 정도는 다음 질문에 대한 반응으로 측정하였다. '과거 노인과의 관계는 어느 정도 우호적이었습니까?' 이 질문에 대한 반응은 5점 척도(1=매우 좋지 않았다 … 5=매우 좋았다)로 측정되었다.

⑥ 부양자 선택 규범의 수용

맏며느리가 부모를 부양해야 한다는 사회적 규범을 수용하는지 아닌지 여부를 가리기 위해 맏며느리들에게 다음 질문을 하였다. '귀하의 가족이나 친척 중에서 누가 노부모를 돌보아야 한다고 생각하십니까?' 이 질문에 대한 반응에서 '며느리 스스로 돌보아야 한다.' 고 응답했을 때에는 부모부양의 사회적 규범을 수용하는 것으로 보아 '1' 로 코딩하였고, 그 외 '다른 사람이 돌보아야 한다.' 고 응답한 경우는 부모부양의 사회적 규범을 수용하지 않는 것으로 간주하여 '0' 으로 코딩하였다.

⑦ 비용이 드는 공식적 서비스

공식적 서비스는 지역사회의 각종 서비스기관이나 프로그램을 통해 제공받는 서비스를 의미한다. 공식적 서비스는 비용을 내고 각종 기관이나 개인으로부터 받는 서비스의 빈곤으로 측정하였다. ㉠ 한 달에 한 번 이하, ㉡ 한 달에 2~3번, ㉢ 일주일에 1~2번, ㉣ 일주일에 3~5번, ㉤ 거의 매일(Zarit, Todd, & Zarit, 1986)

이들 7가지 독립변수에 관련된 자료 외에도 노인과 보호자들의 인구사회학적 정보도 수집하였다(〈표 15-1〉 참조).

3. 자료수집방법

먼저 이 연구에 참여할 의도가 있는지 전화로 확인한 후에 우편으로 설문지와 반송봉투를 발송하였다. 3회의 재촉편지를 우송했으며, 회수율은 68%이었다. 성인자녀가 아닌 배우자에 의해 응답된 설문지는 분석에서 제외되었다.

4. 분석

먼저 한국인과 미국인 중 어느 쪽이 부양부담을 더 느끼는지를 측정하기 위해 노인의 손상 정도와 배경변수를 통제하면서 위계적 회귀분석을 시행하였다. 한국인은 1로, 미국인은 0으로 입력되었다.

둘째, 국적과 부양부담 사이에서 관찰된 상관관계를 설명하기 위해 개입변수로 사료되는 문화적 요인을 통제하면서 위계적 회귀분석을 시행하였다. 한국인이 부담을 덜 느낀다고 나타난 경우 그 원인이 한국인의 책임감과 확대가족의 도움이 크기 때문이라고 가정하고, 이 두 변수를 통제하여 국적과 부양부담 사이의 상관관계가 어떻게 변하는지 관찰하였다. 미국인이 부담을 덜 느낀다고 관찰된 경우에는 미국인이 공적 서비스의 양과 부모부양으로부터 느끼는 고마움이 크기 때문이라고 가정하고, 이들을 통제하면서 국적과 부양부담 사이의 상관관계가 어떻게 변하는지 관찰하였다. 이 분석에 앞서 실제로 한국인과 미국인 사이에 문화적 변수, 즉 자녀로서의 책임감, 부모부양의 기쁨과 위안, 확대가족의 도움, 공식적 서비스 면에서 차이가 있는지를 실제로 검증해 보았다.

셋째, 한국에서는 맏며느리가 부모를 돌봐야 한다는 사회적 규범이 아직 강하게 남아 있으므로 이에 대한 수용이 부양부담에 미치는 영향을 측정하기 위해 맏며느리만을 추출하여 분석하였다. 노인의 손상 정도를 공변량으로 통제하는 회귀분석을 실시하였다.

이러한 조사는 처음 시행되는 탐색적 연구이므로 유의도를 .1로 설정하였다.

제4절 연구결과

한 · 미 표본의 배경변수들의 차이는 〈표 15-2〉에 나타나 있다. 한국 부모들이 기능적으로 손상 정도가 더 심했다. 기대했던 것처럼 한국인 부양자의 대부분은 며느리였고(55%), 미국인 부양자의 대부분은 딸들이었다(78.75). 과거 관계의 질적인 면에서는 미국인들이 통계적으로 유의할 정도(한국인 3.6(1.05), 미국인 4.1(.91), $p<.01$)로 우호적인 관계를 가지고 있었다. 주거상황도 두 나라가 매우 달랐는데, 한국인의 약 82%는 부모를 집에서 같이 모시고 살고 있는 데 비해, 미국인의 경우는 약 43%만이 부모를 집에서 모시고 있었다.

한국인이 교육수준에서 약간 낮은데, 이는 전후 세대가 많기 때문으로 사료된다. 한국인들은 또한 미국인들보다 건강이 양호하지 못하다고 보고하였다. 한편, 미국인들은 내적 극복전략을 한국인들보다 활발히 사용하고 있었다.

〈표 15-2〉는 주요 문화적 요인들에 있어서 한 · 미 간의 차이를 보여 준다. 한국인이 자녀책임감이 높고(4.0 vs 3.6 $p<.05$) 확대가족의 도움(2.3 vs

〈표 15-2〉 한국과 미국의 부모부양에 있어서 주요 문화적 차이(T-test)

주요 문화적 요인	한국인 Mean(SD)	미국인 Mean(SD)
부모부양에 대한 태도		
자녀적 책임감*	4.0 (.51)	3.6 (.78)
부모부양으로부터 느끼는 감사(기쁨과 위안)**	2.6 (1.3)	3.8 (1.1)
확대가족의 도움		
도움을 주는 확대가족의 수*	2.3 (1.6)	1.6 (1.1)
확대가족의 방문 정도*	2.6 (1.1)	2.0 (1.3)
공식적 서비스 활용 정도**	1.7 (1.3)	3.3 (1.7)

*p < .05, **p < .01

〈표 15-3〉 다차원부담(CBI)과 총체적 부담(BI)에 대한 위계적 회귀분석결과(beta)

	시간의존 부담	발달단계적 부담	신체적 부담	사회적 부담	정서적 부담	총체적 부담(BI)
Step 1 : 배경변수						
손상 정도	.48***	.18**	.25***	.21**	.15*	.35***
건강	-.09	-.22***	-.54***	-.17*	-.10	-.25***
동거 여부	.29***	.39***	.07	.20**	.21**	.19**
과거 관계	.12	-.13	-.09	-.14	-.22***	-.13
연령	.03	.10	-.01	-.07	.03	.14
내적 극복전략	.02	-.04	.09	-.13	-.39***	.03
교육	-.04	-.04	.03	.06	.01	.16
Cum R Square	.43***	.44***	.45***	.32***	.47***	.38***
Step 2 : 문화적 지위						
Change in R	-.04	.26***	.12	.26**	.49***	-.38***
Square	.001	.033**	.008	.034**	.119***	.017*

문화적 지위 : 0 = 미국인, 1 = 한국인

*p <.10; **p <.05; ***p <.01.

〈표 15-4〉 배경변수를 통제한 후 총체적 부담에 대한 문화적 요인들의 영향

	총체적 부담	
	Final Beta	R Square
Step 1 : 배경변수		
손상 정도	.33***	
건강	-.28***	
동거여부	.17*	
과거 관계	-.10	
연령	.06	
내적 극복전략	.01	
교육	.16*	
Cum. R Square		.383***
Step 2 : 문화적 변수		
확대가족		
도움을 주는 친척, 가족수	-.21**	
친척, 가족의 방문횟수	-.05	
자녀적 책임감	-.15*	
Change in R Square		.073***
Step 3 : 문화적 지위		
Change in R Square	-.07	
Cum. R Square	.002	.458***

문화적 지위: 0=미국인, 1=한국인
*$p<.10$; **$p<.05$; ***$p<.01$.

1.6. $p<.5$; 2.6 vs 2.0. $p<.05$)을 많이 받는 것으로 나타났다. 반면 미국인은 사회적 서비스를 많이 이용하고 있고(1.7 vs 3.3, $p<.01$) 부모부양에서 기쁨이나 위안을 많이 느끼는 것(2.6 vs 3.8, $p<.01$)으로 나타났다.

〈표 15-3〉은 배경변수를 통제했을 때 한 · 미 간의 부양부담 차이를 보여 주고 있다. 문화적 지위가 제2단계로 회귀분석에 입력되었을 때 총체적 부담(BI)의 변이에 1.7%($p<.10$)를 더했다. 한국인은 BI의 측정에서만 낮은 수준을 보였고, 나머지 차원에서는 높은 부담수준을 나타냈다.

〈표 15-5〉 배경변수를 통제한 후 발달단계적, 사회적, 정서적 부담에 대한 문화적 요인의 영향

	발달단계적 부담	사회적 부담	정서적 부담
	Final Beta		
Step 1 : 배경변수			
손상 정도	.20**	.23**	.17**
건강	-.21***	-.16*	-.09
동거 여부	.36***	.15	.18**
과거 관계	-.03	-.05	-.06
연령	.15*	-.02	.08
내적 극복전략	.08	-.03	-.20**
교육	-.02	.10	.03
Cum. R Square	.444***	.285***	.467***
Step 2 : 문화적 변수			
공공서비스 활용	-.15*	-.19*	-.18**
부양으로부터 얻은 기쁨과 위안	-.25***	-.22**	-.40***
Change in R Square	.053***	.053***	.117***
Step 3 : 문화적 지위	.18*	.18	.39***
Change in R Square	.015*	.015	.071***
Cum. R Square	.513***	.353****	.656***

문화적 지위 : 0=미국인, 1=한국인
$^{*}p<.10$; $^{**}p<.05$; $^{***}p<.01$.

〈표 15-3〉에서 보듯이 총체적 부담(BI)에서 한국인이 낮은 부담을 갖는 것으로 나타났기 때문에 이 현상을 설명하기 위해 확대가족과 자녀책임감을 통제한 후에 제2단계로 문화적 지위변수를 입력하여 보았다. 그 결과 〈표 15-4〉에서 나타난 것처럼 문화적 지위가 단지 0.2%의 설명력을 나타내어 한·미 간의 차이가 더 이상 유의하지 않게 나타났다. 이는 한국인과 미국인 간에 부양부담의 차이를 발생시킨 요인이 확대가족과 자녀로서의 책임감이라는 변수였음을 시사해 준다.

〈표 15-6〉 사회규범의 수용이 부담에 미치는 영향(노인의 손상 정도를 통제한 경우)

독립변수	전체적 부담(BI)	발달단계적 부담	신체적 부담	사회적 부담	정서적 부담
노인의 손상 정도	.55*	.19	.31*	.26	.03
사회규범의 수용	-.17	-.23	-.12	-.43*	-.47*

*$p < .05$; **$p < .01$, $N = 28$.

다음은 미국인이 발달단계적 부담, 사회적 부담 그리고 정서적 부담 면에서 낮은 부담을 갖는 것으로 나타난 현상을 설명하기 위해 공적 서비스와 부모부양의 기쁨을 통제하였다. 이 결과는 〈표 15-5〉에 나타나 있다. 공적 서비스와 부모부양의 기쁨이라는 변수를 통제한 후에는 〈표 15-3〉과 비교해 볼 때 각 부담에 대한 한 · 미 간의 차이는 많이 줄어들었다. 즉, 문화적 지위가 미치는 영향이 〈표 15-3〉에서 발달단계적 부담의 경우 beta=.26이었으나, 〈표 15-5〉에서 보듯이 .18로 줄었으며, 사회적 부담의 경우도 beta=.26에서 .18로 줄었다. 정서적 부담의 경우 beta=.49에서 .39로 줄었다. 이는 공적 서비스와 부모부양의 기쁨이라는 요인이 한국인과 미국인의 부양부담 차이를 발생시켰다는 점을 시사해 준다. 그러나 차이가 여전히 존재하는지에 대한 연구가 앞으로 더 필요하다.

〈표 15-6〉은 맏며느리가 부모를 돌보아야 한다는 사회적 규범의 수용이 부양부담에 미치는 영향을 분석한 결과다. 사회적 규범을 수용하는 맏며느리들은 그렇지 않은 맏며느리들보다 사회적(beta=-.43), 정서적 부담(beta=-.47)을 덜 느끼는 것으로 나타났다.

제5절 결론

한국과 미국의 치매노인 부양의 사회적 · 문화적 맥락은 매우 달랐다. 미국인의 주부양자는 주로 딸이었고 한국인의 주부양자는 며느리였다. 대다

수 미국인은 부모와의 과거 관계가 대부분 우호적이었고 부모부양에서 위안과 기쁨을 많이 느꼈다. 한편, 그들은 상대적으로 낮은 책임감을 보였다. 미국에서는 책임감보다는 사랑이나 친밀감이 부양의 기본동기를 형성하는 것으로 사료된다. 대조적으로 한국인은 과거 관계는 별로 우호적이지 않다고 대답한 사람들이 많았고, 부모부양으로부터 얻는 기쁨이나 위안은 낮은 것으로 나타났다. 며느리와 시부모의 과거부터의 갈등 때문에 이런 결과가 나타난 것으로 사료된다. 그렇지만 부모부양에 대한 책임감은 매우 높은 것으로 나타났다.

또 다른 문화적 차이는 한국인은 확대가족의 도움을 많이 활용하는 반면 미국인은 공적 서비스를 많이 이용한다는 것이다. 이러한 차이 때문에 한국인과 미국인은 부모부양에 대한 적응 면에서 서로 다른 차이를 보였다. 한국인의 높은 자녀적 책임감과 확대가족의 도움은 부양부담을 줄이는 중요한 요인이었다. 한편, 미국인들은 높은 공적 서비스 활용과 부모부양에서 느끼는 기쁨과 위안은 한국인에 비해 그들의 부담을 낮추어 주는 중요한 요인들이었다.

다음으로 사회적 규범을 수용하는 며느리는 그렇지 않은 며느리보다 사회적, 정서적 부담을 덜 느끼는 것으로 나타났다. 이러한 사실들을 염두에 두고 치매노인 보호자들에게 어떻게 개입해야 할지 모색해 보고자 한다.

먼저 사회사업적 개입은 가족의 비공식적 지원체계를 강화시켜 주는 데 주안점을 두는 것이 좋을 것이다. Cohen(1988)의 완충이론에 의하면, 보호자들이 확대가족의 지원이 없다고 인식하는 경우 상당한 스트레스를 받게 된다고 가정하고 있다. 미국인의 경우 확대가족의 도움체계는 최소한이었고, 이는 부양부담과 연결된 것으로 나타나 이러한 이론을 뒷받침해 주고 있다. 사회사업가들은 가족이나 친척으로부터 지원을 받지 못하는 보호자들을 위해 가족이나 친족들의 도움체계를 강화하는 전략을 세워 주는 것이 바람직하다고 한다. 예로, 가족 및 친지모임은 가족지원체계를 개발하고 강화하는 데 중요한 전략일 수 있다. 이런 모임에 친척들과 친구들을 초대하고, 참여자들로 하여금 치매노인을 돌보는 것이 얼마나 힘든 일인지를 알려 주게 하면 참여자들은 자원하여 노인을 돌보는 데 한몫을 할 수 있을 것이다. 또한 주부양자역할을 맡고 있는 가족성원이 기타 친족이나 가족들의 도움을 확보하는 데 유용한 대화기술을 개발하도록 도와주는 것도 필요하다. 실제로 Simon(1988)은 많은 주부양자들이 어떻게 도움을 요청해야 하는지 모르고 있고, 기타 가족이나 친족들도 어떻게 도움을 주어야 할지 모르고 있음을 지적하였다. 그러므로 상호작용을 촉진할 수 있는 대화기술 훈련이 필요하다. 예를 들어, 확대가족의 지지를 받지 못하고 있는 주부양자는 자신의 어려운 상황과 장남으로서의 자신이 윤리적 관심을 배우자, 형제, 자녀들에게 전달하는 방법을 연습할 수 있다. 확대가족의 도움을 강화하는 것은 공식적 도움체계가 발달하지 못한 한국의 실정에서 매우 중요하다.

자녀의 책임감이나 부모부양으로부터 얻는 기쁨이나 위안 등의 태도가 부담을 덜 느끼게 하는 중요한 요인들이므로 사회사업가들은 이러한 변수들에 관심을 기울임으로써 상대적으로 부양자가 어렵게 느끼는 부양상황을 파악할 수 있다. 개인들은 자신의 자녀로서의 부양역할에 의미를 부여하는 방식에 있어서 차이를 보이게 마련이다. 과거에 노인과 보호자와의 관계는 어떠했는지, 자신의 역할이 무엇이라고 기대하고 있는지, 노인부모 부양을 좌절로서 보는지, 아니면 부모-자녀 간의 의미 있는 관계를 지속하는 것으로 생각하는지 등을 파악해야 한다. 특히 며느리들의 입장은 무엇인지, 그들이 노인부양을 자신의 책임으로 받아들이는지 등을 토론해 보아야 한다. 전문가들은 가족들의 현재 경험에 대한 윤리적 차원에 대해 토론하도록 도와줄 필요가 있다. 노부모를 돕는 데 있어서 좀 더 만족감을 줄 수 있는 윤리적 가치와 행동은 무엇이며, 무엇이 필요한지를 선별해 주는 것이다. Pearlin(1980)은 스트레스를 유발시키는 상황이 있지만 우리가 어떤 가치를 그 상황에 부여하는가에 따라 그 스트레스를 운용해 나갈 수 있다고 지적하고 있다. 자녀적 책임감이라는 우리 고유의 고결한 가치를 수행하는 성취감을 인정해 주고 심어 주어야 한다.

한국 부양자들은 상대적으로 부모부양으로부터 기쁨이나 위안을 덜 느끼는 것으로 나타났는데, 이는 아마도 시부모와 며느리의 관계상의 문제인 것으로 사료된다. 며느리들이 비록 강렬한 책임감을 가지고 있지만, 오랜 기간에 걸친 세대간 갈등은 부모부양의 의욕을 상실시킬 수 있다. 전문가들은 부정적으로 남아 있는 과거 관계를 파악하고 과거문제로 인한 바람직하지 않은 생각이나 감정을 해결하고 극복하도록 도와 현재의 상호작용에 과거갈등이 방해가 되지 않도록 도와주어야 한다.

사회적 규범의 수용은 부양자들의 적응에 중요한 요인이다. 사회적 기대감은 부양자들로 하여금 부모부양에 대한 책임감을 갖도록 미리 준비시키는 역할을 했는지도 모른다. 사회사업가들은 며느리들의 부모부양에 대한 역할의 수용과 준비상태를 파악하고, 시부모의 안녕을 위해 희생하고 책임을 지려는 동기를 모색해 보아야 한다.

한편, 한국의 전통적 가치가 변하고 가족구조가 핵가족화하는 현실에서 공공정책과 프로그램의 개발은 매우 절실하다. 미국인들이 부담을 적게 느끼는 점이 공공서비스의 활용과 관련 있음을 감안하여, 노부모들에게 상당한 시간적 노력을 들이는 보호자들에게 장기적이며 지속적인 서비스가 주어질 수 있도록 다양한 서비스가 개발되어야 한다. 수용시설 서비스는 우리나라의 정서상 맞지 않기 때문에 지역사회를 기반으로 하는 서비스가 개발되어야 한다.

이 연구는 현실적으로 몇 가지 제한점을 가지고 있다. 여기서 사용된 표본은 무작위표본이 아니고 의도적 표집(purposive sampling) 방법을 사용하여 얻어졌기 때문에 조사결과를 일반화하는 데 제한점을 가지고 있다. 또한 공식적 서비스를 측정하는 데 있어 비용이 드는 서비스만을 측정하고 비용이 들지 않는 공식적 서비스에 대한 측정을 하지 못해 그 영향력을 고려하지 못하였다는 한계가 있다. 마지막으로 1회의 설문을 통한 자료수집을 하였으므로 장기적인 보호부양의 역동성을 파악하기에는 부족한 점이 있다. 앞으로의 연구는 많은 표본을 사용한 종단적 연구(longitudinal study) 방법을 사용한다면 보호부양의 부담요인과 역동성을 이해하는 데 큰 이점이 있으리라 생각된다. 또한 맏며느리와 그외 며느리 사이에서 규범이나 부양의 부담의 차이 등에 대한 연구를 수행해 보는 것도 의미 있을 것이다.

제16장 실험 연구사례

치매가족의 부양스트레스관리 프로그램의 효과성

제1절 문제제기

치매는 발병 후 만성적으로 진행하여 악화되는 비가역성 질환이다. 부양스트레스는 암환자를 부양하는 것보다 커서(Clipp & George, 1993), 전 가족을 황폐화시키는 세기의 질환이라고도 불린다(김태현 외, 1995). 대부분의 치매노인 부양자들은 계속되는 수발로 인해 만성적 피로(Rabins, Mace, & Lucas, 1982 ; 이성희 외, 1993)나 건강악화와 같은 육체적 고통(Romaniuk, Arling, 1983) 그리고 불면증, 우울, 불안, 죄책감 등과 같은 정신적 고통(Lazarus, Stanfford, Copper, Cohler, & Dyken, 1981)을 겪고 있다. 그 외에도 재정적인 어려움(Cantor, 1980)과 여가시간의 부족으로 친구나 이웃과의 관계단절, 종교활동, 취미활동, 사교모임의 참여제한(이성희 외, 1993) 등 사회적인 측면의 제한으로 인한 생활만족도의 저하(Skaff & Pearlin, 1992)를 호소하고 있으며 부부관계, 부모자녀관계, 형제관계, 환자와 부양자의 관계가 부정적으로 변화된다고 보고되고 있다(Chenoweth & Spencer, 1986). 따라서 부양스트레스 상황에 처해 있는 주부양자들은 치매노인을 위한 중요한 지지체이지만 동시에 희생자라고도 할 수 있다(Fengler & Goodrices, 1979).

치매노인가족 부양스트레스의 심각성이 고조되고 치매의 비가역적인 특성이 규명되면서 1980년대 중반부터 학자들은 치매환자 부양자에게 닥친 어려움을 어떻게 인식하고 어떤 방법으로 대처하는가에 연구의 초점을 두기 시작하였다(Winogrond, Fisk, & Keyes, 1987 ; Hinrichsen & Niederehe, 1994). 이러한 연구에서 밝혀진 결과들을 바탕으로 현재 서구에서는 치매노인 부양자들의 부양스트레스를 감소시키기 위한 방법으로 스트레스관리 기법들을 적용한 집단 프로그램이 활용되고 있으며(Haley, Brown, & Levine, 1987), 최근에는 치매가족에 대한 개입의 효과성 연구(Monahan & Hooker, 1995 ; Mccallion & Toseland, 1995)가 활발하게 진행되고 있다.

국내에서는 1990년대 초부터 치매가족에 관한 연구가 시작되었는데, 실태나 욕구조사연구가 대부분이다. 주부양자를 위한 실제적 개입연구로는 부양자를 위한 교육 프로그램의 효과에 관한 연구(홍여신 외, 1996)를 제외하고는 대부분 문헌연구로서 부양자의 부양스트레스를 감소시키기 위한 구체적인 도구나 프로그램을 적용하여 효과성을 측정하는 연구는 거의 부재한 실정이다.

치매노인의 대부분을 가정에서 보호해야 하는 우리나라의 불가피한 현실을 감안할 때 치매노인 주부양자의 신체적, 정서적, 사회적 부양스트레스를 감소시킬 수 있는 직접적인 프로그램이 활용된다면 주부양자의 부담을 최소화함은 물론, 경로효친의 미덕을 살리고 재가노인 복지사업의 활성화에도 기여할 수 있을 것이다. 본 연구는 치매노인 주부양자의 부양스트레스를 감소시키기 위한 방법으로 스트레스관리훈련 프로그램을 적용함으로써 치매노인 주부양자의 심리사회적인 부양스트레스의 감소효과를 밝히고자 한다.

제2절 이론적 배경

1. 스트레스관리에 관한 이론적 모델

스트레스-대처반응(stress-coping)이론에 따르면, 스트레스는 일반적으로 스트레스원(stressor)에 대한 비적절한 대처반응에 의해 발생한다고 알려져 있다(Lazarus & Launier, 1978). 여기서 대처반응이란 인지적 요인으로서 스트레스원을 다루기 위한 개인의 행동을 포함한다. 구체적으로 스트레스원을 다루기 위한 적응적 대처방안은 정보찾기, 상황을 다루기 위한 직접적 행동, 비적절한 정서적 · 행동적 반응 금하기, 부정적 신념이나 감정을 다루기 위한 정신적 노력, 외부 지지의 확보 등을 들 수 있다(Doctor & Doctor, 1994). 스트레스를 관리한다는 것은 바로 이러한 대처능력의 부재로 발생한 스트레스를 치료한다는 것을 의미한다. 이를 위한 방법은 두 가지로 정리해 볼 수 있다. 즉, 스트레스관리에 대한 모델로는 ① 행동주의 치료로서 스트레스적 환경에 대한 행동적 대처나 반응에 대해 개입하는 모델, ② 스트레스적 사건의 평가와 관련하여 비합리적 사고나 신념의 수정에 초점을 두는 인지적 모델을 들 수 있다.

먼저 스트레스관리에 대한 행동주의적 관점은 학습원리에 기반을 둔다. 스트레스와 관련하여 개입은 스트레스적 자극을 파악하여 그 자극에 대한 반응을 변화시키든지 또는 그 자극의 강도를 줄이거나 그 자극을 제거하는 데 초점을 둔다. 이를 위해 근육이완기법, 모델화, 자기주장기법 등이 활용된다. 스트레스적 상태는 근육의 긴장으로 인해 확장된다는 원리에 따라 이완기법을 통해 스트레스수준을 낮추는 방안이 제시되고 있으며, 모델링을 통해 클라이언트의 기존의 대처행동을 변화시키고 새로운 대처행동을 학습하게 한다. 또한 자기주장훈련을 통해 대인관계와 사회적 지지를 얻는 방법을 향상시키게 된다.

인지적 모델에서는 스트레스를 감소시키기 위해 사고를 재구조화하는 전략이 필요하다고 본다. 이 모델은 스트레스를 생산하는 것은 바로 스트레스적 자극에 대한 인지적 평가라는 가정에 기반을 두고 있기 때문이다. 그러나 인지기법과 행동기법을 조합한 모델의 대표적인 예로 스트레스면역훈련(stress inoculation training)을 들 수 있다. 이런 기법은 대처반응전략을 향상시키기 위하여 사고 및 행동에서의 변화를 이끌어 내는 통합적 기법으로 활용하고 있다(Doctor & Doctor, 1994).

스트레스를 유발하는 요인이나 스트레스 유발 시에 표출되는 증상들은 개인에 따라 매우 다양하므로 스트레스를 관리하기 위해 단일기법을 사용하는 것은 효과가 크지 않다는 견해가 많다. 그래서 많은 학자들은 신체적, 사회적, 정서 · 심리적인 측면에 타당한 기법들을 통합하여 활용하고 있다(Lehrer & Woolfolk, 1984; Rose & Aaron, 1989). 예를 들어, Whitney와 Rose(1990)가 개발한 네 가지 기법으로 구성된 통합적 스트레스관리훈련은 단일기법만 사용한 비교집단보다 네 가지 기법을 활용한 실험집단의 스트레스 해소효과가 훨씬 크게 나타났다고 하면서 통합기법의 효과성을 주장하였다. 또 Tolman과 Rose(1990)가 스트레스에 대처하기 위한 훈련으로 이완훈련, 인지재구성, 사회생활기술훈련 등의 기법을 통합하여 집단 프로그램으로 개발한 통합적 기법도 효과가 있는 것으로 나타났다.

2. 치매가족의 스트레스관리에 관한 선행연구

일반인을 대상으로 하는 스트레스관리 프로그램에 대한 효과성 연구는 많이 시행되고 있지만 치매가족에 대한 스트레스관리 프로그램 효과성 연구는 미흡한 실정이다. 기존의 치매가족을 위한 스트레스관리 프로그램으로는 Levine(1983)의 대처기술훈련 프로그램이 있다. 이 모델은 인지적 · 행동적 기법을 통합하여 동기고양, 자지주장훈련, 명상, 문제해결기법 등을 활용하였는데, 탐색적 연구가 진행되었고 유용할 것이라는 제언이 있을 뿐 효과성 연구가 시행되지 못했다는 한계를 가지고 있다. 또 다른 연구로는 Haley(1987) 등의 치매환자 보호자를 위한 집단개입의 효과에 관한 연구가 있는데, 참여자들은 개입이 유용했다고 느꼈지만 통계적으로는 스트레스 관리요소를 가미한 집단지도가 효과가 없는 것으로 나타났다. 그 이유는 실험집단과 비교집단의 이질성이 높았으며, 사전조사의 부양스트레스점수가 낮았기 때문이라고 한다. 또 Zarit(1987) 등의 치매환자의 부양자를 위한 개입연구에서도 스트레스관리기법이 효과가 없는 것으로 나타났는데, 그 이유를 기법을 적용하는 과정에서 위와 같은 몇 가지 방법론상의 문제로 인한 가능성이라고 지적하였다. 이와 같이 지금까지는 스트레스관리기법이 치매가족에게 적용되었을 경우, 그 효과성 여부가 명확하지 않은 단계에 있다. 그러므로 치매가족에 대한 스트레스 관리기법의 적용 여부를 확인하는 차원에서 본 연구는 매우 의미 있는 일이라 할 수 있다. 특히 기존 연구와는 달리 개별접근방식으로 가정환경 내에서 스트레스 관리기법을 적용하여 그 효과성을 모색하는 데 그 의의가 있다. 가정환경 내에서 기법을 적용하는 것은 개인의 특수한 상황을 즉각적으로 기법에 적용하여 개별화된 프로그램을 개발하는 데 매우 용이하다고 알려지고 있다(Mathews et al., 1981).

제3절 연구방법

1. 대상자 표집방법 및 절차

연구목적에 부합되는 대상자를 선정하기 위해 유의표집(purposive sampling) 방법을 활용하였다. 먼저 대상자들은 서울시 소재 병원과 보건소, 노인복지관, 병원, 교회, 보험회사 등으로부터 총 30명을 소개받았다. 먼저 각 기관으로부터 제공받은 명단을 근거로 전화상담을 실시하여 연구의 목적과 과정을 설명하고 가정방문을 허락하면 대상자의 가정을 방문하여 면담을 실시하였다. 유의표집된 참여자들은 ① 치매노인의 가족구성원으로 주로 부양업무를 담당하는 자로 ② 연구목적을 이해하여 참여에 동의한 자다. 실험집단 15명과 비교집단 15명을 선정하였다.

2. 연구설계

본 연구는 스트레스관리훈련이 치매노인을 부양하는 주부양자들의 부양스트레스 감소에 미치는 효과를 파악하기 위한 비동등 비교집단 사전-사후조사(nonequivalent control group pre-post test)의 유사실험설계로서 연구설계모형은 [그림 16-1]과 같다.

이 설계를 사용하는 이유는 실험에 합당한 규모의 표본이 모일 때까지 기다릴 수 있는 여건이 되지 않아 무작위할당이 어려웠기 때문이다. 본 연구의 독립변수는 스트레스관리훈련이며 종속변수는 총체적 부양스트레스, 우울 정도, 생활만족도, 자아존중감, 가족관계, 부모에 대한 자녀의 태도다.

본 연구에서는 양적조사의 한계를 보완하는 의미에서 사례연구를 추가

실험집단	O_1	×	O_2
비교집단	O_1		O_2

[그림 16-1] 실험설계모형

하였다. 매우 긍정적인 향상을 나타낸 세 명의 훈련자에 대한 면담을 통해 스트레스관리훈련이 어떻게 도움이 되었는지 알아보고 어떤 측면이 더 좋았는지를 제시하고자 한다.

3. 스트레스관리훈련 프로그램

본 연구에서 활용된 스트레스관리훈련 프로그램은 미국의 Tolman과 Rose(1995), Whitney와 Rose(1990)에 의해 개발된 내용을 중심으로 선행연구결과에서 밝혀진 내용을 덧붙여 활용하였다. 이 모델의 내용은 모델화, 자기주장훈련, 인지적 재구조화, 근육이완훈련 그리고 체계적 문제해결과정으로 이루어진다. 본 연구에서는 치매가족의 스트레스적 상황에 위의 요소들을 통합적으로 반영하였다. 예비실험은 본 연구의 대상자로 선정되지 않은 치매노인 주부양자 2명을 선정하여 2회 실시하여 스트레스관리 프로그램을 시행하는 데 있어 발생하는 문제점을 보완하였다.

1) 스트레스관리훈련의 목표

스트레스관리훈련의 목표는 보다 효과적으로 스트레스를 다루는 지침과 기술을 배워 신체적, 정서적, 사회적인 스트레스의 반응을 조절하여 부모에 대해 긍정적인 인식, 정신적인 건강상태, 자신에 대한 존중감, 가족관계의 긍정적인 향상을 도모하는 데 있다.

2) 훈련공간 및 시행전문가

훈련공간은 조용하고 편안하며 카세트를 준비해 두었다. 훈련하는 동안 누구의 방해를 받지 않도록 했다. 스트레스관리훈련 프로그램을 실시한 전문가는 사회복지 석사학위 소지자로 사회복지사 1급 자격과 임상사회복지사 노인분야 전문자격을 가지고 있으며, 가족치료의 경험과 정신의료 및 지역사회복지분야에서 5년 이상 근무한 경험이 있는 사람이다.

3) 스트레스관리훈련의 내용 및 방법

- 체계적 문제해결 : 스트레스관리훈련은 체계적 문제해결과정을 통해 교육하고 실습함으로써 좀 더 효과적인 결과를 기대할 수 있다. 먼저 피실험자의 치매노인 부양 시 느끼는 스트레스의 정도를 측정하기 위해 구조화된 도구로 기초조사를 실시하고, 피실험자가 생활에서 겪는 구체적인 스트레스 유발상황이나 스트레스를 극복하는 방법을 파악하기 위해 심층면접을 시도한다(생활 속의 스트레스 요인을 파악하고 피실험자의 부적절한 극복반응을 파악하는 것도 포함한다). 다음은 스트레스 유발요소에 적용될 수 있는 대안적 극복기법을 피실험자와 함께 시범적으로 연습하고 과제를 주어 반복훈련을 유도하고 평가한다. 마지막으로 피실험자는 스트레스관리 훈련기법을 실제 상황에서 적용해 보고 그 결과를 실험자와 토론하고 확인 · 관찰하는 형식으로 시행한다. 체계적 문제해결과정은 매 회기마다 시행하고 과제를 확인하고 평가하는 형식으로 반복된다.

⋮

중략

⋮

- 근육이완훈련 : 근육이완훈련은 신체적, 정서적, 사회적 부양스트레스 감소라는 목표 아래 과중한 부양업무로 인한 근육의 긴장과 비정상적 정서상태는 물론 가족이나 환자와의 부정적인 관계에서 오는 부양스

트레스를 극복하기 위한 대안으로 널리 사용되는 데, 복식호흡과 상상 과정이 병행되는 것이 특징이다. 먼저 근육이완훈련은 신체 각 부위의 긴장을 제거하여 신체적, 정신적 안위를 도모하는 데 복식호흡을 이용하여 이완효과를 증진시킨다. 녹음테이프의 지시에 따라 신체의 각 부위에서 힘을 뺀다. 힘을 뺀 후에는 3초간의 휴식을 취하며 반드시 부위별로 2회씩 힘 빼는 지시를 반복한다. 마지막으로 전신에 힘을 뺀 후에는 심호흡으로 몸과 마음을 조절하는데, 소요시간은 10분 정도다.

4) 스트레스관리훈련의 진행과정

실험은 6주간 총 7회에 걸쳐 시행하였다. 본 연구에서 회기를 7회로 정한 이유는 기존의 연구결과를 바탕으로 하였다. 예를 들어, 한금선(1997)이 예비실험으로 6주간 12회 스트레스관리훈련 프로그램을 실시한 결과, 4주째 6회와 7회 이후부터는 변화가 거의 없는 양상을 보여 훈련기간을 4주 7회기 추천했기 때문이며, Mills(김성희 역, 1992)의 연구에서도 자율훈련 없이 4주 9회기 프로그램으로 효과가 증명되었기 때문이다. 본 연구에서는 매일 2회의 자율훈련이 지속되고 과제가 주어지기 때문에 7회기로도 효과가 있을 것으로 예상하였다.

매 회기의 소요시간은 1회기와 7회기에 2시간, 2회부터 6회기까지는 1시간 정도였다. 회기의 간격은 주 1회이나, 훈련기간 동안 피실험자가 매일 20분간 2회씩 자율훈련을 반복하도록 과제를 주고 내용에 따라서는 수시로 상황에 적용하도록 과제를 주었으므로 실제 각 사례의 총 훈련시간은 34시간이었다. 자율훈련의 실행은 2회의 자율훈련을 이행하였다. 훈련형식은 연구자가 피실험자의 가정을 방문하여 개별지도방법으로 이루어졌으며, 주 1회 방문하여 실시하였고, 훈련날짜는 일주일 전에 미리 정하여 훈련에 방해를 받지 않도록 조정하였다. 자율훈련에 사용되는 도구로는 근육이완훈련과 인지적 재구조화의 일부가 녹음된 20분 소요형 카세트테이프를 활용하였다.

4. 측정도구

1) 우울척도

본 연구의 부양자 우울척도는 이관희(1985)가 수정 · 보완하여 사용했던 Beck의 Depression Inventory(B.D.I)를 사용하였다. 본 연구결과에서 값은 .86으로 나타났다. 이 우울척도는 다른 우울척도와는 달리 환자를 간호하는 가족에게 적용할 수 있도록 개발되었으므로 부양자의 우울 정도를 측정하는 데 선택하였다. B.D.I는 0점에서 3점까지 순서적으로 배열된 리커트 형식으로 총 문항은 21항목이며 총점은 63점으로 점수가 낮을수록 우울 정도도 낮은 것을 의미한다.

2) 자아존중지표

자기존중척도(Index of Self-Esteem : ISE)는 Hudson(1982)에 의해 개발된 척도로 자아존중감의 심각성 정도를 측정한다. 25문항으로 구성된 리커트 형식으로 점수가 높을수록 심각한 스트레스를 경험하는 것으로 판단된다. 신뢰도는 .93으로 보고되고 있는데, 본 연구에서의 신뢰도 계수의 값은 .82로 나타났다.

3) 가족관계지표

가족관계지표(Index of Family Relations : IFR)는 Hudson(1982)에 의해 개발된 것으로 가족 내 스트레스의 전반적인 수준을 측정하는 도구다. 총 25문항으로 구성되었으며, 점수가 높을수록 가족 내 스트레스가 높다. 보고된 신뢰도는 .97점이며, 본 연구에서의 신뢰도 계수의 값은 .95로 높게 나타났다.

4) 부양부담

부양부담의 측정도구는 권중돈(1994)이 개발한 척도의 103개 문항 중에 40개 항목을 선정하여 수정된 척도로서 광명시 치매관리모형 개발연구에서 사용된 척도를 활용하였다. 이때의 값은 .95로 나타났다(한림대, 1997). 본 연구에서 실시한 신뢰도 검사결과값은 .93으로 나타났다. 이 도구는 4점 리커트척도로 총점은 152점으로 점수가 낮을수록 주부양자의 스트레스 정도도 낮은 것으로 평가된다.

5) 부모에 대한 자녀의 태도

이 척도는 Hudson(1982)에 의해 개발된 척도로서 자녀가 부모에 대해 갖는 문제의 심각성을 측정하는 도구다. 총 25문항으로 구성되었으며, 보고된 신뢰도는 .95이다. 본 연구에서 신뢰도 계수는 .93으로 나타났다. 점수가 높을수록 심각한 스트레스를 나타낸다.

6) 치매노인과 주부양자의 일반적 특성

치매노인의 일반적 특성으로는 연령, 성별, 결혼상태, 생존하는 자녀수(아들, 딸), 치매 정도를 조사하였다. 주부양자의 일반적 특성으로는 연령, 성별, 학력, 결혼상태, 생활 정도, 치매노인과의 관계, 간병시간 등을 조사하였다.

5. 자료분석방법

수집된 자료는 부호화하여 SPSS-PC를 사용하여 분석하였다. 첫째, 실험집단과 통제집단 간의 동질성을 검증하기 위하여 대상자의 인구학적 특성 등은 t-검증과 χ^2 검증을 시행하였다. 둘째, 효과성 검증을 위한 실험집단과 통제집단의 개입 전·후의 부양스트레스의 차이는 t-검증으로 알아보았다.

제4절 연구결과

1. 대상자의 일반적 특성 및 집단 간의 동질성 검증

〈표 16-1〉에 나타난 실험집단의 주부양자의 연령은 27~80세까지로 범위가 매우 컸다. 평균연령은 53.9세였으며, 비교집단에서는 56.4로 나타났

〈표 16-1〉 대상자의 일반적 특성 및 집단 간의 동질성 검증

구분		실험(15명)	비교(15명)	t, x^2	p
t-검증					
주부양자 연령		51.4 (14.9)	56.4 (16.7)	.44	.510
치매노인 연령		74.7 (7.5)	77.0 (6.4)	1.12	.298
치매노인 자녀	(아들)	2.1 (1.2)	1.7 (.88)	.77	.388
	(딸)	2.6 (1.6)	3.2 (1.3)	1.95	.174
일일부양시간		9.2 (4.4)	9.6 (4.9)	.52	.475
카이스퀘어검증					
주부양자성별	남	5 (33.3)	2 (13.3)	1.67	.195
	여	10 (66.7)	13 (6.7)		
치매노인 성별	남	4 (26.7)	4 (26.7)	.00	1.000
	여	11 (73.3)	11 (73.3)		
주부양자 학력	초졸	3 (20.0)	7 (46.6)	4.33	.502
	중/고	9 (60.0)	6 (40.0)		
	대졸	3 (30.0)	2 (13.4)		
생활 정도	상	3 (20.0)	4 (26.7)	.34	.842
	중	9 (60.0)	9 (60.0)		
	하	3 (20.0)	2 (13.3)		
노인과 관계	배우자	5 (33.3)	6 (40.0)	5.37	.251
	친자녀	5 (33.3)	6 (40.0)		
	며느리	5 (33.3)	3 (20.0)		
치매의 정도	고도	10 (66.7)	9 (60.0)	.144	.705
	중등도	5 (33.3)	6 (40.0)		

다. 치매노인의 연령은 64~90세까지로 실험집단의 평균연령은 75.9세이고 비교집단의 평균연령은 77.4세로 나타났다. 주부양자의 연령과 치매노인의 연령, 치매의 발병연령은 두 집단 간에 유의한 차이를 보이지 않아 동질성이 검증되었다. 치매노인의 자녀수는 실험집단의 경우 아들은 21명, 딸은 26명으로 나타났으며, 비교집단의 경우 아들이 1.7명, 딸이 3.2명으로 나타나 치매노인의 아들과 딸의 수에서도 두 집단 간의 유의한 차이를 보이지 않아 동질성이 검증되었다. 주부양자의 성별은 실험집단에서 여자가 66.7%로 남자의 33.3%에 비해 2배가 높았으며, 비교집단에서도 남자보다 여자가 6배나 높아 두 집단 간의 동질성이 검증되었다. 치매노인의 성별은 두 집단 간 같은 비율로 나타났다. 기타 변수들 면에서도 대부분 두 집단 간의 동질성이 검증되었다.

2. 효과성 검증

효과성 검증을 위해서 사후조사와 사전조사에 대한 차이의 평균에 대해 두 집단을 비교하였다. 〈표 16-2〉에 나타난 것처럼 우울 정도에 대한 실험집단의 사후조사와 사전조사의 차이의 평균값은 -1.130이며, 비교집단의 평균값은 .209로 나타나 유의한 차이를 보였다(t=-16.109, p=.000).

부모에 대한 태도에 대한 실험집단의 사후조사와 사전조사의 차이의 평균값은 -1.736이며, 비교집단의 평균값은 .380으로 나타나 유의한 차이를 보였다(t=-10.004, p=.000). 자아존중감에 대한 실험집단의 사후조사와 사전조사의 차이의 평균값은 -1.392이며, 비교집단의 평균값은 .414으로 나타나 유의한 차이를 보였다(t=-11.219, p=.000). 가족관계에 대한 실험집단의 사후조사와 사전조사의 차이의 평균값은 -1.533이며, 비교집단의 평균값은 .397로 나타나 유의한 차이를 보였다(t=-9.113, p=.000). 부양부담에 대한 실험집단의 사후조사와 사전조사의 차이의 평균값은 -.626이며, 비교집단의 평균값은 .071으로 나타나 유의한 차이를 보였다(t=-8.312, p=.000).

〈표 16-2〉 종속변수에 대한 실험집단과 비교집단의 비교

(사전조사와 사후조사의 차이의 평균)

구분		평균(표준편차)	t	p
우울 정도	실험집단	-1.130 (.255)	-16.109	.000
	비교집단	.209 (.196)		
부모에 대한 태도	실험집단	-1.736 (.436)	-10.004	.000
	비교집단	.38 (.457)		
자아존중감	실험집단	-1.392 (.548)	-11.219	.000
	비교집단	.414 (.257)		
가족관계	실험집단	-1.533 (.462)	-.9113	.000
	비교집단	.397 (.667)		
부양부담	실험집단	-.626 (.203)	-8.312	.000
	비교집단	.071 (.236)		

* 평균값이 낮을수록 긍정적이다.

3. 사례연구결과(훈련 후 느낀 점)

1) 사례 A(주부양자 : 배우자, 여, 64세, 환자 : 남편, 남, 67세)

훈련시간이 지나다 보니 집안일이나 환자관리하는 일에 대한 요령을 배우고 일과계획표대로 시행하게 되면서 신체적인 고통과 어려움이 줄었다고 했다. 환자를 대할 때는 의미를 부여하면서 말을 하게 되며, 환자를 관리하는 일에 나름대로 아이디어가 생기고, 부양자체가 힘들다거나 짜증나지 않고 본인에게 주어진 의무이며 운명이라고 생각하게 되었다는 느낌을 통해 생활에 대한 만족도가 높아졌음을 알 수 있었다. 또 이번 훈련을 통해 가족이 서로 이해하고 위해줌을 느꼈고, 주부양자가 힘들어하지 않으므로 자녀들도 즐거워하고, 연락도 자주하며, 환자의 상태도 호전되는 느낌이라는 소감에서 가족관계가 월등히 좋아졌음을 알 수 있었다. 그동안 주부양자나 자녀들이 환자를 무의미한 존재로 생각하였으나, 훈련을 통해 활동을 못하는 환자이지만 소중한 존재로 다시 생각할 수 있다고 하여 부모에 대

한 자녀들이나 배우자의 태도가 긍정적으로 변했음을 알 수 있었다. 자녀들의 지지와 수고에 대한 인정을 받게 되어 자신이 얼마나 소중한 존재인지를 깨닫게 되었다는 소감을 통해 주부양자의 자아존중감이 높아졌음도 발견할 수 있었다. 또한 여행이나 친구, 친지를 만나지 못함으로써 느꼈던 우울한 마음도 이제는 느낄 기회가 없을 것 같다고 표현하였다.

2) 사례 B(주부양자 : 아들, 남, 44세, 환자 : 아버지, 남, 71세)

훈련을 받으면서 그동안 몰라서 힘들었던 부양기술이나 생활의 지혜와 같은 방법들을 많이 배움으로써 신체적인 고통이나 생활 속에서 느꼈던 짜증들을 해소할 수 있었다고 하였다. 하소연할 사람도 없고 자신을 이해해 주는 사람이 없어서 힘들었던 부분들을 훈련을 통해 해소함으로써 우울한 증상도 사라졌으며, 특히 아버지에 대해 가졌던 부정적인 마음을 표현하도록 이해해 주고 배려해 줘서 마음이 편하다고 했다. 또 미래에 대한 계획과 발달과업에 대한 토론을 통해 미래에 대한 희망을 가질 수 있을 뿐더러, 자신의 역할이 얼마나 중요했는지도 알게 되었다고 하였다. 부모에 대한 부정적인 기억들을 함께 나누고 좋은 회상을 독백함으로써 부모에 대한 태도를 긍정적으로 갖게 되었다고 고백하였다. 그 밖에 이 훈련을 통해 지역사회에서 주부양자가 이용할 수 있는 자원이 무엇이며, 생활보호대상자가 받을 수 있는 사회복지 서비스, 특히 시설보호수준에 대한 정보를 받을 수 있어서 좋았다고 했다.

3) 사례 C(주부양자 : 며느리, 45세, 환자 : 시아버님, 여자, 76세)

훈련을 통해 그동안 자존심 때문에 표현할 수 없었던 마음을 털어놓고 나니 기분이 매우 좋아졌고, 또 자신의 잘못을 인정하고 남편과의 화해를 주선해 주어 너무나 고맙다고 하면서 이제는 웃으면서 사람을 대할 수 있을 것 같다고 하였다. 부양에 대한 요령이나 기술들을 익힘으로써 마음뿐만 아니라 몸도 가벼워짐을 느낀다고 표현했다. 어떤 어려움도 힘들게 느껴지지 않으며, 시댁식구들에게도 오히려 고마움을 느낄 수 있을 것 같다고 하였다. 환자관리에 대한 어려운 문제를 아들과 가족, 사회자원을 통해 해결하고 친밀감을 높이는 방법을 활용하다 보니 시아버지에 대한 마음이 자연적으로 따뜻해지고, 오히려 발병 전보다 더 잘 대해드리고 싶다고 하였다. 또 남편이 없어도 시아버지 부양한다고 시댁식구들로부터 받은 은혜와 격려는 당연한 것이 아님을 알게 되었으며, 늘 감사하는 표현을 해야겠다는 소감을 통해 가족관계가 좋아졌음을 알 수 있었다. 그 밖에 지역사회 자원이나 가족 내의 자원을 활용함으로써 생활의 만족을 얻을 수 있었다고 하였다.

제5절 결론

본 연구는 치매노인 주부양자의 부양스트레스 감소를 위한 스트레스관리훈련의 효과성을 분석한 연구다. 이를 위해 치매노인의 주부양자를 대상으로 실험집단과 비교집단을 유의표집하여 유사실험설계로 실시하였다.

본 연구의 이론적 함의는 스트레스관리훈련 프로그램을 우리나라 치매노인 주부양자들의 문화와 가치, 상황에 맞게 기법의 내용을 수정, 개발하여 그 효과성을 검증하였다는 데 있다. 본 연구에서 활용한 스트레스관리훈련은 모델화, 자기주장훈련, 인지적 재구조화, 근육이완훈련 등 네 가지 기법을 하나의 모델로 구성한 것이다. 이 프로그램을 우리나라 치매노인 주부양자의 상황에 맞게 내용을 구성하여 가정방문을 통해 실험한 결과 모든 종속변수, 즉 총체적 부양부담, 우울증, 생활만족도, 부모에 대한 태도, 자아존중감에서 효과성이 검증되어($p<.001$) 이 프로그램이 적절한 기법으로 증명되었다는 데 큰 의의가 있다.

Haley(1989), Zarit(1987) 등의 연구에서는 치매가족에 대한 스트레스관리훈련 프로그램의 효과가 검증되지 않았지만 본 연구에서는 효과가 있는 것으로 나타났는데, 그 이유는 기존 연구에서는 집단지도로 개입한 데 반해 본 연구에서는 개별지도식으로 가정방문을 통해 개입하여 각 가정의 스트레스상황에 적절하게 개입했기 때문으로 사료된다. 우리나라의 정서로는 부양스트레스에 관한 문제를 타인에게 공개하는 것이 쉽지 않다. 가정을 방문하여 개별적으로 체계적 문제해결모델을 적용하여 스트레스관리훈련을 수행한 이 방법은 최근에 강조되고 있는 out-reach 서비스의 한 형태로 활용될 수 있다는 데 의의가 있다. 또한 가정방문을 통해 그 가족의 특수한 상황을 즉각적으로 적용하여 훈련시킬 수 있는 것이 커다란 이점이라고 사료된다.

또한 본 연구는 다양한 스트레스관리기법 중에서 네 가지 기법을 하나의 패키지로 구성하여 그 효과를 검증하였는데, 앞으로 패키지로 사용하는 것이 효과적일 수 있다는 가능성을 보여 주었다. 이는 Tolman과 Rose(1989), Whitney와 Rose(1989), 유수현(1994), 한금선(1997) 등의 연구결과와 일치한다. 위와 같은 연구결과는 치매노인으로 인한 부양스트레스로 고통받는 부양자들과 이들을 관리 · 상담하는 실천가들에게 스트레스관리훈련 모델의 활용가능성을 제시해 준다.

그러나 본 연구는 변화동기가 있는 대상자만 실험집단으로 선정된 유의표집방법이므로 일반화하는 데 한계가 있다. 본 프로그램의 시행 시 발생할 수 있는 문제점으로는 개별방문으로 이루어지기 때문에 비용이 소요된다는 점과, 초기에는 훈련소요시간이 1시간을 초과하는 경우가 많다는 것이다. 그 이유는 실험자가 대부분의 역할을 직접 시연해야 하는 경우가 많았으며, 초기에는 상담내용이 매우 많았기 때문이다. 뿐만 아니라 관찰시간과 재시연으로 많은 시간이 소요되기 때문이다.

부록

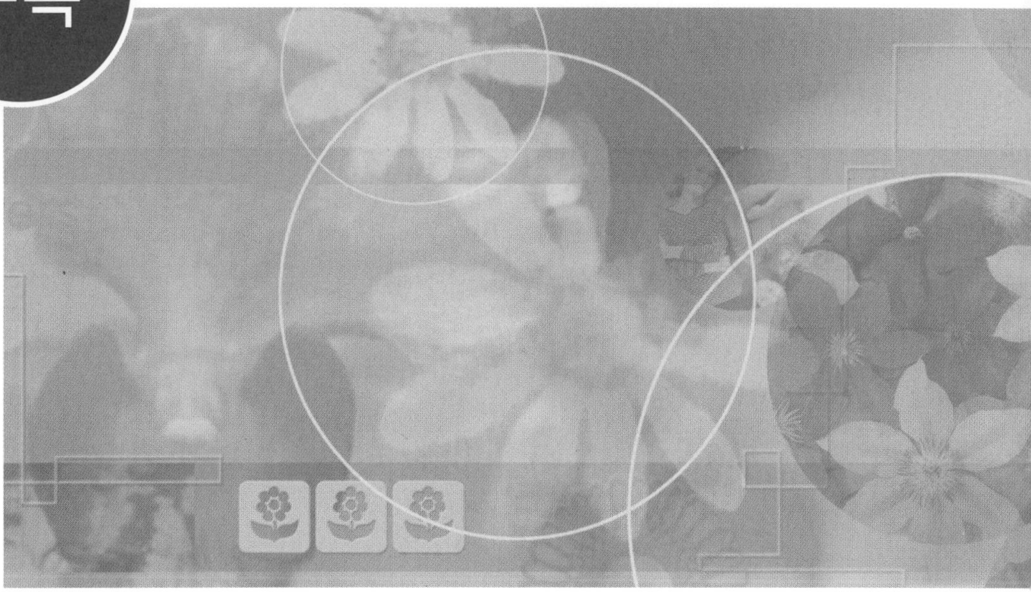

〈부록 1〉

난수표
Random Numbers

10480	15011	01536	02011	81647	91646	69179	14194	62590	36207	20969	99570	91291	90700
22368	46573	25595	85393	30995	89198	27982	53402	93965	34095	52666	19174	39615	99505
24130	48360	22527	97265	76393	64809	15179	24830	49340	32081	30680	19655	63348	58629
42167	93093	06243	61680	07856	16376	39440	53537	71341	57004	00849	74917	97758	16379
37570	39975	81837	16656	06121	91782	60468	81305	49684	60672	14110	06927	01263	54613
77921	06907	11008	42751	27756	53498	18602	70659	90655	15053	21916	81825	44394	42880
99562	72905	56420	69994	98872	31016	71194	18738	44013	48840	63213	21069	10634	12952
96301	91977	05463	07972	18876	20922	94595	56869	69014	60045	18425	84903	42508	32307
89579	14342	63661	10281	17453	18103	57740	84378	25331	12566	58678	44947	05585	56941
85475	36857	53342	53988	53060	59533	38867	62300	08158	17983	16439	11458	18593	64952
28918	69578	88231	33276	70997	79936	56865	05859	90106	31595	01547	85590	91610	78188
33553	40961	48235	03427	49626	69445	18663	72695	52180	20847	12234	90511	33703	90322
09429	93969	52636	92737	88974	33488	36320	17617	30015	08272	84115	27156	30613	74952
10365	61129	87529	85689	48237	52267	67689	93394	01511	26358	85104	20285	29975	89868
07119	97336	71048	08178	77233	13916	47564	81056	97735	85977	29372	74461	28551	90707
51085	12765	51821	51259	77452	16308	60756	92144	49442	53900	70960	63990	75601	40719
02368	21382	52404	60268	89368	19885	55322	44819	01188	65255	64835	44919	05944	55157
01011	54092	33362	94904	31273	04146	18594	29852	71585	85030	51132	01915	92747	64951
52162	53916	46369	58586	23216	14513	83149	98736	23495	64350	94738	17752	35156	35749
07056	97628	33787	09998	42698	06691	76988	13602	51851	46104	88916	19509	25625	58104
48663	91245	85828	14346	09172	30168	90229	04734	59193	22178	30421	61666	99904	32812
54164	58492	22421	74103	47070	25306	76468	26384	58151	06646	21524	15227	96909	44592
32639	32363	05597	24200	13363	38005	94342	28728	35806	06912	17012	64161	18296	22851
29334	27001	87637	87308	58731	00256	45834	15398	46557	41135	10367	07684	36188	18510
02488	33062	28834	07351	19731	92420	60952	61280	50001	67658	32586	86679	50720	94953
81525	72295	04839	96423	24878	82651	66566	14778	76797	14780	13300	87074	79666	95725
29676	20591	68086	26432	46901	20849	89768	81536	86645	12659	92259	57102	80428	25280
00742	57392	39064	66432	84673	40027	32832	61362	98947	96067	64760	64584	96096	98253
05366	04213	25669	26422	44407	44048	37937	63904	45766	66134	75470	66520	34693	90449
91921	26418	64117	94305	26766	25940	39972	22209	71500	64568	91402	42416	07844	69618
00582	04711	87917	77341	42206	35126	74087	99547	81817	42607	43808	76655	62028	76630
00725	69884	62797	56170	86324	88072	76222	36086	84637	93161	76038	65855	77919	88006
69011	65795	95876	55293	18988	27354	26575	08625	40801	59920	29641	80150	12777	48501
25976	57948	29888	88604	67917	48708	18912	82271	65424	69774	33611	54262	85963	03547
09763	83473	73577	12908	30883	18317	28290	35797	05998	41688	34952	37888	38917	88050
91567	42595	27958	30134	04024	86385	29880	99730	55536	84855	29080	09250	79656	73211
17955	56349	90999	49127	20044	59931	06115	20542	18059	02008	73708	83517	36103	42791
46503	18584	18845	49618	02304	51038	20655	58727	28168	15475	56942	53389	20562	87338
92157	89634	94824	78171	84610	82834	09922	25417	44137	48413	25555	21246	35509	20468
14577	62765	35605	81263	39667	47358	56873	56307	61607	49518	89656	20103	77490	18062
98427	07523	33362	64270	01638	92477	66969	98420	04880	45585	46565	04102	46880	45709
34914	63976	88720	82765	34476	17032	87589	40836	32427	70002	70663	88863	77775	69348
70060	28277	39475	46473	23219	53416	94970	25832	69975	94884	19661	72828	00102	66794
53976	54914	06990	67245	68350	82948	11398	42878	80287	88267	47363	46634	06541	97809
76072	29515	40980	07391	58745	25774	22987	80059	39911	96189	41151	14222	60697	59583
90725	52210	83974	29992	65831	38857	50490	83765	55657	14361	31720	57375	56228	41546
64364	67412	33339	31926	14883	24413	59744	92351	97473	89286	35931	04110	23726	51900
08962	00358	31662	25388	61642	34072	81249	35648	56891	69352	48373	45578	78547	81788
95012	68379	93526	70765	10592	04542	76463	54328	02349	17247	28865	14777	62730	92277
15664	10493	20492	38391	91132	21999	59516	81652	27195	48223	46751	22923	32261	85653

16408	81899	04153	53381	79401	21438	83035	92350	36693	31238	59649	91754	72772	02338
18629	81953	05520	91962	04739	13092	97662	24822	94730	06496	35090	04822	86774	98289
73115	35101	47498	87637	99016	71060	88824	71013	18735	20286	23153	72924	35165	43040
57491	16703	23167	49323	45021	33132	12544	41035	80780	45393	44812	12515	98931	91202
30405	83946	23792	14422	15059	45799	22716	19792	09983	74353	68668	30429	70735	25499
16631	35006	85900	98275	32388	52390	16815	69298	82732	38480	73817	32523	41961	44437
96773	20206	42559	78985	05300	22164	24369	54224	35083	19687	11052	91491	60383	19746
38935	64202	14349	82674	66523	44133	00697	35552	35970	19124	63318	29686	03387	59846
31624	76384	17403	53363	44167	64466	64758	75366	76554	31601	12614	33072	60332	92325
78919	19474	23632	27889	47914	02584	37680	20801	72152	39339	34806	08930	85001	87820
03931	33309	57047	74211	63445	17361	62825	39908	05607	91284	68833	25570	38818	46920
74426	33278	43972	10119	89917	15665	52872	73823	73144	88662	88970	74492	51805	99378
09066	00903	20795	95452	92648	45454	09552	88815	16553	51125	79375	97596	16296	66092
42238	12426	87025	14267	20979	04508	64535	31355	86064	29472	47689	05974	52468	16834
16153	08002	26504	41744	81959	65642	74240	56302	00033	67107	77510	70625	28725	34191
21457	40742	29820	96783	29400	21840	15035	34537	33310	06116	95240	15957	16572	06004
21581	57802	02050	89728	17937	37621	47075	42080	97403	48626	68995	43805	33386	21597
55612	78095	83197	33732	05810	24813	86902	60397	16489	03264	88525	42786	05269	92532
44657	66999	99324	51281	84463	60563	79312	93454	68876	25471	93911	25650	12682	73572
91340	84979	46949	81973	37949	61023	43997	15263	80644	43942	89203	71795	99533	50501
91227	21199	31935	27022	84067	05462	35216	14486	29891	68607	41867	14951	93696	85065
50001	38140	66321	19924	72163	09538	12151	06878	91903	18749	34405	56087	62790	70925
65390	05224	72958	28600	81406	39147	25549	48542	42627	45233	57202	94617	23772	07896
27504	96131	83944	41575	10573	08619	64482	73923	36152	05184	94142	25299	84387	34925
37169	94851	39117	89632	00959	16487	65536	49071	39782	17095	02330	74301	00275	48280
11506	70225	51111	38351	19444	66499	71945	05422	13443	78675	84081	66938	93654	59894
37449	30362	06694	54690	04052	53115	62757	95348	78662	11163	81651	50245	34971	52924
46515	70331	85922	38329	571515	15765	97161	17869	45349	61796	66345	81073	49106	79860
30986	81223	42416	58353	21532	30502	32305	86482	05174	07901	54339	58861	74818	46942
63798	67995	46583	09785	44160	78128	83991	42865	92520	83531	80377	35909	81250	54238
82486	84846	99254	67632	43218	50076	21361	64816	51202	88124	41870	52689	51275	83556
21885	32906	92431	09060	64297	51674	64126	62570	26123	05155	59194	52799	28225	85762
60336	98782	07408	53458	13564	59089	26445	29789	85205	41001	12535	12133	14645	23541
43937	46891	24010	25560	86355	33941	25786	54990	71899	15475	95434	98227	21824	19585
97656	63175	89303	16275	07100	92063	21942	18611	47348	20203	18534	03862	78095	50136
03299	01221	05418	38982	55758	92237	26759	86367	21216	98442	08303	56613	91511	75928
79626	06486	03574	17668	07785	76020	79924	25651	83325	88428	85076	72811	22717	50585
85636	68335	47539	03129	65651	11977	02510	26113	99447	68645	34327	15152	55230	93448
18039	14367	61337	06177	12143	46609	32989	74014	64708	00533	35398	584088	13261	47908
08362	15656	60627	36478	54548	16764	53412	09013	07832	41574	17639	82163	60859	75567
79556	29068	04142	16268	15387	12856	66227	38358	22478	73373	88732	09443	82558	05250
92608	82674	27072	32534	17075	27698	98204	63863	11951	34648	88022	56148	34925	57031
23982	25835	40055	67006	12293	02753	14827	23235	35071	99704	37543	11601	35503	85171
09915	96306	05908	97901	28395	14186	00821	80703	70426	75647	76310	88717	37890	40129
59037	33300	26695	62247	69927	76123	50842	43834	86654	70959	79725	93872	28117	19233
42488	78077	69882	61657	34136	79180	97526	43092	04098	73571	80799	76536	71255	64239
46764	86273	63003	93017	31204	36692	40202	35275	57306	55543	53203	18098	47625	88684
03237	45430	55417	63282	90816	17349	88298	90183	36600	78406	06216	95787	42579	90730
86591	81482	52667	61582	14972	90053	89534	76036	49199	43716	97548	04379	46370	28672
38534	01715	94964	87288	65680	43772	39560	12918	86537	62738	19636	51132	25739	56947

Handbook of Tables for Probability and Statistics, Second Edition. (저자 : William H. Beyer) (Cleveland : The Chemical Rubber Company, 1968)에서 요약하여 제시함.

〈부록 2〉

t-분포표

df	Level of Significance for One-Tailed Test					
	.10	.05	.02	.01	.005	.0005
df	*Level of Significance for Two-Tailed Test*					
	.20	.10	.05	.02	.01	.001
1	3.078	6.314	12.706	31.821	63.657	636.619
2	1.886	2.920	4.303	6.965	9.925	31.598
3	1.638	2.353	3.182	4.541	5.841	12.941
4	1.533	2.132	2.776	3.747	4.604	8.610
5	1.476	2.015	2.571	3.365	4.032	6.859
6	1.440	1.943	2.447	3.143	3.707	5.959
7	1.415	1.895	2.365	2.998	3.499	5.405
8	1.397	1.860	2.306	2.896	3.355	5.041
9	1.383	1.833	2.262	2.821	3.250	4.781
10	1.372	1.812	2.228	2.764	3.169	4.587
11	1.363	1.796	2.201	2.718	3.106	4.437
12	1.356	1.782	2.197	2.681	3.055	4.318
13	1.350	1.771	2.160	2.650	3.012	4.221
14	1.345	1.761	2.145	2.624	2.977	4.140
15	1.341	1.753	2.131	2.602	2.947	4.073
16	1.337	1.746	2.120	2.583	2.921	4.015
17	1.333	1.740	2.110	2.567	2.898	3.965
18	1.330	1.734	2.101	2.552	2.878	3.922
19	1.328	1.729	2.093	2.539	2.861	3.883
20	1.325	1.725	2.086	2.528	2.845	3.850
21	1.323	1.721	2.080	2.518	2.831	3.819
22	1.321	1.717	2.074	2.508	2.819	3.792
23	1.319	1.714	2.069	2.500	2.807	3.767
24	1.318	1.711	2.064	2.492	2.797	3.745
25	1.316	1.708	2.060	2.485	2.787	3.725
26	1.315	1.706	2.056	2.479	2.779	3.707
27	1.314	1.703	2.052	2.473	2.771	3.692
28	1.313	1.701	2.048	2.467	2.763	3.674
29	1.311	1.699	2.045	2.462	2.756	3.659
30	1.310	1.697	2.042	2.457	2.750	3.646
40	1.303	1.684	2.021	2.423	2.704	3.551
60	1.296	1.671	2.000	2.390	2.660	3.460
120	1.289	1.658	1.980	2.358	2.617	3.373
∞	1.282	1.645	1.960	2.326	2.576	3.291

SOURCE : Richard P. Runyon and Audrey Haber, *Fundamentals of Behavioral Statistics*, 2nd ed. (Reading, MA : Addison Wesley Publishing Co., 1974). Table T. 4 is taken from Table III of Fisher & Yates ; STATISTICAL TABLES FOR BIOLOGICAL, AGRICULTURAL AND MEDICAL RESEARCH Published by Longman Group UK., 1974. We are grateful to the Longman Group UK Ltd., on behalf of the Literary Executor of the late Sir Ronald A. Fisher, F. R. S. and Dr. Frank Yates F. R. S. for permission to reproduce Table III from *Statistical Tales for Biological, Agricultural and Medical Research 6/e* (1974).

NOTE : The obtained value of t is significant if it is greater than or equal to the value listed in the table.

〈부록 3〉 설문지의 실례

서울시 자원봉사 활용현황 조사

(자원봉사관리자용)

안녕하십니까?

사회복지 발전을 위해 각 분야에서 애쓰시는 실무자분들의 노고에 깊이 감사드립니다.

저희 서울시 사회복지협의회에서는 자원봉사자들의 활성화 방안을 모색하고 정책개발의 기초자료로 활용코자, 자원봉사 활용현황 조사연구사업을 실시하게 되었습니다. 본 조사는 사회복지시설/기관에서 자원봉사자 활용 및 관리실태를 조사하여 구체적인 문제점을 파악하고, 앞으로의 개선점에 대한 귀 시설/기관의 의견을 듣고자 하는 것이오니, 자원봉사자관련 업무를 담당하시는 분께서 응답하여 주시면 고맙겠습니다.

조사내용은 통계적으로 처리되므로 구 시설/기관에 관한 개별적인 자료는 발표되지 않으며, 자원봉사활동에 관한 정책연구 이외의 다른 목적으로는 사용하지 않음을 약속드립니다. 설문지는 6월 20일까지 반송봉투에 넣어 돌려보내주십시오.

바쁘시더라도 성실히 답변하여 주시기 바랍니다.

대단히 감사합니다.

2001년 6월

연구진 : ○ ○ ○

시설명 : ____________________

응답자 : (성명) (직위) ☎

Ⅰ. 먼저 귀 기관의 일반적 현황에 관한 질문입니다.

1. 운영주체	___ ① 사회복지법인 ___ ② 종교법인 ___ ③ 학교법인 ___ ④ 사단법인 ___ ⑤ 지방자치단체 ___ ⑥ 기타(무엇:)		
2. 이용방식	___ ① 생활시설 ___ ② 이용시설 ___ ③ 기타		
3. 분 야	___ ① 지역사회복지관 ___ ② 장애인시설 · 기관 ___ ③ 노인시설 · 기관 ___ ④ 여성시설 · 기관 ___ ⑤ 아동시설 · 기관 ___ ⑥ 청소년시설 · 기관 ___ ⑦ 부랑인시설 ___ ⑧ 기타(무엇 :)		
4. 설립 연도		5. 상근직원수	총_____ 명

Ⅱ. 다음은 귀하의 일반적 사항에 관한 질문입니다.

6. 성 별	___ ① 남자 ___ ② 여자	7. 연 령	만 _____ 세
8. 사회복지 실무경력	___ ① 1년 미만 ___ ③ 2년 이상~3년 미만 ___ ⑤ 5년 이상~10년 미만	___ ② 1년 이상~2년 미만 ___ ④ 3년 이상~5년 미만 ___ ⑥ 10년 이상	
9. 사회복지 관련 자격증	___ ① 사회복지사 1급 ___ ③ 사회복지사 3급 ___ ⑤ 자격증을 가지고 있지 않다.	___ ② 사회복지사 2급 ___ ④ 기타 ( )	

Ⅲ. 다음은 자원봉사자 활용에 관한 일반적인 질문입니다.

10. 귀 기관에서는 자원봉사자를 활용하고 계십니까?

___ ① 예 ☞문항 11로 가십시오.

___ ② 아니요 ☞문항 10-1로 가십시오.

___ ③ 지속적이지 못하다.

___ ④ 전담직원이 없다.

___ ⑤ 봉사대상자들의 거부 때문에

___ ⑥ 관리가 어렵기 때문에

___ ⑦ 기타(자세히 :)

☞자원봉사자를 활용하지 않는 기관은 여기서 설문 중단

11. 귀하는 자원봉사관리업무를 어떻게 하고 있습니까?

___ ① 자원봉사업무만 전담하고 있다.

___ ② 다른 업무와 겸임하고 있다.

12. 귀하의 자원봉사관리업무 담당경력은 총 몇 년입니까?

___ ① 1년 미만 ___ ② 1년 이상~2년 미만

___ ③ 2년 이상~3년 미만 ___ ④ 3년 이상~5년 미만

___ ⑤ 5년 이상~10년 미만 ___ ⑥ 10년 이상

13. 현재 자원봉사자를 가장 많이 활용하는 분야와 앞으로 자원봉사자가 더 필요한 분야는 무엇입니까?

(1) 현재 활용분야 : 1순위 ________ 2순위 ________

(2) 향후 필요분야 : 1순위 ________ 2순위 ________

① 노력봉사(청소, 빨래, 목욕, 음식준비, 설거지, 김치담그기 등)

② 행정봉사(서류정리, 복사, 우편발송, 자료입력 등)

③ 미취학아동 및 거동이 불편한 장애인, 노인 돌보기(식사보조 등)

④ 봉사대상자 가정에 직접 방문하는 재가서비스활동 (말벗, 빨래, 청소, 외출보조, 도시락 배달 등)

⑤ 의료봉사(무료진료 및 한방진료활동과 보조활동)

⑥ 기술 · 전문서비스활동(무료 이 · 미용, 레크리에이션 지도, 사진 · 비디오 촬영, 홈페이지 제작, 차량이동봉사 등)

⑦ 교육봉사(방과후교실, 교과지도, 컴퓨터지도, 한글지도, 예체능지도 등 각종 교육지도활동)

⑧ 전문사회복지활동(심리상담, 집단상담, 사회복지 프로그램 진행 등)

⑨ 행사보조(캠프, 일일 나들이 보조 등 특별활동 시 보조)

⑩ 기타(자세히 : ________)

14. 귀 기관의 자원봉사자수는 대략 몇 명입니까? (2000년 12월 기준)

구 분	(1) 등록인원	(2) 활동인원
총 인원(명)		

* 등록인원 : 2000년 한 해 동안 기관에 신청 · 등록한 인원의 총수
* 활동인원 : 2000년 한 해 동안 한 번이라도 봉사활동에 참여한 인원(2000년에 신청하지 않은 봉사자 포함)

14-1. 위에서 기록한 (2) 활동인원을 집단특성별로 분류하면 대략 몇 명입니까?
(2000년 12월 기준)

총계	중고등학생	대학생 (대학원생)	주부	일반성인	기타
총 인원(명)					

15. 귀 기관에 단체로 오는 자원봉사자팀은 몇 팀입니까?
(2000년 12월 기준)

총 ________ 팀

16. 귀 기관에서 활용하고 있는 전문자원봉사에 관련된 질문입니다.

16-1. 전문자원봉사자 활동인원은 총 몇 명입니까?
(2000년 12월 기준) 총 ________ 명

16-2. 2001년 현재 전문자원봉사자를 활용하는 분야와 필요한 분야에 모두 V표시해 주십시오.

V표시해 주세요	(가) 현재 활동분야	V표시해 주세요	(나) 향후 필요분야
	시설 · 기관의 유지관리 보수 (도배, 전기, 각종 기자재 보수 등)		시설 · 기관의 유지관리 보수 (도배, 전기, 각종 기자재 보수 등)
	의료봉사		의료봉사
	물리치료, 수지침		물리치료, 수지침
	차량봉사		차량봉사
	외국어 통 · 번역봉사		외국어 통 · 번역봉사
	레크리에이션		레크리에이션
	사진 · 비디오 촬영		사진 · 비디오 촬영
	상담활동		상담활동
	문화예술봉사(공연 등) 전문교육봉사 (미술, 피아노 등 각종 예체능교육)		문화예술봉사(공연 등) 전문교육봉사 (미술, 피아노 등 각종 예체능교육)

	컴퓨터교육 및 유지보수, 홈페이지 관리 및 제작 등		컴퓨터교육 및 유지보수, 홈페이지 관리 및 제작 등
	이 · 미용		이 · 미용
	요리 및 조리		요리 및 조리
	기타(무엇 : ______)		기타(무엇 : ______)

17. 귀 기관에서 자원봉사자가 가장 많이 필요한 시간대는 언제입니까?

① 오전(9 : 00~12 : 00)　　② 오후(12 : 00~18 : 00)

③ 저녁(18 : 00~20 : 00)　　④ 심야(20 : 00 이후)

18. 귀 기관에는 평일 야간 및 주말(토요일 오후, 일요일)에 자원봉사자들이 활동할 수 있는 프로그램이 있습니까?

① 있다.　　☞ 문항 19번으로 가세요.

② 없다.　　☞ 문항 18-1번으로 가세요.

18-1. 실시하고 있지 않다면 가장 큰 이유는 무엇입니까? (한 가지 선택)

___① 직원들이 평일 야간 및 주말에 프로그램 진행을 꺼리기 때문에

___② 평일 야간 및 주말에는 기관의 이용자가 없으므로

___③ 기관의 장이 반대하기 때문에

___④ 종교 신앙상의 문제가 있어서

___⑤ 기타(자세히 :　　　　　)

Ⅳ. 다음은 자원봉사자 관리현황에 관한 질문입니다.

19. 귀 기관에서는 자원봉사 모집 시 주로 어떤 홍보매체를 이용하십니까?

1순위 : ________　　2순위 : ________

① 일간신문 및 TV, 라디오　　② 주간/월간지

③ 지역정보지　　④ 자체 기관지 및 전단지

⑤ 인터넷 및 PC통신　　⑥ 사회복지관련 신문

⑦ 기타(자세히 : ________)

20. 자원봉사자 모집홍보 시 주로 활용하는 기관은 어느 곳입니까?

1순위 : ________ 2순위 : ________

① 자치구 자원봉사센터

② 서울시 사회복지협의회(서울자원봉사정보안내센터)

③ 기업체 ④ 종교단체 ⑤ 학교(중 · 고, 대학교)

⑥ 기타(자세히 : ________)

21. 귀 기관에서 자원봉사자에게 업무를 부여할 때 가장 우선적으로 고려하는 기준은 무엇입니까? (두 가지 선택)

___ ① 자원봉사자 현재 또는 과거의 직업을 토대로 한다.

___ ② 자원봉사자 의사를 기준으로 한다

___ ③ 자원봉사자 적성을 기준으로 한다.

___ ④ 기관이 필요로 하는 업무에 우선 배치한다.

___ ⑤ 자원봉사자 연령 및 성별을 기준으로 한다.

___ ⑥ 자원봉사자 종교를 기준으로 한다.

___ ⑦ 기타(자세히 : ________)

22. 귀 기관에 자원하는 봉사자 중 활용하지 못하는 봉사자의 경우 주로 어떻게 처리하십니까? (한 가지 선택)

① 돌려보낸다.

② 신청서만 접수한다.

③ 다른 기관으로 직접 연결시켜 준다.

④ 자원봉사안내센터 등 조정기관에 의뢰한다.

⑤ 기타(자세히 : ________)

⑥ 활용하지 못하는 봉사자가 없다 ☞ 문항 24번으로 가세요.

23. 귀 기관에서 자원봉사활동 지원자를 모두 활용하지 못하는 주요 이유는 무엇입니까?

1순위 : ________ 2순위 : ________

① 적절한 업무가 모자란다. ② 교육시키기가 힘들다.

③ 관리담당자가 모자란다. ④ 부적절한 지원자가 많다.

⑤ 봉사대상자가 거부한다. ⑥ 사후관리가 힘들다.

⑦ 봉사활동 희망시간이 맞지 않는다. ⑧ 기타(자세히 : ________)

24. 귀 기관에서 실시하는 자원봉사교육을 모두 표시해 주십시오.

__ ① 기초적인 오리엔테이션(기관소개, 활동내용, 역할부여, 간단한 주의점 등) ☞ 문항 24-1번으로 가세요.

__ ② 자원봉사자 기초교육(자원봉사자의 자질 및 태도, 사회복지에 대한 이해 등)

__ ③ 자원봉사자 재교육(봉사실무교육, 보수교육) ☞ 문항 25번으로 가세요.

__ ④ 전혀 실시하지 않는다. ☞ 문항 27번으로 가세요.

24-1. 자원봉사자에 대한 재교육을 실시하지 않는 이유는 무엇입니까?

1순위 : ________ 2순위 : ________

① 봉사자의 교육을 담당할 직원이 없다.

② 교육 프로그램의 개발이 어렵다.

③ 교육시킬 시설과 장소가 없다.

④ 교육을 위한 예산이 부족하다.

⑤ 봉사자들이 거부한다.

⑥ 교육의 필요성을 느끼지 못한다.

⑦ 기타(자세히 : ________)

25. 자원봉사자에 대한 교육은 주로 어떻게 이루어집니까?

__ ① 기관에서 직원이 자체적으로 실시

__ ② 자원봉사자 전문기관 등 관련 기관에 의뢰하거나 외부강사 초청

__ ③ ①과 ②의 병행

26. 귀 기관에서 자원봉사자를 교육시킬 때 도움을 받은 단체에 모두 표시해 주십시오.

__ ① 서울시 사회복지협의회(서울자원봉사정보안내센터)

__ ② 자치구 자원봉사센터

__ ③ 사회단체

__ ④ 직능협회(사회복지관협회, 장애인협회 등)

__ ⑤ 타 사회복지기관 · 시설

___ ⑥ 청소년자원봉사센터
___ ⑦ 도움을 받지 않고 자체적으로 해결한다.
___ ⑧ 기타(자세히 : __________)

27. 귀하는 지난 1년 동안 외부에서 주최한 자원봉사관리자교육에 참여한 적이 있습니까?

___ ① 있다.
___ ② 없다. ☞ 문항 28번으로 가세요.

28. 앞으로 외부에서 주최하는 자원봉사관리자교육 시 받고 싶은 교육내용은 무엇입니까?

1순위 : __________ 2순위 : __________

① 전산 및 컴퓨터관련 교육
② 자원봉사 홍보 및 모집전략
③ 자원봉사활동의 갈등관리
④ 자원봉사 프로그램 개발
⑤ 레크리에이션 등 각종 집단지도 기술
⑥ 인간관계훈련, 리더십개발 등 관계형성기술
⑦ 자원봉사조직 육성 및 관리
⑧ 기타(자세히 : ________________)

29. 귀 기관에서는 자원봉사자활동 결과를 주로 어떤 방법으로 평가하십니까? (한 가지 선택)

___ ① 자원봉사자들이 함께 모여 토론
___ ② 자원봉사관리자와의 개별적 면담
___ ③ 직원의 직접관찰에 의한 평가
___ ④ 활동일지의 작성을 통한 평가
___ ⑤ 기타(자세히 : _____________)
___ ⑥ 평가하지 않는다.

30. 귀 기관에서 자원봉사자 관리를 위하여 실시하고 있는 항목에 모두 V표시하여 주십시오.

V표시해 주세요	(가) 행정부문	V표시해 주세요	(나) 인정 · 보상부문
	(1) 봉사활동에 대한 계획서 작성 요청		(1) 감사의 말이나 칭찬
	(2) 봉사활동한 날의 활동평가서 작성 요청		(2) 기관의 간행물에 게재 및 간행물 우송
	(3) 자원봉사자에게 활동평가서 작성 요청		(3) 기관의 각종 행사 초대
	(4) 자원봉사자 관리카드 비치		(4) 자원봉사관련 최소한의 경비 지원(교통비, 식비, 활동실비 지원 등)
	(5) 봉사자 증빙수첩, 위촉증, 명찰 지급		(5) 자원봉사활동기록 누적 관리, 확인서 발급
	(6) 자원봉사실 제공		(6) 표창 및 시상
	(7) 자원봉사자끼리 자체모임 구성 및 운영		(7) 배지나 핀 증정
			(8) 다양한 혜택 부여(기관 프로그램 이용 할인혜택, 문화시설 이용 할인혜택 등)
			(9) 봉사원 간의 친목(야유회, 회식) 주선
			(10) 자원봉사품앗이 서비스

31. 귀 기관에서는 자원봉사 실적관리를 어떻게 하고 있습니까?

① 한국사회복지협의회 자원봉사관리 프로그램을 이용한다.
② 진우정보 자원봉사관리 프로그램을 이용한다.
③ 휴먼 소프트 자원봉사관리 프로그램을 이용한다.
④ 자체 프로그램(한글, 엑셀 등)을 이용한다.
⑤ 전산입력 · 관리하지 않는다.
⑥ 기타(자세히 : ____________)

V. 다음은 자원봉사 활용의 문제점과 대책에 대한 질문입니다.

32. 다음은 자원봉사자를 활용하는 과정에서 발생하는 구체적인 애로사항들입니다. 다음의 사항들이 어느 정도 심각한 문제인지 해당란에 V표시해 주시기 바랍니다.

	매우 심각하다	약간 심각하다	보통 이다	거의 심각하지 않다	전혀 심각하지 않다
(1) 전문기술을 가진 지원자의 수가 부족하다.					
(2) 자원봉사자에게 기초교육 및 실무교육을 시키기 힘들다.					
(3) 자원봉사 전담직원의 부족으로 인해 업무가 과중하다.					
(4) 자원봉사관련 예산이 부족하다. (자원봉사자 관리비용 등)					
(5) 자원봉사활동에 적절한 프로그램 개발이 힘들다.					
(6) 실적 보고 등 행정기관에의 보고 업무가 너무 많다.					
(7) 관련단체 간 업무협조가 잘 안 된다.					
(8) 자원봉사활동을 할 수 있는 사회적 분위기가 조성되어 있지 않다.					

33. 전반적으로 볼 때 자원봉사자의 활용은 귀 기관에 어느 정도 도움이 됩니까?

___① 매우 도움이 된다.
___② 대체로 도움이 된다.
___③ 보통이다.
☞ 문항 33-1번으로 가세요.

___④ 별로 도움이 되지 않는다.
___⑤ 전혀 도움이 되지 않는다.
☞ 문항 33-2번으로 가세요.

33-1. 자원봉사자 활용이 도움이 되셨다면 그 이유는 무엇입니까?

1순위 : ________ 2순위 : ________

① 부족한 예산을 보충할 수 있다.

② 부족한 인력을 보완하는 효과가 있다.
③ 시설, 기관에서 제공하지 못하는 전문분야의 서비스를 제공할 수 있다.
④ 다양한 서비스를 제공할 수 있다.
⑤ 자원봉사자를 통해 시설, 기관이 홍보된다.
⑥ 프로그램을 확대하여 더 많은 대상자에게 서비스를 제공할 수 있다.
⑦ 기타(자세히 : ___________)

33-2. 자원봉사자 활용이 도움이 되지 않았다면 그 이유는 무엇입니까?

1순위 : _________ 2순위 : _________

① 책임의식이 결여되어 있다. ② 전문지식과 기술이 부족하다.
③ 중간탈락자가 많다. ④ 기관에 대한 관심과 협조가 부족하다.
⑤ 기관의 원칙을 무시하는 행동을 한다.
⑥ 힘든 분야의 업무를 꺼려한다.
⑦ 지속적이지 못하고 시간을 준수하지 않는다.
⑧ 기타(자세히 : ___________)

34. 귀 기관에서 청소년 자원봉사자 활용 시 가장 문제가 되는 점은 무엇입니까?

1순위 : _________ 2순위 : _________

① 과거에 비해 청소년 자원봉사활동 인정시간이 줄어서 청소년자원봉사자 인원 모집이 어렵다.
② 방학 중 한꺼번에 너무 많이 몰려온다.
③ 청소년 자원봉사자를 활용할 프로그램이 없다.
④ 청소년들은 자원봉사에 대한 기본적인 이해가 부족하여 업무에 방해가 된다.
⑤ 안전사고가 잦다.
⑥ 청소년 자원봉사자를 지도할 인력이 없다.
⑦ 기타(자세히 : ___________)
⑧ 청소년 자원봉사자를 전혀 활용하지 않는다. ☞ 문항 36번으로 가세요.

35. 귀하께서는 학생봉사활동이 향후 어떻게 운영되어야 한다고 생각하십니까?

___① 봉사활동은 반드시 필요하나, 현행과 같이 내신반영이나 점수화하는 것은 피해야 한다.
___② 현행과 같은 제도가 유지되고, 대학에서도 입학사정 시 반영비율을 높여야

한다.

___ ③ 현행의 교육환경에 비추어 볼 때 봉사활동 자체가 폐지되어야 한다.

___ ④ 점수화하지 않고 생활기록부에 활동상황만 기록하고 상급학교에서 입학 시 참고하는 수준 정도로 운영하여야 한다.

___ ⑤ 학생들이 자발적으로 참여하도록 권장하는 수준으로 운영되어야 하며, 점수화시키거나 상급학교 진학 등과 연계시켜서는 안 된다.

___ ⑥ 기타(자세히: ___________)

36. 귀 기관에서 활동 중인 자원봉사자가 활동을 중단하는 가장 큰 이유는 무엇이라고 생각하십니까? (한 가지 선택)

___ ① 자원봉사활동에 대한 지식과 기술이 부족하기 때문에

___ ② 봉사활동이 생각했던 것만큼 보람을 느낄 수 없어서

___ ③ 생각했던 것보다 시간을 너무 많이 빼앗기기 때문에

___ ④ 자원봉사활동기관(또는 직원)과 문제가 발생했기 때문에

___ ⑤ 봉사활동대상자와 문제가 발생했기 때문에

___ ⑥ 자원봉사활동분야 또는 업무가 마음에 들지 않기 때문에

___ ⑦ 개인사정(이사, 직장, 건강 등 일신상의 변화) 때문에

___ ⑧ 기타(자세히: ___________)

37. 귀하는 자원봉사자와 갈등경험이 있습니까?

___ ① 매우 자주 있다.

___ ② 자주 있다.

___ ③ 가끔 있다.

☞ 문항 37-1번으로 가세요.

___ ④ 거의 없다.

___ ⑤ 전혀 없다.

☞ 문항 38번으로 가세요.

37-1. 자원봉사자와 갈등경험이 있다면 그 요인이 무엇이라 생각합니까?

① 봉사자의 지식 및 경험부족으로 인한 업무처리 미숙으로

② 자원봉사 지원 예산의 부족으로 인해

③ 서비스 수혜자에게 신체적 · 정신적 피해를 주기 때문에

④ 자원봉사자가 업무에 관한 지나친 간섭 등 의견차이 때문에

⑤ 저조한 출석률로 인한 지속성 결여의 문제 때문에

⑥ 기타(자세히 : ____________________________)

38. 귀하는 자원봉사업무와 관련해서 자원봉사전문기관으로부터 가장 도움을 받고 싶은 분야는 무엇입니까? (한 가지 선택)

___ ① 자원봉사자 모집 및 홍보
___ ② 자원봉사자 교육 및 배치
___ ③ 자원봉사 관리담당자 교육
___ ④ 교육교재, 시청각자료 등 관련 자료 지원
___ ⑤ 자원봉사활용 상담
___ ⑥ 자원봉사관련 표준화된 서식 및 관리체계 보급
___ ⑦ 자원봉사 프로그램 개발
___ ⑧ 기타(자세히 : __________)

39. 귀하는 자원봉사를 활성화시키는 데 가장 좋은 방안이 무엇이라 생각하십니까?

1순위 : __________ 2순위 : __________

① 자원봉사자 자신의 적극적이고 확고한 태도 필요
② 자원봉사자의 경력인정, 최소한의 경비지급
③ 봉사활동 중 사고에 대한 보장(보험)
④ 자원봉사 관리자에 대한 교육기회 확대
⑤ 다양한 자원봉사활동 프로그램 개발
⑥ 자원봉사전문기관(자원봉사센터 등)의 역량 강화
⑦ 자원봉사에 관한 통일된 정책 및 자원봉사관련법 제정
⑧ 자원봉사에 관한 홍보 및 사회인식 확산
⑨ 자원봉사를 위한 예산 확대
⑩ 자원봉사활동에 대한 정부, 관련 단체의 지원 및 협조
⑪ 기타(자세히 : __________)

40. 서울시 사회복지협의회에 건의사항이나 바라는 점이 있으시면 적어 주시기 바랍니다.

참고문헌

강미경(1992). 자원봉사자 모집에 관한 연구. 숭실대학교 석사학위논문.

강원도사회복지협의회(2001). 강원도 자원봉사실태 및 욕구조사.

경기도사회복지협의회(1999). 경기지역자원봉사활동 활성화를 위한 실태조사.

경기도사회복지협의회(2000). 경기도 사회복지분야 자원봉사 운영실태와 개선방안.

경기도사회복지협의회(1999). 경기지역자원봉사활동 활성화를 위한 실태조사.

권지성(1999). 자원봉사 참여행태에 따른 대학생 자원봉사활동 만족도. 서울대학교 석사학위논문.

길병석(1994). 자원봉사활동의 중도탈락의 실태와 그에 따른 대책. **충북사회복지연구**. 충북사회복지연구소.

김식현(1993). **인사관리론**. 무역경영사.

김통원(2003). **사회복지 프로그램 개발과 평가**. 학지사.

노형진(1999). **한글 SPSSWIN에 의한 조사방법 및 통계분석**. 형설출판사.

류기형 외(1999). **자원봉사론**. 양서원.

볼론티어 21(1999). 99한국인의 자원봉사의식 및 활동현황.

서울시정개발연구원(1995). 서울시 자원봉사자 활용증진방안에 관한 연구.

서울특별시사회복지협의회(1997). 사회복지시설기관 관리과정 실태조사.

서울특별시사회복지협의회(2001). 서울시 자원봉사활동실태와 활용 증진방안.

서울특별시사회복지협의회(1997). 사회복지시설 · 기관 관리과정 실태조사. **서울사회복지연구, 제3호.**

서울특별시사회복지협의회(2000). 사례 중심으로 본 자원봉사 관리의 실제.

서울특별시사회복지협의회(2000). 사회복지와 자원봉사활동.

양병화(1998). **다변량 자료분석의 이해와 활용**. 학지사.

양창삼(1991). **인적자원관리**. 법문사.

이성희, 권중돈(1993). 치매노인과 가족의 생활실태 및 복지욕구. 북부노인종합복지관.

이익섭, 김근식(1998). 청소년 비행화과정에 관한 연구. **한국사회복지학, 35호.**

이창호(1996). 자원봉사 진흥을 위한 정부의 역할. **한국자원봉사포럼 전문가 토론회**. 서울: 한국자원봉사포럼.

이학종(1995). **인적자원관리**. 세경사.

정무성, 정진모(2001). **사회복지 프로그램 개발과 평가**. 양서원.

정무 제2장관실(1993). 자원봉사활동의 실태.

정무 제2장관실(1993). 자원봉사활동의 실태 - 조사보고서.

조휘일(1991). 한국사회복지분야의 자원봉사 행동과 관련된 개인 및 조직특성에 관한 연구. 숭실대학교 박사학위논문.

조휘일(1998). **현대사회와 자원봉사**. 홍익제.

주영길(1987). 볼런티어 활성화를 위한 실증적 연구. 연세대학교 석사학위논문.

채구묵(2001). **사회복지조사방법론**. 양서원.

표갑수(1994). 자원봉사활동의 활성화 방안. **충북사회복지연구**. 충북사회복지연구소.

한국보건사회연구원(1997). 치매관리 Mapping 개발연구.

한국사회복지협의회(1988). 자원봉사활동의 조직과 운영에 관한 조사연구.

한수정(1999). 대학생 자원봉사자의 자원봉사활동 지속에 영향을 미치는 요인에 관한 연구. 이화여자대학교 석사학위논문.

한승준(2000). **사회조사방법론**. 대영문화사.

홍두승(1987). **사회조사분석**. 다산출판사.

홍승혜(1995). 재가복지자원봉사자의 만족과 지속에 관한 연구. 이화여자대학교 석사학위논문.

황성철(1998). 사회사업실천의 효과성에 관한 논쟁과 미국 사회사업의 발전. **한국사회복지학, 34호.**

Austin, D. M. (1999). A report on progress in the development of research resources in social work. *Research on Social Work Practice, 9*(6), 673-707.

Babbie, E. (1992). *The practice of Social research*. Belmont, CA: Wadsworth.

Bellack, A. S. (1992). Cognitive rehabilitation for schizophrenia: Is it possible? Is it necessary? *Schizophrenia Bulletin, 18*(1), 43-50.

Biegel, D. E., Sales, E., & Schulz, R. (1991). *Family caregiving in chronic illness.*

Sage Publications.

Bigelow, D., Gareau, M., & Young, D. (1982). *Interrater reliability of a quality of life interview for chronically mentally ill people* (Contract No.278-79-0053). Salem, OR: Oregon State Mental Health Department.

Bradshaw, J. (1977). The concept of social need. In N. Gilbert and H. Specht (Eds.), *Planning for social welfare: Issues, models, and tasks.* Englewood Cliffs, NJ: Prentice-Hall.

Briar, S. (1980). Toward the integration of practice and research. In D. Fanshel (Ed.), *Future of Social Work Research*. Washington, DC, NASW.

Cohen, J. (1977). *Statistical Power Analysis for the Behavioral Sciences.* New York: Academic Press.

Cohen, S. (1988). Psychosocial models of the role of social support in the etiology of physical disease. *Health Psychology, 7,* 269-297.

Corcoran, K., & Fischer, J. (1987). *Measures for clinical practice: A sourcebook,* New York: The Free Press.

Crabtree, B. F., & Miller, W. L. (1992). *Doing Qualitative Research.* New burg Park: SAGE.

Crits-Cristoph, P. (1998). Training in empirically validated treatments: The division 12 APA task force recommendations. In K. S. Dobson & K. D. Craig (Eds.), *Empirically supported therapies: Best practice in professional psychology,* 3-25. Thousand Oaks, CA: Sage.

Denzin, N. K. (1978). The logic of naturalistic inquiry. In N. K. Denzin (Ed.), *Sociological Methods: A Sourcebook.* NY: McGraw-Hill.

Dixson, L. B., & Lehman, A. F. (1995). Family interventions for schizophrenia. *Schizophrenia Bulletin, 21,* 631-643.

Fitting, M., Rabins, P., Lucas, J., & Eastham, J. (1985). Caregivers for dementia patients: A Comparison of Husbands and Wives. *The Gerontologist, 26,* 248-252.

George, L. K., & Gwyther, L. P. (1986). Caregiver well-being: A multidimensional examination of family caregivers of demented adults. *The Gerontologist, 26,* 253-259.

Gilleard, C. J., Belford, H., Gilleard, E., Whittick, J. E., & Gledhill, K. (1984).

Emotional distress among the supporters of the elderly mentally infirm. *British Journal of psychiatry, 145*, 172-177.

Glaser, B. G., & Strauss, A. L. (1967). *The discovery of grounded theory: Strategies for qualitative research*. Chicago: Aldine de Gruyter.

Grinnell, R. M., Jr., & Williams, M. (1990). *Research in social work: A primer*. Itasca, IL: F. E. Peacock.

Haley, W. E., Levine, E. G., Brown, S. S., Berry, J. W., & Hughes, G. H. (1987). Psychological, social, and health consequences of caring for a relative with senile dementia. *Journal of the American Geriatrics Society, 35*, 405-411.

Hinrichsen, G. A., & Niederehe, G. (1994). Dementia Management Strategies and Adjustment of Family Members of Older Patients. *The Gerontologist, 34*, 95-102.

Hurd, G., Pattison, E. M., & Smith, H. (1981, February 20-21). *Test-retest reliability social network self-reports: The Pattison Psychosocial Kinship Inventory(PPI)*. Paper presented to the Sun Belt Social Network Conference, Tampa, Florida.

Johnson, P. J. (1991). Emphasis on quality of life of people with severe mental illness in community-based care in Sweden. *Psychosocial rehabilitation Journal, 14*, 23-27.

Katz, M. M., & Lyerly, S. B. (1963). Methods for measuring adjustment and social behavior in the community: Rationale, description, discrimination, validity and scale development. *Psychological Reports, 13*, 503-507.

Kimnel, W. A. (1983). Needs Assessmat: A critical Perspective. In Ralph M. Kramer & Harry Specht. *Community Organg Practice*. Prentice-Hall Int. New Jersey.

Lazarus, R. S., & Folkman, S. (1984). *Stress, appraisal, and coping*. New York: Springer Publishing Co.

Lehman, A. F., Kernan, E., & Postrado, L. (1995). *Evaluating the quality of life for persons with severe mental illness*. Baltimore: Center for Mental Health Services Research.

Macias, C., & Jackson, R. (1990). The self-report inventory: An interview schedule for adults with serious mental illness. From *Community Mental*

Health Journal, (1994), *30*(4), 329.

Macias, C., & Kinney, R. (1990). The brief psychological well-being scale. From *Community Mental Health Journal,* (1994), *30*(4), 329.

Macias, C., Kinney, R., & Vos, B. (1991). The Utah family burden scale. From *Community Mental Health Journal,* (1994), *30*(4), 330.

Malm, U. (1982). The influence of group therapy on schizophrenia. *Acta Psychiatrica Scandinavica, 65* (Suppl. 297).

Marlow, C. (2001). *Research Methods for Generalist Social Work.* Brooks/Cole.

Mitchell, J. V. (1985). *The ninth mental measurements yearbook.* Lincoln, NE: The University of Nebraska.

Mortimer, J. A. (1988). The epidemiology of dementia: In J. A. Brody & G. L. Maddox (Eds.), *Epidemiology and aging* (pp. 150-167). New York: Springer.

Novak, M., & Guest, C. I. (1989). Application of a multi-dimensional caregiver burden inventory. *The Gerontologist, 29,* 798-803.

Nunnally, J. (1978). *Psychometrics theory.* New York: McGraw-Hill.

Park, J., Ko, H. J., Park, Y. N., & Jung, C. H. (1994). Dementia among the elderly in a rural Korean community. *British Journal of Psychiatry, 164,* 796-801.

Patton, M. Q. (1987). *How to Use Qualitative Methods in Evaluation.* Sage.

Pietrgak, J. et al. (1990). *Practical Program Evaluation.* SAGE Pub.

Polansky, N. A. (1975). *Social Work Research.* Chicago: The University of Chicago Press.

Potocky, M. (1993). An art therapy group for clients with chronic schizophrenia. *Social Work with Groups, 16*(3), 73-82.

Posovac, E. J., & Carey, R. G. (1985). *Program Evaluation: Method and Case Studies.* Englewood Cliffs, NJ: Prentice-Hall.

Pratt, C., Wright, S., & Schmall, V. (1987). Burden, Coping, and Health Status: A Comparison of Family Caregivers to Community Dwelling and Institutionalized Alzheimer' s Patients. *Gerontological Social Work with Families,* 99-112.

Pruchno, R. A., & Resch, N. L. (1989). Husbands and Wives as Caregivers: Antecedents of Depression and Burden. *The Gerontologist, 29,* 159-165.

Remington, M., & Tyrer, P. (1979). The social functioning schedule: A brief semi-structured interview. *Social Psychiatry, 14,* 151-157.

Robinson & Doueck (1994). "Implications of the pre/post/then design for evaluating social group work". *Research on Social Work Practice, 4,* pp. 224-239.

Rockland, L. H. (1993). A review of supportive psychotherapy, 1986-1992. *Hospital and Community Psychiatry, 44,* 1053-1060.

Rosen, A., Proctor, E. K., & Staudt, M. M. (1999). Social work research and the quest for effective practice. *Social Work Research, 23,* 4-14.

Rubin, A., & Babbie, E. (1993). *Research Methods for Social Work.* Belmont, Wadsworth Publishing Company.

Scott, J. E., & Dixon, L. B. (1995). Psychological interventions for schizophrenia. *Schizophrenia Bulletin, 21,* 621-620.

Seelbach, W., & Sauer, W. (1977). Filial responsibility expectations and moral among aged persons. *The Gerontologist, 17,* 492-299.

Selltiz, C., Wrightsman, L. S., & Cook, S. W. (1976). *Research Methods in Social Relations.* New York: Holt, Rinehart & Winston.

Soskis, D. A. (1970). A brief follow-up rating. *Comprehensive Psychiatry, 11*(5), 445-449.

Stake, R. E. (1994). Case studies. In N. K. Denzin & Y. S. Lincoln (Eds.), *Handbook of qualitative research.* Thousand Oaks, CA: Sage.

Stephens, M. A., & Zarit, S. H. (1989). Symposium: Family caregiving to dependent older adults: stress, appraisal, and coping. *Psychology and Aging, 4,* 387-388.

Sullivan, W. P., & Rapp, C. A. (2002). Social workers as case managers. In Kia J. Bentley (Ed.), *Social Work Practice in Mental Health.* Brooks/Cole.

Williams, et al. (1995). *Research in Social Work: An Introduction.* Itasca. F. E. Peacock.

Wykes, T. (1995). The toxicity of community care. In P. Typer & F. Creed (Eds.), *Community Psychiatry in Action: Analysis and Prospects.* Cambridge University Press.

Zait, S. H., & Zarit, J. M. (1982). Families under stress: Interventions for caregivers of senile dementia patients. *Psychotherapy: Theory, Research and Practice, 19*, 461-471.

Zarit, S. H., & Zarit, J. M. (1987). *The Memory and Behavior Problems Checklist-1987R and the Burden Interview* (Technical report). University Park, PA: Pennsylvania State University.

Zarit, S. H., Reever, K. E., & Bach-Peterson, J. (1980). Relatives of the impaired elderly: J. Correlates of feelings of burden. *The Gerontologist, 20*, 649-655.

Zarit, S. H., Todd., P. A., & Zarit, J. M. (1986). Subjective Burden of Husband and Wives as Caregivers: A Longitudinal Study. *The Gerontologist. 26*, 260-266.

Zimmerman, S. L. (1986). Adult day care: Correlates of its coping effects for families of an elderly disabled member. *Family Relations, 35*, 305-311.

찾아보기

저자 소개

• 이익섭

1952년 서울에서 출생하여 1979년 2월 연세대학교 신학과를 졸업하였다. 1981년 9월 미국 피츠버그 대학 사회복지대학원에 입학하여 1983년 8월 사회복지학 석사학위를 수여받았고, 그해 9월 미국 시카고 대학 박사과정에 입학하여 1988년 8월 사회복지학 박사학위(Ph.D.)를 수여받았다. 1994년 3월부터 현재까지 연세대학교 사회복지학과 교수로 재직 중이다(사회복지전문대학원 원장 역임). 대통령직속 장애자복지대책위원회 연구위원, 보건복지부 새천년사회복지발전위원회 위원을 역임하였고, 현재 노동부 장애인고용촉진위원회 위원, 국무총리산하 장애인복지조정위원회 위원, 한국 사회보장학회 및 한국사회복지정책학회 이사, 한국장애인복지학회장으로 활동하고 있다.

• 이윤로

1967년 경기도에서 출생하여 1990년 2월 연세대학교 사회복지학과를 졸업하였다. 그해 9월 미국 위스콘신 주립대학(메디슨) 사회복지대학원에 입학하여 정신건강 전공으로 1991년 12월 사회복지학 석사학위를 수여받았다. 그 다음 해인 1992년 9월 미국 텍사스 주립대학(오스틴) 박사과정에 입학하여 1995년 5월 Allen Rubin의 지도하에 사회복지학 박사학위(Ph.D.)를 수여받았다. 1995년 9월부터 현재까지 서울여자대학교 사회복지학과 교수로 재직 중이다. 서울시정개발원 책임연구원, 제1회 및 제2회 사회복지사 국가고시 출제위원, 서울시공동모금회 배분분과위원을 역임하였고, 현재 한국사회복지사협회 교육훈련분과위원, 한국노인복지학회 이사, 한국임상사회사업학회장으로 활동하고 있다.

2판
사회복지 조사방법의 이해

2004년 3월 10일 1판 1쇄 발행
2007년 4월 20일 1판 6쇄 발행
2007년 6월 15일 2판 1쇄 발행
2018년 9월 20일 2판 8쇄 발행

지은이 • 이익섭 · 이윤로
펴낸이 • 김 진 환
펴낸곳 • (주) 학지사
04031 서울특별시 마포구 양화로 15길 20 마인드월드빌딩 5층
대표전화 • 02) 330-5114 팩스 • 02) 324-2345
등록번호 • 제313-2006-000265호

홈페이지 • http://www.hakjisa.co.kr
페이스북 • https://www.facebook.com/hakjisabook

ISBN 978-89-5891-471-6 93330

정가 18,000원

저자와의 협약으로 인지는 생략합니다.
파본은 구입처에서 교환하여 드립니다.

이 책을 무단으로 전재하거나 복제할 경우 저작권법에 따라 처벌을 받게 됩니다.

교육문화출판미디어그룹 **학지사**

학술논문서비스 **뉴논문** www.newnonmun.com
심리검사연구소 **인싸이트** www.inpsyt.co.kr
원격교육연수원 **카운피아** www.counpia.com
간호보건의학출판 **학지사메디컬** www.hakjisamd.co.kr